Eckart Meyners

Das Bewegungsgefühl des Reiters

> Das innere Auge schulen
> Reiterliche Probleme lösen
> Mit über 300 praktischen Übungen

KOSMOS

Bildnachweis

Farbfotos: Horst Streitferdt / Kosmos (3: S. 115, S. 180), Julia Rau / Kosmos (5: S. 107, 108, 194), Christof Salata / Kosmos (6: S. 51, 85, 91, 94).
Alle 31 weiteren Fotos sind von Lothar Lenz / Kosmos.
Die Illustrationen stammen von Constanze Keuter und Karen Ahrlich.

Impressum

Umschlag von eStudio Calamar unter Verwendung von zwei Farbfotos von Lothar Lenz / Kosmos (Hauptmotiv, U4) und Christof Salata / Kosmos (U4).

Mit 45 Farbfotos und 300 Illustrationen.

Bibliografische Information Der Deutschen Bibliothek
Die Deutsche Bibliothek verzeichnet diese Publikation in der Deutschen Nationalbibliografie;
detaillierte bibliografische Daten sind im Internet über http://dnb.ddb.de abrufbar.

Der Verlag dankt dem Reitzentrum Reken und der Familie Balkenhol für die Unterstützung der Fotoproduktion mit ihren Pferden und Reitern.

Gedruckt auf chlorfrei gebleichtem Papier

Alle Angaben und Methoden in diesem Buch sind sorgfältig erwogen und geprüft. Sorgfalt bei der Umsetzung ist indes doch geboten. Verlag und Autoren übernehmen keinerlei Haftung für Personen-, Sach- oder Vermögensschäden, die im Zusammenhang mit der Anwendung und Umsetzung entstehen könnten.

ISBN 3-440-09487-1
Redaktion: Alexandra Haungs
Gestaltungskonzept: eStudio Calamar
Gestaltung & Satz: Atelier Krohmer, Dettingen/Erms
Produktion: Kirsten Raue, Markus Schärtlein
Printed in Czech Republic / Imprimé en République Tchèque
Druck und Bindung: Těšínská Tiskárna, a.s., Český Těšín

Dieses Buch widme ich meiner Frau Christiane, ohne die ich nicht zur Reiterei gekommen wäre!
Eckart Meyners

KOSMOS Postfach 10 60 11
D-70049 Stuttgart
TELEFON +49 (0)711-2191-0
FAX +49 (0)711-2191-422
WEB www.kosmos.de
E-MAIL info@kosmos.de

Inhalt

Auch wenn in diesem Buch zahlreiche fortgeschrittene Reiter ohne Reitkappe auf dem Pferd zu sehen sind, sollte der Reiteinsteiger seinen Kopfschutz nicht vergessen!

Bewegungsgefühl, **eine erlernbare Fähigkeit**

Menschen haben im vergangenen Jahrzehnt in den unterschiedlichsten Lebensbereichen mit Computern umzugehen gelernt. Es ist eine Selbstverständlichkeit, dass in den Büros von Sportvereinen, Banken oder Geschäftshäusern Rechner stehen, mit denen Kalkulationen, Bilanzen, etc. erstellt werden. Auch in den Kinderzimmern haben sich Computer etabliert. Für Kinder sind Computerspiele zur täglichen Routine geworden. Anstatt sich selbst zu bewegen, lassen sie am Computer bewegen. Während Erwachsene noch staunen, gehen Kinder bereits ohne Schwierigkeiten mit den neuen technischen Medien unserer Zeit um.

Das hat unter anderem zu zwei Problemen geführt:

1) Körperliche Tätigkeiten werden heute – wo immer möglich – durch Technik ersetzt. Der Mensch wird immer mehr zu einem Sitzwesen. Er erfährt immer weniger körperliche Anforderungen bei steigender psychischer Belastung. Aus psychischer Beanspruchung und verringerter körperlicher Belastung entstehen körperliche und psychische Ungleichgewichte, die sich über Jahre auch in einem veränderten Körperaufbau und Umgang mit unserem Körper zeigen. Die Muskulatur wird zu wenig und zu einseitig belastet; Gesundheitsschäden sind die logische Folge.
2) Wir haben in den vergangenen Jahren gelernt, Computer zu bedienen. Mit dem kompliziertesten Computer, den es in dieser Welt gibt, haben wir uns immer weniger auseinander gesetzt: nämlich mit dem Menschen. In der Reiterei scheint der Mensch auf Anweisung zu funktionieren, denn wenn wir den Reitunterricht unter die Lupe nehmen, dann erkennen wir einen Ausbilder in der Reitbahn, der mehrere Reiter über Kommandos oder Anweisungen zu entsprechenden Reitlektionen führen möchte. Beim einen Reiter scheint das zum Erfolg zu führen, beim zweiten schon nicht mehr. Reiter werden in den so genannten „korrekten“ Sitz gezwungen, ohne dass sich der Ausbilder Gedanken darüber macht, wie der Mensch Bewegungen generell lernt bzw. wo die Unterschiede im Lernverhalten des Einzelnen liegen könnten.

Der Mensch ist bezüglich des Bewegungslernens ein hoch kompliziertes Wesen. Beim Bewegungslernen im Sport, auch beim Reiten, spielt eine Vielzahl von Abläufen eine Rolle, die sich eigentlich jeder Ausbilder verdeutlichen müsste. Der Mensch funktioniert über seine Muskeln, die ihre Befehle vom Gehirn erhalten. Bewegungsfehler können durch Muskeln entstehen, die aufgrund der veränderten Welt heute nicht mehr so ausgebildet sind, dass ein harmonisches Miteinander aller Körperteile erfolgen kann. Durch einseitige Beanspruchung findet eine psychische Belastung statt, durch die das Gehirn überstrapaziert wird. Es kann keine korrekten Impulse an die Muskeln weitergeben. Des Weiteren können emotionale Zustände wie Unsicherheit, Angst oder Aggression das motorische Lernen beeinträchtigen. Auch das unterschiedliche Alter spielt beim Bewegungslernen eine Rolle. Was der junge Reiter noch nicht kann, ist einem älteren nicht mehr möglich.

Um all diese Punkte hat sich die Ausbildung in der Reiterei bisher zu wenig gekümmert. Reiter müssen darunter leiden, dass man sie eigentlich nicht so unterrichtet, wie es ihren äußeren und inneren Voraussetzungen entspricht.

Man kann sogar sagen, dass sie in eine Form gepresst werden (Kopf hoch, Hände herunter, Absätze tief, Knie tief, Schenkel zurück). Eine Ausbildung nach Formgesichtspunkten kann jedoch den Reitern nicht helfen, da jeder Mensch nicht nur einen anderen Körperbau und eine andere Kondition hat, sondern auch ein anderer Lerntyp ist. Der eine lernt mehr über das Ohr, der andere über das Auge, der dritte möchte seinen Schenkel durch den Ausbilder angelegt bekommen, um ihn korrekt zu fühlen. Auch diese generellen Unterschiede werden in der Reiterei zu wenig beachtet, weshalb sich das Bewegungsgefühl für den eigenen Körper und das Gefühl für die Bewegungsabläufe des Pferdes nicht intensiv genug ausbilden können.

Mit genau diesem Gefühl beschäftigt sich das vorliegende Buch:

- Es ist für Reiter jeglicher Reitweise, für Reiteinsteiger, fortgeschrittene Reiter und Reitausbilder geschrieben.
- Es fördert ein Verständnis für die Vielschichtigkeit der Bewegungsabläufe beim Reiten.
- Es erklärt das muskuläre System des Reiters in seiner Funktionsweise.
- Es liefert Anregungen, wie der Reiter sein Muskelsystem ausbilden kann, um besser auf das Pferd einwirken zu können. Einen schiefen Sitz, der durch einseitige Muskulatur des Reiters hervorgerufen wird, kann kein Ausbilder durch sprachliche Korrektur verbessern. Wenn der Reiter sich nach Vorschrift des Ausbilders hinsetzt, verkrampft er noch stärker.
- Es werden Wege aufgezeigt und methodische Grundlagen erörtert, wie der Mensch sich für seine äußeren und inneren Vorgänge sensibilisieren kann. Es werden Prinzipien erörtert, um ein Neulernen oder Umlernen zu ermöglichen. Es geht um den Aufbau des Bewegungssehens, das Grundlage zur Selbstkorrektur ist.
- Es werden methodische Grundlagen erörtert und Möglichkeiten aufgezeigt, wie der Reiter lernen kann, sich intensiver von innen zu sehen, also sich zu spüren.
- Das Buch teilt sich in drei Teile: Im ersten werden die körperlichen Grundlagen für ein gefühlvolles Reiten aufbereitet, im zweiten Teil das Bewegungsgefühl, seine Notwendigkeit und Entstehung vertiefend behandelt. Im dritten Teil werden typische Reitprobleme exemplarisch dargestellt.

I. Körperliche Grundlagen **eines gefühlvollen Reitens**

Lernt man Reiten nur durch Reiten?

Die Frage scheint banal zu sein, weil eigentlich klar ist, dass man Reiten beispielsweise nicht durch Tennisspielen erlernen kann. Dennoch muss die Frage ernst genommen werden. Wie bei jeder Sportart ergibt sich auch beim Reiten in vielen Situationen das Problem, nicht weiterzukommen, weil im eigenen Funktionssystem (z. B. bei der Muskulatur oder im Zusammenspiel von Muskulatur – Koordination) bestimmte Bewegungsabläufe nicht möglich sind. Hintergründe können in körperlichen Schwächen oder im Gehirn-Muskel-Zusammenspiel gesucht werden. Für solche Situationen werden in allen Sportarten systematische Gymnastik- oder Koordinationsprogramme durchgeführt, die die Voraussetzungen für die Bewegungsabläufe der jeweiligen Sportart schaffen. Reitbewegungen können erst dann fühlend vollzogen werden, wenn der Körper sie koordinieren kann. Ein gut vorbereitetes Körpersystem ist Grundlage für den korrekten Sitz und bildet somit die Voraussetzung, fühlend (ohne Kraftanstrengungen) auf das Pferd einwirken zu können. Dabei spielen vor allem die Losgelassenheit des Reiters und seine positive emotionale Einstellung (innere Losgelassenheit) eine wichtige Rolle für ein harmonisches Zusammenspiel zwischen Reiter und Pferd.

Nur aus einem für den eigenen Körperbau aufrechten Sitz kann der Reiter seine Hilfen so an das Pferd weitergeben, dass es die erwünschten Lektionen ausführen kann. Leider fühlen viele Reiter ihren fehlerhaften Sitz nicht. Er ist ihnen so zur Gewohnheit geworden, dass sie glauben, sie würden korrekt sitzen. Das kann sich nur ändern, wenn sie lernen, ihren Körper als Ganzes bzw. die Bedeutung der einzelnen Muskeln für spezielle Aufgaben zu spüren. Sie müssen sich und ihren Körper kennen lernen, indem sie über entsprechende Übungen erfahren (erleben), wie die einzelnen Körperteile einzusetzen sind und wie sie innerhalb des Gesamtsystems funktionieren.

Dabei ist es wichtig, die Übungen möglichst unter Ausschluss der Schwerkraft zu machen, weil der Mensch einen Großteil seiner Kraft benötigt, um gegen die Schwerkraft der Erde anzukämpfen. Die dabei verbrauchte Energie steht dann nicht zur Verfügung, um neue Bewegungen bzw. Bewegungsabläufe zu erfühlen. Wenn auf einer Matte am Boden gearbeitet wird, fällt es leichter, sich auf die Bewegungen zu konzentrieren, sie fühlend zu erfahren.

Diese Zusatzaufgaben sind besonders für Reiter notwendig, die sich außer durch Reiten wenig sportlich bewegen. Denn leider bringen sie neben einer geringen körperlichen Fitness wenig Gefühl für die vielen Bewegungsansprüche mit, die das Reiten stellt. Es geht um ein harmonisches Miteinander zweier Wesen. Der Reiter muss sich nicht nur auf sich selbst, sondern gleichzeitig auf das Pferd einlassen.

Spezielle Übungen sind außerdem für Späteinsteiger und Spätlerner wichtig. Sie bringen oft wenig Gefühl für ihren Körper mit. Außerdem haben sie Schwierigkeiten, sich in die neuen Bewegungsabläufe des Reitens hineinzufühlen, weil Reiten keine Ähnlichkeit mit anderen Alltagsbewegungen aufweist. Der Reiter kann nicht auf andere sportliche Situationen zurückgreifen (fehlender Transfer). Deshalb fällt es Reitern oft sehr schwer, die vielen gleichzeitig und nacheinander ablaufenden Teilbewegungen zu verbinden, sodass sie verkrampfen und ihnen nichts mehr gelingt. Wenn sie durch eine gute Ausbildung ihres Muskelsystems und Übung der koordinativen Abläufe vorbereitet aufs Pferd steigen, muss die Aufmerksamkeit nicht zu stark auf die eigenen Bewegungsabläufe gerichtet werden. Sie können sich vorrangig auf das Pferd konzentrieren. Dadurch gelingen die Reitbewegungen besser.

Der Spruch „Reiten lernt man nur durch Reiten" mag gerade noch für Kinder und Jugendliche zutreffen, die sich im spielerischen Umgang mit den Ponys und Pferden auf einem ländlichen Reiterhof auseinander setzen können. Sie lernen das Reiten mehr auf der Ebene eines Dialogs, das heißt wenn sie reiten, wird ein ständiger Zusammenhang von Spüren und Bewirken hergestellt. Die Kinder lernen durch die Situation und nicht durch ständige Anweisungen. Sie reiten das Pony oder Pferd, indem sie seine Bedürfnisse und Voraussetzungen erspüren und versuchen ihnen zu entsprechen. Erst wenn sie sich an die Gesetzmäßigkeiten des Tieres angepasst haben, können sie ihre eigenen Körpergesetze auf es übertragen. Was diese Aussagen im Einzelnen bedeuten, wird im weiteren Verlauf des Buches betrachtet.

- Erwachsene lernen Reiten nicht allein durch Reiten. Das gilt besonders für Späteinsteiger und sonstige Nichtsportler.
- Erwachsene Nichtsportler bringen selten geeignete körperliche Voraussetzungen mit, sodass sich Probleme beim Reitenlernen verstärken.
- Deshalb sollte das Reitenlernen durch zusätzliche Körperübungen unterstützt und erleichtert werden.

Nur das Äußere des Reiters wird betrachtet

Die Reitbewegung ist als ständige Veränderung des Reiters in Raum und Zeit innerhalb der Reitbahn oder im Freien zu sehen. Der Ausbilder orientiert sich dabei ausschließlich an den von Augenblick zu Augenblick ablaufenden sichtbaren körperlichen Veränderungen der unterschiedlichen Körperteile des Reiters (Welcher Körperteil verändert sich auf welche Weise?) Sein Blick ist also von außen auf das Äußere gerichtet.

Diese Betrachtungsweise ist möglich, in der Reiterei auch üblich, erfasst jedoch nicht die Eigenart des einzelnen Reiters und vermag auch nicht in die inneren Vorgänge (motorisch/emotional/kognitiv) einzudringen. Der rein auf die äußeren körperlichen Abläufe gerichtete Blick bietet keine Einsicht in die spezifische Art der Reitbewegung und Reiterhaltung. Eine vertiefende Betrachtung im Sinne des Erfassens des Bewegungsgefühls kann damit nicht erreicht werden.

Die Haltung des Körpers und seiner Teile sind beim Reiter immer auch Ausdruck menschlichen Daseins. Die äußere Haltung ist an innere körperliche und psychische Vorgänge und Zustände gebunden. Deshalb dürfen die wahrgenommenen Reitbewegungen nicht ausschließlich als Ortsveränderung von Körperteilen gesehen werden. Sonst lernt der Reiter nur Formen auszuführen, anstatt sein Bewegungsgefühl zu verbessern. Er muss die Übereinstimmung seiner Bewegungen mit denen des Pferdes spüren.

Die englische Sprache unterscheidet beim Wort Bewegung zwischen „movement" und „motion". Beide Begriffe zusammen erfassen die Komplexität der Bewegung des Reiters. Es geht nicht nur um den Körper (äußere Bewegung – movement), sondern auch um die inneren Vorgänge (innere Bewegung – motion).

Ziel der Reitausbildung ist es, dass der Reiter lernt, sich in der Reitbahn oder im Freien selbständig mit dem Pferd zu bewegen. Er soll, für sich und sein Pferd, der Situation entsprechend richtige Entscheidungen treffen können. Ein solches Ziel setzt ein verändertes Verständnis von Reiten voraus.

Bei Reitern wird fast ausschließlich die Form des Sitzes betrachtet. Die Dynamik, die sich dahinter verbirgt, ist jedoch entscheidend. Deshalb müssen die inneren Hintergründe für das Zustandekommen der Bewegungsveränderungen des Reiters intensiver in den Blick des Ausbilders geraten.

Reiten soll ein Dialog zwischen Reiter und Pferd sein

Jeder Reiter bewegt sich anders auf einem Pferd, obwohl der Ausbilder ihn in die so genannte „richtige Form" (den korrekten Sitz) presst. Den richtigen Sitz gibt es nicht. Es gibt nur für jeden Einzelnen den gemäß seinen körperlichen und psychischen Besonderheiten optimalen Sitz. Durch diese Aussage wird deutlich, dass Reiten ein unabgeschlossener Prozess ist, der ständigen Veränderungen unterworfen ist. Die äußere Form darf nicht angestrebt werden, sondern muss sich über den korrekten Umgang mit dem eigenen Körper (Funktion) aus vielen Lernprozessen ergeben.

Die Reiterin muss mit dem Pferd „verschmelzen"!

Die Sportwissenschaft hat nachgewiesen, dass es für jeden Menschen und jeden Bewegungsablauf nur eine optimale Bewegungslösung (Funktion) gibt. Es gilt also für den Ausbilder, diesen individuellen Bewegungsablauf für jede Pferd-Reiter-Kombination herauszufinden. Das Miteinander von Mensch und Pferd soll harmonisch sein und wie ein Dialog zwischen zwei sich verstehenden Wesen ablaufen.

Wenn nun Reiten als Dialog zwischen Reiter und Pferd verstanden werden soll, so spielen beide Partner – Pferd und Reiter – eine gestaltende Rolle. Reiten in diesem Sinne meint also für den Reiter ein Aussenden von Botschaften (über die unterschiedlichen Hilfen), die vom Pferd verstanden werden müssen. Auf diesen Gesamtzusammenhang wird noch im Kapitel „Bewegen und Wahrnehmen“ vertiefend eingegangen.

- Jeder Reiter und jedes Pferd ist ein individuelles Wesen.
- Auf die Individualität des Pferdes muss sich der Reiter einstellen. Dieses „Hineinhorchen“ in die Eigenarten des Pferdes muss der Reiter lernen.
- Erst dann ist ein partnerschaftlicher Umgang möglich.

Wie verständigt sich der Reiter mit dem Pferd?

Reiten kann als Sprechakt verstanden werden; es ist kein rein mechanisches Bewegen von Körperteilen des Reiters ohne Bedeutung für das Pferd. Der Reiter befragt das Pferd über seine Hilfen (Schenkel, Zügel, Gewicht); das Pferd antwortet und zeigt ihm, wie es die Bewegungen des Reiters verstanden hat. Wenn es die Bedeutung der Reiterbewegung nicht verstanden hat, wird das Pferd noch einmal befragt. Es werden neue Botschaften übermittelt, die wiederum vom Pferd beantwortet werden, bis ein harmonisches „Gespräch“ zwischen Reiter und Pferd entstanden ist. Zunächst muss der Reiter in das Pferd „hineinhorchen“, was es schon kann (was es anbietet), um danach Reitlektionen zu erreichen, die es noch nicht beherrscht. Für ein so verstandenes gefühlvolles Reiten lassen sich viele Reiter heute keine Zeit mehr.

- Die Bewegungen des Reiters sind als Sprache zu betrachten. Über seine Hilfen befragt der Reiter das Pferd.
- Wenn das Pferd die Reitersprache nicht versteht, muss der Reiter es noch einmal oder mit anderen Mittel versuchen.

Wie entstehen Störungen zwischen Reiter und Pferd?

Das „Gespräch“ zwischen Reiter und Pferd kann durch viele Missverständnisse gestört werden. Wenn beide keine oder kaum Vorerfahrungen haben, ist ein Dialog zwischen Reiter und Pferd kaum möglich. Einer der beiden Partner muss einen Erfahrungsvorsprung besitzen, damit ein Miteinander gelingt. Entweder ist der Reiter weiter als das Pferd oder umgekehrt. Ein unerfahrener Reiter benötigt ein erfahrenes Pferd, das bereits „Sprachbrocken“ versteht und der vage angedeuteten reiterlichen Hilfe die gewünschte Lektion folgen lässt. Oder der Reiter ist erfahren und führt das Pferd mit Si-

Eine Korrektur durch die Hand des Ausbilders wirkt Wunder!

cherheit und ohne überhöhten Krafteinsatz feinfühlig zu den gewünschten Lektionen.

Weitere Störungen können sich aus einer falschen „Körpersprache" ergeben. Der Reiter hat durch körperliche und koordinative Schwächen so wenig Bewegungsübertragungsmöglichkeiten (Einwirkung), dass das Pferd ihn nicht versteht. Außerdem kann fehlendes Bewegungsgefühl, also die mangelnde Feinfühligkeit für die eigenen Bewegungen und die des Pferdes, Grund für Störungen sein. Jeder Mensch und jedes Pferd ist für seine Bewegungsabläufe unterschiedlich sensibel. Dieses Buch soll dazu beitragen, die Sensibilität zu verbessern und Einsichten im Umgang mit sich und dem Pferd zu gewinnen.

Auch das ausschließliche Unterrichten mittels „sprachlicher Anweisungen" kann zu Problemen führen. Der Sprache sind beim Reitenlernen Grenzen gesetzt. Zum einen gibt es Reiter, die schwer über das Ohr lernen können. Zum anderen kann die Sprache Bewegungsabschnitte, die gleichzeitig ablaufen, nur nacheinander formulieren. Es entsteht so eine falsche räumlich-zeitliche Bewegungsvorstellung. Die inhaltliche Deutung der einzelnen Wörter wird nicht von jedem Menschen gleich aufgenommen. Bewegungen können nur als räumlich-zeitliche Abfolgen formuliert werden, ihre Dynamik kann über Sprache nicht übermittelt werden.

Des Weiteren formulieren Reitlehrer oft **ihr** eigenes Bewegungsgefühl bezüglich der zu vermittelnden Lektion, anstatt zu versuchen, sich in den Reiter hineinzuversetzen und sein im Augenblick vorhandenes Bewegungsgefühl zu verbessern. Sich in das Gefühl eines anderen hineinversetzen kann nur derjenige, der die Reitbewegungen selbst beherrscht. Deshalb ist die Reitqualität eines Ausbilders auch Grundlage für seine Analysefähigkeit.

Wenn der Ausbilder gut reiten (fühlen) kann, wird bei der Betrachtung eines Reiters sein eigenes inneres Bild wachgerufen. Er „reitet seinen Reitschüler nach". An diesen augenblicklichen Empfindungen seines Schülers muss der Ausbilder ansetzen und ihn auf dieser Grundlage verbessern. Die idealtypische Formkorrektur bringt den Reiter dagegen wenig weiter.

Missverständnisse zwischen Reiter und Pferd können mehrere Ursachen haben:

- Es dürfen nicht beide Partner zu geringe Vorerfahrungen haben. Einer der Partner muss seinen Erfahrungsvorsprung nutzen, um dem anderen beim Lernen zu helfen. Durch ein erfahrenes Pferd lernt der Reiter; ein erfahrener Reiter ist der beste Lehrer für ein unerfahrenes Pferd.
- Der Reiter und/oder das Pferd können zu wenig Kondition haben.
- Das Zusammenspiel der Muskeln des Pferdes und des Reiters gelingt nicht.
- Das Unterrichten des Reitlehrers ausschließlich über Sprache schafft Lernprobleme beim Reiter.

Welche Bedeutung haben die wichtigsten Muskeln für das Reiten?

In diesem Kapitel werden die Funktionen der einzelnen für den Reiter wichtigen Muskelgruppen erläutert, damit die im Kapitel „Reitbahnkommandos können ein falsches Gefühl vermitteln“ auf Seite 16 verdeutlichten Probleme der Reitbahnkommandos einsichtig werden.

Die wichtigsten Muskeln und ihre Bedeutung

NR.	MUSKEL-BEZEICHNUNG	FUNKTION DES MUSKELS
1	Handgelenkstrecker	Streckt das Handgelenk; sorgt für gerade Zügelführung.
2	Handgelenkbeuger	Beugt das Handgelenk bei Paraden.
▸ **Die Ausgewogenheit beider ist die Garantie für eine gerade Linie Handrücken-Unterarm.**		
3	Armstrecker	Streckt den Unterarm.
4	Armbeuger	Beugt den Unterarm.
▸ **Eine Ausgewogenheit beider Muskelgruppen macht eine natürliche Winkelung des Unterarmes – rechter Winkel – möglich. Ist der Strecker zu stark, ergibt sich eine gedrückte (zu tiefe) Hand. Eine zu hohe Hand kann die Folge eines zu starken Beugers sein.**		
5	Deltamuskel	Hebt den Arm nach vorne/hinten; dreht den Arm nach außen/innen.
6	Brustmuskulatur	Hebt den Arm nach vorne; führt den seitlich geneigten Arm heran; dreht den Arm nach innen; stabilisiert das Schultergelenk; unterstützt den Rundrücken.
7 a	Schultergürtel (Trapezmuskel)	Oberer Teil hebt das Schulterblatt; mittlerer Teil dreht Kopf zur Seite, führt Schulterblätter in Richtung Wirbelsäule; unterer Teil senkt die Schulter.
7 b	Rückenstrecker	Für den aufrechten Sitz zuständig; streckt, stabilisiert und neigt die Wirbelsäule seitlich und dreht sie.
▸ **Erzeugt durch Verkürzung im unteren Teil ein Hohlkreuz, im oberen Teil – Schultergürtelmuskulatur – durch Abschwächung einen Rundrücken.**		
8	Bauchmuskulatur (gerade/äußere und innere schräge)	Richtet das Becken bei festgestelltem Brustkorb auf; neigt den Rumpf bei festgestelltem Becken nach vorne; neigt den Rumpf seitlich und dreht ihn; stabilisiert den Rumpf.
9	Hüftbeuger (Beinanzieher) (innere)-Adduktoren	Führt den Oberschenkel heran; schließt die Beine.
	(vordere)-Lendendarmbeinmuskel	Beugt die Hüfte; stabilisiert die Lendenwirbelsäule.

NR.	MUSKEL-BEZEICHNUNG	FUNKTION DES MUSKELS
▸ Zu starke Hüftbeuger führen zum „Klemmen“ und zum Kippen des Beckens nach vorne, wenn gleichzeitig die Gesäßmuskulatur schwach ist und die tiefen Rückenmuskeln verkürzt sind.		
10	Lendenmuskel (seitliche Rumpfmuskulatur)	Unterstützt den Rückenstrecker zur Aufrichtung der Wirbelsäule; zieht den Rumpf zur Seite.
11	Gesäßmuskulatur (Beinabspreizer)	Streckt die Hüfte; stabilisiert das Becken; dreht die Oberschenkel nach innen und außen; spreizt die Beine ab.
12	vordere Oberschenkelmuskulatur	Streckt das Knie; beugt die Hüfte.
13	hintere Oberschenkelmuskulatur	Beugt das Knie; streckt die Hüfte; dreht den Unterschenkel bei gebeugtem Knie.
14	Wadenmuskulatur (Zwillingsmuskel/ Schollenmuskel)	Senkt den Fuß; hebt in den Ballenstand; beugt das Knie über den Zwillingsmuskel; hebt den inneren Fußrand an.
15	Schienbeinmuskulatur	Hebt den Fuß; hebt den Fußinnenrand; hebt den Fußaußenrand an.

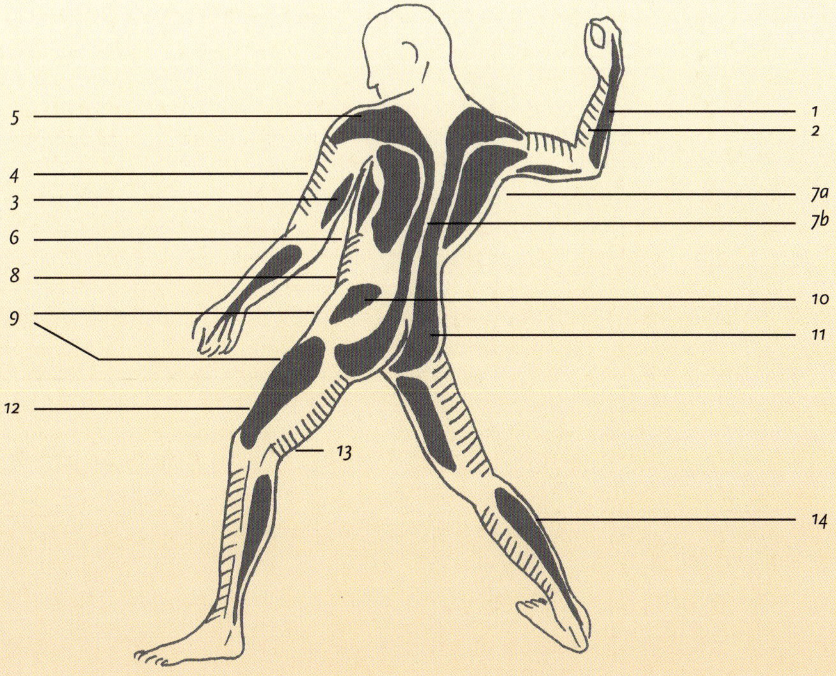

Reitbahnkommandos können ein falsches Gefühl vermitteln

An einigen typischen Reitanweisungen soll verdeutlicht werden, dass sie zu falschen Bewegungsvorstellungen führen können, obwohl es der Reitlehrer eigentlich gut meint. Es finden andere Bewegungen statt als durch die verwendeten Begriffe erreicht werden sollen. Mit Sprache sind also nicht alle Vorgänge zu vermitteln.

Die Fachsprache des Reitens ist besonders für Anfänger oft ein „Buch mit sieben Siegeln". Reiter hören von ihren Ausbildern oftmals Anweisungen, die sie nicht in korrekte Reitbewegungen umsetzen können. Sie reagieren auf die Anweisungen mit Bewegungen, die die Ausbilder gar nicht erreichen wollen. Es werden also falsche Bewegungsvorstellungen und -abläufe hervorgerufen.

In der Reiterei wird noch zu stark nach so genannten Meisterlehreprinzipien verfahren. Jeder unterrichtet so, wie sein „Meister" es ihn gelehrt hat. Dabei wird nicht mehr reflektiert, ob diese Art des Unterrichts noch zutreffend ist. Obwohl viele der gängigen Reitlehreranweisungen nachweislich physiologisch falsche Ergebnisse erzeugen (was ich im Detail noch zeigen werde), werden sie seit Jahren an lernende Reiter weitergegeben. Dies ist ein Beleg dafür, dass der Mensch über die Fähigkeit verfügt, sich trotz aller Widrigkeiten sinnvoll zu bewegen.

Es geht hier nicht darum, Schuldzuweisungen vorzunehmen, sondern es soll verdeutlicht werden, wie notwendig theoretische Kenntnisse für die tägliche Reitpraxis sein können. Diese Ausführungen gehen von einem Punkt der Praxis aus, an dem der Reitlehrer trotz vieler Korrekturen und intensiver Bemühungen eines engagierten Reiters nicht vorankommt. In diesem Augenblick liegen die Probleme nicht im Willensbereich, sondern in mangelnden körperlichen und gefühlsmäßigen Voraussetzungen des Reiters. Trotz Engagements des Ausbilders kommt er nicht weiter, wenn seine muskulären und gefühlsmäßigen Schwächen nicht erkannt und behoben werden. Die folgenden Ausführungen mögen den Ausbildern Grundlagen liefern, um bei entsprechenden Problemfällen weiterzukommen.

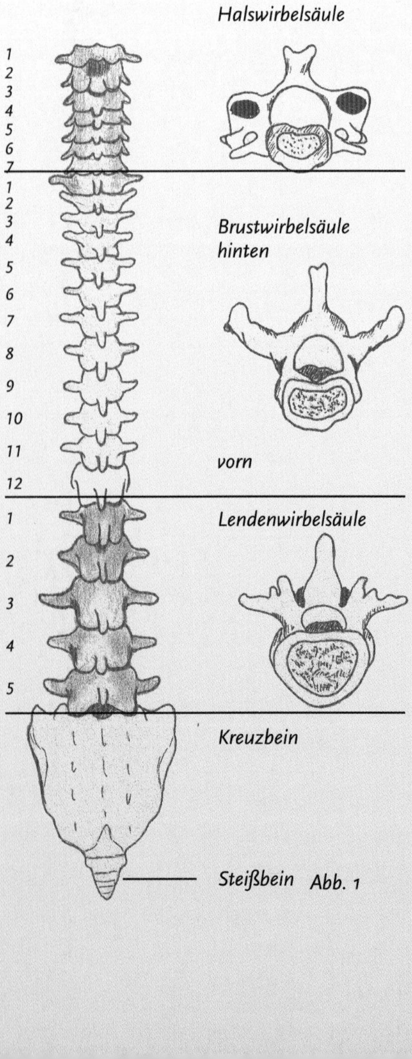

Abb. 1

„Kreuz anspannen"

Wenn Reiter gefragt werden, was „Kreuz anspannen" heißt und wie es muskulär erzeugt wird, werden sicherlich viele Antworten gegeben, die nicht unbedingt den Kern der Sache treffen. „Kreuz anspannen" wird von vielen Reitern als Einwirkung des Reiters mit seiner Rückenmuskulatur auf den Rücken des Pferdes verstanden. Des-

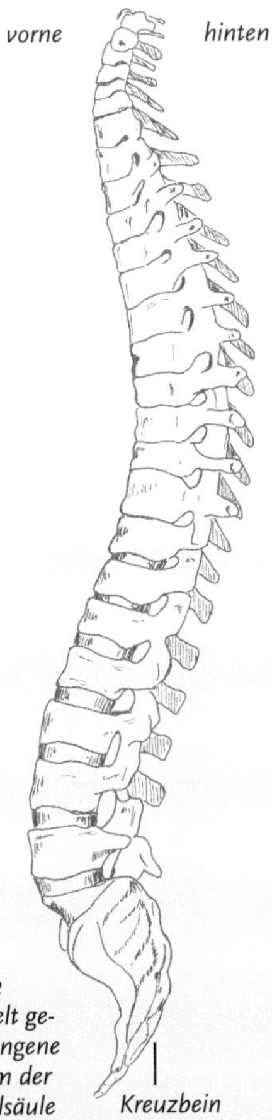

Abb. 2
Doppelt geschwungene S-Form der Wirbelsäule

halb benötige man auch entsprechend starke Rückenmuskeln. Sicherlich ist eine starke Rückenmuskulatur wichtig, um den korrekten aufrechten Sitz einnehmen zu können. Dieser stellt jedoch nicht ein Schönheitsmerkmal des Reiters dar, sondern ist unumgänglich, um die Einwirkung über die Gewichtshilfen zu ermöglichen. „Kreuz anspannen“ ist nichts anderes als das Kippen des Beckens, das einen festen Ring mit dem Kreuzbein bildet. Das Kreuzbein ist der zusammengewachsene Teil der fünf Endwirbel der Wirbelsäule und bildet eine geschlossene Einheit mit dem Beckenring (Abb. 1). Aufrecht sitzen heißt, eine Haltungsform einzunehmen, in der die Wirbelsäule ihre natürliche doppelt geschwungene S-Form erhält (Abb. 2). Aus dieser Haltung können die Gewichtshilfen optimal zur Wirkung kommen.

Der aufrechte Sitz hat im Zusammenhang des „Kreuz anspannens“ die Funktion, das Gelenk zwischen dem fünften Lendenwirbel und dem Kreuzbein frei zu machen (Abb. 3), um den Kippvorgang zu ermöglichen. Ist dieses Gelenk durch eine Haltung vor oder hinter der Senkrechten blockiert, so kann keine Kreuzeinwirkung und damit kein wichtiger verstärkender Impuls erfolgen. Der Reiter muss in der Lage sein, sein „Kreuz“ kurzfristig anzuspannen, um nach Bedarf verstärkend zu wirken. Eine längere Einhaltung dieses Kippvorgangs lässt ihn durch sein festgestelltes Becken nicht mehr mit den Bewegungen des Pferdes mitschwingen.

Muskulärer Auslöser für das Kippen des Beckens ist die Bauchmuskulatur bei gleichzeitigem Loslassen der tiefen Rückenmuskulatur und der Hüftbeuger (Abb. 4). Bei Schwächen im Bauch- und Gesäßmuskulaturbereich des Reiters können die Anweisungen des Ausbilders noch so korrekt kommen, sie erreichen keine Verbesserung, weil die Muskeln bereits bei normalen alltäglichen Tätigkeiten ihre Arbeit verweigern. Nur durch eine gezielte Gymnastik, die der Reiter vom Ausbilder als Hausaufgabe erhält, können die Schwächen ausgeglichen werden. Wenn sich die körperlichen Bedingungen des Reiters verbessern, hat es der Ausbilder in der Reitbahn leichter, den Reiter durch seine Aufgabenstellungen voranzubringen.

Abb. 3
Normalstellung der Wirbelsäule und des Beckens

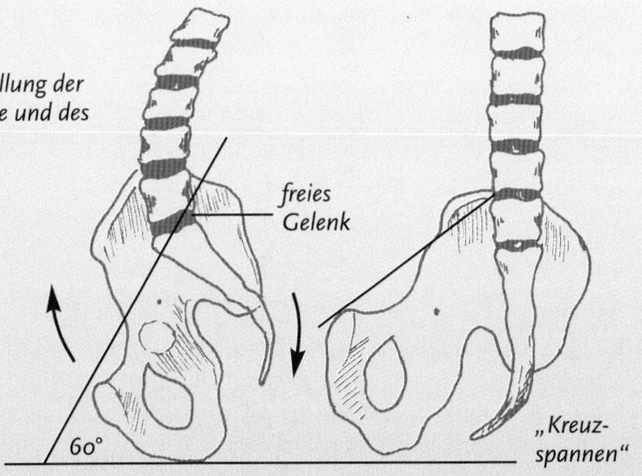

Abb. 4
1 Bauchmuskeln anspannen
2 Leichte Zuhilfenahme der Gesäßmuskeln
3 Loslassen der Rückenmuskeln

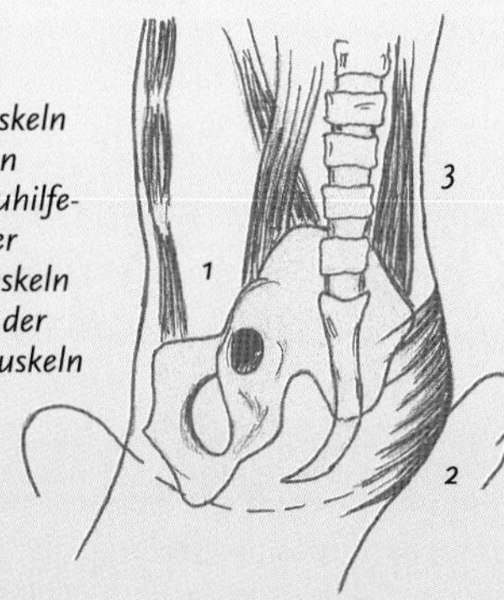

„Belastung auf den inneren Gesäßknochen verlagern“

Ausbilder geben den Reitern für das Angaloppieren korrekterweise die Hilfe, den inneren Gesäßknochen zu belasten. Dabei erzeugen die Reiter oftmals aktiv einen Hüftknick, weil sie die einseitige Gewichtshilfe noch nicht gezielt geben können.

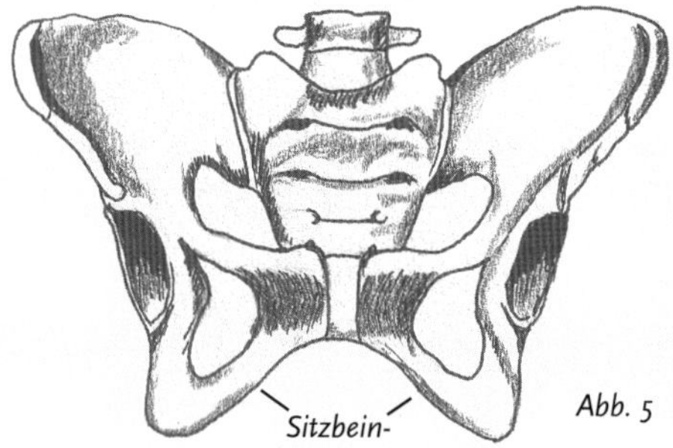

Abb. 5

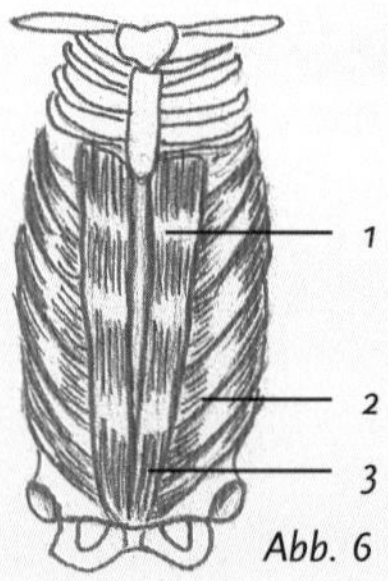

Abb. 6

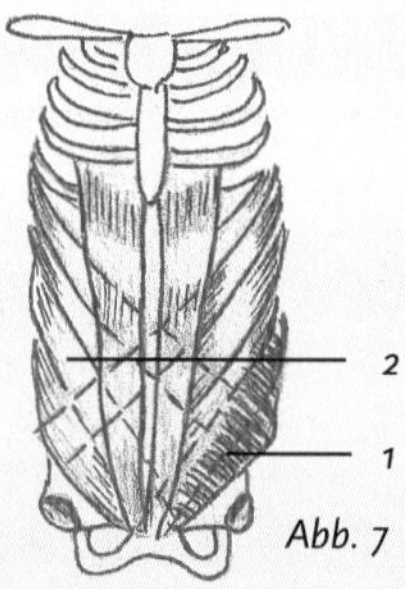

Abb. 7

zu Abb. 6
1 gerader Bauchmuskel
2 äußerer schräger
3 innerer schräger (verdeckt)

zu Abb. 7
1 innerer schräger aktiv
2 äußerer schräger passiv (stabilisierend wirkend)

Beim Dressursitz ruht das Gewicht auf beiden Sitzbein-Schambein-Ästen (Abb. 5). Durch das natürliche Eingehen des Reiters in die schwingende Bewegung des Pferderückens macht das Becken eine leichte Rollbewegung vor und zurück. Es bewegt sich – wenn man sich das Zifferblatt einer Uhr bildlich vorstellt – von sechs Uhr nach zwölf Uhr und zurück. Bei der einseitigen Gewichtshilfe muss nun das Becken entweder in Richtung zehn Uhr oder zwei Uhr gerollt werden (in Richtung linkes oder rechtes Knie), die entsprechende Beckenringhälfte bewegt sich vorwärts-abwärts. Ein Blick in die entsprechende Richtung erleichtert die Beckenbewegung. Je nachdem wie der untere Teil der geraden Bauchmuskulatur und der jeweilige innere schräge Bauchmuskel ausgebildet ist, gelingt es besser oder schlechter (Abb. 6). Die Anweisung „innere Hüfte vor“ führt zu Bewegungen des Reiters, die keine echte einseitige Gewichtshilfe hervorrufen, weil dazu falsche Muskeln beansprucht werden. Dabei geht außerdem als unweigerliche Reaktion die entgegengesetzte Schulter zurück. Da diese Reaktion einwirkungsmäßig falsch ist, der Reiter „offen sitzt“, korrigiert der Ausbilder ihn mit „äußere Schulter vor“. Automatisch zieht sich die innere Hüfte zurück.

Dieser Reiz-Reaktions-Ablauf muss durchbrochen werden. Die Reiter müssen daran gewöhnt werden, je nach Anforderung der Situation aktive und passive Eigenschaften der Muskulatur zusammenwirken zu lassen. Beim Reiten auf der linken Hand muss also der innere linke schräge Bauchmuskel aktiv sein, während der rechte äußere schräge Bauchmuskel die rechte Schulter blockiert, sodass sie nicht nach hinten gezogen wird (Abb. 7). Diese Fähigkeiten können jedoch nicht ausschließlich auf dem Pferd erreicht werden. Eine spezielle Gymnastik muss eingesetzt werden, um entsprechende Eigenschaften der Muskulatur zu erzielen.

„Bügel austreten“

Wenn ein Reiter Probleme mit der einseitigen Gewichtshilfe hat, wird oft der Hinweis „Tret den Bügel aus!“ gegeben. Diese Anweisung ist in zweifacher Hinsicht falsch. Wenn der Bügel ausgetreten wird, erfolgt eine Beinstreckung, sodass der Reiter mit dem Schenkel vom Pferd wegkommt und nicht mehr treiben kann. Als weitere Folge erzielt man im Gegensatz zum gewollten tieferen Einsitzen auf der Seite der Beinstreckung eine Gewichtsverlagerung auf den entgegengesetzten Gesäßknochen. Man erreicht also geradezu das Gegenteil vom gewünschten Verhalten des Reiters.

Des Weiteren wird der Beckenring tendenziell festgestellt. Ein rhythmisches Eingehen in die Bewegung des Pferdes mit der Mittelpositur ist kaum noch möglich. Diese Gesamtsituation macht sicherlich deutlich, wie wichtig das Erkennen von physiologischen Abläufen des Menschen ist, um einerseits Ursachen von Fehlern gemäß dem muskulären Zusammenspiel zu erkennen, andererseits daraus folgernd die entsprechenden Hilfen zur Verbesserung des Sitzes geben zu können.

„Tiefer Absatz / langes Bein"

Die Forderung nach einem tiefen Absatz und „langem Bein" kann von vielen Reitern nicht erfüllt werden. Die uns geläufigen Anweisungen „Bügel austreten" oder „Absatz tief, Fußspitze hoch" sollen zu diesem Ziel führen. Leider zeigen die Reiter aufgrund dieser Anregungen nicht das gewünschte Verhalten. Durch das Austreten des Bügels wird das Becken festgestellt, so dass ein rhythmisches Mitschwingen des Beckens nicht mehr möglich ist.

Dass der Absatz hochgezogen wird, kann mehrere Gründe haben. So kann ein Ungleichgewicht der Muskulatur zwischen Schienbein und Wadenmuskeln bestehen. Da die Wadenmuskulatur zur Verkürzung neigt, liegt eine generelle Tendenz des hohen Absatzes nahe. Diese Schwäche kann jedoch nicht durch bewusstes Anziehen der Zehenspitze erreicht werden, weil die damit bezweckte Haltung nur durch einen zusätzlichen Energieaufwand zu erreichen ist. Die Folge ist ein insgesamt unrhythmisches, teilweise festes Bein. Durch spezielle Übungen müssen grundsätzlich die Schienbeinmuskulatur gestärkt und die Wadenmuskeln gedehnt werden.

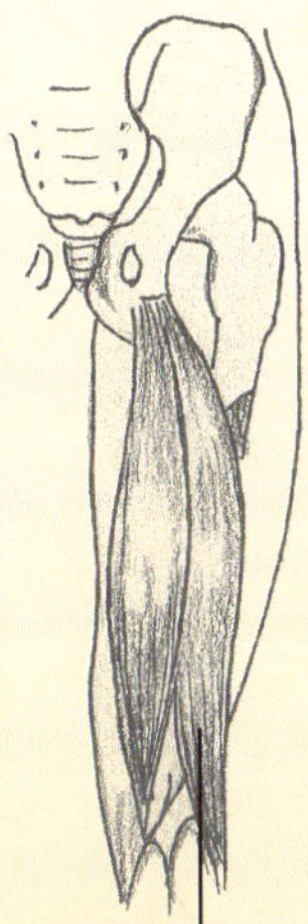

Abb. 8
Hintere Oberschenkelmuskulatur treibt

Ein hoher Absatz kann auch Folge falschen Treibens sein. Zum Treiben benutzt der Reiter korrekterweise die hintere Oberschenkelmuskulatur (Abb. 8), die zu einem Beugen im Knie führt, und die Außendreher (Außenrotatoren) der Hüfte. Somit gelangt die flache Wade (der Schollenwadenmuskel, Abb. 9) ans Pferd. Ist das Gefühl für ein korrektes Treiben jedoch nicht entwickelt, dann „springt" der Zwillingswadenmuskel an, der im Kniebereich liegt (Abb. 9), und zieht automatisch den Absatz nach oben.

Wenn der Reiter korrekt treibt und somit die hintere Oberschenkelmuskulatur einsetzt, folgen als automatische Muskelreaktionen eine natürliche Anspannung des Schollenwadenmuskels, der am Pferdeleib anregend wirkt, und der tiefe Absatz.

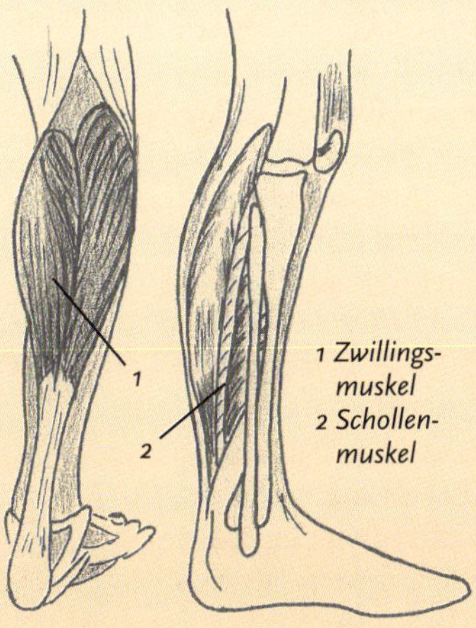

1 Zwillingsmuskel
2 Schollenmuskel

Abb. 9
Hintere Unterschenkelmuskulatur (Wadenmuskulatur)

Heute beobachtet man vermehrt Reiter mit einem extrem tiefen Absatz. Eine solche Haltung ist genauso falsch und unwirksam wie ein hoher Absatz. Das Fußgelenk ist beim zu tiefen Absatz starr und ein rhythmisches Eingehen in die natürlichen Bewegungsabläufe des Pferdes nicht mehr möglich. Über Muskelketten wird der Reiter bis zum Hals fest.

Das angestrebte Durchfedern im Fußgelenk darf nicht auf Anweisung erzeugt werden, weil diese Körperreaktion automatisch entsteht, wenn sich der Reiter geschmeidig dem Pferderhythmus anpasst. Das ist jedoch nur bei einem geschmeidigen

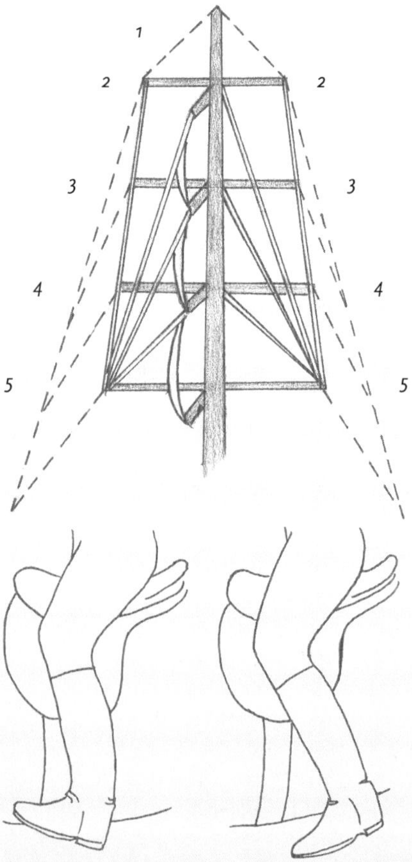

Abb. 10
zu tiefer Absatz = steif
zu hoch = Unterschenkel rutscht nach hinten

Becken und mobilen Hüftgelenk möglich. Der durchfedernde Absatz ist eine reaktive und keine aktive Bewegung. Es darf nicht Ziel sein, aktiv Zusatzbewegungen zu erzeugen, die das Pferd aus seinem Rhythmus bringen könnten, weil sich der Reiter durch den Streckvorgang im Becken festmacht.

Durch die Anweisung „Bügel austreten" kommt es bei vielen Reitern außerdem zu einem leichten Stehen im Bügel, was die Unterschenkel vom Pferd entfernt und gleichzeitig den Pferderücken nicht entlastet, weil das Knie des Reiters durch das Strecken des Beines nicht am Pferd ruht und das Reitergewicht abfangen kann.

Außerdem erkennt man an diesem Beispiel, dass die Korrekturen insgesamt an einzelnen Punkten des Körpers ansetzen, an denen das Auge Fehler entdeckt. Die Ursache eines Fehlers liegt jedoch niemals dort, wo wir ihn wahrnehmen. Dennoch verbessern wir ihn dort. Bewegungsveränderungen im Sinne von Losgelassenheit des Reiters und Einwirkung können somit nicht erreicht werden.

Eine Schwäche in einem bestimmten Körperteil kann an einer anderen Stelle als Fehler auftreten. Der menschliche Körper ist mit einem Bootsmastmodell (Abb. 10) zu vergleichen, wobei der Mast im Gegensatz zum Boot mobil ist. Wenn also an einer Stelle des Körpers eine Schwäche vorhanden ist, wirkt diese sich auf den gesamten Organismus aus. Bewegungsfehler im Reiten müssen immer ganzheitlich gesehen werden. Neigt beispielsweise ein Reiter seinen Kopf leicht nach links zur Seite, dann führt das zu einer Biegung der Wirbelsäule nach rechts und der Reiter neigt zu einem Hüftknick links, wobei er dadurch nach rechts außen sitzt. Der Fehler ist also vor allen Dingen im falschen Sitz nach außen zu erkennen, obwohl die Ursache des Fehlers im Kopfbereich liegen kann (Hüftknick kann aber auch noch andere Ursachen haben).

„Hände ruhiger"

Es gibt unterschiedliche Arten von Reitfehlern, wobei Handfehler von Beobachtern schnell auszumachen sind. Reiter stören durch unruhige Hände ihre Pferde sehr grob im Maul, ohne das bewusst zu wollen. Anlehnung kann somit nicht erreicht werden.

Handfehler sind oft nicht direkt im Bereich der Hände zu suchen, sondern entstehen im Bereich der Hüfte. Wenn ein Reiter im Hüftbereich unelastisch ist, kann er sich an die Bewegungen des Pferdes nicht geschmeidig anpassen. Die natürlichen Bewegungen des Pferdes übertragen sich über die starre Hüfte des Reiters auf seinen Oberkörper und kommen bei den Händen als Unruhe an, weil er – wie es korrekt gefordert wird – die Oberarme an den Oberkörper anlehnt. Hier kann noch so viel an den Händen korrigiert werden, die ruhige Hand ist nicht zu erreichen.

Bei Reitern, deren unruhige Hände auf Hüftprobleme zurückzuführen sind, muss der Beckenbereich durch spezielle Übungen elastisch gemacht werden. Je früher diese Schwäche des Reiters erkannt wird, desto schneller ist eine Korrektur zum Wohle des Pferdes möglich.

Unruhige Hände können jedoch auch aus einer festen Schulterpartie resultieren. In diesen Fällen gilt es, das Schultergelenk zu mobilisieren, um den Arm aus dem Gelenk locker fallen lassen zu können.

Auch eine falsche Zügelführung (Daumen wird flach aufgesetzt und nicht als Dach) kann eine feste, starre oder unruhige Hand erzeugen.

„Fußspitzen nach innen“

Es gibt Reiter, die mit nach außen oder innen gedrehten Fußspitzen reiten. Wenn bei ihnen keine Fehlstellung im Hüftgelenk vorliegt, haben beide Reitfehler unterschiedliche Hintergründe. Die Gesäßmuskulatur öffnet das Bein und somit automatisch das Knie; ein natürliches Eingrenzen des Pferdes mit dem Bein ist nicht mehr möglich. Die Klemmermuskulatur (Innenseite des Oberschenkels) schließt das Bein und bringt das Knie zu fest ans Pferd, dabei zeigen die Fußspitzen parallel zum Pferdeleib. Durch beide Sitzformen kann kein rhythmisches Treiben erreicht werden.

Reiter mit nach außen gerichteten Fußspitzen ermahnen die Ausbilder zu Recht und erwarten von ihnen ein Drehen der Fußspitzen nach innen, um somit die Wade besser ans Pferd zu bringen. Dabei reagieren die Reiter mit einem Drehen der Fußspitzen aus dem Unterschenkel, sodass der Fuß dann annähernd parallel zum Pferdeleib steht. Optisch mag diese Haltung korrekt aussehen, nur folgen durch das ausschließliche Drehen der Fußspitze aus dem Unterschenkel heraus zusätzliche Muskelreaktionen, die eine sinnvolle Einwirkung des gesamten Beines unmöglich machen. Bei dem beschriebenen Vorgang liegt der Unterschenkel nicht mehr so am Pferd, dass er ein rhythmisches Treiben ermöglicht. Man treibt am Pferdeleib vorbei. Außerdem spannen sich die „Klemmer“ zusätzlich an, ein Vorgang, der von allen Ausbildern heftig bekämpft wird, weil ein rhythmisches Eingehen in die Bewegung des Pferdes nicht mehr möglich ist. Das Becken wird festgestellt.

Eine sinnvolle, auf Einwirkung zielende Hilfe ist das Umlegen des Oberschenkels, denn die Bewegung der Unterschenkel einschließlich Fußspitze folgt dann als natürliche Reaktion.

„Bein zu / Knie zu“

Der Knieschluss (ein eng anliegendes, aber lockeres langes Bein) ist eine der wichtigsten Forderungen der Reitlehrer, die von vielen Reitern nicht erfüllt werden kann. In der Praxis versuchen Ausbilder das Problem oft durch die „Papierblattmethode“ zu lösen. Reiter sollen ein Blatt Papier so lange wie möglich mit den Knien am Sattel halten. Gegen solche Versuche, den Reitunterricht lebendiger zu gestalten, ist nichts einzuwenden.

Im Hinblick auf das anliegende Bein hat diese Methode allerdings kaum Funktion, weil das Herunterfallen des Papiers nur verhindert werden kann, wenn der Reiter extrem „klemmt". Diesen Vorgang benötigen wir gerade nicht beim Reiten, weil ein rhythmisches Einwirken dadurch kaum möglich ist. Das „Klemmen" führt zusätzlich zu einem insgesamt unruhigen Sitz, weil der Reiter durch den zu festen Kontakt zum Pferdeleib „geworfen" wird. Außerdem entstehen weitere Folgefehler. Das starke Schließen des Beines („Bein zu") lässt das Becken nach hinten kippen, eine Tendenz des runden Rückens folgt, die Schultern werden hochgezogen und der Kopf oft nach vorne gestreckt.

Man muss wissen, dass Schulterpartie und Klemmer neurophysiologisch miteinander korrespondieren. Sind die Klemmer optimal locker, also dehnfähig, fällt auch die Schulter. Das heißt, dass meistens nach der Anweisung „Bein zu" auch „Schulter locker" zu hören ist. Wiederum wird ein Zusammenhang deutlich, der die Vorstellung des menschlichen Körpers als Bootsmastmodell bestätigt.

Zur Demonstration ein Fehlerbild: So sieht falsches „Größer werden" durch Hohlkreuzbildung aus!

„Größer werden"

Jedem Reiter ist einsichtig, dass er sich auf dem Pferd aufrichten muss, um optimale Gewichtshilfen geben zu können. Die Wirbelsäule muss eine doppelt geschwungene S-Form haben (Abb. 2). Als Anweisung hören wir in der Reitbahn meistens „größer werden". Leider ist den meisten Reitern nicht klar, wie sie das muskulär erreichen sollen. Insgesamt ist die Einsicht wichtig, dass sich die Beckenstellung auch auf den Oberkörper und die Kopfhaltung auswirkt, weil sich die Bewegungen des Beckens über die Wirbelsäule auf den Kopf übertragen. Ein zu labiles Becken kann also eine starke Nickbewegung des Reiters erzeugen. Ebenso ist denkbar, dass ein starres Becken so starke Wurfbewegungen des Pferdes weitergibt, dass Nickbewegungen des Reiters die Folge sind, weil die schwache Hals-Nacken-Muskulatur die stoßartigen Bewegungen von Becken und Wirbelsäule nicht ausgleichen kann (der Kopf ist für unsere Hals-Nacken-Wirbel und -Muskulatur zu schwer).

Entscheidend für das „Größer werden" sind mehrere Muskelbereiche, die am Becken ansetzen: tiefe Rückenmuskulatur, Gesäßmuskulatur, vordere und hintere Oberschenkelmuskulatur, Hüftbeuger, gerade Bauchmuskulatur, seitliche Rumpfmuskulatur (Abb. 11). Das Becken kann nur dann in seine natürliche Lage (Voraussetzung für die doppelt geschwungene S-Form der Wirbelsäule) gebracht werden, wenn folgende Bedingungen gegeben sind:

Die Gesäßmuskulatur muss das Becken stabilisieren, wobei ihre Funktion nicht durch zu stark verkürzte tiefe Rückenmuskeln zunichte gemacht werden darf. Sind die tiefen Rückenmuskeln zu stark verkürzt, besteht die Tendenz das Becken nach vorne zu kippen (Hohlkreuz). Diese Tendenz wird durch zu starke Hüftbeuger unterstützt, die ebenfalls das Becken in eine Hohlkreuzhaltung versetzen. Wenn außerdem noch die vordere Oberschenkelmuskulatur sehr stark ist, kommt der Reiter aus dieser negativen Position nicht heraus, zumal die geraden Bauchmuskeln besonders im Beckenbereich meistens schwach sind und dem Hohlkreuz nicht entgegenwirken können. Ein natürliches „Größer werden" ist unmöglich.

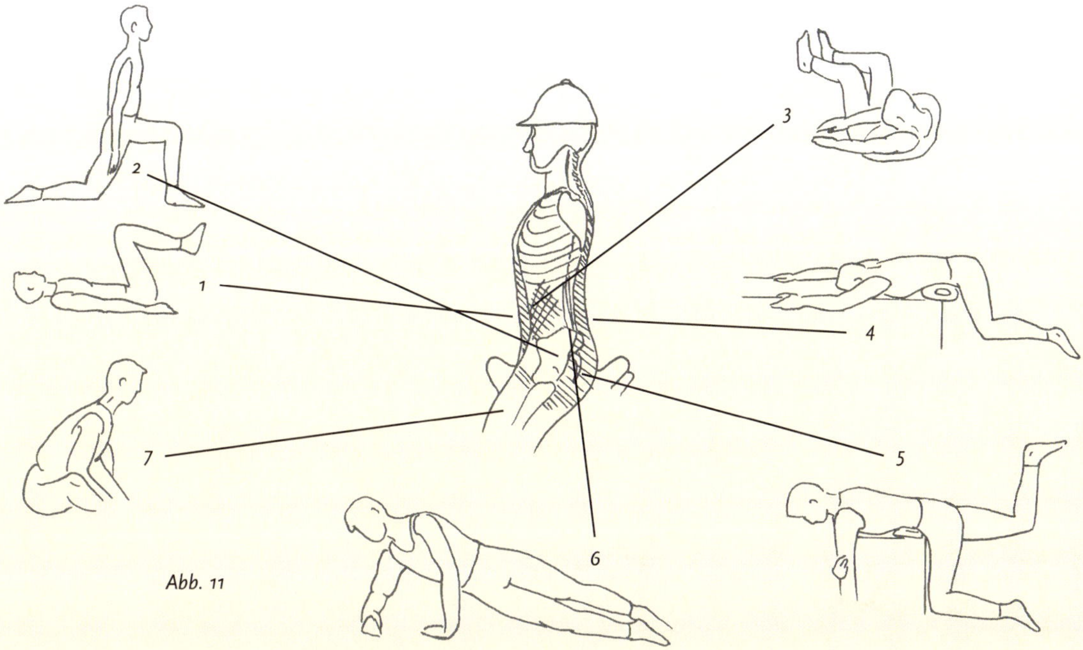

Abb. 11

Was muss geschehen, um auf dem Pferd größer werden zu können?

- Die tiefe gerade Bauchmuskulatur muss stark genug sein, um das Becken natürlich aufzurichten: Kräftigung der Bauchmuskeln (1).
- Die Hüftbeuger lassen das Becken nach vorne kippen; sie sind oft zu kurz und müssen gedehnt werden (2).
- Die schräge Bauchmuskulatur ermöglicht die einseitige Gewichtshilfe, ohne dass sich die äußere Schulter nach hinten bewegt. Sie muss gekräftigt werden. Durch sie ist ein geschlossener Sitz besonders auf gebogenen Linien möglich (3).
- Die tiefe Rückenmuskulatur darf nicht blockieren; sie muss gedehnt werden (4).
- Auch die Gesäßmuskulatur muss das Becken stabilisieren und gleichzeitig gegen die Klemmer wirken. Die Gesäßmuskeln öffnen die Beine; die Klemmer schließen sie: Kräftigung der Gesäßmuskeln (5).
- Die seitliche Rumpfmuskulatur ist oft nicht gleichmäßig ausgebildet; nur ein vollkommen aufgerichteter Reiter kann im Becken elastisch sein. Die seitliche Rumpfmuskulatur muss gekräftigt werden, um stabilisierend wirken zu können (6).
- Die Klemmer blockieren das Becken; sie müssen in einem ausgewogenen Verhältnis zur Gesäßmuskulatur stehen. Meistens sind sie stärker als die Gesäßmuskeln; sie müssen also gedehnt werden (7).

Erst wenn diese Funktionszusammenhänge annähernd gegeben sind, ist ein natürliches „Größer werden“ möglich.

Alle anderen Versuche, den Reiter bewusst muskulär aufzurichten, scheitern, weil er zu einer körperlichen Veränderung zusätzliche Muskeln benutzen müsste, die für diese Aufgabe eigentlich nicht zuständig sind.

Eine natürliche Haltung würde der Reiter nicht mehr zeigen können. Außerdem könnte er nur mit hoher geistiger Konzentration reiten, bei der ein fühlendes Eingehen auf das Pferd nicht möglich ist. Bei jedem Widerstand des Pferdes würde seine Bewegungsgestalt wieder zusammenbrechen.

Insgesamt muss bei allen Sitzproblemen mit bedacht werden, welche Sitzbedingungen der Reiter durch das Pferd erhält, weil dadurch Bewegungsabläufe verstärkt oder abgeschwächt werden können. Da ein Dialog zwischen Pferderücken und Becken des Reiters stattfindet, entstehen zwischen Pferde- und Reiterbewegungen immer Wechselwirkungen. Negative Bedingungen sind z. B. gegeben, wenn das Pferd sich im Rücken nicht loslässt, einen starken Unterhals hat, Spannungen durch Umweltreize aufbaut, stark schief ist, sich verwirft, unrhythmisch geht, also den Reiter von den Grundbedingungen schon nicht optimal natürlich „sitzen lässt". Auch der Zusammenhang des Kompensierens von Schwächen des Reiters durch Stärken des Pferdes (oder umgekehrt) soll hier nur angedeutet werden, muss aber vom Ausbilder berücksichtigt werden.

Das Aufrichten des Reiters, das „Größer werden" wird in Teil III des Buches durch das Zahnradmodell nach Brügger noch vertiefend verdeutlicht.

„Schulterblätter zusammen"

Die zur Verkürzung neigenden Brustmuskeln wirken dem Sichaufrichten des Reiters entgegen. Die Gegenwirker (oberer und mittlerer Teil der Schultergürtelmuskulatur) sind nicht kräftig genug, um dagegenzusteuern, weil sie zur Abschwächung neigen.

Wenn nun der Reitausbilder mit der Forderung „Schulterblätter zusammen" an den Reiter herantritt, dann führt das Zusammenziehen der Schulterblattmuskeln zu einer Verkrampfung im Oberkörper, wobei ein weiches Einwirken mit der „Hand" nicht mehr möglich ist. Die gesamte Schulterpartie ist verkrampft und wirkt sich negativ auf die Handführung aus. Durch den starren Oberkörper sitzt der Reiter vielleicht formal gerade, Einwirkung und Anpassung kann er aber nicht erzielen, weil die Wurfbewegungen des Pferdes nicht mehr durch einen lockeren Körper vom Becken zum Kopf und zurückfließen können. Auch hier kann mittelfristig nur mit einer Dehnung der Brustmuskeln bei gleichzeitiger Kräftigung des oberen und mittleren Schultergürtelbereichs geholfen werden.

Reiten ohne Bügel – „Schwer einsitzen"

Dem Reiten ohne Bügel wird berechtigterweise große Bedeutung zugemessen. Ziel dieser Übung ist es, den Reiter tiefer in den Sattel gelangen zu lassen. Starke Oberschenkelmuskeln lassen einen tiefen Sitz jedoch oftmals nicht zu. Der Reiter kann noch so lange ohne Bügel reiten, er wird nicht „tiefer ins Pferd" gelangen.

Die Enge/Weite des Beckens (Abstand der Sitzbeinhöcker voneinander) bestimmt zunächst die Möglichkeit des tiefen Sitzes. Außerdem ist der für jeden Reiter individuell angepasste Sattel bedeutungsvoll. Auch kann er den

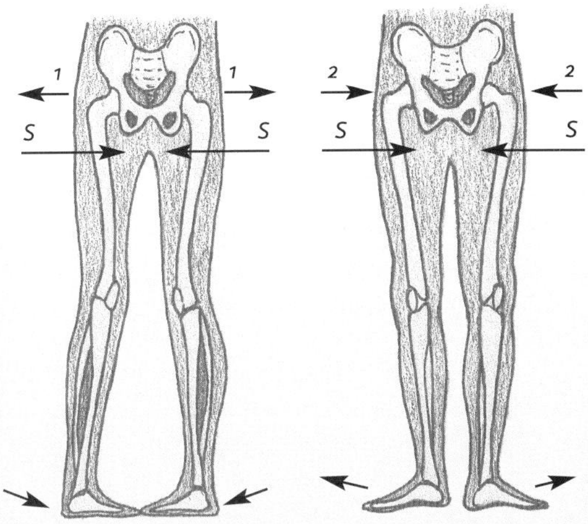

Abb. 12
Einwärts- und Auswärtsdrehen der Beine

S Sitzbeinhöcker
1 Sitzbeinhöcker entfernen sich leicht voneinander (tiefer Sitz)
2 Sitzbeinhöcker kommen mehr zusammen

tiefen Sitz einschränken und ein Mitschwingen der Mittelpositur verhindern. Selbst ein zu breites Pferd in Relation zur Konstruktion des Reiterbeckens und der Länge der Extremitäten verhindert einen tiefen Sitz.

Reiter mit starken Oberschenkeln oder zu starken Klemmern müssen daran arbeiten, eine offenere Stellung des Beckens zu erreichen, indem intensiv gedehnt wird. Sie können sich nach dem Besteigen des Pferdes auch in die Bügel stellen und die Fußspitzen extrem nach innen zum Pferd drücken. Dabei entfernen sich die Sitzbeinhöcker leicht voneinander, weil durch das Nach-innen-Drehen der Fußspitzen eine Mobilität in der Knorpelmasse der Schambeinfuge entsteht (Abb. 12). Hat sich der Reiter mit stark nach innen gedrehten Fußspitzen in den Sattel gesetzt, kann er die Extremposition der Fußspitzen aufgeben und die normale Haltung einnehmen.

Die Anweisung „Schwer einsitzen!" bringt den Reiter nicht weiter. Schwer ist ein Mensch, wenn seine Muskulatur entspannt ist (z. B. im Schlaf). „Schwer auf dem Pferd sitzen" kommt einem „Sich-tragen-Lassen" gleich; Einwirkung wäre somit nicht möglich. Der Reiter bliebe passiv. Die negative Seite des Reitens ohne Bügel läge in der Schwierigkeit des „Sich-aufrichtens". Wenn ein Reiter Schwierigkeiten mit dem aufrechten Sitz hat, so werden sie durch das Reiten ohne Bügel noch größer, weil der leichte Streckvorgang durch den feinen Druck (ein zu starker blockiert das Becken) des Fußballens im Bügel das Zusammenwirken der Aufrichtimpulse für Bein-, Gesäß-, Rücken-, Bauchmuskulatur nicht möglich ist, weil der leichte Halt zum Streckvorgang im Bügel fehlt.

Auch die Forderung des tiefen Absatzes beim Reiten ohne Bügel hat ihre Probleme. Reitet jemand ohne Bügel und zieht die Fußspitzen an, so ist das gesamte Bein fest. Dadurch entstehen Verkrampfungen im Bein und ein rhythmisches Mitschwingen ist nicht mehr möglich.

Abb. 14
Seitliche Ansicht – Außenseite des Beckens

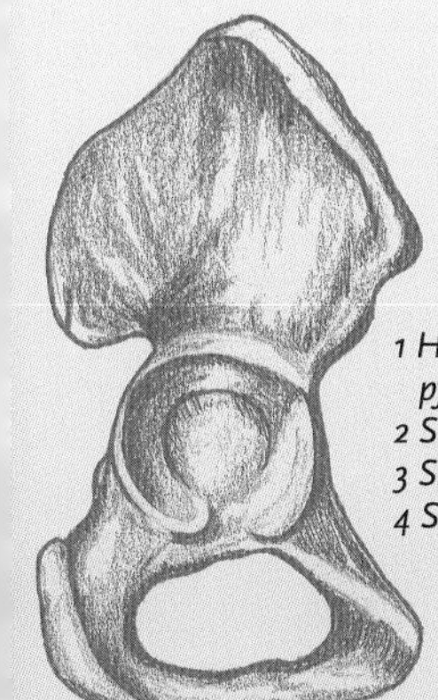

1 Hüftgelenkpfanne
2 Sitzbeinhöcker
3 Sitzbeinast
4 Schambeinast

Beckenbewegungen wie auf einer Kufe

Sitzdreieck

In den Reitlehren wird vermittelt, der Reiter sitze auf drei Unterstützungspunkten, nämlich auf den beiden Gesäßknochen (Sitzbeinhöckern) und dem Spalt (Abb. 13). Das Sitzen auf den beiden Sitzbeinhöckern und gleichzeitig einem dritten knöchernen Punkt vorn am Schambein ist anatomisch unmöglich. Wir sitzen immer nur auf einem begrenzten Kufenabschnitt der Sitzbein-Schambein-Äste, den wir beim Kippen des Beckens mehr nach vorn oder hinten verlagern können (Abb. 14).

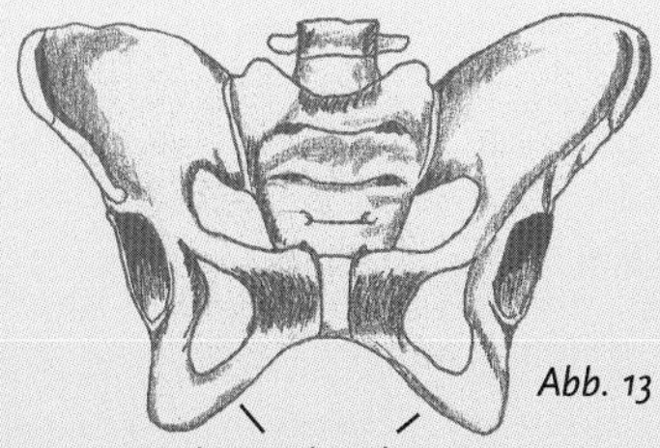

Abb. 13

Sitzbein-Schambeinäste

Diese Tatsache hat Konsequenzen für die Vermittlung und Korrektur des Reiters, denn so ist es zu verstehen, dass viele Anfänger Schwierigkeiten mit der Balance ihres eigenen Körpers haben. Der Bereich Sitzbein-Schambein-Ast bietet dem Reiter nur geringe Stabilität. Wenn nun seine Muskulatur nicht gleichmäßig zwischen vorderer und hinterer Seite des Körpers entwickelt ist, kommt es automatisch zu einem Ungleichgewicht. Deshalb muss die Forderung nach einem gleichmäßig ausgebildeten Körper immer wieder gestellt werden. Um sich auf solch einer kleinen Kufenfläche (Abb. 14) bei den zusätzlichen Bewegungen des Pferdes im Gleichgewicht halten zu können, benötigt der Reiter einen gut ausgebildeten Gleichgewichtssinn und eine möglichst gleichmäßig ausgebildete Muskulatur der vorderen und hinteren Körperseite.

Abb. 15 Starke Oberschenkelmuskeln fördern ein hohes Knie.

Hohes Knie

In der Dressurreiterei wird berechtigterweise das lange Bein mit dem tiefen Knie gefordert, um das Pferd optimal einschließen zu können. Hohe Knie sind jedoch in der Reiterei sehr häufig zu sehen.

Ein hohes Knie kann einmal durch zu starke vordere Oberschenkelmuskeln entstehen (Abb. 15). Kräftige Muskeln wirken verkürzend, ziehen das Knie hoch und bringen gleichzeitig das Becken in eine fehlerhafte Stellung. Es kippt nach hinten, sodass ein Stuhlsitz entsteht. Außerdem unterstützen verkürzte Hüftbeuger das Hochziehen des Knies (Abb. 16 und 17).

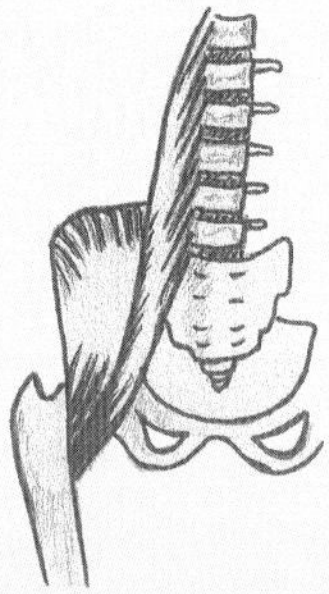

Abb. 16 Die vordere Hüftbeugemuskulatur lässt das Becken nach vorne kippen.

Bei den meisten Menschen ist die hintere Seite des Oberschenkels verkürzt. Dieser Tendenz muss der Reiter durch kräftigende und dehnende Übungen entgegenwirken. Je gleichmäßiger die vordere und hintere Oberschenkelmuskulatur ausgebildet sind, desto länger kann das Bein „fallen" und das Knie liegt optimal tief.

Abb. 17 Starke innere Hüftmuskulatur (Adduktoren = Klemmer) führt den Oberschenkel zu fest ans Pferd.

Haltungsschäden

- **Unter einem Haltungsschaden wird eine nicht mehr zu verändernde Verformung der Wirbelsäule verstanden.**

Bezogen auf den Sitz des Reiters wird der Begriff **„aufrecht"** und nicht **„gerade"** benutzt. (In unserer Kultur sind die Beuger aufgrund der Wirkung der Erdanziehung immer kürzer als die Strecker (Ayres 1984)).
Dabei bezieht sich „aufrecht" auf die Konstitution des Einzelnen. Ein Reiter mit **Hohlkreuz** (Abb. 18 b) wird aufgrund des Verlaufs seiner Wirbelsäule eine immer leichte Neigung des Sitzes nach vorne haben, wobei seine „Kreuzeinwirkung" nach hinten neigt.

Er kann seine Gewichtshilfe kaum bewegungsunterstützend einsetzen. Wenn ein solcher Reiter aufgefordert wird, gerade, also geometrisch senkrecht auf dem Pferd zu sitzen, ist die Freiheit zwischen dem fünften Lendenwirbel und dem Kreuzbein eingeschränkt.
Ein natürliches Mitgehen der Mittelpositur mit den Bewegungen des Pferderückens ist kaum möglich. Dieser Reiter wird in Stilprüfungen selten

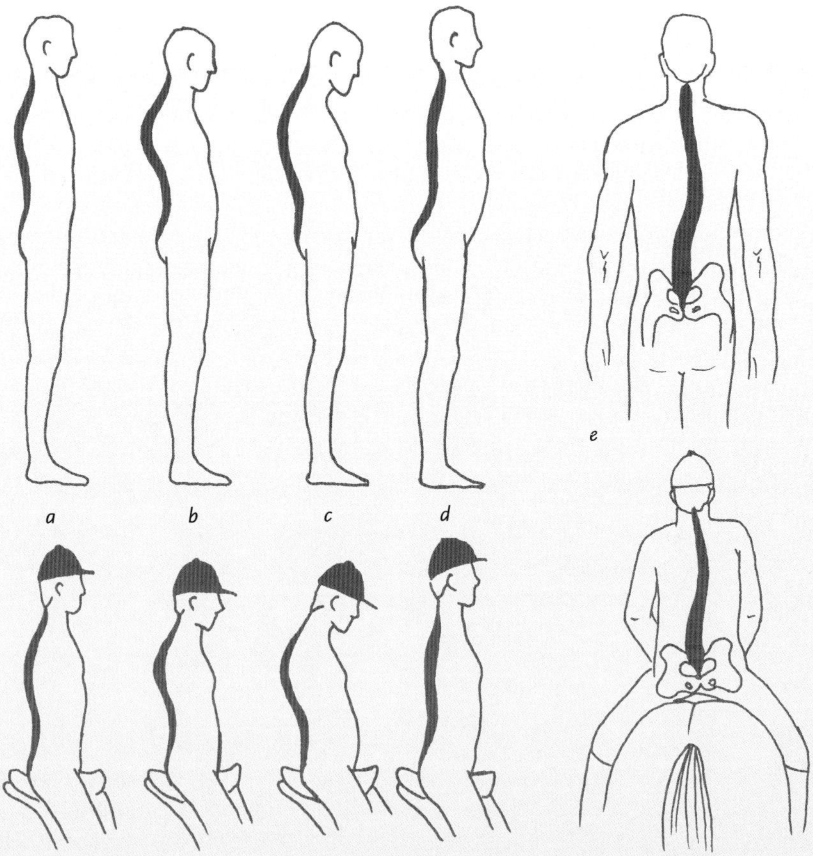

Abb. 18
a normale Haltung
b Hohlkreuz
c Rundrücken
d Flachrücken
e seitliche Verkrümmung (auf Pferd)

gute Wertnoten erhalten können. Dennoch ist es für seinen natürlichen Sitz besser, ihn in einer leichten Vorlage zu belassen als ihn in eine „Krampfhaltung“ zu zwängen.

Ein Reiter mit einem **„Rundrücken“** (Abb. 18 c) sitzt immer leicht nach vorne geneigt auf dem Pferd. Wird er aufgefordert, sich aufrecht hinzusetzen, müsste er mit dem gesamten Oberkörper nach hinten gehen, weil sein Brustwirbelbereich nicht beweglich ist.

Ein Reiter mit einem **„Flachrücken“** (Abb. 18 d) sitzt von der Form her korrekt auf dem Pferd. Nur ergeben sich bei ihm Probleme in allen Lektionen, die im Aussitzen zu reiten sind. Da die Wirbelabstände insgesamt sehr gering sind, ist die Beweglichkeit der gesamten Wirbelsäule verringert. Daraus ergeben sich insgesamt unruhige Bewegungen, weil die Pufferkapazität aufgrund der Struktur der Wirbelsäule stark reduziert ist.

Reiter mit einer **„seitlichen Verkrümmung“** (Abb. 18 e) haben bei beidseitigen Gewichtshilfen ständig Probleme, weil sie tendenziell auf einem Gesäßknochen, also einseitig sitzen. Wenn diese Reiter auf der der Verkrümmung entgegengesetzten Hand reiten, sitzen sie immer stark nach außen. Pferde können unter ihnen kaum „gerade gehen“, weil vom Reiter ungewollt ständig eine einseitige Gewichtshilfe gegeben wird.

Außer Anweisungen zu geben sollte der Ausbilder auch einmal vorreiten oder beim Reiter die Körperteile im Stehen an den korrekten Platz legen. Folgende Anweisungen müssen unbedingt vermieden werden, um keine falschen Bewegungsvorstellungen beim Reiter zu erzeugen:

- „Kreuz anspannen“,
- „Belastung auf den inneren Gesäßknochen verlagern“,
- „Bügel austreten“,
- „Absatz tief/langes Bein“,
- „Hände ruhiger“,
- „Fußspitzen nach innen“,
- „Bein zu/Knie zu“,
- „Größer werden“,
- „Schulterblätter zusammen“,
- „Schwer einsitzen“,
- „Setz dich auf dein Sitzdreieck“.

Der Reiter ist mit einem Bootsmastmodell zu vergleichen

Der menschliche Körper ist, wie ja bereits erwähnt, bezüglich seines Funktionierens wie ein Bootsmastmodell aufgebaut.

Wenn die gängigen Korrekturen eines Reitausbilders ernst genommen werden, müsste man denken, der menschliche Körper funktioniere wie eine Gliederpuppe. „Kopf hoch, Knie tief, Hände höher, Beine zu“ etc. sind typische Anweisungen, die jeder Reiter täglich hört und nach denen er sich auf dem Pferd zu bewegen hat. Die Ausbilder meinen es eigentlich gut mit den Reitern, denn sie möchten sie in eine Sitzform gelangen lassen, aus der heraus die korrekte Einwirkung auf das Pferd erst möglich wird.

Leider erfahren sie in ihrer Ausbildung nicht, dass der Mensch ein kompliziertes Wesen ist, das nach eigenen Gesetzen und Prinzipien funktioniert. Diese werden in den Ausbildungsgängen gar nicht gelehrt oder zumindest nicht so ernst genommen, wie es eigentlich nötig wäre. Es geht in der Reitausbildung immer noch zu stark um die Ausbildung des Pferdes; der Mensch erhält zweitrangige Bedeutung. Er hat sich auf dem Pferd so zu verhalten, damit es die in der Reitlehre beschriebenen Lektionen vollziehen kann. Dabei verstehen die meisten Ausbilder zu wenig von den hoch komplizierten körperlichen und psychischen Vorgängen des Reiters. Im Folgenden soll zunächst das muskuläre System behandelt werden, um Einsicht in das Zusammenwirken des gesamten Körpers zu gewinnen.

Die Abb. 10 auf S. 20 zeigt den Aufbau eines Bootsmastmodells mit dem Verspannungssystem der Wirbelsäule. Die entscheidende Einsicht ist, dass innerhalb des Bootsmastmodells des menschlichen Körpers jede Veränderung von Teilen sofort Veränderungen des gesamten Systems nach sich zieht. Wenn z. B. an den Schultern (2) Veränderungen vorgenommen werden, verändert sich automatisch das gesamte Verspannungssystem. Es folgen körperliche Verschiebungen nicht nur im Brustbereich (3), sondern auch in der Hüfte (4), in den Knien (5), sogar bis zu den Füßen. Der Reitausbilder muss sich also im Klaren sein, was er korrigiert und wie sich diese Korrektur auf den gesamten Körper auswirken kann.

Wenn das Bild des Bootsmastes benutzt wird, so ist zu bedenken, dass der Mast des menschlichen Körpers nicht stabil, sondern sehr labil ist. Die Wirbelsäule ist also nicht mit einem festen Bootsmast zu vergleichen, sondern in sich stark veränderbar.

Am Kopf beginnen bereits die Schwierigkeiten. Er ist mit seinen fünf bis sieben Kilo zu schwer für die Halswirbelsäule und -muskulatur. Die stabilisierenden Muskeln sind heute durch fehlende Alltagsbewegungen zu schwach ausgebildet, um Trage-(Halte-)funktion zu übernehmen. Zur Stabilisierung werden fälschlicherweise als Hilfe die Schultern benutzt, die der Mensch automatisch hochzieht. Daraus entsteht eine verkrampfte Haltung des gesamten Oberkörpers.

Der Brustbereich ist durch die Haltefunktion der Rippen stabil; er kann sich relativ wenig verformen. Außerdem sind die Bandscheiben in diesem Bereich kleiner als im Lendenwirbelbereich, sodass sich eine erhöhte Stabilität (aber gleichzeitig teilweise Starrheit – reduzierte Pufferfähigkeit beim Aussitzen) ergibt. Der Bereich der Lendenwirbel ist wiederum sehr formbar, weil keine stützende Funktion der Rippen gegeben ist. Wenn nun die stabilisierend wirkenden Muskelgruppen nicht genügend ausgebildet sind, haben die Menschen ständig Rückenbeschwerden. Das an die Lendenwirbel angrenzende Kreuzbein ist wieder sehr stabil. Es ist der Teil der Wirbelsäule, der aus fünf zusammengewachsenen Wirbelkörpern besteht und mit dem Beckenring fest verankert ist.

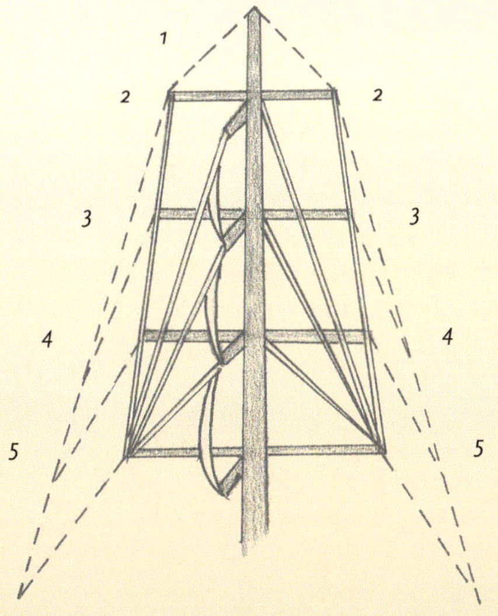

Wenn jedoch der Zwischenraum Kreuzbein/Beckenring verstellt ist, so kann der Reiter nicht mehr elastisch sitzen. Man sagt, das Kreuz-Darmbein (oder ISG-Gelenk = Ilio-Sakral-Gelenk) ist blockiert. Dieser Bereich des Reiters ist insofern wichtig, weil er die dem Menschen eigene Dreidimensionalität der Bewegungen ermöglicht. Ist der Bereich blockiert, kann der Reiter nicht mehr geschmeidig in die Pferdebewegung eingehen.

Fordert der Ausbilder nun, z. B. die linke Schulter höher zu halten, dann hat diese Aufforderung weitere Konsequenzen für den Sitz des Reiters: Er verformt mit dem Anheben der Schulter die Wirbelsäule derart, dass sie sich zur linken Seite krümmt, sitzt also vermehrt auf dem linken Gesäßknochen. Die Reitausbilder müssen sich immer im Klaren sein, welche Veränderungen sie mit ihren Reitanweisungen erreichen wollen.

Niemals Teile des Körpers verändern, ohne den gesamten Bewegungsablauf zu ändern.
Wo ein Fehler auftritt, liegt nie die Ursache, sondern ist nur ein Symptom erkennbar. Es werden jedoch meistens die Symptome korrigiert.

Welche Verbindung haben die Körperteile untereinander?

Abb. 19

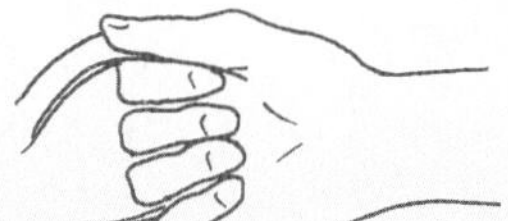

Flacher Daumen und feste Faust fördern ein steifes Handgelenk. Verspannungen können bis zu den Schultern gehen.

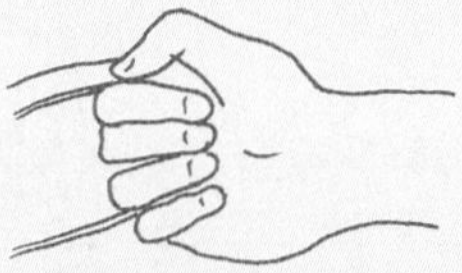

Dachförmiger Daumen und lockere Faust erhalten die Beweglichkeit des Handgelenks.

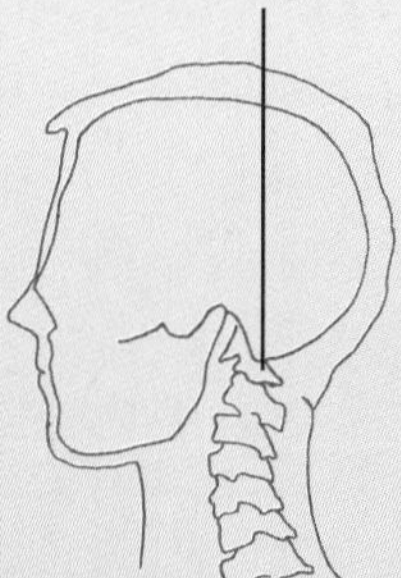

Abb. 20
Übergang siebter Halswirbel zum ersten Brustwirbel

Es gibt viele Reiter, die sich „im Hals-Schulter-Bereich festhalten", wie Ausbilder sagen. Sie sind verspannt. Die Hintergründe für ein Verkrampfen im Oberkörper können vielschichtig sein.

Wie bereits angesprochen, sind die Halsmuskulatur und die Halswirbelsäule nicht dazu geschaffen, den Kopf locker tragen zu können. Reiter müssen eine intensive Gymnastik, wie sie auf S. 57 ausführlich dargestellt wird, absolvieren, um die natürliche Halte- bzw. Tragefunktion des Kopfes zu gewährleisten.

Verkrampfungen im Schulterbereich können auch darin begründet sein, dass der Reiter die Hand zu fest schließt oder den Daumen nicht als Dach benutzt. Wird der Daumen flach drückend eingesetzt oder schließt er die Faust zu fest, dann verkrampfen sich die gesamten Armmuskeln und bewirken eine Muskelverspannung, die sich bis zur Schulter überträgt (Abb. 19).

Weitere Gründe für eine feste Hals-Nacken-Partie können im zu stark nach vorne oder hinten geneigten Kopf liegen. Diese Neigung des Kopfes hat oftmals eine Fehlstellung des Beckens zur Folge. Der Funktionszusammenhang Kopf-Becken ist sehr eng. Der Kopf vollzieht die Bewegungen des Beckens im Kleinen nach. Das heißt, eine mangelnde Lockerheit des Schulterbereichs kann bereits durch eine fehlerhafte Stellung des Beckens hervorgerufen werden.

So ist das oft zu beobachtende Kopfnicken, wenn es keine Gewohnheitsbewegung ist, das Endglied einer Bewegungsübertragung vom Becken über die Wirbelsäule. Man kann davon ausgehen, dass das Becken ebenso labil ist. Diese Erkenntnis gilt selbstverständlich auch für starre Bewegungen. Ein festes Becken lässt den Reiter nie mit der Bewegung des Pferdes mitschwingen, sodass der Körper in sich verkrampft und unruhig wirkt. Der zu schwere Kopf kann durch die schwache Halsmuskulatur kaum ruhig gehalten werden. Ebenso überträgt sich diese Verkrampfung, wie auf S. 20 bereits ausgeführt, bis auf die Hände, die ständig unruhig auf das Pferdemaul einwirken.

Die Bedeutung des Kopfes für die Auslösung von Bewegungen wird insgesamt unterschätzt. Nur wenn der Reiter eine bestimmte Kopfhaltung einnimmt, ist der gesamte Körper locker. Das Okzipitalgelenk und der Wirbelübergang vom siebten Halswirbel zum ersten Brustwirbel haben große Bedeutung (Abb. 20).

Das Okzipitalgelenk ist der Übergang vom Schädel zum ersten Nackenwirbel, dem Atlas. Man kann diese Stelle am Hinterkopf finden, weil dort ein leichter Knubbel zu ertasten ist. Dieses Gelenk muss frei sein, damit alle anderen Gelenke im Körper auch frei sind und der gesamte Körper rhythmisch schwingen kann. Es wird durch eine Neigung des Kopfes nach vorne, hinten und zu den Seiten ständig blockiert. Dadurch entstehen sofort direkt wahrzunehmende Verkrampfungen im Hals-Nacken-Schulter-Bereich. Die Freiheit des Gelenks wird auch durch die kleinen angrenzenden Muskeln blockiert, die sich über Jahre beim Menschen verkürzt haben,

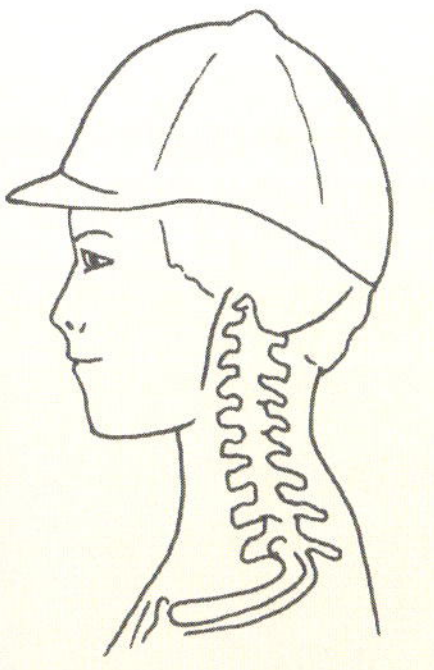

Abb. 21
Hals- und Nackenbereich ist aufgerichtet, der Blick zielt leicht nach vorne/unten. Das Okzipitalgelenk ist frei.

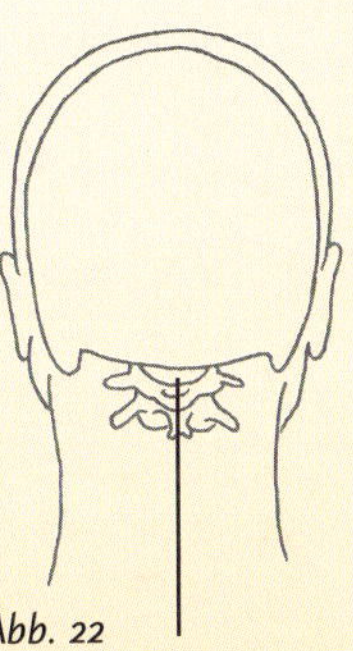

Abb. 22
Dieser Bereich muss massiert werden.

weil er sie nicht mehr körpergerecht benutzt hat. Kopfbewegungen werden hauptsächlich durch die großen Muskeln des Halses eingeleitet, während die kleineren, am Okzipitalgelenk ansetzenden, mehr oder weniger verkümmern, sich verkürzen.

Das Okzipitalgelenk ist nur frei, wenn der Mensch seinen Kopf nach hinten oben zieht (Abb. 21). Das vom Reitlehrer ständig geforderte „Guck nach vorne“, mit dem er einen Blick parallel zum Erdboden fordert, ist bereits der erste Grund zur Verkrampfung. Der Blick muss sich leicht unter die Waagerechte senken, dann spürt der Reiter eine Leichtigkeit des Hals-Nacken-Bereichs.

Der Reiter kann die Verspannung auch durch eine Massageübung lösen. Hierfür wird mit Ring-, Mittel- und Zeigefingern beider Hände die Stelle zwischen Hinterhauptknochen und erstem Halswirbel massiert (Abb. 22). Danach kann noch eine Dehnung vorgenommen werden. Die Fingerkuppe des linken Mittelfingers ruht auf dem Okzipitalgelenk; die Fingerkuppe des rechten Mittelfingers wird auf den Mittelfinger der linken Hand gelegt (Abb. 23). Mit zur Seite gestreckten Ellenbogen wird nun Druck ausgeübt (Abb. 24). Gleichzeitig wird gedehnt, indem der Kopf leicht (bis zum 30-Grad-Winkel) nach vorne und hinten geneigt wird (Abb. 25). In jeder Haltung zehn Sekunden verweilen; die ganze Übung ist dreimal zu wiederholen.

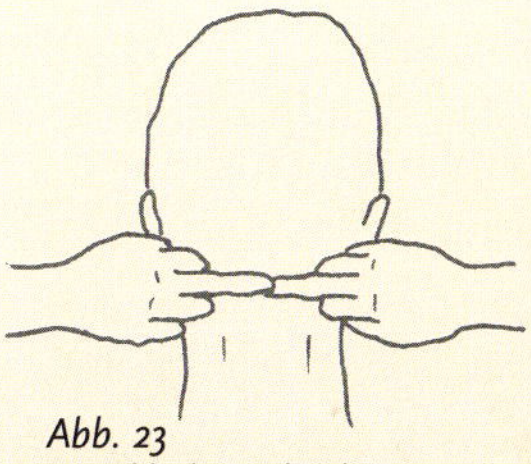

Abb. 23
Druckhaltung beider Mittelfinger

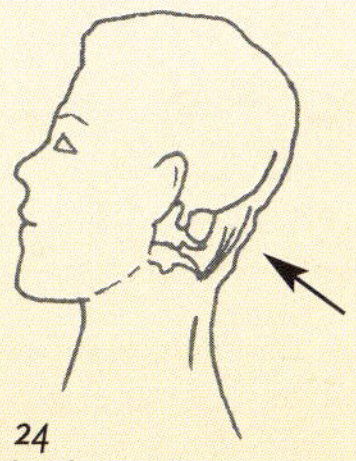

Abb. 24
Druckrichtung

Blockaden im gesamten Körper entstehen auch, wenn der Kopf zu stark nach vorne geneigt wird (Abb. 26). Ist der Übergang des siebten Halswirbel zum ersten Brustwirbel blockiert, kann der Reiter nicht mehr locker mit den Pferdebewegungen mitschwingen. Er sitzt automatisch verkrampft. Somit mag deutlich geworden sein, wie hoch die Bedeutung des Kopfes für die gesamten Bewegungsabläufe des Reiters ist. Im Zusammenhang mit den Prinzipien des Umgangs mit unserem Körper wird später nochmals auf den Kopf eingegangen.

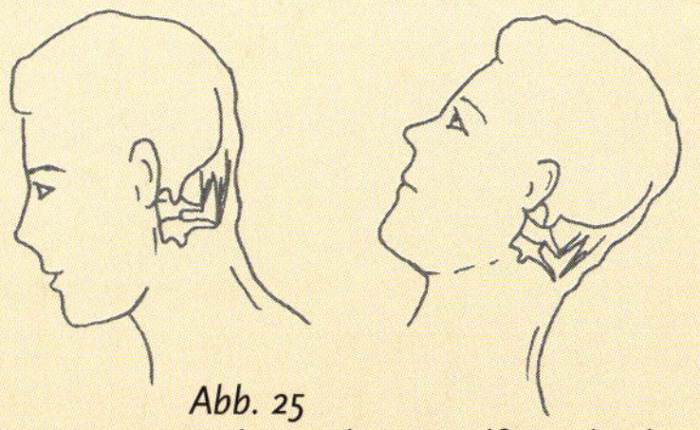

Abb. 25
Dehnung bei Mittelfingerdruck 30° nach vorne und hinten

Verkrampfungen im Schulterbereich haben ihre Ursache in den Klemmermuskeln (vordere und innere Hüftbeuger, Abb. 15/16). Wenn die Schenkel zu locker am Pferdeleib anliegen oder das Pferd energischer geritten werden soll, fordert der Reitlehrer den Reiter auf, die „Beine zuzumachen“. Ihm ist dabei nicht bewusst, dass durch das Schließen der Beine, also das Anspannen der „Klemmer“, eine negative Bewegungsübertragung bis in den Schulter-Nacken-Bereich stattfinden kann.

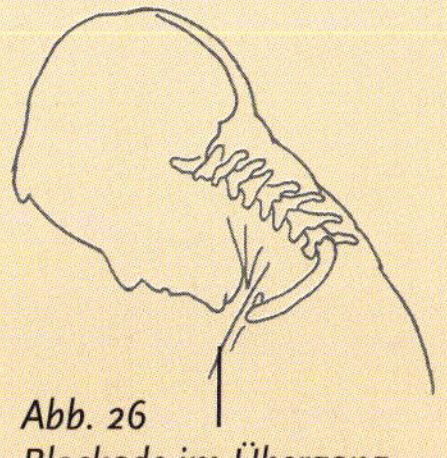

Abb. 26
Blockade im Übergang siebter Halswirbel zum ersten Brustwirbel

Nach der Anweisung „Bein zu“ hört man ganz häufig: „Bleib in den Schultern locker.“ Beide Anweisungen gleichzeitig in natürliche Bewegungen umzusetzen, ist aufgrund des Funktionszusammenhangs des menschlichen Systems nicht möglich. Ständig „klemmende" Reiter sind grundsätzlich in der Schulter verkrampft und sitzen auch mit einem leichten Rundrücken auf dem Pferd. Die Übertragungsabläufe sind wie folgt zu sehen:

Durch die Zusammenführung der Oberschenkel kippt das Becken nach hinten. Das kippende Becken hat eine Krümmung der Wirbelsäule zum Rundrücken zur Folge. Automatisch erfolgt ein Zurücknehmen des Kopfes in den Nacken. Der eigentliche Fehler (Verkrampfung im Schulterbereich, falsche Kopfhaltung) ist die Folge von anderen Auslösern. Für den Reiter gilt es, sich sensibel in diese Zusammenhänge hineinzuversetzen und sie von innen heraus zu verändern. Der Reitausbilder muss eine hohe Sensibilität aufbringen, um den Reiter nicht sofort mit einem Patentrezept korrigieren zu wollen, sondern nach den Ursachen der Sitzfehler zu suchen.

Unter „Fußspitzen nach innen" sind bereits negative Bewegungsübertragungen angesprochen worden, die durch eine veränderte Haltung des Fußes entstehen. Fußspitzenhaltung und Knieschluss hängen eng miteinander zusammen. Wenn die Fußspitzen nach außen gedreht sind, ist das Knie weg vom Pferdeleib. Sind die Fußspitzen annähernd parallel zum Pferd, verkrampft der Reiter. Der häufig geforderte „mitatmende Schenkel" ist kaum möglich. Die Veränderung der Fußspitzen darf nie aus dem Unterschenkel heraus erfolgen, weil sich durch das Drehen des Unterschenkels die „Klemmer" anspannen können, was wiederum zu einem verkrampften Sitz führt. Wenn sich die Fußspitzen verändern sollen, muss das Bein insgesamt in seiner Lage verändert werden, indem man den Oberschenkel leicht nach innen verlagert (dreht). Die Unterschenkel bzw. die Fußspitzen geraten als Folgereaktion näher an den Pferdeleib.

Der hohe Absatz kann zum einen darin begründet sein, dass die Wadenmuskeln im Verhältnis zu den Schienbeinmuskeln zu stark ausgebildet sind. Ein hoch gezogener Absatz hat bei vielen Reitern seinen Grund im falschen Treiben. Sie benutzen nicht genügend die Beugemuskeln des Oberschenkels und die Hüftrotatoren (Abb. 8), sondern setzen fälschlicherweise den Zwillingsmuskel (Abb. 9) ein, der im Bereich des Knies liegt. Der Einsatz dieses Muskels führt automatisch zu einem Hochziehen des Knies.

Zur Demonstration ein Fehlerbild: Krummer Sitz aufgrund muskulärer Schwächen.

Die falsche Benutzung des Zwillingsmuskels wird auch dadurch unterstützt, dass Reiter zu früh Sporen benutzen und sie nicht korrekt einsetzen können. Sie „kratzen" mit ihnen mehr am Pferdeleib und benutzen dadurch die falsche Muskulatur. Wenn Reiter korrekt treiben, also die dafür zuständigen Beugemuskeln des Knies einsetzen, folgt der tiefe Absatz als natürliche Reaktion.

An diesen Beispielen wird deutlich, wie kompliziert die Abläufe innerhalb des menschlichen Körpers sind und wie einfach es sich die Ausbilder machen. Ziel von Reiter und Ausbilder muss es sein, diese Zusammenhänge zu begreifen und sie auf sich bzw. auf Reitschüler feinfühlig anzuwenden.

Die beschriebenen Zusammenhänge erhalten noch stärkere Bedeutung, wenn man die generelle Funktionsweise von Muskeln mit einbezieht.

Außerdem können Bewegungsübertragungen im Körper des Reiters nur eingeschränkt stattfinden, wenn die Sehnenreflexe zu stark aufgebaut sind. Sie wirken zwar einerseits stabilisierend, reduzieren jedoch bei zu starker Wirkung die Lockerheit und Geschmeidigkeit des Reiters.

Auch im Zahnradmodell nach Brügger kann jeder Reiter die Verbindung der Körperteile untereinander spüren. Dabei bilden rollende Bewegungen mit dem Becken den Ausgangspunkt der Koordination der Körperteile untereinander. Auf S. 190 wird auf diese Aspekte (Sehnenreflexe/Zahnradmodell) noch ausführlich und praktisch eingegangen.

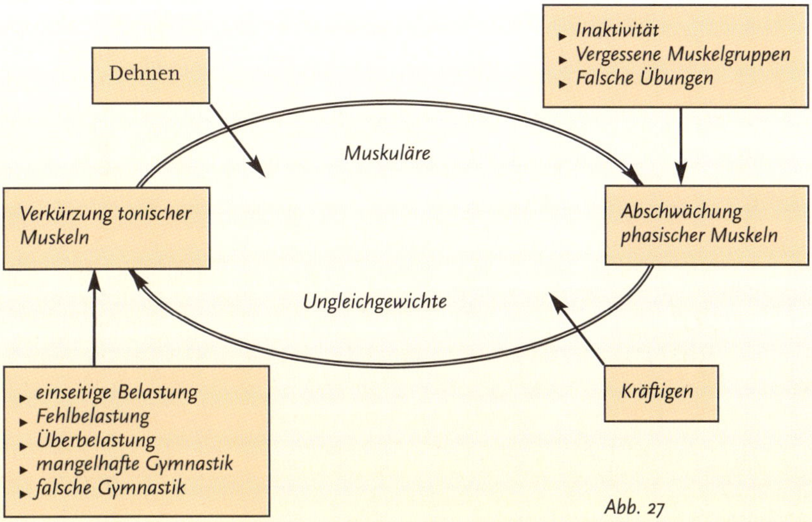

Abb. 27

- Der Kopf ist zu schwer für unseren Hals. Falsche Kopfhaltungen führen zu Veränderungen des gesamten Körpers.
- Der Blick des Reiters soll nach vorne und leicht nach unten gerichtet sein. Erst dann ist das Okzipitalgelenk frei und lässt den Reiter locker sitzen.
- Zu starke Klemmer führen zu Schulterproblemen.
- Klemmen führt auch zum krummen Sitz, weil das Becken nach hinten kippt.
- Ein Nach-innen-Drehen der Fußspitzen aus dem Unterschenkel heraus macht die Klemmer fest.
- Falsches Treiben mit dem Zwillingsmuskel führt zum hohen Absatz.

Ursachen und Vermeidung muskulärer Ungleichgewichte

Jede Reiterin und jeder Reiter hat muskuläre Ungleichgewichte, in denen Reitschwächen oder -fehler begründet sind. Reiter und Reitausbilder sollten wissen, wie sie entstehen und welche generellen Tendenzen die für das Reiten wichtigen Muskeln bzw. Muskelgruppen aufweisen. In Abb. 27 sind die Gesamtzusammenhänge dargestellt.

Die einseitigen Belastungen des täglichen Lebens, Fehlbelastungen, Überbelastungen, mangelhafte Gymnastik und falsche Gymnastik führen zur Verkürzung von Muskeln, die bereits dazu neigen. Daraus ergibt sich die Aufgabe, diese Verkürzungen durch entsprechend gezieltes Dehnen aufzuheben. Inaktivität, vergessene Muskelgruppen und falsche Gymnastikübungen (siehe Abb. 39/40) führen andererseits dazu, dass bereits zur Abschwächung neigende Muskeln noch weiter geschwächt werden. Daraus ergibt sich für den Ausbilder, diese Muskeln gezielt zu kräftigen, um das Ungleichgewicht nicht noch größer werden zu lassen.

Hinzu kommen psychische Belastungen, die in die dargestellten Zusammenhänge ebenfalls negativ eingreifen. Psychische Zustände hinterlassen Spuren im Körper. Der Ängstliche zieht die Schultern hoch, der Herrschsüchtige arbeitet übermäßig mit Kraft, sodass sein Körperrhythmus gestört ist, der Aggressive neigt zu unkontrollierten Krafteinsätzen. All diese Zustände können muskuläre Ungleichgewichte verstärken.

In Abb. 27 sind zur Verkürzung neigende (tonische) und zur Abschwächung neigende (phasische) Muskeln dargestellt. Die für den Reitsitz wichtigen Muskelgruppen sollen in ihren Tendenzen aufgezeigt werden, um danach den Zusammenhang mit Problemen des Sitzes herzustellen.

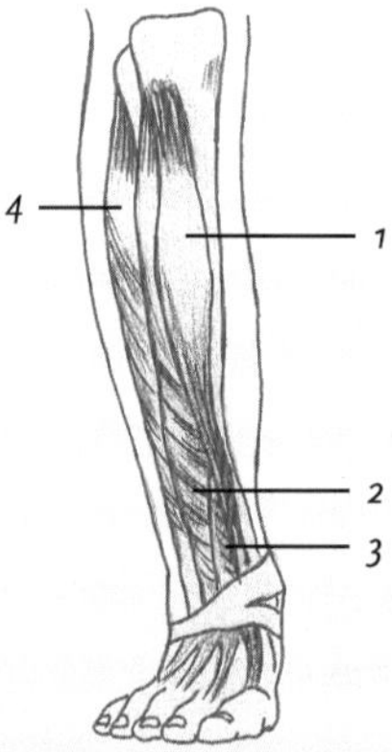

Abb. 29
Vordere Unterschenkelmuskulatur (Schienbeinmuskeln)
1 vorderer Scheinbeinmuskel
2 langer Zehenstrecker
3 langer Großzehenstrecker
4 langer und kurzer Wadenbeinmuskel

Die **Wadenmuskulatur** ist in unserer Kultur verkürzt, wahrend die **Schienbeinmuskeln** zur Abschwächung neigen. Das kann neben dem falschen Treiben mit Hilfe des Zwillingsmuskels zu einem erhöhten Absatz führen.

Die **hintere Unterschenkelmuskulatur** (Wadenmuskulatur, Abb. 28 / Abb.9) neigt zur Verkürzung, sodass generell die Schwierigkeit besteht, den Absatz beim Reiten zu senken. Dabei darf es nicht zu einem willentlichen Durchdrücken des Absatzes kommen, weil dann wieder das Fußgelenk blockiert wird. Ein permanent tiefer Absatz führt zu einer Starrheit des Reiters bis in den Hals-Nacken-Bereich.

Es sollte eine Ausgewogenheit von **hinterer** und **vorderer Unterschenkelmuskulatur** (Schienbeinmuskulatur, Abb. 29) angestrebt werden. Dies Gleichgewicht ist nicht von vornherein vorhanden, weil die Schienbeinmuskulatur zur Abschwächung neigt. Eine natürliche Haltung im Steigbügel ist nur dadurch zu erreichen, dass die Wadenmuskulatur intensiv gedehnt wird und die Schienbeinmuskeln gleichzeitig gekräftigt werden. Ist eine Balance beider Muskelgruppen vorhanden, braucht der Ausbilder den tiefen Absatz nicht mehr zu thematisieren.

Die **vordere Oberschenkelmuskulatur** (Abb. 30) neigt grundsätzlich zur Verkürzung, wobei der innere Schenkelmuskel zur Abschwächung neigt. Da gleichzeitig auch die entgegenwirkende **hintere Oberschenkelmuskulatur** (Abb. 31) zur Verkürzung neigt, treten häufig Knieprobleme auf, weil sich hohe Spannungen durch die Verkürzungen schmerzhaft am Knie bemerkbar machen können.

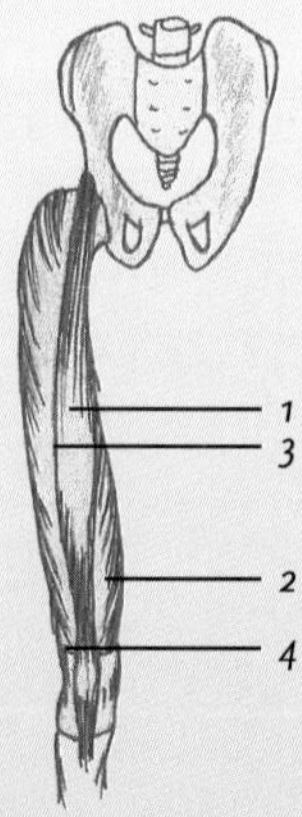

Abb. 30
1 gerader Schenkelmuskel
2 innerer Schenkelmuskel
3 mittlerer Schenkelmuskel
4 äußerer Schenkelmuskel

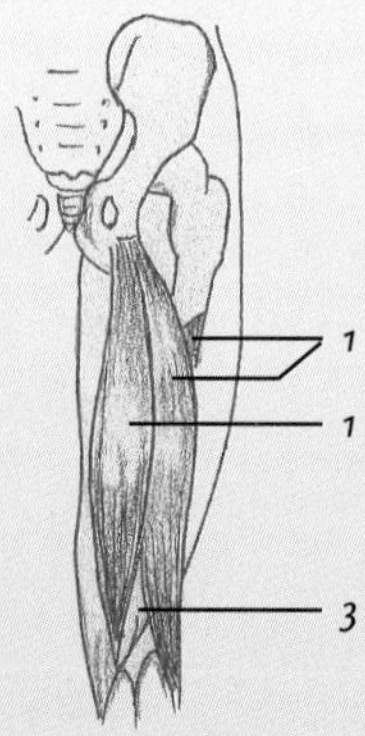

Abb. 31
1 zweiköpfiger Schenkelmuskel
2 Halbsehnenmuskel
3 Plattenmuskel

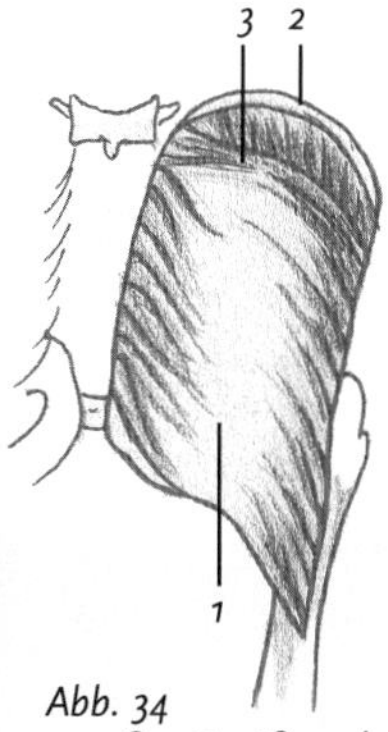

Abb. 34
1 großer Gesäßmuskel
2 mittlerer Gesäßmuskel
3 kleiner Gesäßmuskel

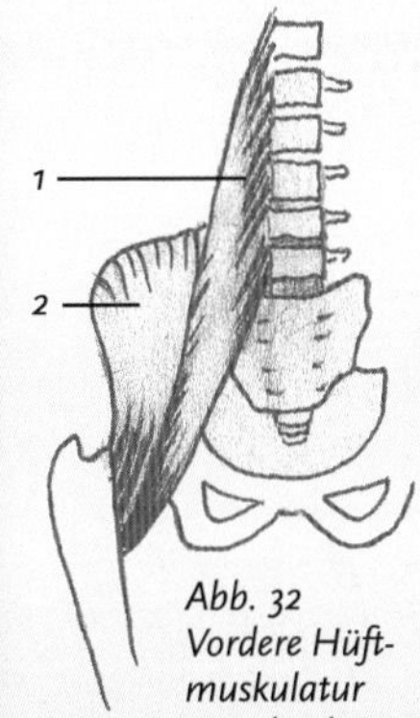

Abb. 32
Vordere Hüftmuskulatur (Lendendarmbeinmuskel)
1 großer Lendenmuskel
2 Darmbeinmuskel

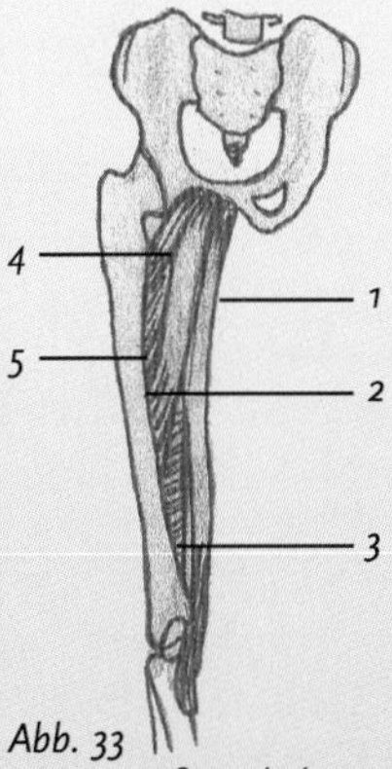

Abb. 33
Innere Hüftmuskulatur (Adduktoren)
1 schlanker Muskel
2 langer Schenkelanzieher
3 großer Schenkelanzieher
4 Kamm-Muskel
5 kurzer Schenkelanzieher

Diese Verkürzungstendenzen führen zu einem hohen Knie beim Reiter. Beide Bereiche müssen durch Dehnen elastischer gemacht werden, um das natürlich lange Bein zu erzeugen. Ein oft vom Ausbilder gefordertes Strecken des Beines führt unweigerlich zu muskulären Anspannungen, die ein rhythmisches Einwirken unmöglich machen, weil das Becken blockiert.

Die hintere Oberschenkelmuskulatur ist die Treibemuskulatur. Die Hüftrotatoren öffnen das Bein, sodass es lang am Pferdeleib herunterhängen kann. Durch das Beugen des Knies über die hintere Oberschenkelmuskulatur gelangt die Wade ans Pferd. Die Beugemuskulatur ist außerdem für die natürliche Tonisierung (Anspannung) der Wadenmuskeln zuständig, sodass der Absatz beim richtigen Treiben automatisch optimal tief ist.

Durch die verkürzende Tendenz der **inneren Hüftmuskulatur** („Klemmer"/Beinanzieher) besteht grundsätzlich bei jedem die Tendenz einer Klemmbewegung, denn die entgegenwirkende Muskulatur (**Gesäßmuskeln/Beinabspreizer**, Abb. 34) neigt zur Abschwächung und kann keinen muskulären Ausgleich zur Klemmbewegung der Hüftmuskulatur bilden. Die Gesäßmuskulatur hat unter anderem die Aufgabe, das Becken zu stabilisieren. Wenn sie schwach ist, unterstützt sie eine Hohlkreuzbildung. Der falsche Einsatz der „Klemmer" beim Treiben führt nicht nur zu einer Klemmbewegung, sondern automatisch zu einem hohen Knie. Die Klemmbewegung wird leider durch das oft geforderte „Fußspitzen nach innen" gefördert.

Am Bewegungszentrum des Reiters, dem **Becken**, setzen unterschiedliche Muskeln an, die einem Mitschwingen in der Mittelpositur entgegenwirken können. Die vordere und innere Hüftmuskulatur, die so genannten Hüftbeugemuskeln, neigen zur Verkürzungen (Abb. 32 und Abb. 33). Sie lassen das Becken nach vorne kippen, sodass eine Tendenz zum Hohlkreuz entsteht. Der Reiter neigt seinen Oberkörper automatisch nach vorne.

Die **Gesäßmuskulatur** ist außerdem für das Öffnen (Abspreizen) der Beine zuständig, während die Klemmer die Beine schließen/anziehen. Um ein langes, rhythmisch einwirkendes Bein beim Reiten zu erreichen, müssen die Hüftbeuger intensiv gedehnt und die Gesäßmuskeln gekräftigt werden.

Die **Bauchmuskulatur** (Abb. 35 / Abb.7)) neigt zur Abschwächung. Sie hat die Funktion, das Becken zu stabilisieren. Dabei wird sie durch die Gesäßmuskulatur und die hintere Oberschenkelmuskulatur unterstützt. Wenn das Becken nicht optimal gestellt ist, resultiert daraus ein in sich nicht geschlossener Sitz.

Wenn alle am Becken ansetzenden Muskeln ausgewogen sind, ist ein elastisches Mitschwingen im Becken möglich. Der Reiter vermag sich dann an die Bewegungen des Pferdes anzupassen und gezielte Einwirkungen zu erreichen. Erst dadurch ist Reiten als Dialog möglich.

Die **geraden Bauchmuskeln** lassen das Becken kurzzeitig kippen, um Übergänge einzuleiten, das Pferd zum Halten zu veranlassen oder einige kurzzeitige Impulse zur Intensivierung von Gangarten zu erzielen. Ein ständig gekipptes Becken würde das Pferd im Rücken zu stark belasten. Der Reiter kann nicht mehr losgelassen mitschwingen.

Der **äußere schräge Bauchmuskel** ist Voraussetzung für einen geschlossenen Sitz, weil durch ihn ein Zurückgehen der Schulter verhindert wird.

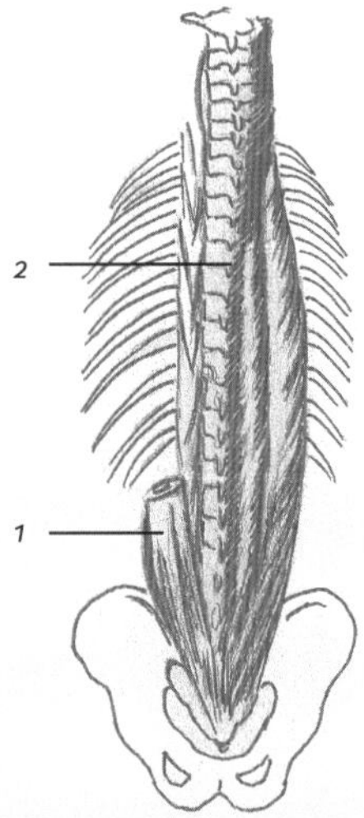

Abb. 36
Innere Rückenmuskulatur
1 Rückenstrecker im Lendenbereich
2 Rückenstrecker im Brustwirbelbereich

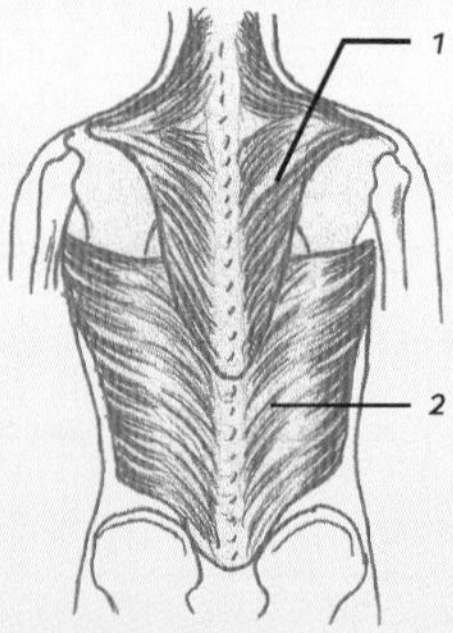

Abb. 37
Äußere Rückenmuskulatur
1 Kapuzenmuskel
2 breiter Rückenmuskel

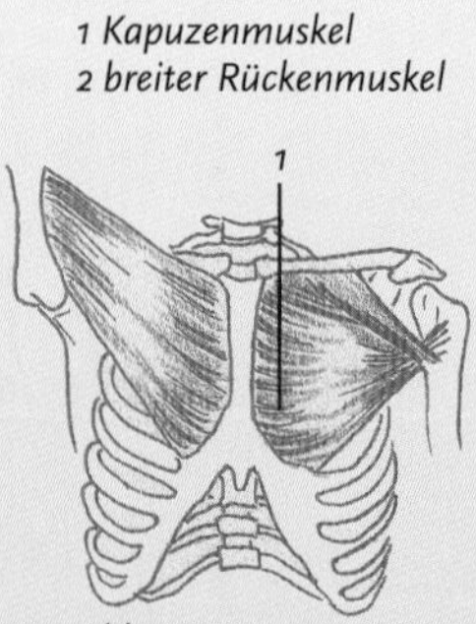

Abb. 38
Brustmuskulatur
1 großer Brustmuskel

Dies ist besonders auf gebogenen Linien nötig. Der Reiter sitzt vermehrt innen (einseitige Gewichtshilfe durch den inneren schrägen Bauchmuskel). Die Geschlossenheit des Sitzes ist nur aufrecht zu erhalten, wenn die äußere schräge Bauchmuskulatur die Schulter am Zurückweichen hindert.

Die **innere Rückenmuskulatur** (langer Rückenstrecker vom Brust- bis zum Lendenbereich, Abb. 36) sorgt dafür, dass die Wirbelsäule gestreckt ist. Sie ist wichtig für einen aufrechten Sitz. Grundlage für einen aufrechten Verlauf der Wirbelsäule ist die korrekte Beckenstellung. Über die Beckenstellung werden Bewegungsübertragungen über die Wirbelsäule bis zum Kopf erreicht. Der Rückenstrecker im Lenden- und Halsbereich neigt zur Verkürzung; Hohlkreuzneigung und angezogene Schultern sind die Folge. Im Brustbereich neigt der Rückenstrecker zur Abschwächung, was einen Rundrücken zur Folge haben kann.

Die **äußere Rückenmuskulatur** (Schultergürtel-Trapezmuskel, Abb. 37) zeigt zwei Tendenzen: Der untere Teil der Schultergürtelmuskulatur neigt zur Verkürzung und unterstützt die negative Tendenz der Verkürzung des Rückenstreckers im Lendenwirbelbereich (mögliche Hohlkreuzbildung). Der mittlere und obere Teil des Schultergürtels (Trapezmuskel) neigt zur Abschwächung. Da die Tendenz der Abschwächung bereits beim Rückenstrecker im Brustwirbelbereich vorhanden ist und der entgegenwirkende Brustmuskel ebenfalls zur Verkürzung neigt (Abb. 38), ergibt sich bei muskulären Ungleichgewichten eine generelle Tendenz zum Rundrücken.

Da seitliche Verkrümmungen der Wirbelsäule heute bei fast allen Menschen vorliegen, ist die **seitliche Rumpfmuskulatur** (Lendenmuskulatur) von hoher Bedeutung für einen aufrechten Sitz ohne Seitwärtsneigung. Die seitliche Rumpfmuskulatur ist heute für die seitliche Stabilisierung des Oberkörpers generell nicht intensiv genug ausgebildet, sodass ein seitlicher Ausweichsitz bei vielen Reitern anzutreffen ist.

Die Kenntnis der für den Reitersitz grundsätzlich wichtigen Muskelgruppen ist Voraussetzung für den richtigen Einsatz von Körperübungen. Nur wenn die Grundlagen bekannt sind, können gezielte Übungen ausgewählt werden, um der Abschwächung und Verkürzung entgegenzuwirken.

Die althergebrachte Gymnastik schädigte unseren Körper. Unfunktionelle Kraft- und Beweglichkeitsübungen sind aus den Abb. 39 und 40 zu entnehmen. Alle Übungen haben schädigende Wirkung für die unterschiedlichen Körperpartien.

Wenn der Reiter sein Bewegungsgefühl verbessern möchte, dann ist eine Sensibilisierung für die Bewegungsabläufe des eigenen Körpers und seiner Teile wichtig. Heute sind unter gesundheitlichen und funktionalen Gesichtspunkten unterschiedliche Rückenschulkonzepte entstanden. Alle Übungen aus diesen Konzepten sind vier Funktionskreisen zuzuordnen. Jeder Funktionskreis ist eine in sich geschlossene Einheit, die jedoch von anderen Einheiten nicht isoliert werden darf. Jeder Funktionskreis überlappt sich mit mindestens einem Nachbarkreis und steht mit ihm in einem Bedeutungszusammenhang (Abb. 41).

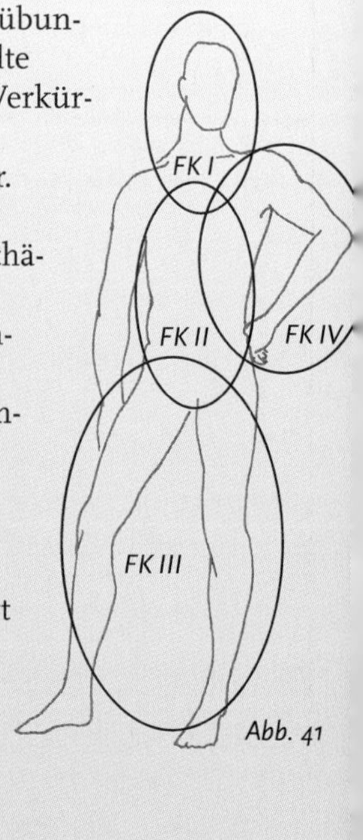

Abb. 41

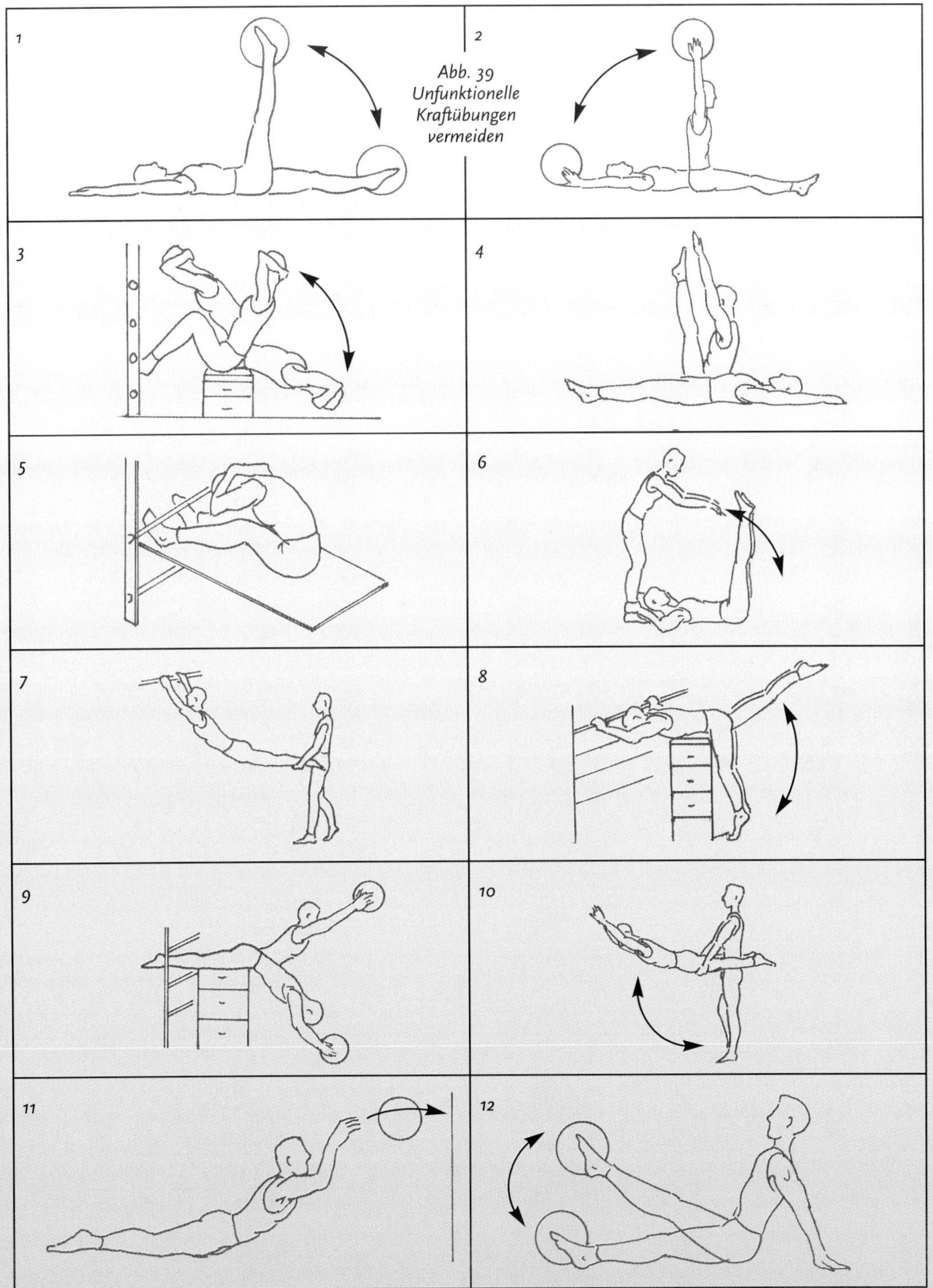

Abb. 39
Unfunktionelle Kraftübungen vermeiden

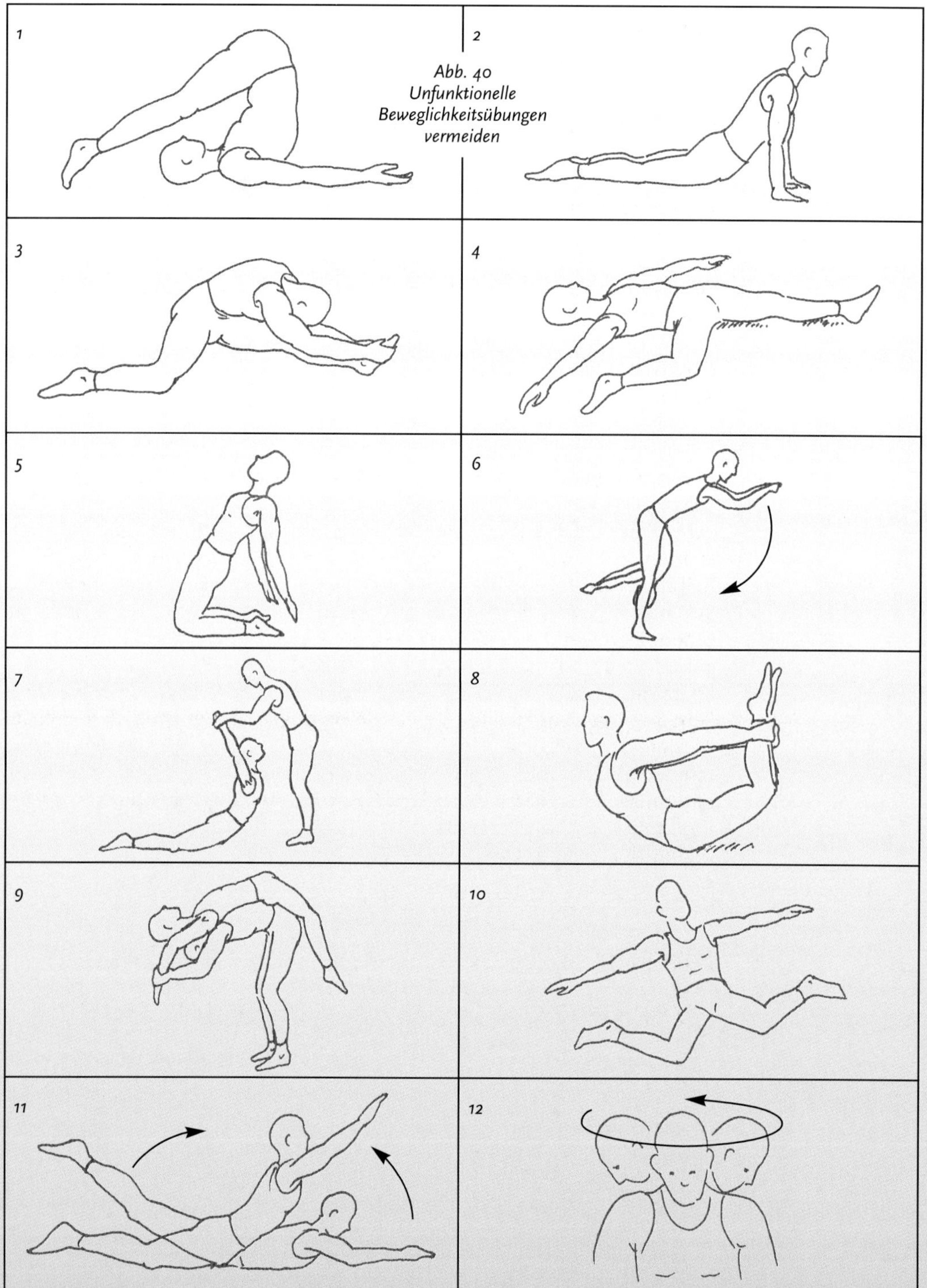

Abb. 40
Unfunktionelle Beweglichkeitsübungen vermeiden

Folgende Körperteile gehören zu den entsprechenden Funktionskreisen:

Funktionskreis I: Halswirbelsäule mit Kopf, Brustwirbelsäule bis zum fünften Brustwirbel.

Funktionskreis II: Brustwirbelsäule vom fünften bis zwölften Brustwirbel, Lenden-Becken-Hüftbereich.

Funktionskreis III: untere Lendenwirbelsäule, Hüftgelenk und Kreuzbeinbereich, Beine.

Funktionskreis IV: Schultergelenk mit Schulterblatt und Schlüsselbein, Arme.

Ein funktionelles Bewegungstraining für den Reiter muss ganz gezielt gegen abschwächende Tendenzen wirken, bestimmte Muskeln also kräftigen. Gleichzeitig müssen die zur Verkürzung neigenden Muskeln durch Dehnen geschmeidig gemacht werden. Ein Reiter darf sich während des Reitens nicht ständig auf seine Körperhaltungen konzentrieren. Er kann dadurch kein Bewegungsgefühl entwickeln; er lernt nicht, sich von innen zu sehen. Er vergeudet zu viel Konzentration und Körperkraft für die von ihm geforderte Haltung, sodass er kein Gefühl für seine Bewegungen in Einklang mit denen des Pferdes entwickeln kann. Der Kopf ist überfordert. Sein Sitz muss durch ein gezieltes Bewegungstraining natürlich aufgebaut werden, damit er beim Reiten hauptsächlich dem Pferd Aufmerksamkeit schenken kann. Die Körperhaltungen in den unterschiedlichen Reitsituationen müssen natürlich (ohne ständige Konzentration) funktionieren. Der Kopf muss für das Pferd und die Bewältigung von Situationen frei sein. In Teil II des Buches wird darauf noch intensiv eingegangen.

Folgende Muskeln sind verkürzt oder abgeschwächt:

VERKÜRZUNG	ABSCHWÄCHUNG
Wadenmuskulatur	Schienbeinmuskulatur
hintere Oberschenkelmuskulatur	Gesäßmuskulatur
vordere Oberschenkelmuskulatur	Bauchmuskulatur (gerade/schräge)
unterer Teil Trapezmuskulatur	oberer/mittlerer Teil Trapezmuskulatur
Brustmuskulatur	seitliche Rumpfmuskulatur
tiefe Rückenmuskulatur	
Hüftbeugemuskulatur	

Muskulär bedingte Fehler und Gewohnheitsfehler

Es kann nicht bei allen Reitfehlern davon ausgegegangen werden, dass sie ausschließlich auf muskulären Schwächen beruhen. Viele Bewegungsfehler sind durch Gewohnheiten entstanden, auf die der Reitausbilder nicht früh genug aufmerksam gemacht hat. Dazu gehören auch Bewegungsabläufe von Reitern, die gezielt durch falsche Vermittlung des Ausbilders verinnerlicht worden sind, weil der Ausbilder es nicht besser wusste.

Genau aus diesem Grund sagen Bewegungswissenschaftler: Die besten Ausbilder müssen die Anfänger unterrichten! Wenn von vornherein die korrekten Bewegungsabläufe erworben werden, ist das der Weg mit dem geringsten Aufwand. Man bedenke, wie lange es später dauert, sich falsch eingeprägte Bewegungen abzugewöhnen. Das Gehirn hat sie gespeichert, weshalb nicht der Muskel umlernen muss, sondern wichtige Schaltzentralen im Gehirn. Wie schwierig das ist, weil die Vorgänge im Gehirn nach komplizierten Gesetzen ablaufen, weiß sicherlich jeder. Man ist beim Umlernen immer bemüht und trotzdem gelingt es besonders zu Beginn des Umlernprozesses selten, die bereits verinnerlichten Bewegungen umzugestalten. Es ist viel Energie nötig, um das Ziel zu erreichen. Das geht so weit, dass manche Menschen lieber aufhören würden zu reiten, weil sie sich eingeprägte Fehler nicht abgewöhnen können.

Bei Gewohnheitsfehlern besteht die besondere Schwierigkeit darin, dass Reiter die falschen Bewegungen nicht als Fehler oder Mangel spüren, weil sie die Bewegungen von vornherein so gelernt haben. Sie besitzen kein inneres Bild von der richtigen Bewegung, an dem sie sich orientieren könnten. Deshalb ist es wichtig, dass selbst bei spielerischen Reitübungen immer Ausbilder zur Verfügung stehen, um die Spiele auszuwählen, die einen direkten Bezug zum später zu erlernenden „korrekten" Reiten haben. Dieser Bezug darf nicht an der äußeren Form der Bewegung festgemacht werden. Es geht nicht primär um das Erlernen von Fertigkeiten, sondern darum, durch zusätzliche spielerische Übungen die koordinativen Fähigkeiten zu schulen. Die wichtigsten finden Sie im nächsten Kapitel.

Übungen auf dem Pferd lockern den Reiter.

Bei den heutigen jungen und älteren Reitern zeigt sich durch das veränderte Bewegungsangebot im täglichen Leben immer weniger Sensibilität für ein harmonisches Sichbewegen. Das zentrale Nervensystem des Menschen ist eigentlich so eingerichtet, dass es bei Störungen von außen korrigierend eingreift. Durch die heutige Reizüberflutung ist das natürliche Funktionssystem der Selbstkorrektur verkümmert.

Der Mensch funktioniert immer weniger als ein sich selbst regulierendes System. So ist zu erklären, dass bereits in Abläufen des täglichen Lebens Bewegungsfehler entstehen. Menschen sitzen, gehen, stehen, liegen im Bett falsch, sodass die körperlichen Belastungen immer größer werden und gleichzeitig das Gefühl für das richtige Sichbewegen im Sinne von körperkonformen Bewegungen schwindet.

Die verloren gegangene Sensibilität macht sich bei einer so hoch komplexen Sportart wie dem Reiten natürlich besonders bemerkbar. Von vielen

Reitern und Ausbildern wird das Reiten auch mehr als mechanischer Ablauf verstanden; sehr viele Reiter reiten rein technisch und nicht mit Gefühl. Die Methode des Reitlehrers stellt ausschließlich Reitbewegungen als Ortsveränderung in den Mittelpunkt des Unterrichts (siehe Kapitel „Nur das Äußere des Reiters wird betrachtet“ auf S. 10). Auch die Analyse der Reitbahnkommandos im Kapitel „Reitbahnkommandos können ein falsches Gefühl vermitteln“ auf S. 16 haben diese Aussage bereits nachhaltig unterstrichen.

Unterstützt wird diese Tendenz noch dadurch, dass es wenig gute Konzepte für das Anfängerreiten gibt. Kinder werden bereits im Anfängerreitunterricht als kleine Erwachsene behandelt, die sich nach formalen Vorschriften zu bewegen haben. Erst die Konzepte von Isabelle v. Neumann-Cosel (Spielend reiten lernen, 1991/In allen Sätteln gerecht, 1992), Eckart Meyners (Das natürliche Reitkonzept, 1992), Meyners/Miesner (Der Weg zum richtigen Sitz, 1997) und Eckart Meyners (Lehren und Lernen im Reitsport, 2000) haben mit dem traditionellen Reiten für Anfänger gebrochen.

Durch die angesprochenen Hintergründe entstehen bei Reitern, die sich selten durch einen qualifizierten Ausbilder korrigieren lassen, Gewohnheitsfehler, die ein Reiten als Dialog erschweren. Da der Mensch heute mit sich selbst (muskulär und koordinativ) nicht mehr harmonisch umgeht, ist es vor allem notwendig, sich um Inhalte zu bemühen, wie sie hier beschrieben werden.

- Der Anfänger benötigt den besten Reitlehrer, um keine Fehler zu lernen.
- Um Gewohnheitsfehler abzustellen, benötigt der Reiter viel Geduld, Zeit und Energieaufwand.
- Viele Gewohnheitsfehler lassen sich auf die verloren gegangene Sensibilität für Eigenbewegungen in der heutigen Zeit zurückführen.
- Der heutige Mensch horcht zu wenig in sich hinein und absolviert Bewegungen rein mechanisch.

Koordinative Grundlagen für das Reiten

Im Sport wird generell der Mensch zu stark von außen betrachtet. Das Reiten macht da keine Ausnahme. Formüberprüfungen sind vorrangig. Es interessieren die zu beobachtenden äußeren Abläufe von Fertigkeiten (Lektionen).

Unter Fertigkeiten sind erworbene, vorrangig koordinative (zusammengeordnete) Leistungen zu verstehen, die auf eine bestimmte Bewegungstechnik zur Lösung einer besonderen Aufgabe bezogen sind. Sie sind unter anderem durch Üben dieser Technik zu verbessern. Die einzelnen Lektionen im Reiten können als Fertigkeiten bezeichnet werden.

Das alleinige Üben dieser Fertigkeiten führt nicht notwendig zu einer Verbesserung der Fertigkeiten, weil negative muskuläre Bedingungen zu-

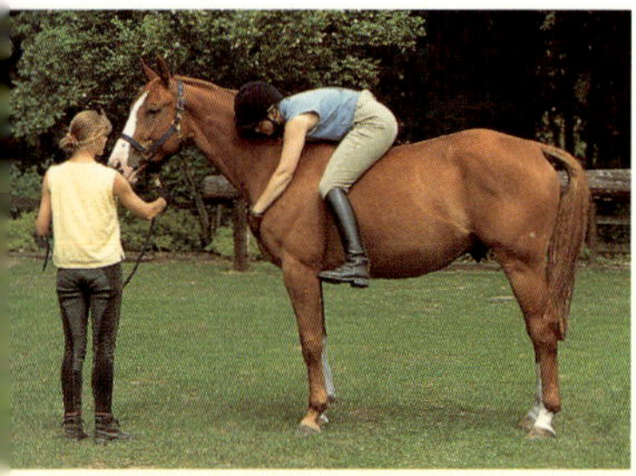

Den korrekten Sitz kann man über Haltungsveränderungen auf dem Pferd erzeugen.

grunde liegen, die als Störfaktoren wirken können. Darüber hinaus stellen koordinativen Fähigkeiten die Grundlage des Fertigkeitserwerbs dar; ein Gesichtspunkt, der in der Reiterei so gut wie gar nicht in den Blickwinkel von Ausbildungsgängen gerät.

Koordinieren heißt zusammenordnen. Dieses Zusammenordnen bezieht sich biologisch auf die miteinander verwobenen Muskeltätigkeiten und die Steuerungsvorgänge im Gehirn. Deshalb spricht man auch von neuromuskulären Vorgängen.Die Ausbildung koordinativer Fähigkeiten besteht in einer vielseitigen Bewegungsschulung, die nicht nur an eine Fertigkeit gebunden ist.

Eine bestimmte Qualität von koordinativen Fähigkeiten ist Voraussetzung und ständige Einflussgröße für die Ausbildung von Fertigkeiten (Reitlektionen). Die Ausbildung dieser Fertigkeiten führt ebenfalls zu einer Verbesserung des Niveaus koordinativer Fähigkeiten.

Neben allgemeinen koordinativen Fähigkeiten wie motorischer Lernfähigkeit, motorischer Steuerungsfähigkeit und situativer Anpassungs- und Umstellungsfähigkeit sollten den Reiter folgende fünf besonderen koordinativen Fähigkeiten interessieren: Gleichgewichtsfähigkeit, Rhythmusfähigkeit, muskuläre Unterscheidungsfähigkeit, räumliche Orientierungsfähigkeit, Reaktionsfähigkeit.

Besonders das Gleichgewicht und daraus resultierend die Rhythmusfähigkeit und die muskuläre Unterscheidungsfähigkeit haben für das Reiten hohe Bedeutung. Der Gleichgewichtssinn ist bei den meisten Menschen heute durch fehlende Bewegungen wie Klettern, Balancieren, Schaukeln und Schwingen kaum noch normal ausgebildet. Die Forschung hat jedoch nachgewiesen, dass die mangelnde Ausbildung des Gleichgewichts eine Verkümmerung aller anderen Sinne nach sich zieht. Wie wenig Reiter im Gleichgewicht sind, kann man am starken Ziehen an den Zügeln und am „Klemmen“ erkennen. Gleichgewicht ist zu einem gewissen Teil angeboren, muss jedoch durch ständige Herausforderungen erhalten und weiter ausgebildet werden. Kleinkinder besitzen es noch nicht, alternde Menschen verlieren es durch mangelnde Bewegungsmöglichkeiten.

Früher unterschied man statisches, dynamisches und Objektgleichgewicht. Peter Hirtz, Arturo Hotz und Gudrun Ludewig (2000) differenzieren heute vier Kategorien: Standgleichgewicht, Balanciergleichgewicht, Drehgleichgewicht und Fluggleichgewicht.

Standgleichgewicht meint den Erhalt bzw. die Wiederherstellung des Körpergleichgewichts bei Bewegungen ohne Ortsveränderung. Dabei geht es um Gleichgewichtsanforderungen, die Menschen beid- oder einbeinig auf unterschiedlichen Unterlagen (stabil, begrenzt, labil, z. B. Rollbretter, Schlappseil) bei äußeren Störungen zu meistern haben. Beim Balanciergleichgewicht geht es um das Wiederherstellen des Gleichgewichts bei Bewegungen mit Ortsveränderung, z. B. Schwebebalken, Roller- oder Radfahren, Roll- oder Schlittschuhe, Pedalofahren. Drehgleichgewicht bezieht Situationen ein, bei denen es um Drehungen der unterschiedlichen Körperachsen geht (für das Reiten weitestgehend irrelevant). Mit Fluggleichgewicht ist die Wiederherstellung des Gleichgewichts in stützlosen Phasen gemeint. Situationen des Springreitens können hierunter gefasst werden.

Muskuläre Unterscheidungsfähigkeit meint die hohe Genauigkeit und Ökonomie der Bewegung (Feinabstimmung). Dabei geht es sowohl um Teilbewegungen als auch um die Gesamtbewegung. Grundlage bildet die Unterscheidungsfähigkeit von Kraft-, Zeit- und Raumwahrnehmungen während des Bewegungsvollzugs. Außerdem werden diesem Bereich noch feinmotorische Abstimmungen wie Fuß-, Hand- und Kopfbewegungen sowie die Muskelentspannungsfähigkeit zugeordnet.

Rhythmus bezeichnet die Fähigkeit, den typischen Wechsel der Dynamik einer Bewegung zu erkennen und umzusetzen. Es geht neben dem Vorstellen bzw. dem optischen Erfassen eines bestimmten Bewegungsrhythmus vor allem um die eigene muskuläre Umsetzung von Rhythmen. Besitzt der Reiter keine Muskelentspannungsfähigkeit, bricht automatisch auch der Rhythmus zusammen. Dabei geht es beim Reiten zunächst darum, sich dem Rhythmus des Pferdes anzupassen, um dann diesen Rhythmus durch den eigenen Bewegungsrhythmus verändern zu können.

Räumliche Orientierungsfähigkeit meint die Fähigkeit, den Körper im Verhältnis zu Umwelt und Zeit richtig einzuschätzen und die eigenen Bewegungen bezüglich eines definierten Raumes (z. B. Kombinationen beim Springen, Lektionen an einem bestimmten Bahnpunkt) oder Objektes (Hindernishöhe) richtig abzustimmen. Die räumliche Orientierungsfähigkeit gewinnt auch im Zusammenhang mit dem Gleichgewicht erhöhte Bedeutung.

Reaktionsfähigkeit ist die Fähigkeit, zweckmäßige motorische Handlungen auf ein Signal hin auszulösen. Dabei kann es sich um ein erwartetes Signal oder um ein unbekanntes handeln. Daraus ergibt sich, dass eine Bewegungsaktion vorher festgelegt bzw. aus mehreren Möglichkeiten auszuwählen ist. Besonders Vielseitigkeits- und Springreiter müssen sehr reaktionsfähig sein.

Alle fünf koordinativen Fähigkeiten haben ganz enge Beziehungen untereinander. Wer nicht im Gleichgewicht ist, hält sich fest. Daraus folgen Rhythmusfehler, weil bestimmte Körperbereiche zu lange und zu stark angespannt sind. Jegliche Anspannung führt dazu, dass die Feinfühligkeit für sich verändernde Bewegungsabläufe verloren geht. Erst wenn eine Lektion auf unterschiedliche Art und Weise ausgeführt werden kann (mal schneller, mal langsamer, mal feiner, mal intensiver), ohne das eigene muskuläre Zusammenspiel oder das des Pferdes zu stören, ist von einer gelernten und verinnerlichten Bewegung zu sprechen. Die koordinativen Fähigkeiten können sowohl ohne Pferd als auch auf dem Pferd geschult werden. Je größer die Reitprobleme sind, desto eher sollte mit Übungen ohne Pferd begonnen werden, um das Pferd zu schonen.

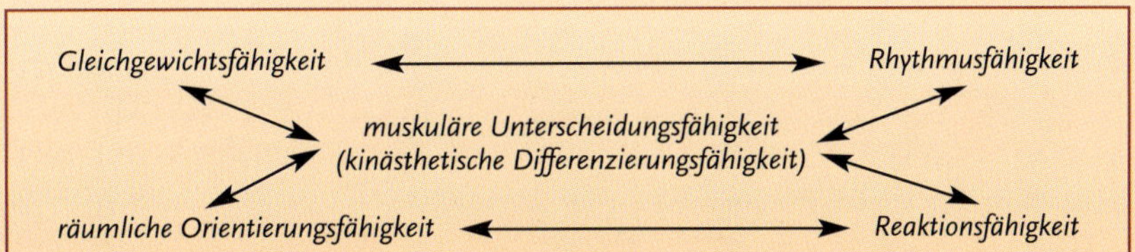

Abb. 42

Die folgende Auswahl von Übungen mag exemplarisch gelten, um die besonderen koordinativen Fähigkeiten zu schulen:

Balanceübungen auf mobilen Geräten wie Brettern, auf Gummireifen (Abb. 43);

Balancieren über schmale Hölzer (Abb. 44);

Hüpfübungen auf Gummischläuchen (Abb. 45);

Balancierübungen auf Walzen (Abb. 46);

Balancierübungen auf einem Schlappseil (Abb. 47);

Balance halten auf einem Rollbrett (Abb. 48) oder Skateboard (Abb. 49);

Balance halten auf einer Rollwippe (Abb. 50):

Übungsbeispiele mit einem Medizinball, z B.:

mit den Beinen auf dem Ball stehen (Abb. 51),

auf den Fußspitzen stehen (Abb. 52),

in die Hocke gehen und wieder aufrichten (Abb. 53),

bäuchlings auf dem Ball liegen und den Körper strecken (Abb. 54);

Übungsbeispiele mit einem Sportkreisel, z.B.:

aufsteigen auf den Kreisel mit Abstützen an der Wand (Abb. 55),

Verlagern des Gleichgewichts nach rechts/links, vorwärts/rückwärts (Abb. 56),

beidbeinig auf dem Kreisel stehen und mit dem Becken kreisen (Abb. 57), weite Schwankungen mit dem Oberkörper vornehmen; (Abb. 58),

beidbeinig auf dem Kreisel stehen und ganze Drehungen vornehmen;

Pedalo fahren in unterschiedlichen Formen (Abb. 59).

Weitere Möglichkeiten sind der Literatur im Anhang zu entnehmen.

Abb. 43

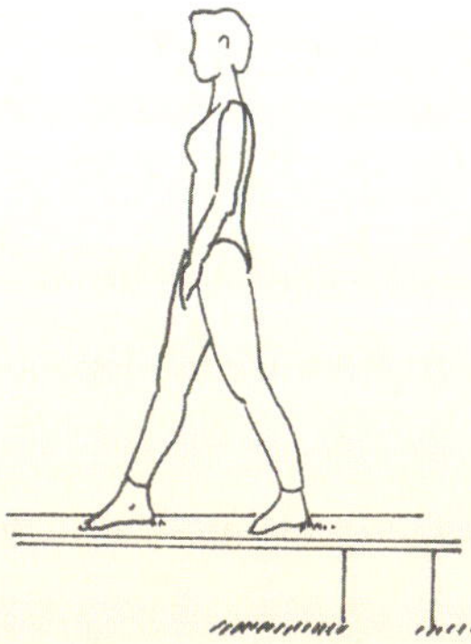

Abb. 44

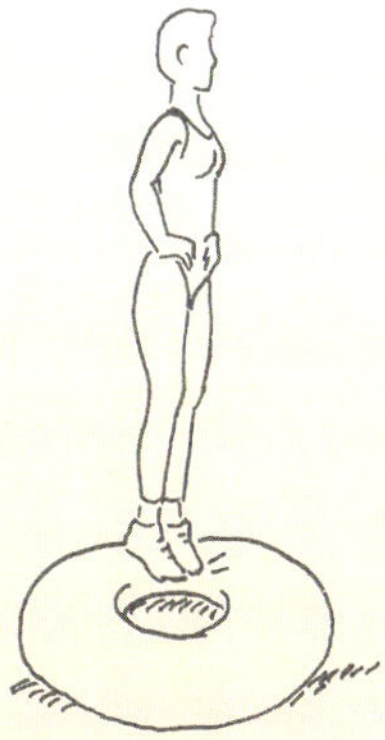

Abb. 45

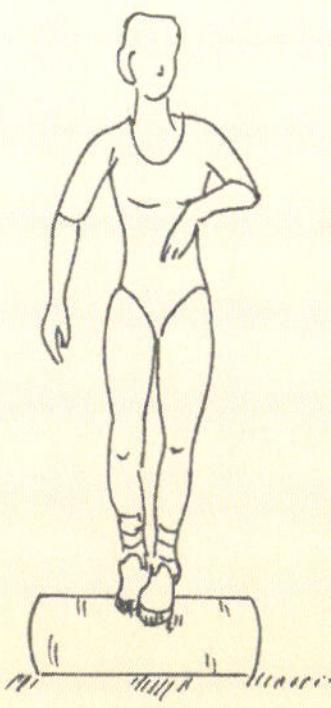

Abb. 46

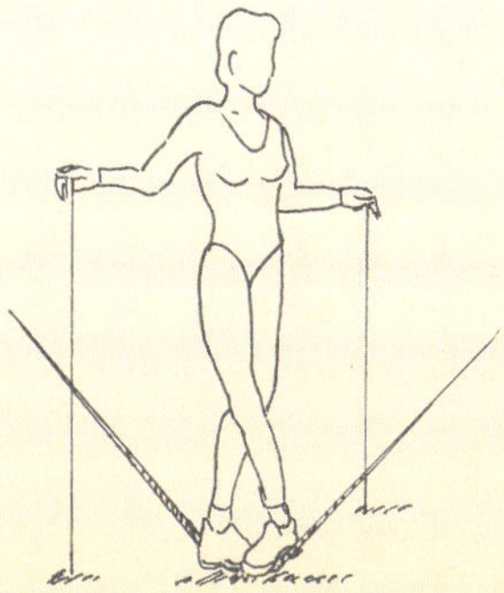

Abb. 47

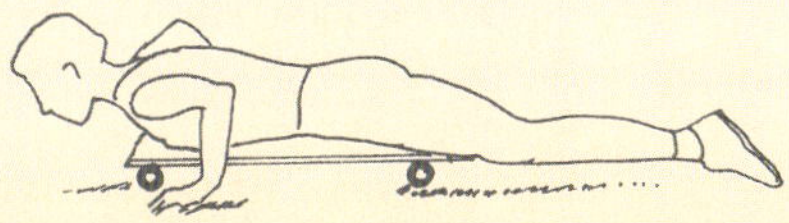

Abb. 48

Abb. 49

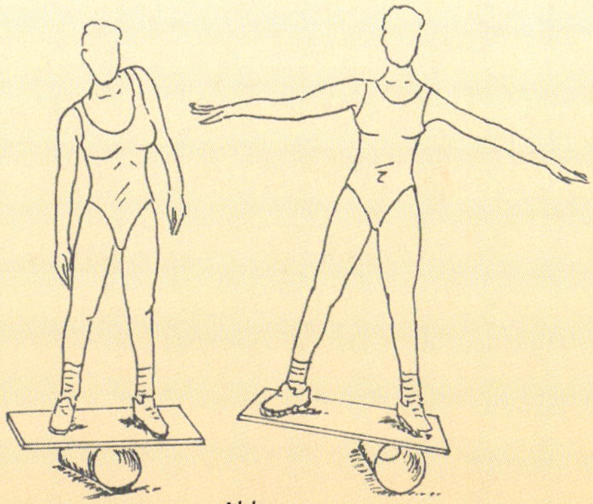

Abb. 50

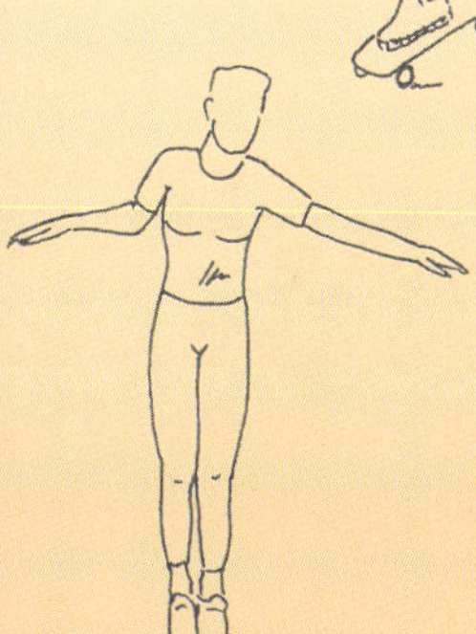

Abb. 51

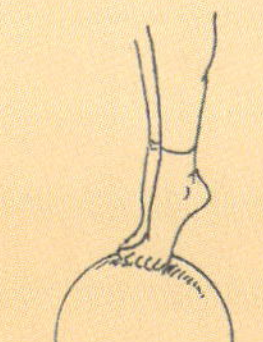

Abb. 52

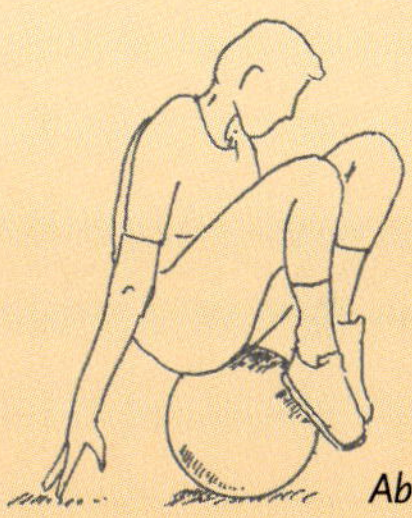

Abb. 53

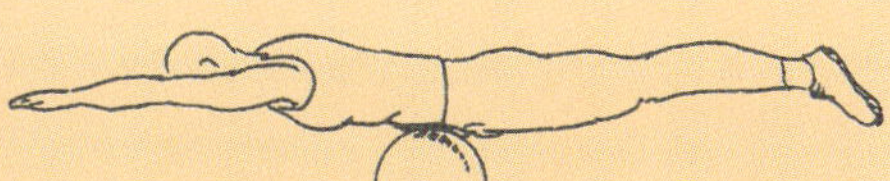

Abb. 54

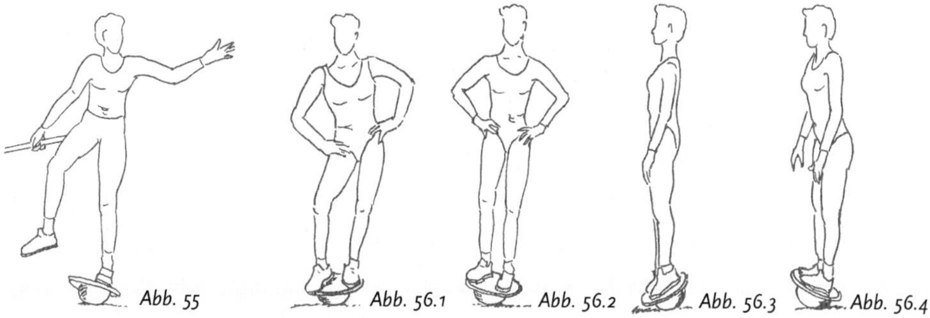

Abb. 55 Abb. 56.1 Abb. 56.2 Abb. 56.3 Abb. 56.4

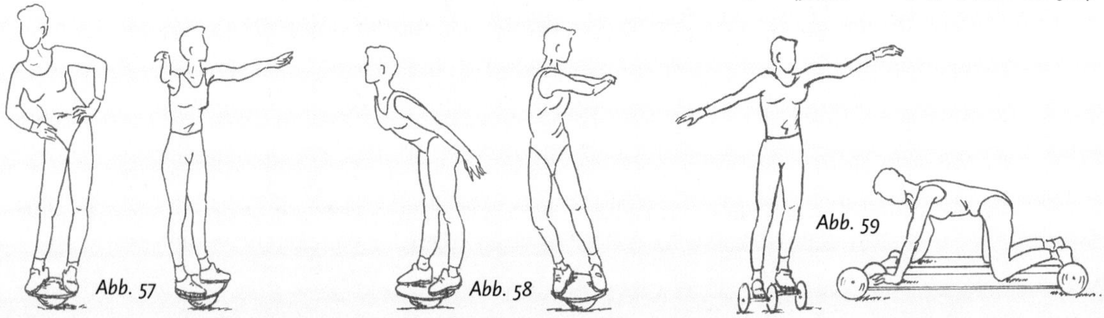

Abb. 57 Abb. 58 Abb. 59

Wenn die Grundlagen aufgebaut sind, können auch differenzierte Übungen auf dem Pferd angegangen werden. Es geht dabei um immer neue Anforderungen an das Gleichgewicht des Reiters, aus denen gleichzeitig hohe Ansprüche an alle weiteren koordinativen Fähigkeiten entstehen.

Begonnen werden kann mit dem Hinlegen auf den Pferdehals, dem Zurücklegen auf die Kruppe, dem Sitzen quer zum Pferd und rückwärts zum Pferdehals. Dabei soll das Pferd nicht gesattelt sein und aus Sicherheitsgründen geführt werden. Zunächst übt man im Schritt, dann kann zum Trab übergegangen werden.

Später kann die Stützfläche verkleinert werden. Man kniet auf dem Pferderücken und versucht aufzustehen. Die Übungen können auch mit geschlossenen Augen ausgeführt werden. Weitere Anregungen können Ausbilder im Repertoire des Voltigiersports finden.

Die koordinativen Anforderungen können bei fortgeschrittenen Reitern bis zu Balanceübungen im Stehen, mit hinter dem Kopf gehaltenen Händen in Schritt, Trab und Galopp ausgeweitet werden. In dieser Haltung können dann noch Rhythmusübungen z. B. beim „Über-Stangen-Treten“ absolviert werden. Einige Ausbilder werden auch Springgymnastik in dieser Haltung (Hände hinter dem Kopf) vollziehen lassen. Der Ausbilder muss genügend Fantasie besitzen, um sich Variationen auszudenken. Der größte Feind des Lernfortschritts sind Monotonie und Schematismus.

Diese Aufgaben sind als Sensibilisierungsübungen (Wahrnehmungsübungen – siehe auch später Teil II) zu bezeichnen, weil sie alle nicht durch reine Mechanik zu lösen sind. Das spielerische Element ist für den Anfänger, gleichgültig ob jung oder alt, ebenso wichtig wie für den guten Reiter. Ständig wechselnde Ansprüche an die fünf koordinativen Fähigkeiten führen zu einer Steigerung des Bewegungsgefühls und der Innensicht des

Reiters. Für den Aneignungsprozess muss zunächst eine völlig freie Gestaltung möglich sein. Die Reiter sollen sich – ohne ständig nachdenken zu müssen – dem Bewegungsgefühl hingeben, das sich zu Beginn ohne Zutun des Kopfes entwickeln muss. Die in den ersten Versuchen erfahrenen Bewegungsmöglichkeiten werden im weiteren Verlauf präziser und stellen die Grundlage für neue Erkenntnisse dar. Nach den Anfangserfahrungen werden die Bewegungsabläufe durch Üben und Wiederholen immer genauer.

Zunächst erkundet man die Situation, dann lotet man die in ihr enthaltenen Möglichkeiten aus. Die Bewegungen werden immer kontrollierter. Aus diesem Erfahrungsschatz heraus beginnt der Reiter mit dem Ausreizen der Situation; er möchte wissen, wie weit er gehen kann. Schließlich verfügt er über alle Variationen, die sich in den Aufgaben verbergen.

Grundlagen für Reitbewegungen sind koordinative Fähigkeiten, über die viele junge und ältere Reiter nicht ausreichend verfügen.
Für das Erlernen der Reittechnik sind folgende Fähigkeiten besonders wichtig:

- Gleichgewicht,
- Rhythmus,
- muskuläre Unterscheidungsfähigkeit,
- räumliche Orientierungsfähigkeit,
- Reaktionsfähigkeit.

Zunächst können diese Fähigkeiten durch Übungen ohne Pferd erworben werden. So gewinnt der Reiter ein verbessertes Gefühl für seinen eigenen Körper und hat auf dem Pferd dann eher die Möglichkeit, sich auf dessen Bewegungen zu konzentrieren.

Funktionelle Grundlagen für das Bewegungsgefühl des Reiters

Zum Aufbau des funktionellen Bewegungstrainings

Ein funktionelles Bewegungstraining kann in folgende Phasen eingeteilt werden:

1. **Phase:** Mobilisierung,
2. **Phase:** Stretching (Dehnen),
3. **Phase:** Kräftigung,
4. **Phase:** Entspannung durch Musik oder Atmung.

1. Mobilisierung

Hier geht es darum, den gesamten Körper durch relativ langsam ausgeführte, leichte Bewegungen ohne Schnellkraftcharakter auf die folgenden Belastungen vorzubereiten. Reiten erfordert spezielle Bewegungsabläufe, die in anderen Sportarten kaum auftreten. Auf sie muss der Körper bestens vorbereitet werden, indem möglichst viele Bewegungen im Voraus kontrolliert und ohne höhere Belastung durchgeführt werden. Besonders bei kälteren Temperaturen ist diese Phase sehr wichtig.

Die weichen Gelenkbewegungen zu Beginn sollen den Kreislauf langsam anregen und die Durchblutung der Muskulatur verstärken. Innerhalb der Gelenke wird die Gelenkflüssigkeit (Gelenkschmiere) erwärmt, um möglichst reibungslose Bewegungsabläufe zu gewähren.

Vor jeder Übungseinheit werden 8 bis 10 Minuten lang Mobilisierungsübungen im Bereich der wichtigsten Gelenke gemacht, um ganz vorsichtig (weich) auf die bevorstehende Belastung vorzubereiten. Die Bewegungsabfolgen werden langsam fließend, ohne schnelle, ruckartige Bewegungen durchgeführt. Jede Bewegung soll mindestens 10- bis 15- mal (oder öfter) wiederholt werden. Man beginnt mit dem Kopf, um über Schulter, Arme, Rumpf und Beine alle Gelenke ohne Kraftanstrengung zu mobilisieren.

Es dürfen keine unfunktionellen Bewegungen (siehe Abb. 39 und 40) einbezogen werden. Schnelles Kopf- und Hüftkreisen ist ebenso zu vermeiden wie alle Stellungen mit Hohlkreuzbildung.

Mobilisierung ersetzt niemals Dehnungsübungen. Sie dient der besseren Durchblutung und der psychischen und physischen Einstimmung auf folgende Belastungen. Mobilisierungsübungen sollen in das allgemeine Aufwärmen (siehe S. 90) integriert werden.

2. Stretching

Stretching bedeutet gehaltene Muskeldehnung. Im Gegensatz zum früher üblichen wippenden Dehnen werden dabei körpereigene Reflexe ausgenutzt, um die Muskulatur schonend und optimal auf kommende Belastungen vorzubereiten.

Das wippende Dehnen aktiviert einen Schutzmechanismus, den Antistreckreflex, der den Muskel vor dem Zerreißen schützt. Als Reaktion geschieht das Gegenteil dessen, was man eigentlich erreichen möchte: Der Muskel zieht sich aus Angst vor dem Zerreißen zusammen. Bei ungenügender Vorbereitung und starkem Federn kann er sogar verletzt werden. Vom Rückenmark wird kein Signal zur Entspannung an den Muskel gegeben. Erst wenn das Rückenmark auf die Entspannung eingestellt ist, kann der Muskel optimal gedehnt werden.

Das statische Stretching ist am weitesten verbreitet und kann auch relativ problemlos eingesetzt werden. Die Dehnung des Muskels wird vorsichtig aufgebaut und gehalten. Nach etwa 10 Sekunden kommt vom Rückenmark der Befehl zur Entspannung. Dieser Augenblick muss genutzt werden, um den Muskel weiter zu dehnen. Man kann die Dehnung bis zu 2 Minuten halten; länger sollte nicht gedehnt werden.

Eine Zeit lang hat man das federnde Dehnen verteufelt; heute ist bekannt, dass ein hineinfühlendes, langsam dynamisches Dehnen durchaus seine Bedeutung hat. Besonders direkt vor dem Reiten (beim Aufwärmen) hat es sich als leistungsfördernd erwiesen. Die Dehnung wird dadurch erzeugt, dass der Reiter vorsichtig bis zur Sperre des Muskels dehnt und diesen Vorgang mehrmals weich wiederholt. Die Dehnfähigkeit des Muskels wird durch mehrere Wiederholungen erhöht.

Als Nebeneffekt wird beim systematischen Stretching der dem gedehnten entgegenwirkende Muskel gekräftigt. Das korrekt aufgebaute Stretching ist also eine ideale Methode zum Aufbau einer natürlichen Muskelbalance.

Es gibt noch weitere Dehnmethoden wie das Antagonisten-Kontraktions-Stretching oder die C-H-R-S-Methode (contract-hold-relax-stretch). Sie sollten jedoch erst dann angewendet werden, wenn die hier vorgestellte Methode optimal beherrscht wird. Im Serviceteil finden Sie vertiefende Literatur.

3. Kräftigung

Erst wenn die Muskulatur optimal vorgedehnt ist, kann mit kräftigenden Übungen begonnen werden. Dabei sind alle Übungen entweder statisch oder langsam dynamisch zu vollziehen. Schnellkraftbewegungen, also mit Schwung eingeleitete Abläufe, erreichen nur einen Teil des Muskels und kräftigen ihn nicht auf seiner vollen Länge. Doch gerade das ist wichtig, wenn jeder Muskel seine optimale Funktion erreichen soll.

Außerdem wird durch ruckartiges Kräftigen die Atmung gestört. Bei ruckartigen Übungen hält man nämlich die Luft an und presst, was für den gesunden Muskelaufbau und das Organsystem schädlich ist. Eine natürliche gleichmäßige Sauerstoffzufuhr ist nötig, wenn der Körper bestens vorbereitet werden soll.

Bei der Pressatmung hält der Mensch die Luft an und es entsteht ein großer Druck innerhalb der Blutgefäße, was besonders an den sich stark füllenden Adern am Hals zu erkennen ist. Zum Schutz vor einem Platzen senkt der Organismus sofort den Blutdruck. Dadurch entsteht Schwindelgefühl oder dem Übenden wird schwarz vor Augen. Bei allen Übungen soll also gleichmäßig weiter geatmet werden.

Jede Atmungsstörung führt zu einem Bruch in der Bewegungsabfolge bzw. jede ruckartige Bewegung führt zu einer Atmungsstörung. Gerade über das langsame Einleiten der Kräftigungsübungen ist die Möglichkeit gegeben, den Atem zu regulieren. Man sollte sich immer dabei beobachten. Längeres Pressen führt neben dem beschriebenen Blutdruckabfall auch zu einer Sauerstoffschuld im Körper und damit zwangsläufig zu einer Leistungsminderung.

Wichtig ist auch die Anzahl der Wiederholungen: Bei langsamen dynamischen Abläufen soll jede Übung 10- bis 15- mal gemacht werden. Die Zahl kann je nach Leistungsfähigkeit erhöht werden.

Bei statischen (haltenden) Belastungen sollen möglichst 10 Sekunden Haltezeit nicht unterschritten werden. Der Übende setzt seine Muskeln vorsichtig beginnend ein und führt die Übung bis zu einer bestimmten Haltung aus. Dort verharrt er. Die Haltezeit kann je nach Entwicklungsstand ausgedehnt werden (z. B. bis 30 Sekunden).

Es gibt noch eine zweite Belastungsmöglichkeit: Wenn 10 Sekunden Haltezeit absolviert sind, 10 bis 20 Sekunden Pause einlegen. Die Haltezeit von 10 Sekunden kann so je nach Entwicklungsstand mehrmals wiederholt werden.

4. Entspannung

Dieser Teil, der ebenso wichtig ist wie das Aufwärmen, wird oft unterschätzt. Die meisten Menschen können sich nicht willentlich entspannen. Der Hintergrund ist darin zu sehen, dass die Gedanken dieser Menschen nicht in die Muskulatur geleitet werden können. Man kann dazu z. B. autogenes Training (siehe S. 93)anwenden, doch dann sollte diese Methode von Grund auf vertiefend erlernt werden.

Eine weitere Möglichkeit besteht in der fremdsuggestiven Entspannung. Dabei wird der Reiter durch eine andere Person unter Einbeziehung leiser Musik mit einer sanften, monotonen Sprache zur Beruhigung gebracht. Es gibt auch die Möglichkeit, Geschichten zu erzählen, in denen Wanderungen durch den Körper beschrieben werden. Sie schaffen einen schlafähnlichen Zustand.

Auch kann Muskeltiefentspannung einbezogen werden. Hierbei werden einzelne Muskelgruppen langsam steigernd bis zum Maximum angespannt, um sie danach wieder zu entspannen. Dabei soll der Übende sich intensiv in den Muskel „hineindenken“.

Auch Atemübungen (Bauchatmung) können angewendet werden und führen zur Beruhigung. Ich empfehle besonders Übungen nach Feldenkrais, die neben anderen Funktionen auch zur Mobilisierung und Entspannung genutzt werden können. Diese werden auf den Seiten 155 ff. vorgestellt.

Alle Phasen sollten vor wie nach jedem Reiten angewendet werden, weil der Reiter ebenso gut vorbereitet werden muss wie das Pferd. Ohne ein Pferd zu lösen, würde kein Reiter Lektionen absolvieren oder über Hindernisse springen. Genauso stellt kein Reiter ein nasses und intensiv atmendes Pferd in den Stall.

Bewegungsprinzipien

- Mobilisierungsübungen gehören zum allgemeinen Aufwärmen. Mobilisierung schont die Gelenke. Es ersetzt jedoch nicht das Dehnen.
- Kein wippendes oder ruckartiges Dehnen vollziehen.
- S-H-R-S-Methode ist eine sichere Methode für den Ungeübten.
- Bei Kraftübungen nicht den Atem anhalten (pressen), sondern weiter atmen. Die Atmung fällt leichter, wenn die Kraftübungen langsam (behutsam) und nicht ruckartig eingeleitet werden.
- Kraftübungen statisch oder langsam dynamisch vollziehen.
- Statische Übungen sollen zunächst 10 Sekunden gehalten werden. Nach einer Pause von 10 bis 20 Sekunden kann je nach Trainingszustand wiederholt werden. Dehnzeit von 2 Minuten nicht überschreiten. Je nach Trainingszustand kann auch die Haltezeit über 10 Sekunden erhöht werden.
- Langsam dynamische Übungen 10- bis 15- mal wiederholen.
- Entspannung ist genauso wichtig wie Mobilisation.
- Immer beidseitig üben, auch wenn eine Übung nur einseitig beschrieben oder gezeichnet ist.
- Bei allen Übungen soll der Kopf möglichst die direkte Verlängerung der Brustwirbelsäule bilden, also nicht zur Seite, nach vorne oder in den Nacken genommen werden.
- Alle Belastungen für das Knie, die über einen rechten Beugewinkel hinausgehen, vermeiden. Tiefe Kniebeugen sind schädlich.
- Die Fußspitzen bei allen Übungen anziehen und nicht strecken. Dadurch kann der Verkürzungstendenz der Wadenmuskulatur entgegengewirkt werden.
- Nacheinander immer die Beuger und Strecker jedes Körperbereichs dehnen oder kräftigen (z. B. Brustmuskulatur/obere Trapezmuskulatur, Bauchmuskulatur/Rückenmuskulatur, vordere/hintere Oberschenkelmuskulatur, linker/rechter Lendenmuskel, Wadenmuskulatur/Schienbeinmuskulatur). Auf diese Wiese wird eine Muskelbalance erreicht.

Dehnübungen für Hüftbeuger, Oberschenkel- und Brustmuskulatur ersparen dem Ausbilder Korrekturen.

Zusammenstellung von Mobilisierungsübungen

Übung 1

Zielsetzung: Mobilisierung der Halswirbelsäule.

Ausgangsposition: Stand mit leicht geöffneten, gebeugten Beinen und aufgerichtetem Becken.

Ausführung: Den Kopf in sehr langsamen, fließenden Bewegungen nach rechts, links und nach vorne neigen; sehr langsam nach rechts und links drehen.

Achtung: **Kopf auf keinen Fall kreisen lassen, weil dabei die Wirbelsäule zu stark belastet wird!**

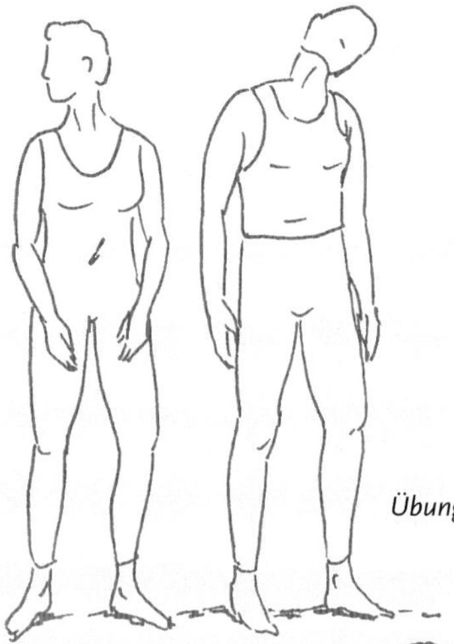

Übung 1

Übung 2

Zielsetzung: Mobilisierung des Schultergürtels.

Ausgangsposition: Stand mit leicht geöffneten, gebeugten Beinen und aufgerichteter Beckenstellung.

Ausführung: Schulter langsam auf und ab bewegen.

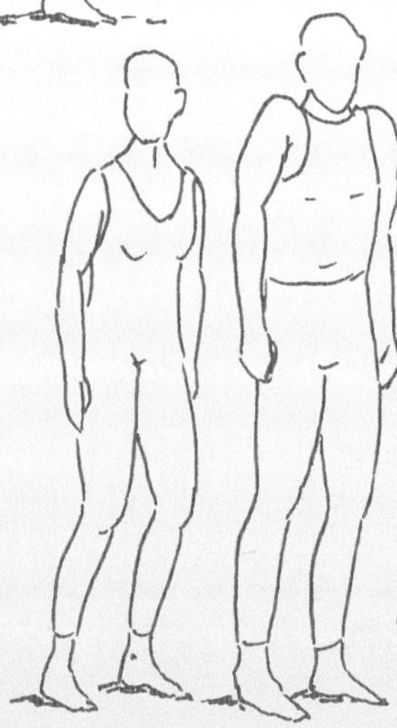

Übung 2

Übung 3

Zielsetzung: Mobilisierung der Schultergelenke.

Ausgangsposition: Stand mit leicht geöffneten, gebeugten Beinen und aufgerichtetem Becken.

Ausführung: Schultern langsam, ganz weich nach hinten und vorne führen.

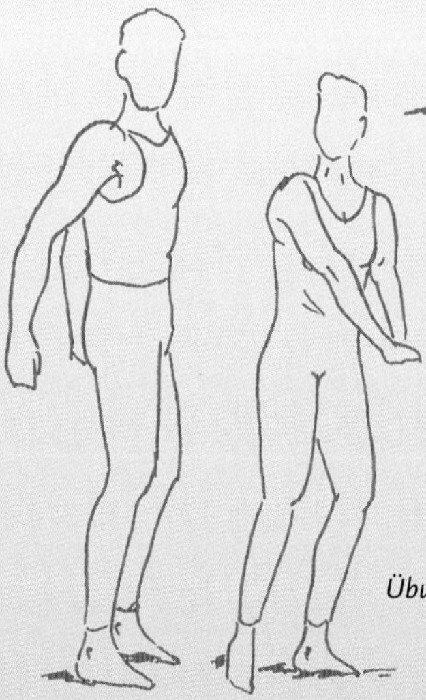

Übung 3

Übung 4

Zielsetzung: Mobilisierung der Schultergelenke.

Ausgangsposition: Stand mit leicht geöffneten, gebeugten

Beinen und aufgerichtetem Becken, Arme seitlich am Körper halten.

Ausführung: Arme gestreckt über die Seite nach oben heben und nach vorne wieder senken.

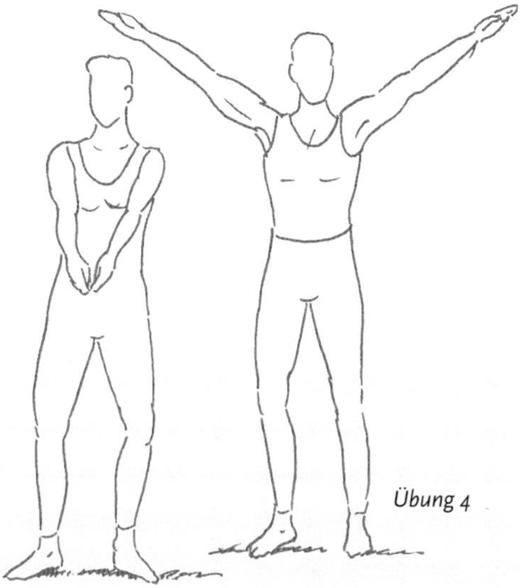

Übung 4

Übung 5

Zielsetzung: Mobilisierung der Schulter- und Handgelenke.

Ausgangsposition: Stand mit leicht geöffneten, gebeugten Beinen und aufgerichtetem Becken, Arme gestreckt in Seithalte.

Ausführung: Hände auf und ab bewegen.

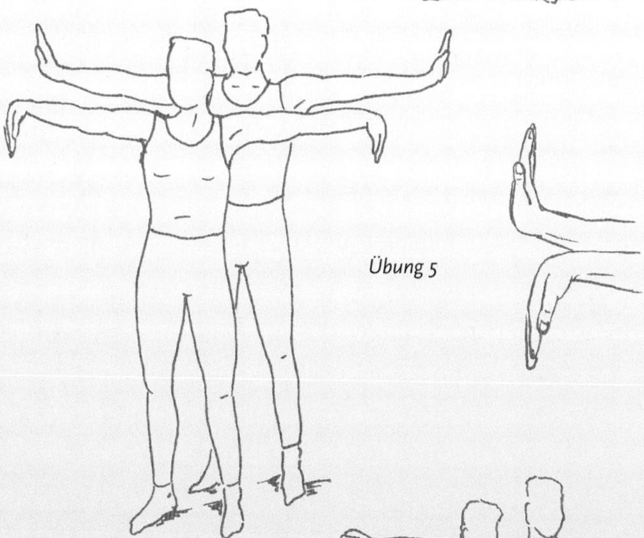

Übung 5

Übung 6

Zielsetzung: Mobilisierung der Schulter- und Handgelenke.

Ausgangsposition: wie in Übung 5.

Ausführung: Hände öffnen und schließen.

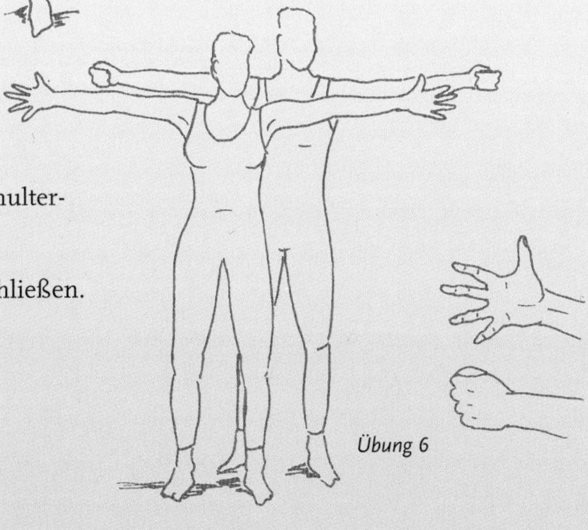

Übung 6

Übung 7

Zielsetzung: Mobilisierung der Brustwirbelsäule.

Ausgangsposition: Stand mit leicht geöffneten, gebeugten Beinen und aufgerichtetem Becken, Hände auf die Hüften gestützt.

Ausführung: Brustwirbelsäule ein- und aufrollen, ohne in den Hüftgelenken abzubeugen.

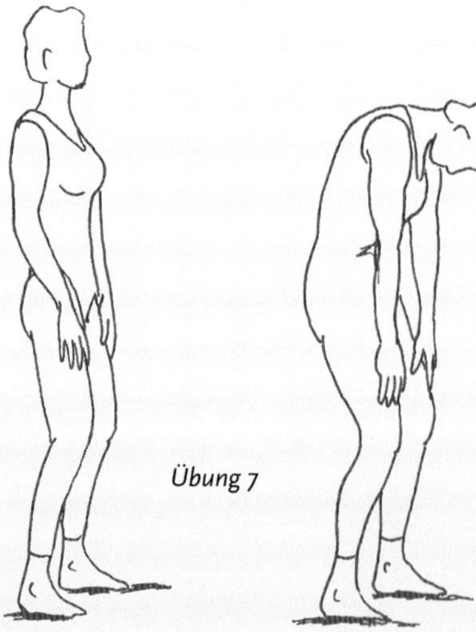

Übung 7

Übung 8

Zielsetzung: Mobilisierung der Wirbelsäule.

Ausgangsposition: Stand mit leicht geöffneten, gebeugten Beinen und aufrechter Beckenstellung, Arme gebeugt in Seitvorhalte.

Ausführung: Oberkörper langsam nach rechts oder links drehen, das Becken zeigt ständig nach vorne.

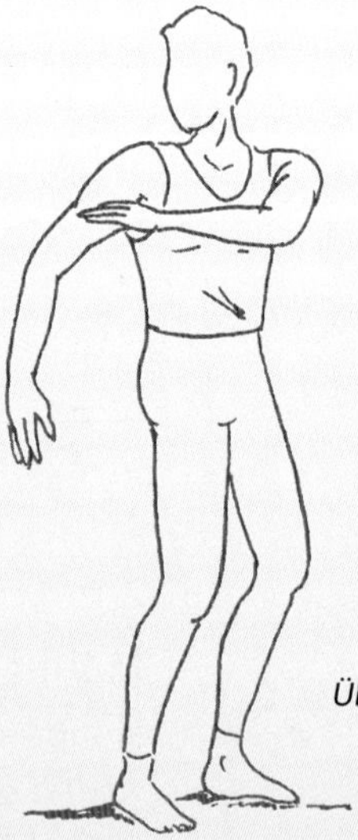

Übung 8

Übung 9

Zielsetzung: Mobilisierung der Lendenwirbelsäule und der Hüftgelenke.

Ausgangsposition: Stand mit leicht geöffneten, gebeugten Beinen und aufrechter Beckenstellung, Hände auf die Hüften gestützt.

Ausführung: Becken aufrichten, indem die Bauch- und Gesäßmuskulatur angespannt wird. Becken nach unten kippen und die Spannung wieder lösen.

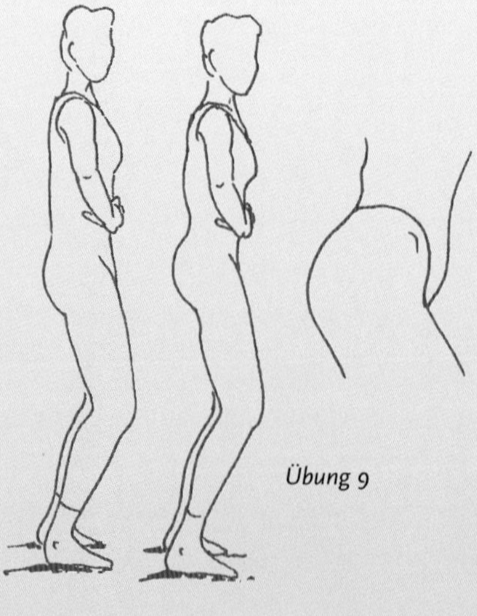

Übung 9

Übung 10

Zielsetzung: Mobilisierung der Knie- und Hüftgelenke.
Ausgangsposition: Leichte Grätschstellung, Fußspitzen zeigen leicht nach außen, Hände auf die Oberschenkel stützen.
Ausführung: Kniegelenke im Wechsel beugen und strecken.
Achtung: **Knie nicht über den Fuß hinaus nach vorne neigen, weil sonst die Bänder im Knie- und Fußgelenk zu stark belastet werden!**

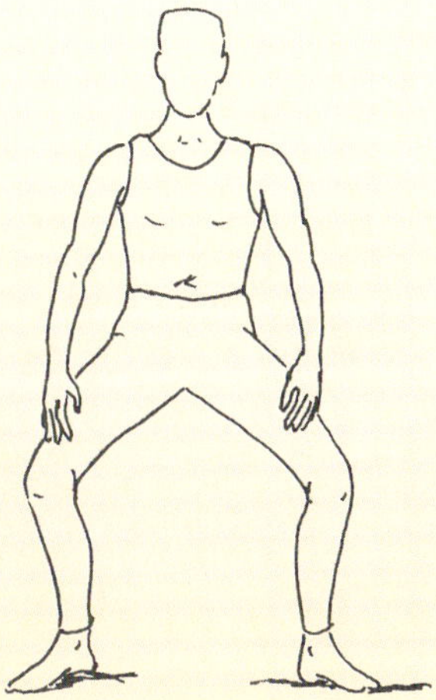
Übung 10

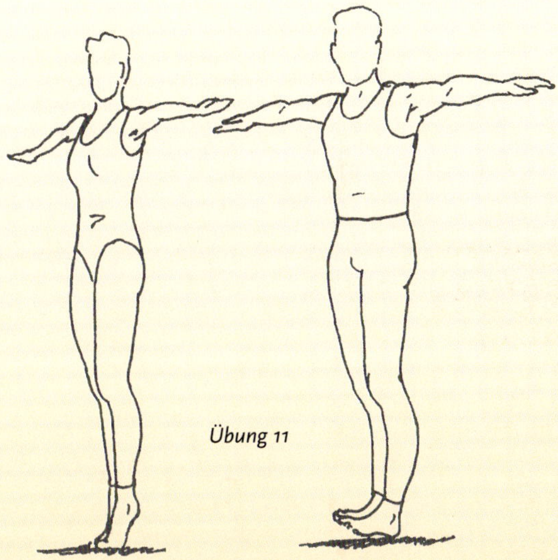
Übung 11

Übung 11

Zielsetzung: Mobilisierung der Fußgelenke.
Ausgangsposition: Stand mit geschlossenen Beinen, Arme in Seithalte.
Ausführung: Körper in den Zehenstand heben, Fersen senken wieder ab. Danach Fußspitzen leicht nach oben ziehen.
Achtung: **Bei Gleichgewichtsproblemen in Schulterhöhe abstützen an der Wand!**

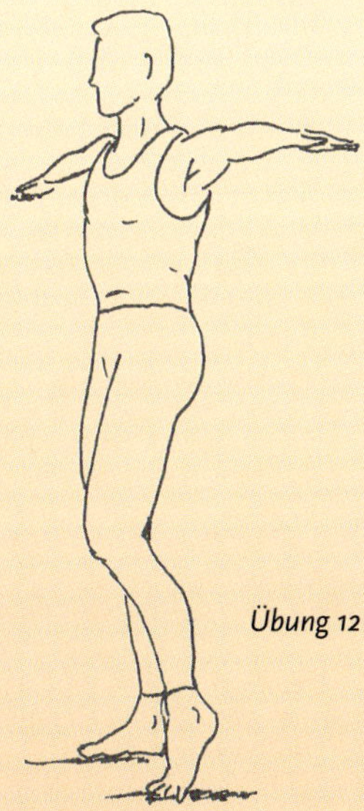
Übung 12

Übung 12

Zielsetzung: Mobilisierung der Fußgelenke.
Ausgangsposition: Stand mit leicht geöffneten, gebeugten Beinen und aufrechter Beckenstellung, Arme gestreckt in Seithalte.
Ausführung: Rechte und linke Ferse im Wechsel heben und senken.
Achtung: **Füße nicht nach außen wegknicken lassen!**

Zusammenstellung von Dehnungsübungen

Übung 1

Zielsetzung: Dehnung von langem Rückenstrecker, Nacken- und Gesäßmuskulatur.

Ausgangsposition: Bequemer Sitz mit rechtwinklig gebeugten Kniegelenken und leicht gespreizten Beinen, Arme greifen unter den Unterschenkeln durch, Hände werden auf die nach außen gerichteten Fußrücken gelegt.

Ausführung: Arme ziehen den Oberkörper nach vorne, bis die Dehnung zu spüren ist.

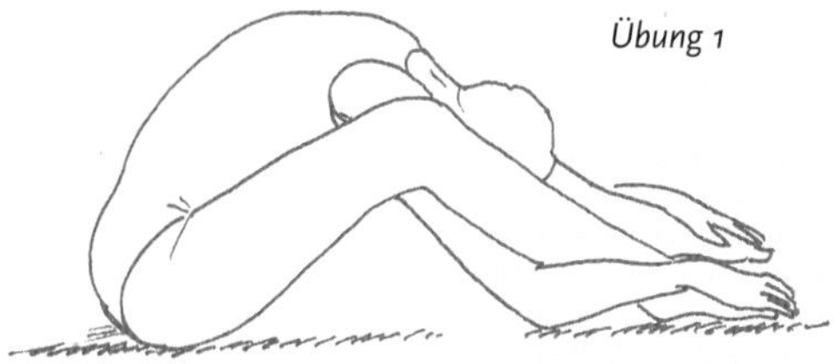

Übung 1

Übung 2

Zielsetzung: Dehnung des unteren Teils der Rückenstreckmuskulatur.

Ausgangsposition: Bauchlage auf einem Stuhl, Fußrücken haben Bodenberührung, Becken liegt nicht auf dem Stuhl auf, zusammengerolltes Handtuch unterlegen.

Ausführung: Rückenmuskeln entspannen, Knie in Richtung Boden sinken lassen, bis die Dehnung zu spüren ist.

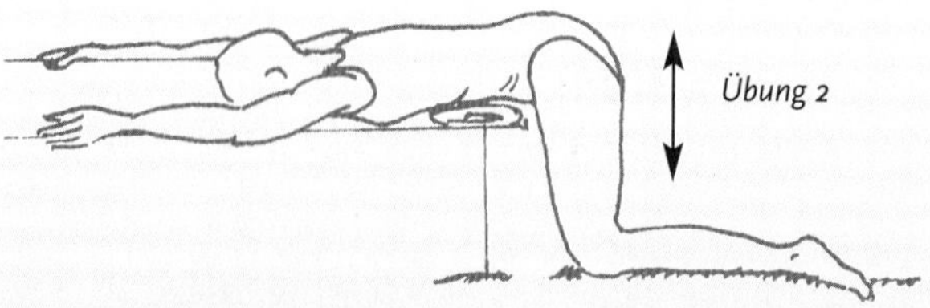

Übung 2

Übung 3

Zielsetzung: Dehnung des unteren Teils der Rückenstreckmuskulatur.

Ausgangsposition: Rückenlage mit vor der Brust verschränkten Armen, Knie- und Hüftgelenke gebeugt, Unterschenkel liegen auf einem Stuhl.

Ausführung: Gesäß anheben und von einem Partner Unterschenkel auf den Stuhl drücken lassen, dann Bauch- und Rückenmuskeln entspannen und sinken lassen.

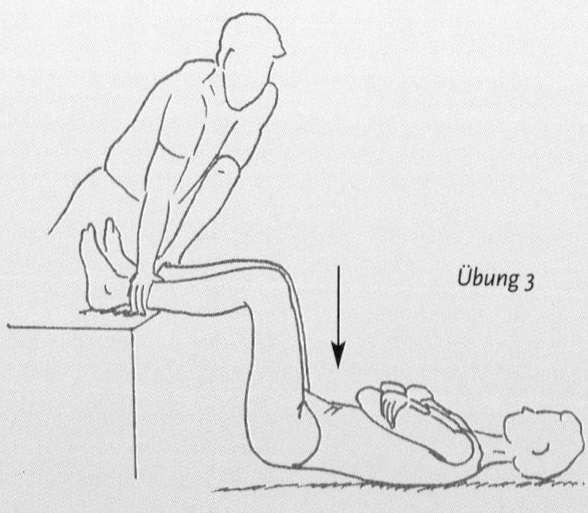

Übung 3

Übung 4

Zielsetzung: Dehnung der Hals-/Nackenmuskulatur.
Ausgangsposition: Rückenlage, Beine anstellen, Hände hinter dem Kopf gefaltet.
Ausführung: Kopf anheben und mit den Händen nach vorne oben ziehen.
Achtung: **Hals-/Nackenbereich mit äußerster Vorsicht dehnen!**

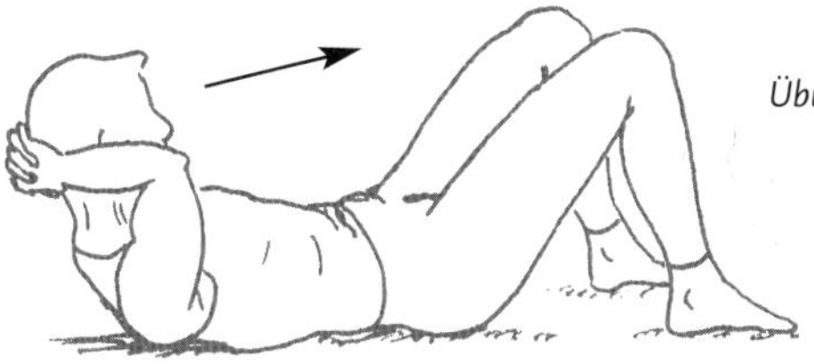
Übung 4

Übung 5

Zielsetzung: Dehnung der seitlichen Hals-/Nackenmuskulatur.
Ausgangsposition: Leichter Seitgrätschstand.
Ausführung: Linke Hand zieht den Kopf in maximale Seitneigung; rechten Arm in Richtung Boden drücken.
Achtung: **Hals-/Nackenbereich mit äußerster Vorsicht dehnen!**

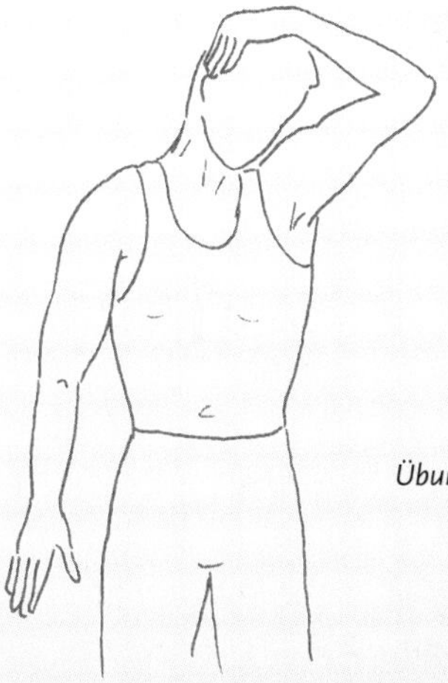
Übung 5

Übung 6

Zielsetzung: Dehnung der Hals-/Nackenmuskulatur.
Ausgangsposition: Leichter Seitgrätschstand.
Ausführung: Rechte Hand zieht den Kopf nicht seitlich, sondern schräg nach vorne (diagonal).
Achtung: **Hals-/Nackenbereich mit äußerster Vorsicht dehnen!**

Übung 7

Zielsetzung: Dehnung von hinterem Teil des Deltamuskels, oberem Teil der Schultergürtelmuskulatur (Trapezmuskulatur) und Armstrecker.
Ausgangsposition: Stand schulterbreit und Arm auf Halshöhe beugen.
Ausführung: Freie Hand drückt am Ellenbogen den Arm weiter nach hinten.

Übung 6

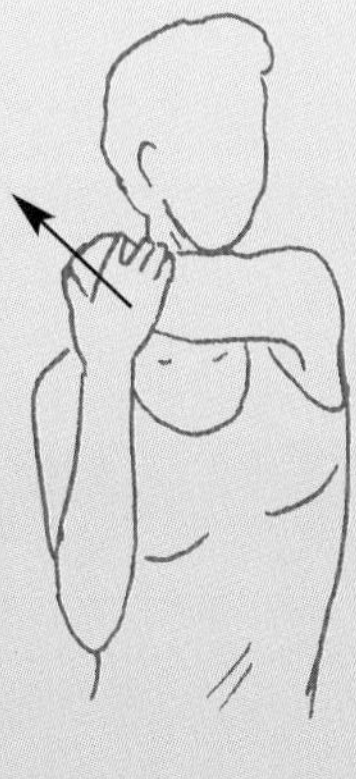
Übung 7

Übung 8

Zielsetzung: Dehnung von Brustmuskulatur, Armbeuger und vorderem Teil des Deltamuskels.
Ausgangsposition: Gestreckten Arm leicht über Schulterhöhe heben und an die Wand drücken.
Ausführung: Kopf und Oberkörper in Gegenrichtung drehen und Schulter leicht nach vorne drücken.
Achtung: **Nicht ins Hohlkreuz fallen, Becken stabilisieren!**

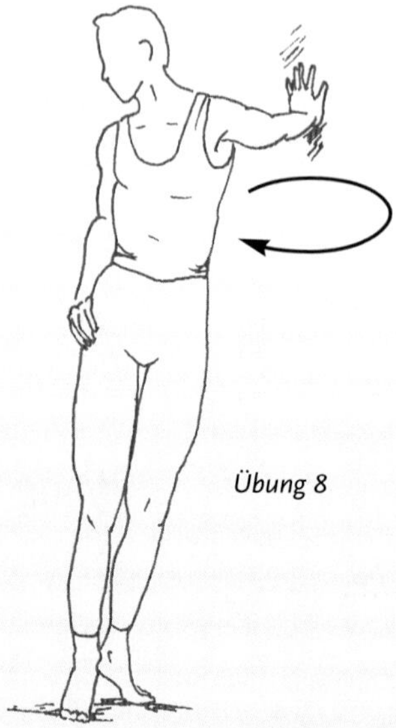

Übung 8

Übung 9

Zielsetzung: Dehnung der Brustmuskulatur (mittlerer Bereich).
Ausgangsposition: Schneidersitz, gewinkelter Arm in Schulterhochhalte.
Ausführung: Arme nach hinten ziehen.
Achtung: **Nicht ins Hohlkreuz fallen, Becken stabilisieren!**

Übung 10

Zielsetzung: Dehnung der Brustmuskulatur (unterer Bereich).
Ausgangsposition: wie in Übung 9.
Ausführung: Arme nach hinten oben ziehen.
Achtung: **Nicht ins Hohlkreuz fallen, Becken stabilisieren!**

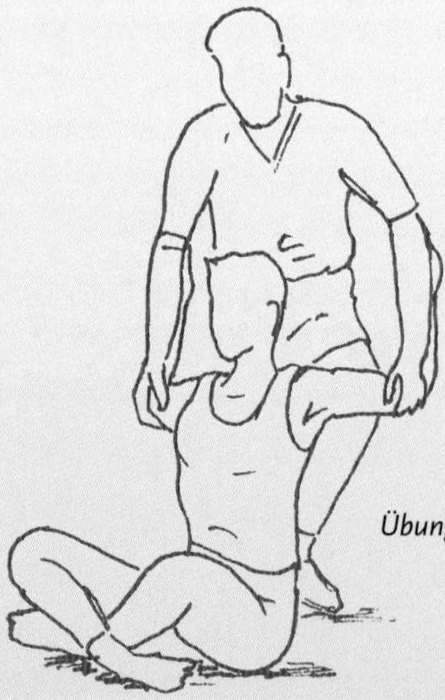

Übung 9

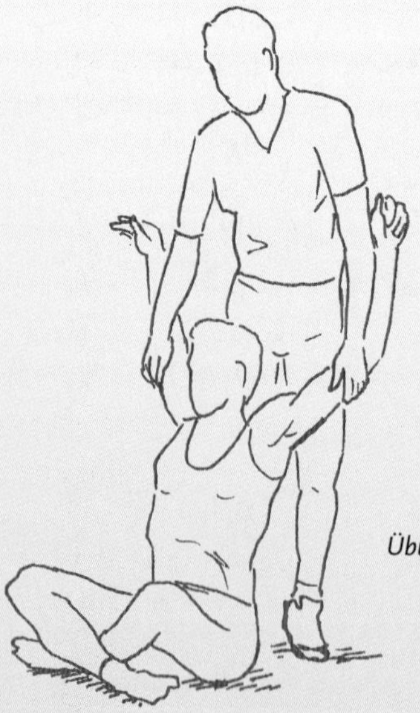

Übung 10

Übung 11

Zielsetzung: Dehnung von Brustmuskulatur, Rückenmuskulatur und Muskeln des Ellenbogen- und Schultergelenks.

Ausgangsposition: Gestreckte Bauchlage, Hände auf einer erhöhten Auflage ablegen.
Ausführung: Oberkörper zum Boden sinken lassen und mit Stirn Boden berühren.

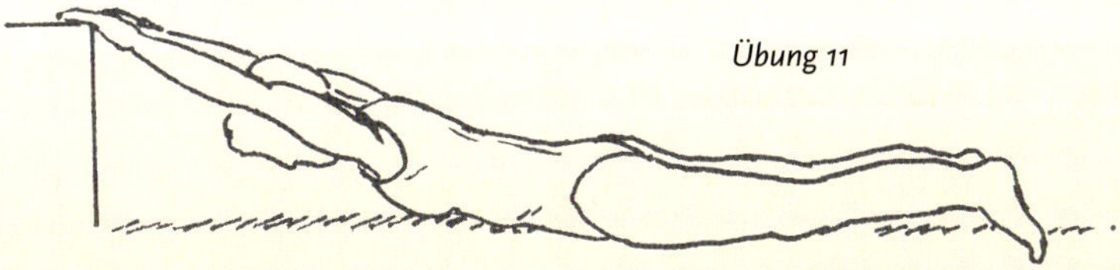

Übung 11

Übung 12

Zielsetzung: wie in Übung 11.
Ausgangsposition: Im Stand Beine leicht spreizen, Oberkörper nach vorne neigen und auf Tisch, Sprossenwand o.Ä. ablegen, Arme schulterbreit strecken.
Ausführung: Oberkörper nach unten drücken.

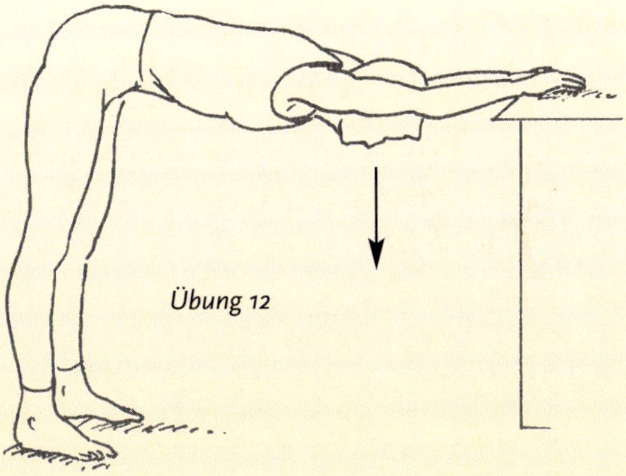

Übung 12

Übung 13

Zielsetzung: Dehnung von Brustmuskulatur, Armbeugern, vorderen Teil des Deltamuskels.
Ausgangsposition: Zwischen eine Tür stellen, ein Arm in Hochhalte hinter der Tür, anderer Arm in Tiefhalte vor der Tür.
Ausführung: Oberkörper weit nach vorne drücken, gleichzeitig Gesäß- und Bauchmuskulatur anspannen.

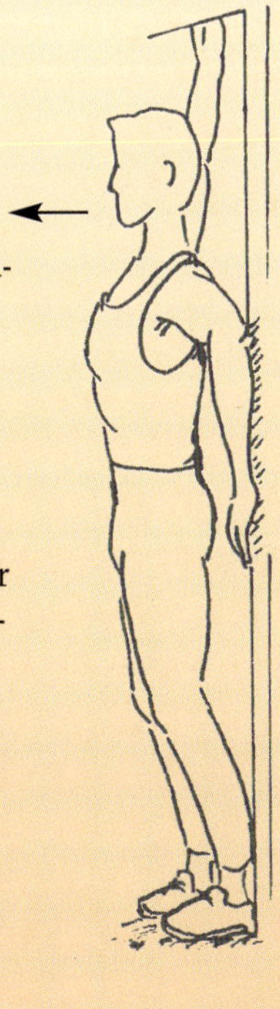

Übung 13

Übung 14

Zielsetzung: Dehnung von Armstrecker, einem Teil der Rückenmuskulatur und mehreren kleinen Schultermuskeln.
Ausgangsposition: Stand schulterbreit, Arm hinter dem Kopf im Ellenbogen beugen.
Ausführung: Mit freier Hand den Oberarm umfassen und in Richtung Boden ziehen.

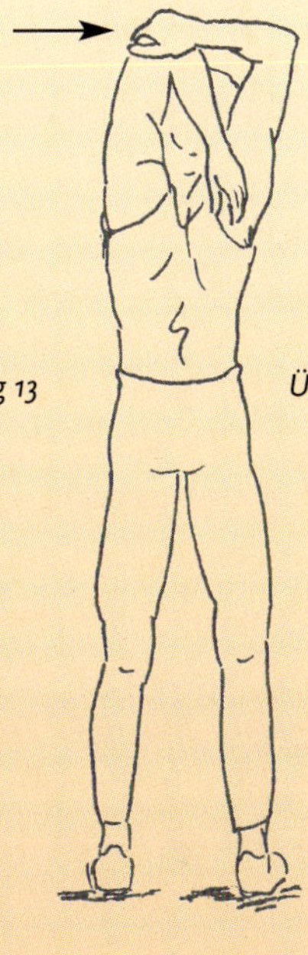

Übung 14

Übung 15

Zielsetzung: Dehnung von hinterem Teil des Deltamuskels, einem Teil der Rückenmuskulatur.
Ausgangsposition: Angewinkelter Arm vor dem Körper leicht unter Schulterhöhe.
Ausführung: Ellenbogen in Richtung entgegengesetzte Schulter ziehen.

Übung 16

Zielsetzung: Dehnung von vorderem Teil des Deltamuskels, oberem Teil der Schultergürtelmuskulatur (Trapezmuskulatur).
Ausgangsposition: Arm hinter dem Rücken zur Seite halten.
Ausführung: Freie Hand zieht den Arm hinter dem Rücken in dieselbe Richtung wie Kopfneigung.

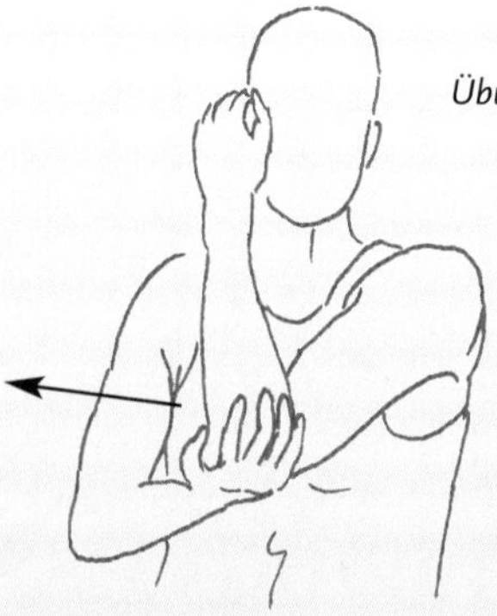
Übung 15

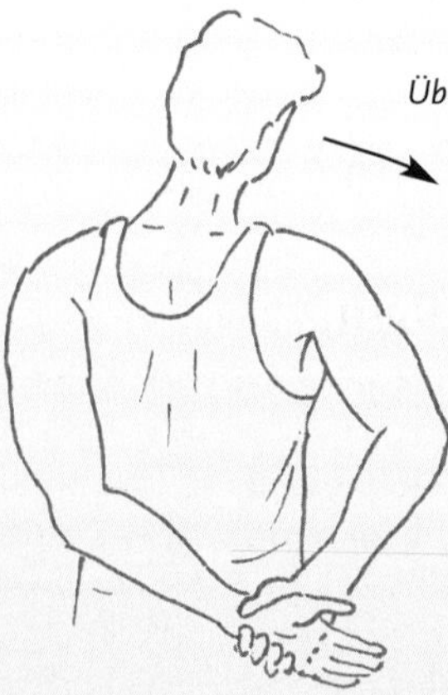
Übung 16

Übung 17

Zielsetzung: Dehnung von Armstrecker, Rückenmuskulatur, schräger Bauchmuskulatur und Lendenmuskel (seitlicher Rumpfmuskel).
Ausgangsposition: Stand schulterbreit, Arm hinter dem Kopf im Ellenbogen beugen.
Ausführung: Mit freier Hand Oberarm umfassen und in Richtung Boden ziehen, Oberkörper weit zur Seite neigen und Hüfte in Gegenrichtung drücken.

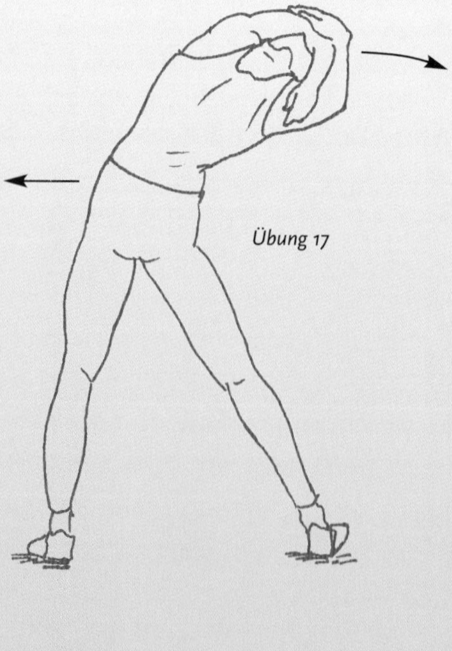
Übung 17

Übung 18

Zielsetzung: wie in Übung 17.
Ausgangsposition: Stand schulterbreit, seitlich zur Wand, Abstand ca. 50 cm.
Ausführung: Arme nach oben gestreckt, Oberkörper zur Seite neigen, Hände berüh-

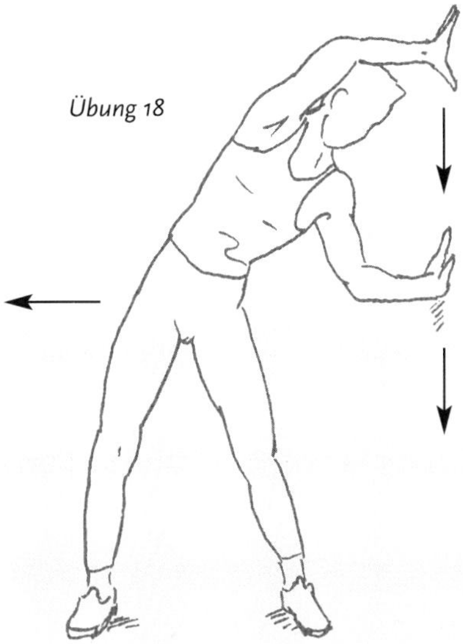

Übung 18

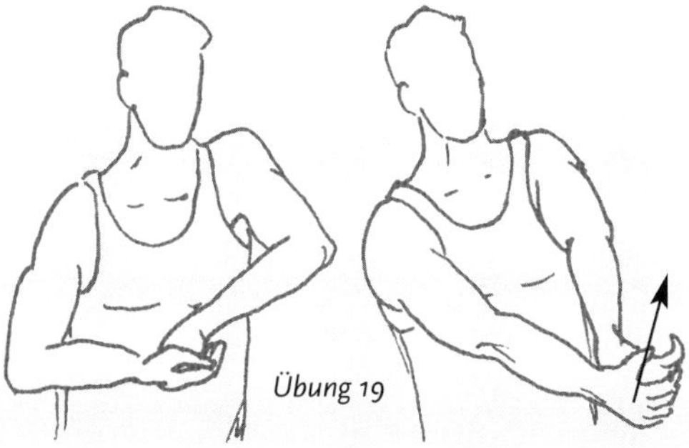

Übung 19

ren im Abstand von ca. 1 m übereinander die Wand.

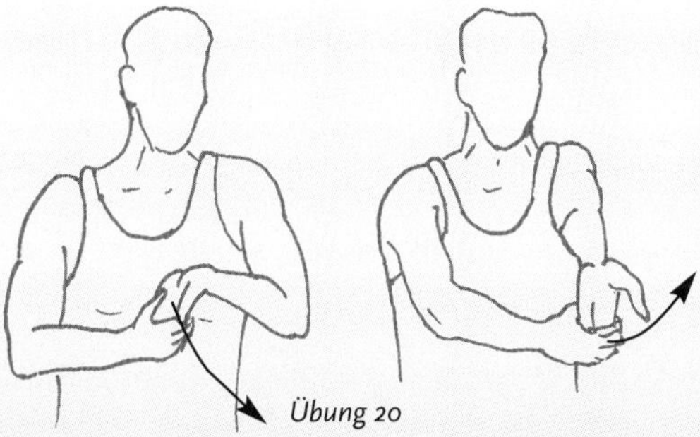

Übung 20

Übung 19

Zielsetzung: Dehnung der Handgelenkstrecker.

Ausgangsposition: Handgelenk in Mittelstellung bei gebeugtem Ellenbogen halten.

Ausführung: Ellenbogen strecken und gleichzeitig Handgelenkbeugung verstärken, Arm beim Strecken nach hinten drehen.

Übung 20

Zielsetzung: Dehnung der Handgelenkbeuger.

Ausgangsposition: Handgelenk in Mittelstellung bei gebeugtem Ellenbogen halten.

Ausführung: Ellenbogen strecken bei gleichzeitiger Verstärkung der Handgelenkbeugung, Arm beim Strecken nach außen drehen.

Übung 21

Übung 21

Zielsetzung: Dehnung der Handgelenkbeuger.

Ausgangsposition: Stand schulterbreit vor der Wand, Arme strecken und mit gebeugtem Handgelenk Hände an die Wand legen.

Ausführung: Fest an die Wand drücken und Arme gleichzeitig abbeugen.

Achtung: **Zu weiter Abstand von der Wand lässt das gesamte Körpergewicht auf den Handgelenken lasten. Handgelenk in Mittelstellung bei gebeugtem Ellenbogen halten.**

Übung 22

Zielsetzung: Dehnung von vorderer Oberschenkelmuskulatur und vorderem Hüftbeuger.

Ausgangsposition: Bauchlage, ein Arm nach vorne gestreckt, andere Hand umfasst Fußrücken.

Ausführung: Ferse in Richtung Gesäß ziehen.

Achtung: **Verstärkte Wirkung bei angezogener Fußspitze!**

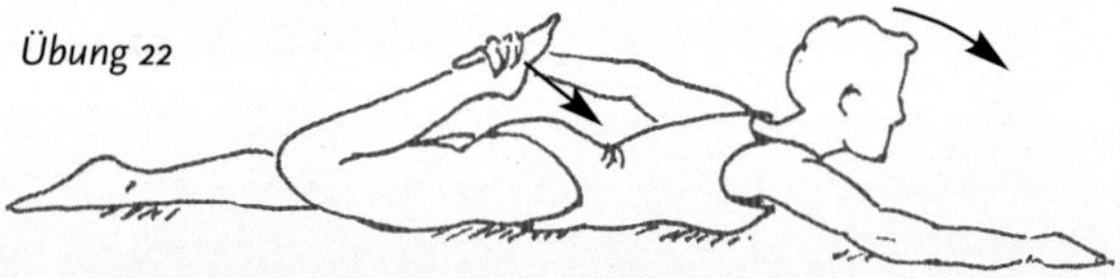

Übung 22

Übung 23

Zielsetzung: wie in Übung 22.

Ausgangsposition: Ausfallstellung bei abgelegten Unterschenkel des hinter Beines, gegenüberliegende Hand umfasst den Fußrücken.

Ausführung: Ferse in Richtung Gesäß ziehen.

Achtung: **Verstärkte Wirkung bei angezogener Fußspitze!**

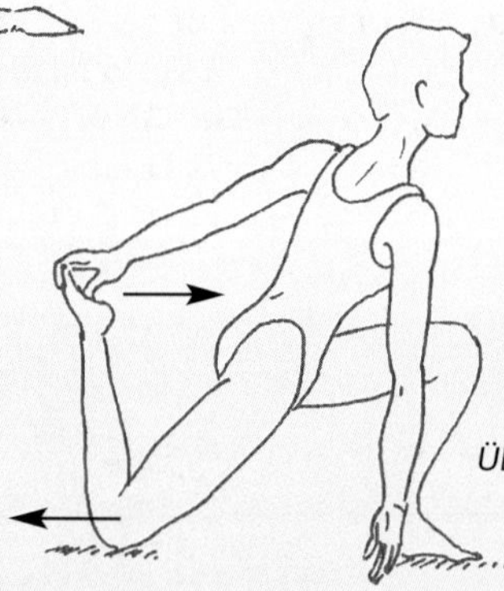

Übung 23

Übung 24

Zielsetzung: Dehnung von Gesäßmuskulatur und vorderem Hüftbeuger.

Ausgangsposition: Rückenlage, beide Beine anstellen, einen Oberschenkel mit beiden Händen umfassen.

Ausführung: Bein zur Brust ziehen, dabei das andere Bein langsam strecken und am Boden ablegen.

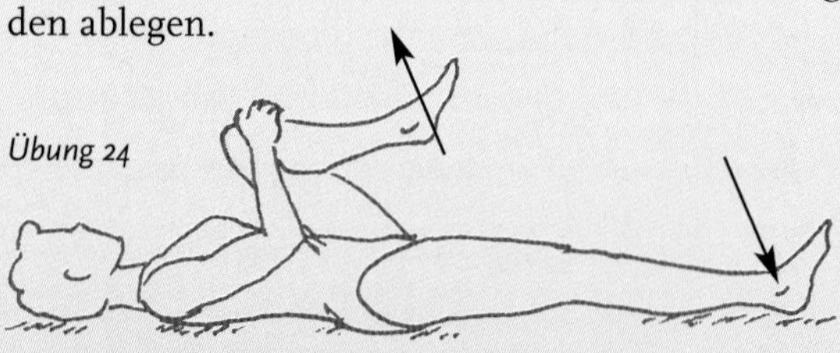

Übung 24

Übung 25

Zielsetzung: Dehnung von hinterer Oberschenkelmuskulatur und Wadenmuskeln.

Ausgangsposition: Aufrechter Stand, Ferse auf Stuhl ablegen, Hände hinter dem Oberkörper verschränken.

Ausführung: Fußspitze so weit wie möglich anziehen, Oberkörper und Becken langsam nach vorne neigen.

Achtung: **Nicht im Becken einknicken und keinen Rundrücken bilden!**

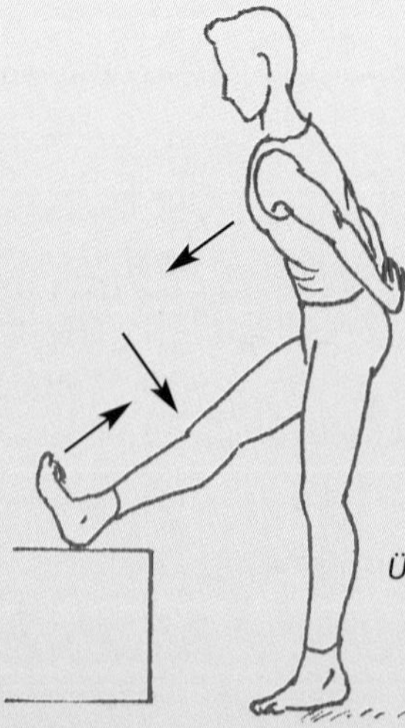

Übung 25

Übung 26

Zielsetzung: wie in Übung 25.
Ausgangsposition: Mit aufrechtem Oberkörper an die Wand setzen, Beine zunächst angezogen, Gesäß hat Kontakt mit der Wand.
Ausführung: Beine langsam strecken, Zehen in Richtung Oberkörper ziehen.

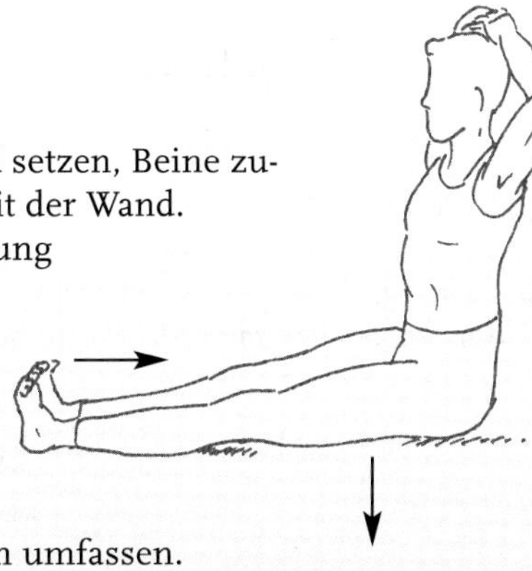

Übung 26

Übung 27

Zielsetzung: Dehnung der hinteren Oberschenkelmuskulatur.
Ausgangsposition: Rückenlage, ein Bein mit beiden Händen umfassen.
Ausführung: Knie in Richtung Brust ziehen, gleichzeitig das andere Bein strecken, beide Fußspitzen anziehen.
Achtung: **Der Oberschenkel des angewinkelten Beines darf sich beim Streckvorgang des Unterschenkels nicht vom Oberkörper entfernen!**

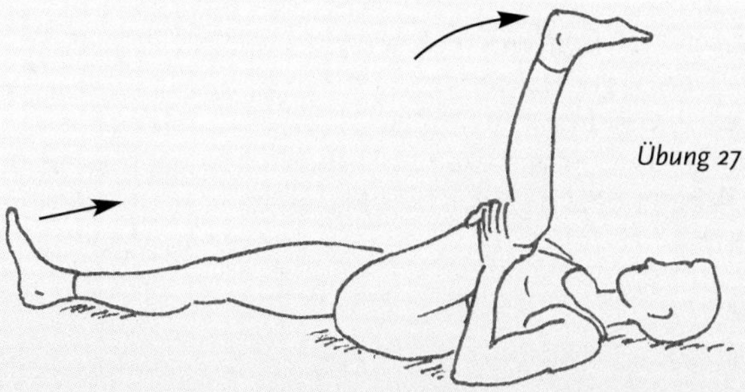

Übung 27

Übung 28

Zielsetzung: Dehnung von Gesäßmuskulatur (Beinabspreizer) und tiefer Rückenmuskulatur.
Ausgangsposition: Rückenlage, angehockte Beine mit beiden Händen vor der Brust festhalten.
Ausführung: Knie in Richtung Brust ziehen, Kinn anziehen, Halswirbelsäule strecken.

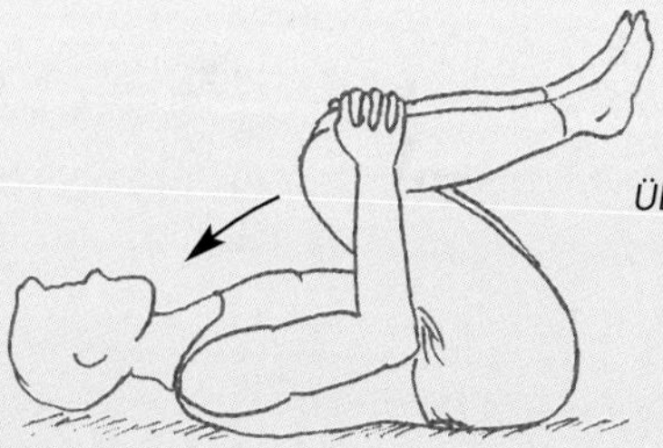

Übung 28

Übung 29

Zielsetzung: Dehnung von Gesäßmuskulatur (Beinabspreizer), tiefer Rückenmuskulatur und hinterem Oberschenkelbeuger.
Ausgangsposition: Strecksitz, eine Hand stützt ab, ein Bein abbeugen, mit dem Fuß auf der Außenseite des gestreckten Beines auf denBoden stellen.
Ausführung: Oberarm drückt gegen das abgebeugte Bein, Kopf und Oberkörper drehen entgegengesetzt zum abgebeugten Bein.

Übung 25

Übung 30

Zielsetzung: Dehnung von Gesäßmuskulatur und Außendreher (Außenrotatoren) der Hüfte.

Ausgangsposition: Rückenlage, ein Bein strecken, das andere in Hüfte und Kniegelenk rechtwinklig abbeugen.

Ausführung: Das abgewinkelte Bein über das gestreckte in Richtung Boden führen, wobei die Hand die Dehnbewegung noch unterstützen kann. Oberkörper in die entgegengesetzte Richtung zum abgewinkelten Bein drehen.

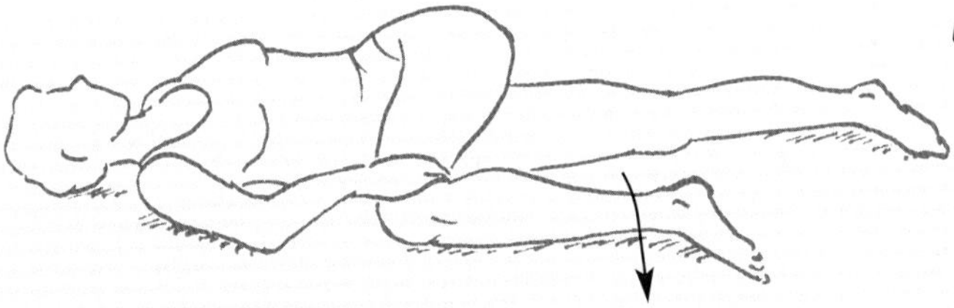
Übung 30

Übung 31

Zielsetzung: Dehnung von Gesäß- und schräger Bauchmuskulatur.

Ausgangsposition: Rückenlage, Arme seitlich abgelegt und im rechten Winkel angestellt.

Ausführung: Beide Beine zur Seite absinken lassen und bis zum Boden führen. Kopf zur Gegenseite drehen. Beide Schultern bleiben am Boden.

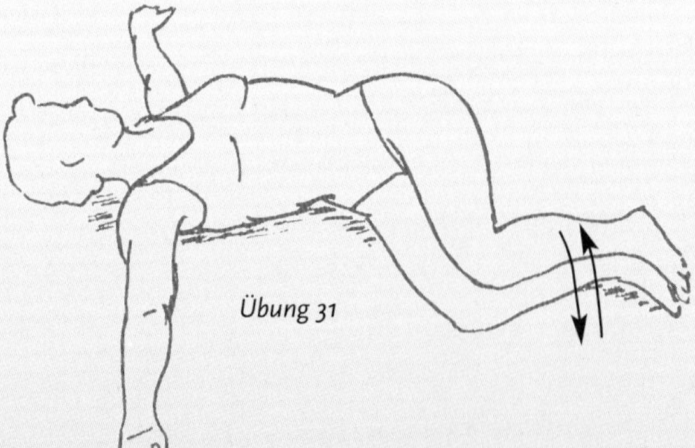

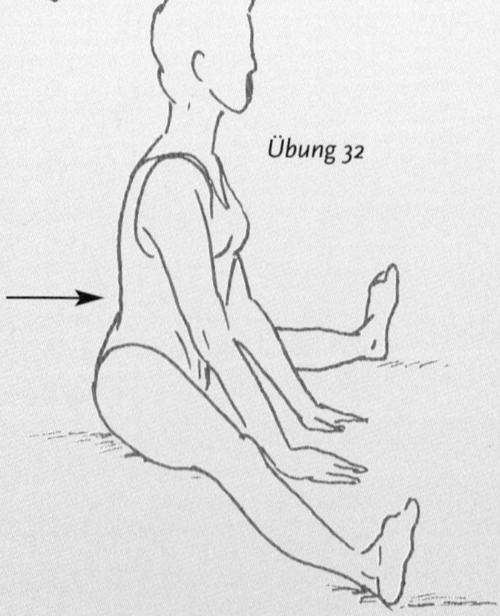
Übung 32

Übung 32

Zielsetzung: Dehnung der inneren Hüftbeuger (Adduktoren „Klemmer“/Beinanzieher).

Ausgangsposition: Aufrechter Sitz mit weit gespreizten Beinen, Hände vor dem Körper auf den Boden stützen.

Ausführung: Oberkörper und Becken nach vorne neigen.

Achtung: **Becken nicht nach hinten kippen lassen und keinen Rundrücken machen!**

Übung 33

Zielsetzung: wie in Übung 32.
Ausgangsposition: Rückenlage, ein Bein im Kniestand, das andere Bein nach außen strecken und am Boden ablegen, Fußspitze anziehen.
Ausführung: Mit gestrecktem Bein Druck in Richtung Boden ausüben.

Übung 33

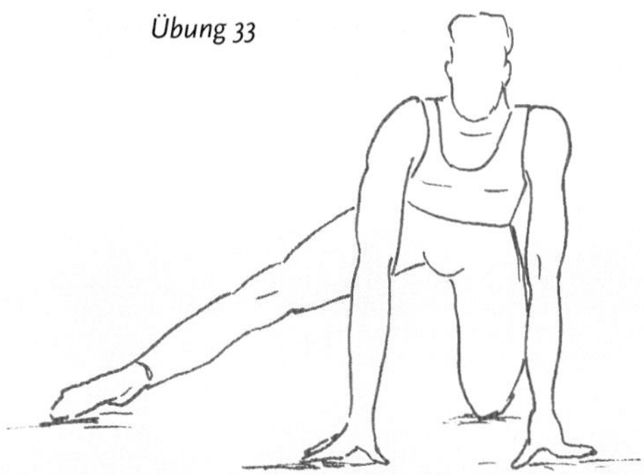

Übung 34

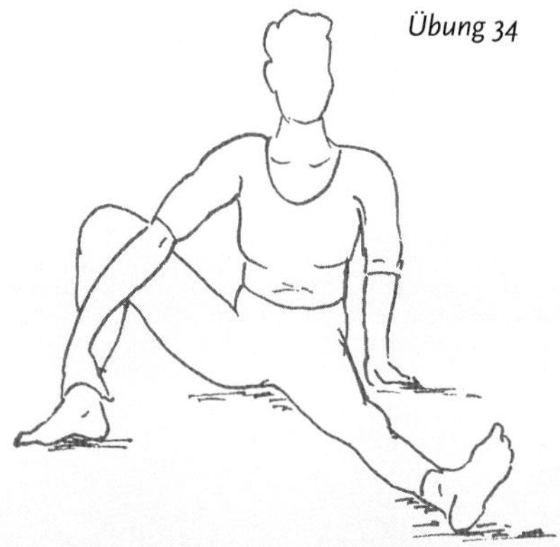

Übung 34

Zielsetzung: Dehnung der inneren Hüftbeuger (Adduktoren „Klemmer"/Beinanzieher).
Ausgangsposition: Im Grätschsitz ein Bein aufstellen.
Ausführung: Das Knie des aufgestellten Beines nach außen drücken.

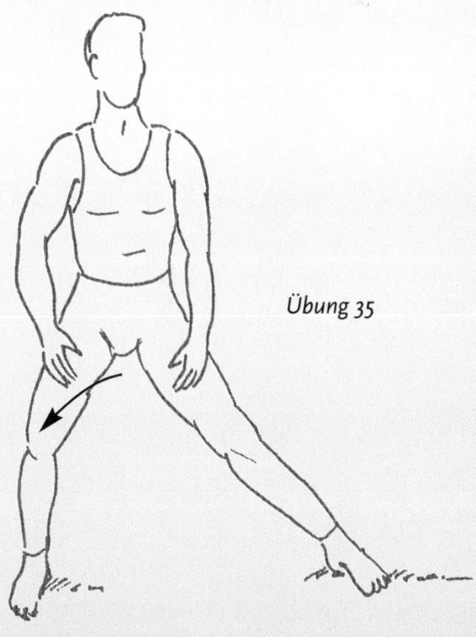

Übung 35

Übung 35

Zielsetzung: Dehnung Adduktoren (Beinanzieher).
Ausgangsposition: Seitgrätschstand, Körpergewicht auf ein Bein verlagern.
Ausführung: Knie bis etwa 90° beugen.

Übung 36

Zielsetzung: Dehnung Adduktoren.
Ausgangsposition: Rückenlage, Arme seitlich ablegen, Beine in den Kniegelenken beugen und nach außen spreizen.
Ausführung: Knie nach außen sinken lassen; Dehnung durch Druck der Hände verstärken.

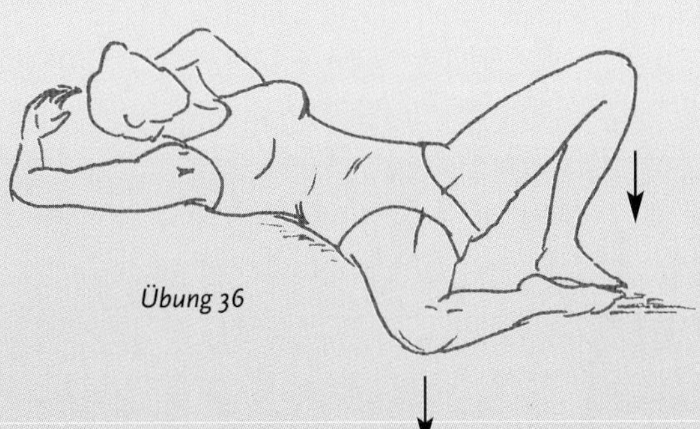

Übung 36

Übung 37

Zielsetzung: Dehnung Adduktoren
Ausgangsposition: Aufrechter Sitz, Füße dicht an den Körper ziehen, Fußsohlen berühren sich.
Ausführung: Knie langsam nach außen fallen lassen und mit Ellenbogen weiter in Richtung Boden fallen lassen, Oberkörper aufrecht lassen.

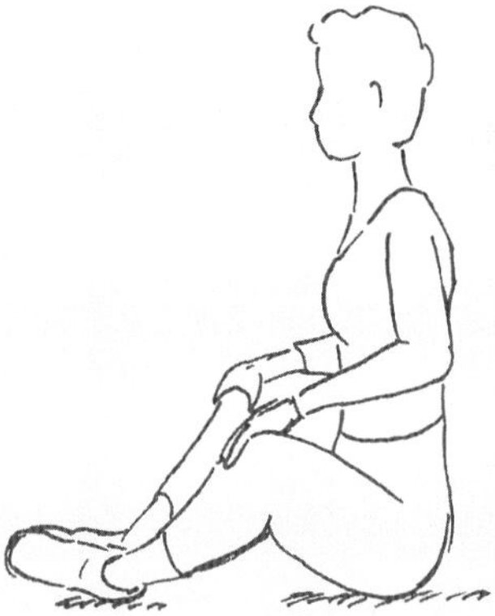

Übung 37

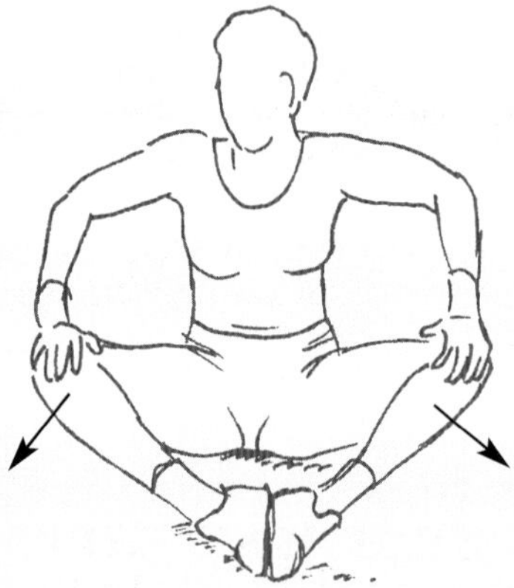

Übung 38

Zielsetzung: Dehnung der Gesäßmuskulatur (Beinabspreizer).
Ausgangsposition: Aufrechter Stand mit gespreizten Beinen.
Ausführung: Körpergewicht seitlich verlagern; nach rechts, wenn linkes Bein vorgestellt ist, und umgekehrt.

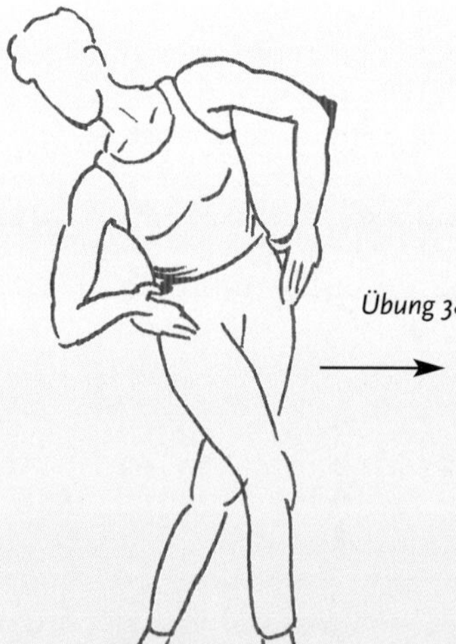

Übung 38

Übung 39

Zielsetzung: Dehnung der Wadenmuskulatur, besonders des Schollenmuskels.
Ausgangsposition: Mit den Händen an der Wand abstützen.
Ausführung: Hüfte und Knie beugen, bis Dehngefühl im unteren Bereich der Wadenmuskulatur entsteht. Fersen nicht vom Boden lösen.

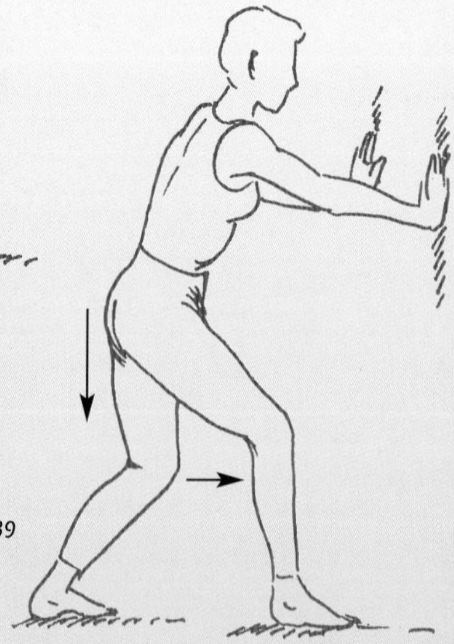

Übung 39

Übung 40

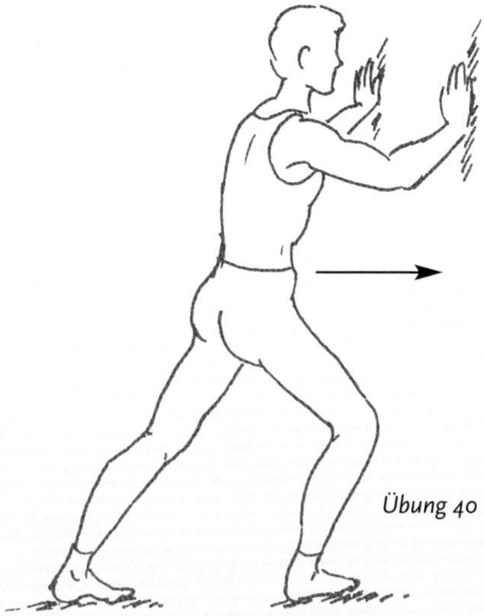
Übung 40

Zielsetzung: Dehnung der Wadenmuskulatur, besonders des Zwillingsmuskels.

Ausgangsposition: Mit den Händen an der Wand abstützen, vorderes Bein beugen, hinteres so weit nach hinten führen, dass die Fußsohle noch den Boden berühren kann.

Ausführung: Hinteres Bein bewusst strecken und Becken intensiv nach vorne drücken.

Achtung: **Nicht ins Hohlkreuz fallen oder Ferse des hinteren Beines vom Boden lösen!**

Zusammenstellung von Kräftigungsübungen

Fast alle Kräftigungsübungen können statisch (in der Endstellung wird die Spannung gehalten) oder langsam dynamisch ausgeführt werden (siehe Kapitel Bewegungsprinzipien)!

Wenn Übungen beidseitig möglich sind, entsprechend üben. Die Zeichnungen und der Text beziehen sich nur auf eine Seite.

Übung 1

Übung 1

Zielsetzung: Kräftigung der geraden Bauchmuskulatur (besonders des oberen Teils).

Ausgangsposition: Rückenlage, Knie- und Hüftgelenke rechtwinklig gebeugt, Arme vor dem Oberkörper kreuzen.

Ausführung: Oberkörper langsam aufrichten, Kopf bleibt direkte Verlängerung des Oberkörpers (nicht das Kinn auf die Brust drücken).

Übung 2

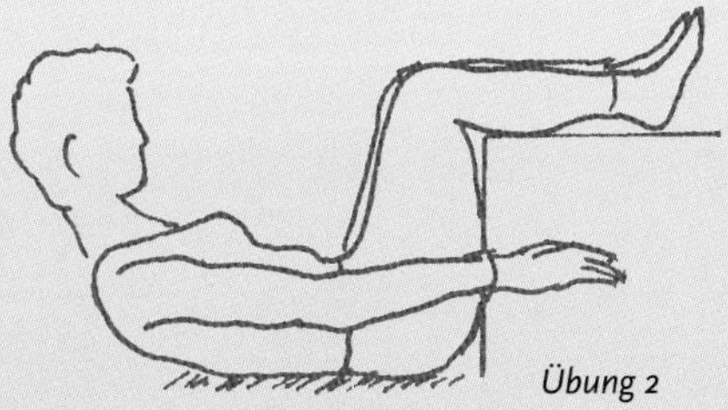
Übung 2

Zielsetzung: wie in Übung 1.

Ausgangsposition: wie in Übung 1, aber Arme nach vorne strecken.

Ausführung: Oberkörper langsam aufrichten und Hände in Richtung Stuhl drücken.

Übung 3

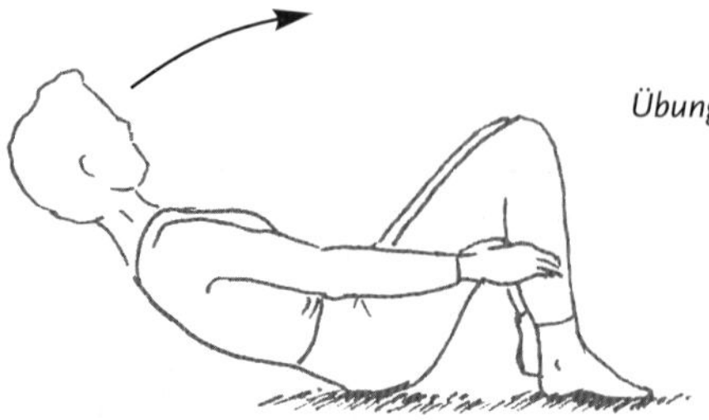

Übung 3

Zielsetzung: wie in Übung 1.
Ausgangsposition: Rückenlage mit angestellten Beinen, Arme nach vorne gestreckt.
Ausführung: Oberkörper langsam aufrichten und Hände an den Beinen vorbeistrecken.

Übung 4

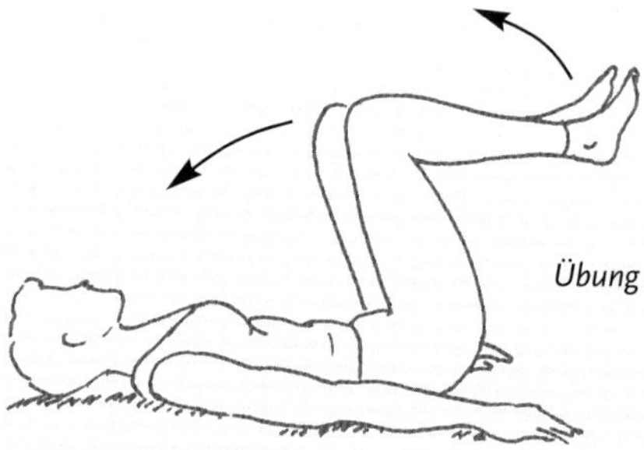

Übung 4

Zielsetzung: Kräftigung der geraden Bauchmuskulatur (besonders im Beckenbereich).
Ausgangsposition: Rückenlage mit angestellten Beinen, Arme neben dem Körper gestreckt.
Ausführung: Knie in Richtung Brustkorb ziehen, dabei Gesäß vom Boden lösen.

Übung 5

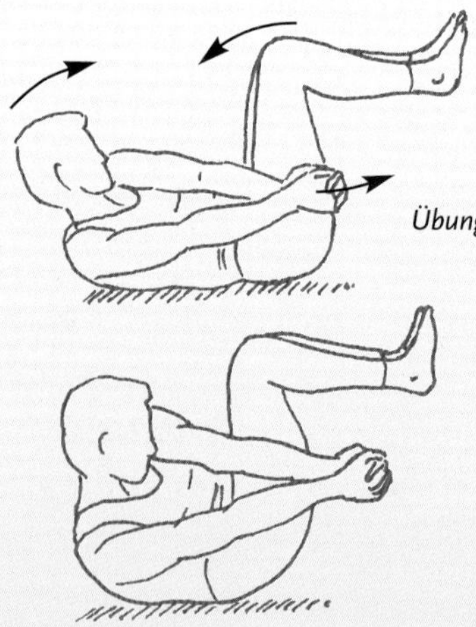

Übung 5

Zielsetzung: Kräftigung der inneren und äußeren schrägen Bauchmuskulatur.
Ausgangsposition: Rückenlage, Knie- und Hüftgelenke rechtwinklig beugen, Unterschenkel halten oder auf einen Stuhl legen.
Ausführung: Oberkörper aufrichten, linke Schulter vom Boden lösen und Hände am rechten Oberschenkel vorbeiführen.

Übung 6

Zielsetzung: Kräftigung der schrägen Bauchmuskulatur.
Ausgangsposition: Rückenlage, Partner nimmt mit der flachen Hand Druckkontakt mit dem gestreckten Arm des liegenden Übenden auf.
Ausführung: Schräg aufrichten und mit dem gestreckten Arm Druck ausüben.

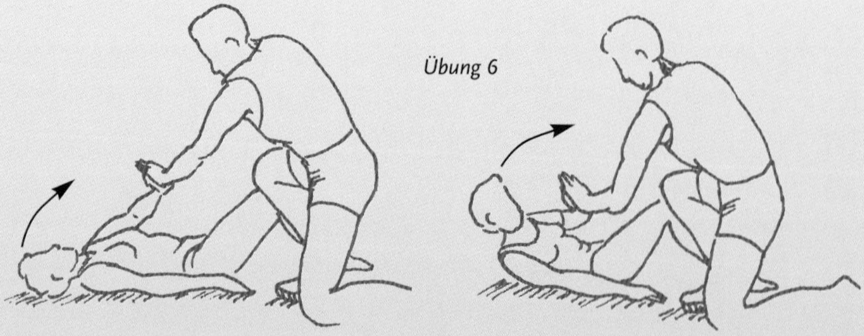

Übung 6

Übung 7

Zielsetzung: wie in Übung 6.
Ausgangsposition: Rückenlage, Arme seitwärts auf dem Boden ausstrecken, Knie- und Hüftgelenke rechtwinklig beugen und Beine leicht öffnen.
Ausführung: Beine abwechselnd rechts oder links am Boden ablegen.

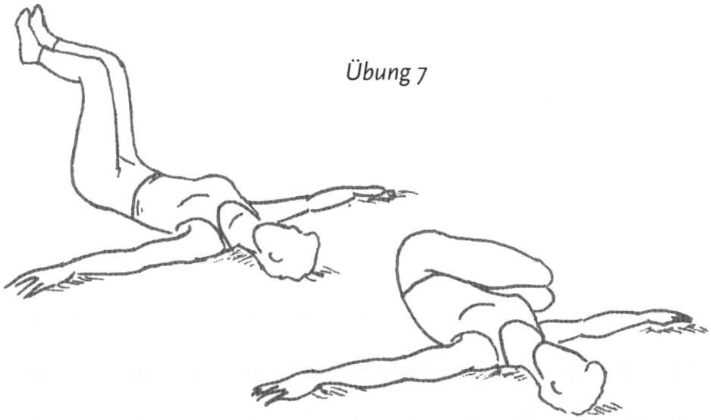
Übung 7

Übung 8

Zielsetzung: Kräftigung der geraden Bauchmuskulatur (besonders im Beckenbereich).
Ausgangsposition: Rückenlage, Knie- und Hüftgelenke rechtwinklig beugen, die gestreckten Arme am Körper ablegen, Handflächen am Boden.
Ausführung: Kopf leicht anheben und Knie senkrecht nach oben schieben, ohne dass sich die Oberschenkel in Richtung Brust bewegen. Durch Druck der Handflächen auf den Boden kann die Übung erleichtert werden.

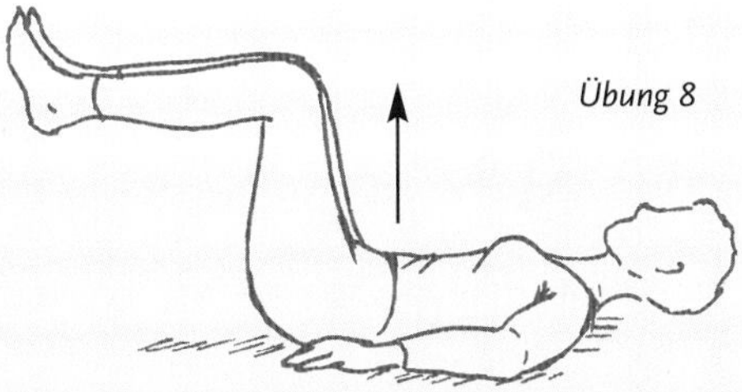
Übung 8

Übung 9

Zielsetzung: wie in Übung 8.
Ausgangsposition: Ausgangslage wie in Übung 8, aber Handrücken am Boden. Durch Verringerung der Auflagefläche wird die Übung schwerer.
Ausführung: wie in Übung 8.

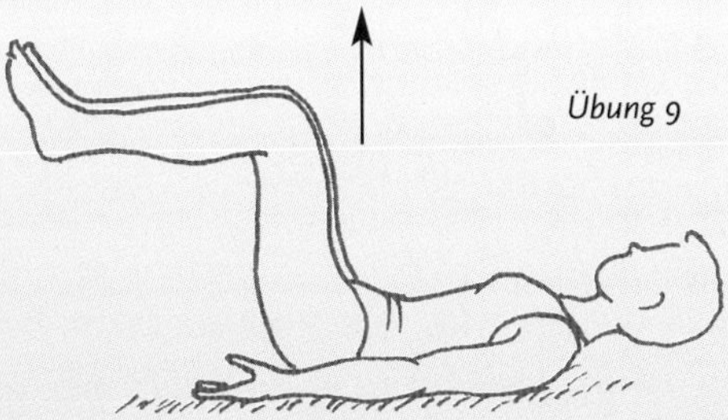
Übung 9

Übung 10

Zielsetzung: Kräftigung von Rückenstreckmuskulatur, Schultergürtel- und Gesäßmuskulatur.
Ausgangsposition: Bauchlage mit gestreckten Armen und Beinen.
Ausführung: Im Wechsel linkes Bein und rechten Arm bzw. rechtes Bein und linken Arm heben.
Achtung: **Nur wenige Zentimeter vom Boden lösen, weil sonst ein Hohlkreuz entsteht!**

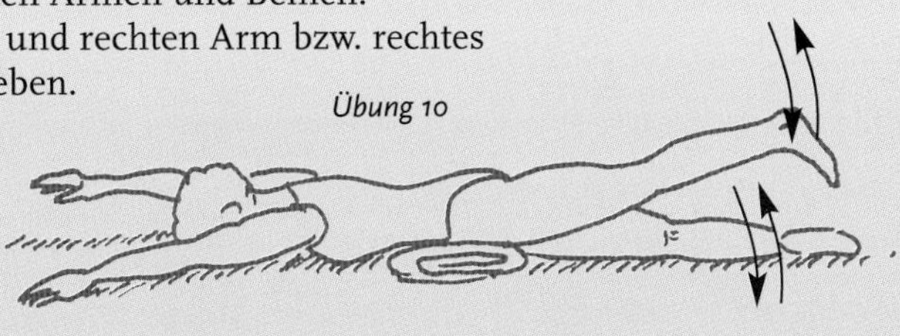
Übung 10

Übung 11

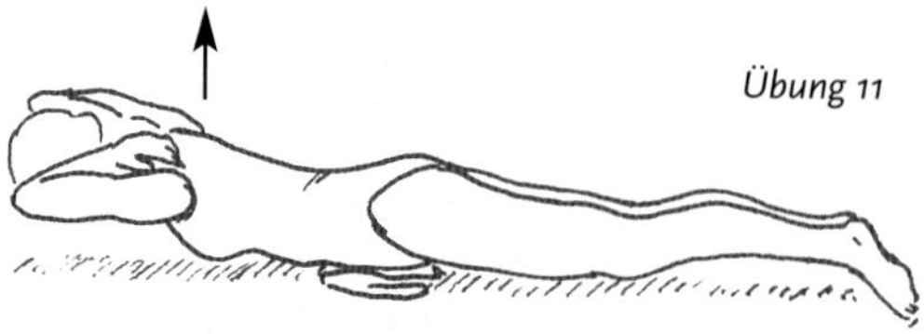

Übung 11

Zielsetzung: Kräftigung der Rückenstreckmuskulatur.
Ausgangsposition: Bauchlage auf einem zusammengerollten Handtuch oder einer Decke, Hände hinter dem Kopf verschränken.
Ausführung: Oberkörper leicht vom Boden heben, Kopf nicht in den Nacken nehmen, sondern Blick zum Boden richten.

Übung 12

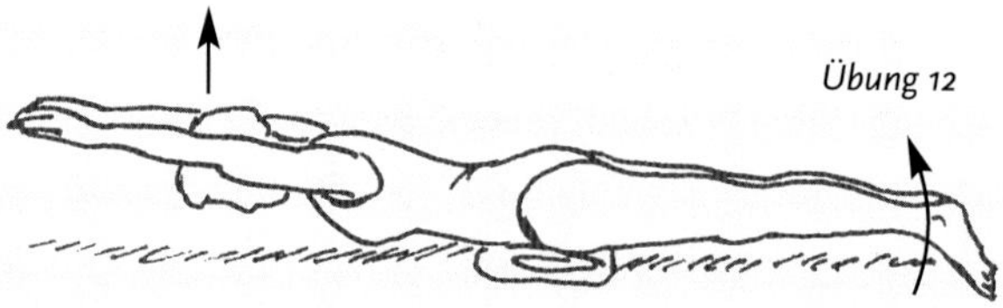

Übung 12

Zielsetzung: Kräftigung der Rückenstreck- und Schultergürtelmuskulatur.
Ausgangsposition: wie in Übung 10, aber Arme nach vorne strecken.
Ausführung: Oberkörper langsam anheben, Arme dabei strecken, Kopf nicht in den Nacken nehmen.

Übung 13

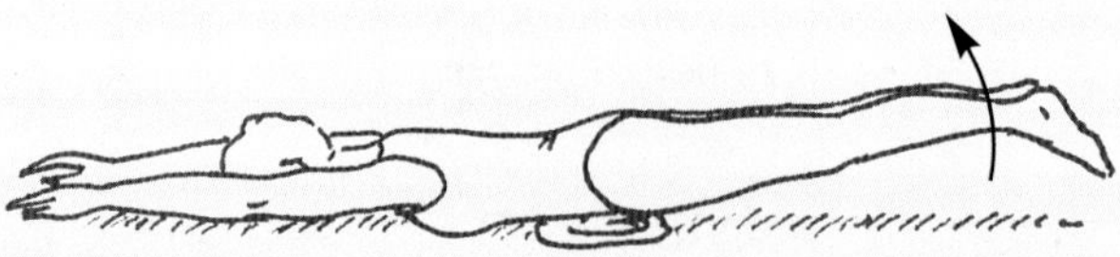

Übung 13

Zielsetzung: Kräftigung von Rückenstreckmuskulatur, Gesäß- und hinterer Oberschenkelmuskulatur.
Ausgangsposition: wie in Übung 12.
Ausführung: Beine vom Boden heben und Gesäßmuskulatur anspannen.

Übung 14

Zielsetzung: wie in Übung 13.
Ausgangsposition: Bankstellung.
Ausführung: Rechten Arm und linkes Bein bzw. linken Arm und rechtes Bein im Wechsel anheben. Danach Knie und Ellenbogen unter dem Körper zusammenführen.
Achtung: **Arme und Beine nicht über Schulter- bzw. Gesäßhöhe anheben, weil sonst ein Hohlkreuz entsteht!**

Übung 14

Übung 15a

Zielsetzung: Kräftigung der geraden Rückenstreckmuskulatur.

Ausgangsposition: Kniestand, Oberkörper mit gestreckten Armen auf dem Boden ablegen.

Ausführung: Oberkörper frei schwebend halten und Arme wechselseitig heben und senken, Wirbelsäule strecken.

Achtung: **Keinen Rundrücken bilden!**

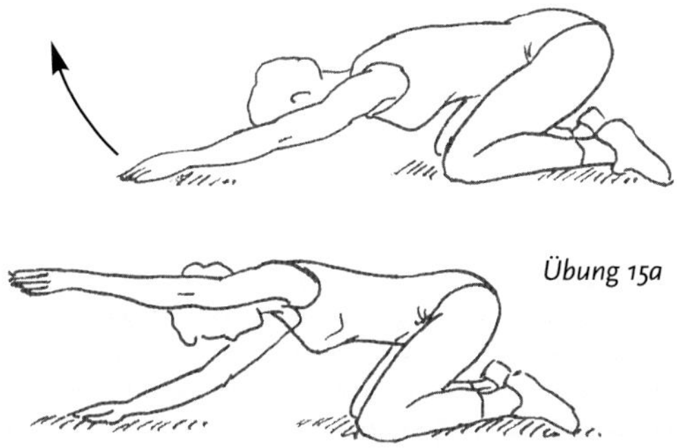

Übung 15a

Übung 15b

Zielsetzung: wie in Übung 15a.

Ausgangsposition: wie in Übung 15a, aber Hände hinter dem Kopf verschränken.

Ausführung: Oberkörper heben und Wirbelsäule strecken.

Achtung: **Keinen Rundrücken bilden!**

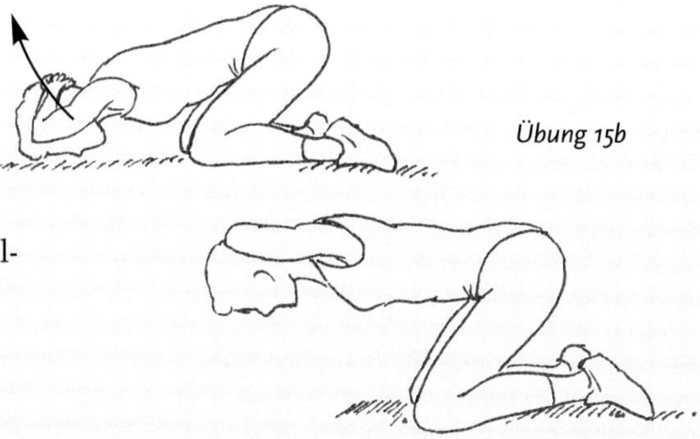

Übung 15b

Übung 16

Zielsetzung: Kräftigung der Rückenstreck- und Gesäßmuskulatur.

Ausgangsposition: In Bauchlage auf einem Stuhl, zusammengerolltes Handtuch unterlegen, Arme vor dem Stuhl verschränkt, beide Beine anstellen.

Ausführung: Ein Bein langsam in die Waagerechte strecken.

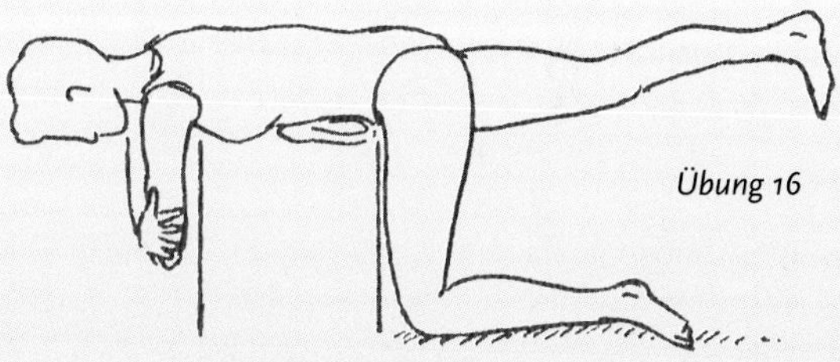

Übung 16

Übung 17

Zielsetzung: Kräftigung der Rückenstreckmuskulatur.

Ausgangsposition: wie in Übung 16, aber dickere Unterlage, sodass beide Unterschenkel nicht den Boden berühren können.

Ausführung: Gesäß senken und beide Unterschenkel anheben, bis die Wirbelsäule gestreckt ist.

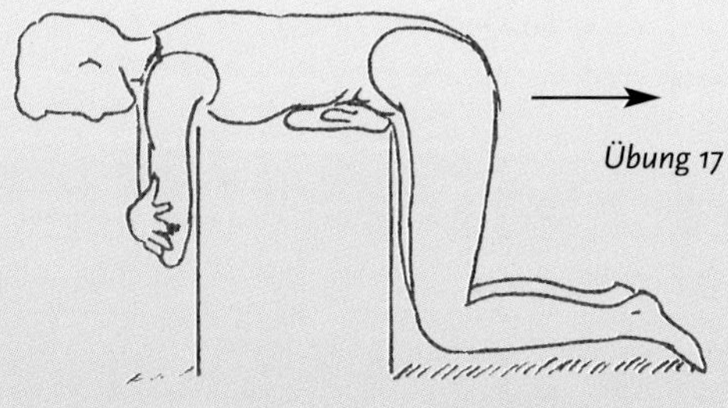

Übung 17

Übung 18

Zielsetzung: Kräftigung der Schultergürtel- und Schultergelenkmuskulatur.

Ausgangsposition: Bauchlage, ein Arm ist vor dem Körper mit der Handfläche am Boden, der andere Arm mit dem Handrücken am Boden abgelegt.

Ausführung: Arme wechselseitig nach vorne und hinten führen. Bauch- und Gesäßmuskulatur bleibt während der Übung angespannt.

Übung 18

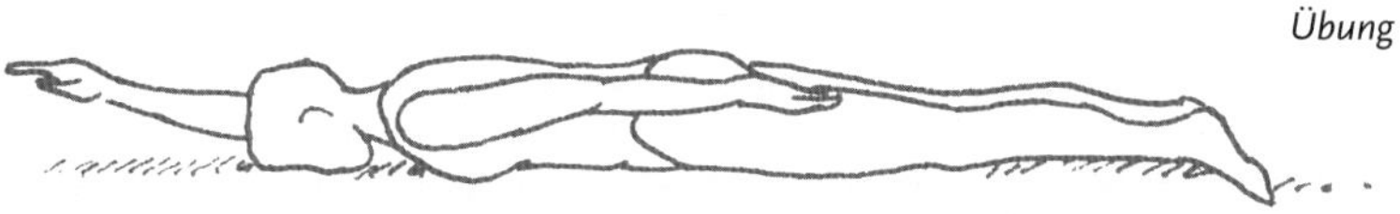

Übung 19

Übung 19

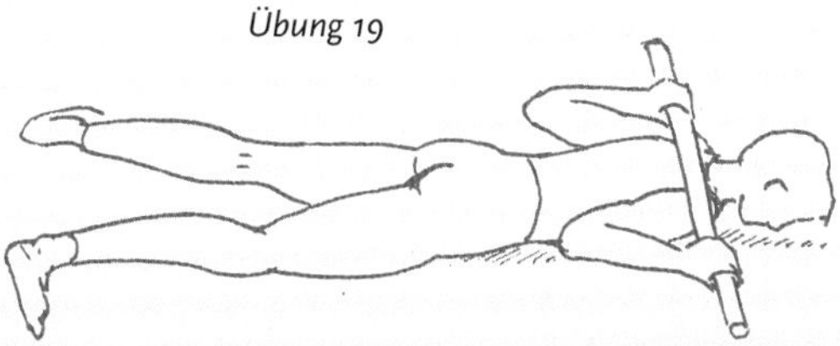

Zielsetzung: Kräftigung der Schultergürtel- und Schultergelenkmuskulatur

Ausgangsposition: Bauchlage, die Hände sind schulterbreit voneinander entfernt, halten einen Stab.

Ausführung: Arme nach vorne strecken, vom Boden abheben und hinter den Kopf zurückziehen (mehrmals wiederholen). Kopf leicht anheben, Bauch- und Gesäßmuskulatur bleiben während der Übung angespannt.

Übung 20

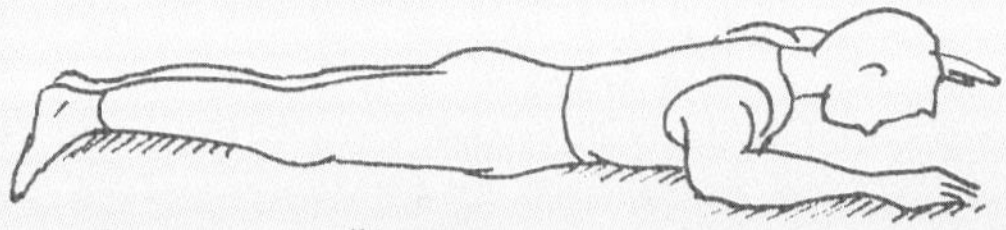

Übung 20

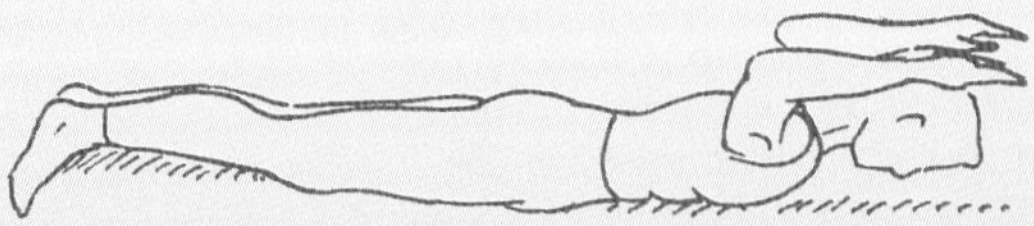

Zielsetzung: wie in Übung 19.

Ausgangsposition: Bauchlage, Arme im Ellenbogengelenk ca. 90° beugen und seitwärts vom Körper ablegen.

Ausführung: Arme so hoch wie möglich anheben, sodass sich die Schulterblätter einander nähern. Bauch- und Gesäßmuskulatur anspannen, Kopf leicht anheben und Füße am Boden lassen.

Übung 21

Übung 21

Zielsetzung: wie in Übung 19.

Ausgangsposition: Bauchlage, Arme nach hinten neben dem Körper ablegen.

Ausführung: Kopf leicht anheben, Arme so weit wie möglich nach oben führen. Bauch- und Gesäßmuskulatur anspannen, Füße am Boden lassen.

Übung 22

Zielsetzung: wie in Übung 19.
Ausgangsposition: An eine Wand lehnen, Arme in Seithalte, Ellenbogen gebeugt, Abstand Wand-Ferse ca. 50 cm.
Ausführung: Hüfte und Brust nach vorne führen, Körper vollkommen strecken, Ellenbogen nach hinten an die Wand drücken.

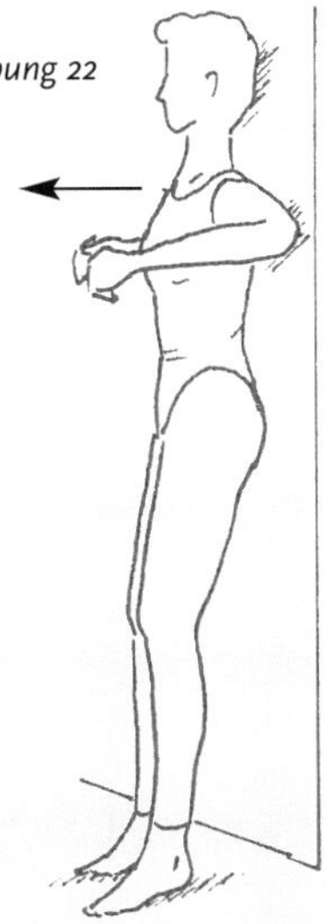
Übung 22

Übung 23

Zielsetzung: Kräftigung der Rückenstreckmuskulatur.
Ausgangsposition: Kniestellung beidbeinig, Arme und Beine schulterbreit auseinander.
Ausführung: Im Wechsel in den „Katzenbuckel" heben und ins Hohlkreuz senken.

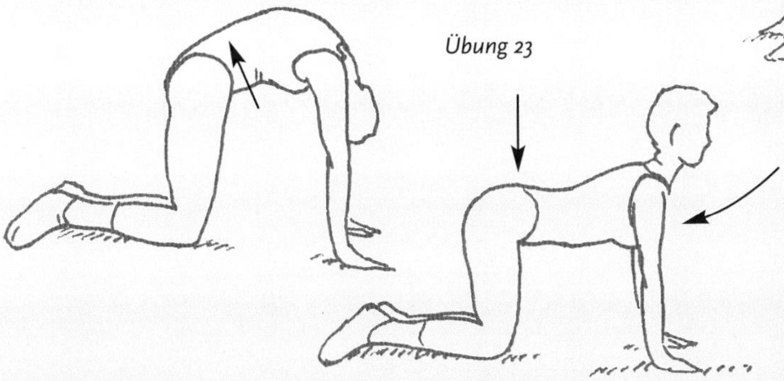
Übung 23

Übung 24

Zielsetzung: Kräftigung der Rückenstreckmuskulatur.
Ausgangsposition: Hocksitz mit geöffneten Beinen.
Ausführung: Aufrichten der Wirbelsäule bis zur Endposition. Kinn anziehen und besonders die Lenden- und Halswirbelsäule aufrichten.

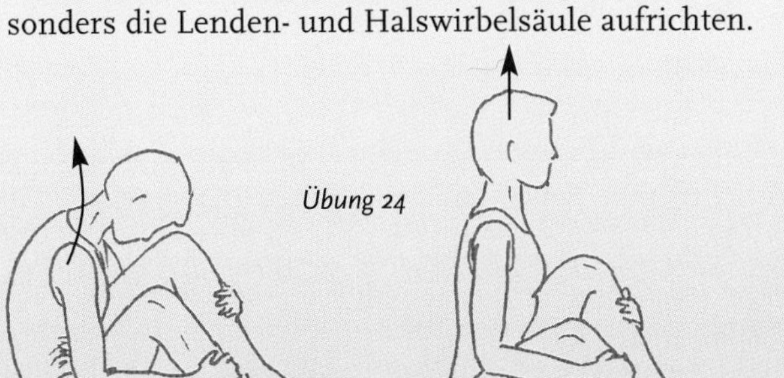
Übung 24

Übung 25

Zielsetzung: Kräftigung der Rückenstreckmuskulatur.
Ausgangsposition: Schneidersitz.
Ausführung: Arme strecken.

Übung 25

Übung 26

Zielsetzung: Kräftigung der gesamten Muskelkette der Rumpfrückseite.
Ausgangsposition: Rückenlage, Beine anstellen.
Ausführung: Becken anheben, bis eine gerade Linie Kopf-Brust-Becken-Oberschenkel entstanden ist.

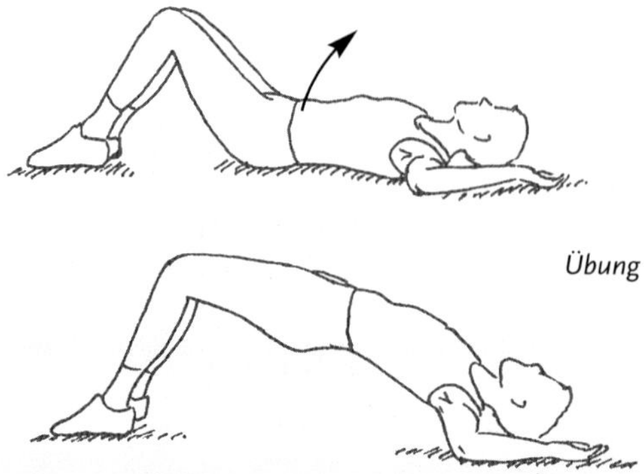

Übung 26

Übung 27

Zielsetzung: Kräftigung der gesamten Muskelkette des Rumpfs und der Beine.
Ausgangsposition: In Rückenlage ein Bein anziehen, das andere strecken und nur auf die Ferse stützen.
Ausführung: Becken anheben, Körper ist vom Boden entfernt und ruht nur auf einer Ferse und dem Schulterbereich. Hände drücken gegen das gebeugte Knie.

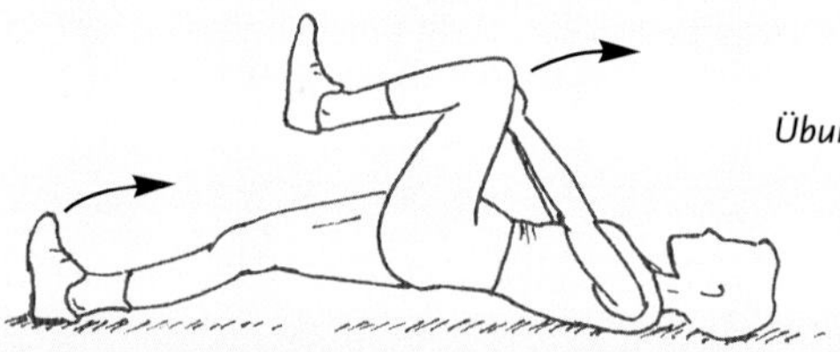

Übung 27

Übung 28

Zielsetzung: Kräftigung der Schultergürtel- und Schultergelenkmuskulatur.
Ausgangsposition: Rückenlage mit rechtwinklig gebeugten Hüft- und Kniegelenken, Arme in Seithalte und in den Ellenbogen gebeugt, Kopf leicht angehoben.
Ausführung: Durch den Druck der Ellenbogen gegen den Boden Oberkörper vom Boden anheben.

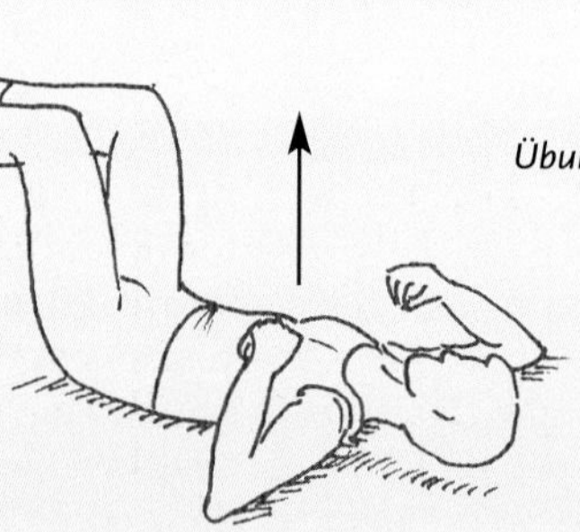

Übung 28

Übung 29

Zielsetzung: Kräftigung der Schultergürtel- und Schultergelenkmuskulatur, Einbeziehung der gesamten Muskulatur der Rumpfvorderseite.
Ausgangsposition: Liegestütz auf den Unterarmen mit leicht gebeugten Hüft- und Kniegelenken.
Ausführung: Körper durchstrecken, sodass er eine gerade Linie bildet.
Achtung: **Nicht ins Hohlkreuz senken!**

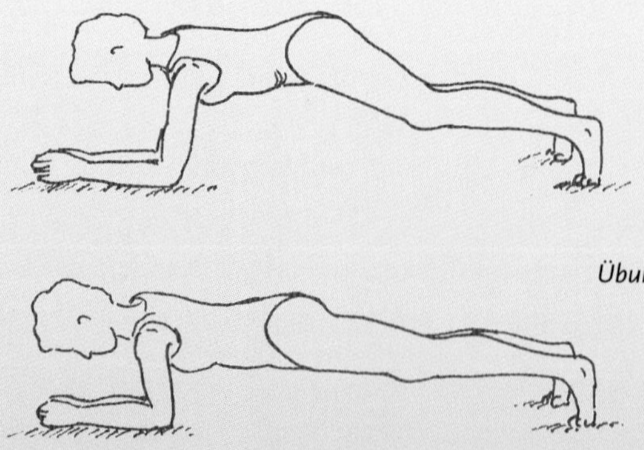

Übung 29

Übung 30

Zielsetzung: Kräftigung von Schultergürtel-/Schultergelenkmuskulatur und Armstrecker.
Ausgangsposition: Langsitz, Fäuste neben Hüftgelenk aufstützen.
Ausführung: Oberkörper nach oben drücken, sodass sich das Gesäß vom Boden abhebt.

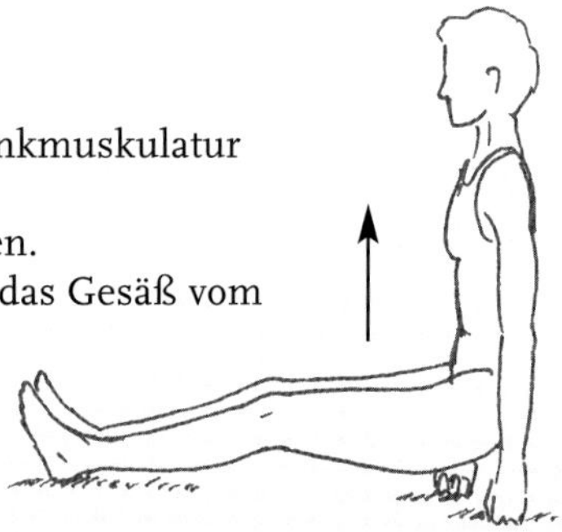

Übung 31

Zielsetzung: Kräftigung der Gesäßmuskulatur (Beinabspreizer).
Ausgangsposition: Bauchlage, Arme unter der Stirn verschränken, ein Bein im Kniegelenk beugen.
Ausführung: Gebeugtes Bein vom Boden heben.
Achtung: **Beine nicht so hoch heben, dass ein Hohlkreuz entsteht!**

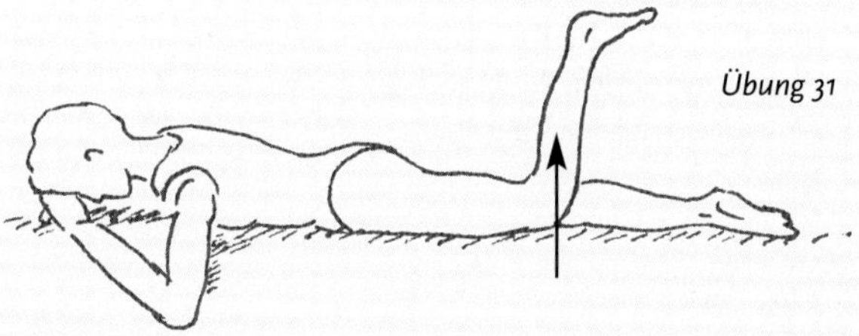

Übung 32

Zielsetzung: Kräftigung von Gesäßmuskulatur (Beinabspreizer) und unterem Bereich der Rückenstreckmuskulatur.
Ausgangsposition: Bauchlage mit rechtwinklig gebeugten Knien, Hände hinter dem Kopf verschränkt.
Ausführung: Oberkörper und Beine heben.
Achtung: **Nicht so hoch anheben, dass ein Hohlkreuz entsteht!**

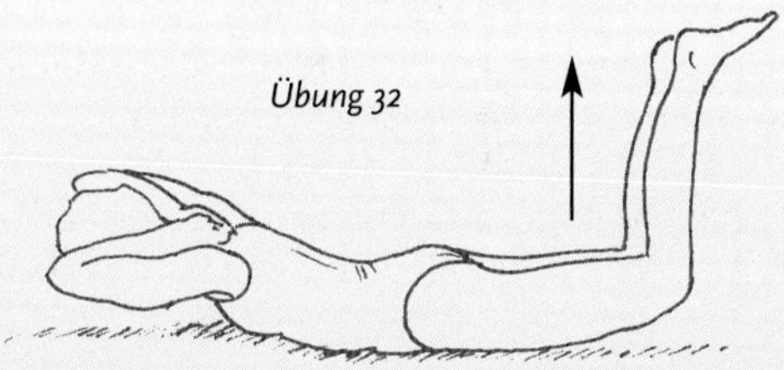

Übung 33

Zielsetzung: Kräftigung von Gesäßmuskulatur und unterem Bereich der Rückenstreckmuskulatur.
Ausgangsposition: In Bauchlage auf einem Stuhl, zusammengerolltes Handtuch unterlegen, Arme vor dem Stuhl verschränken, beide Beine anstellen.
Ausführung: Ein Bein mit rechtwinkliger Beugung im Knie anheben.

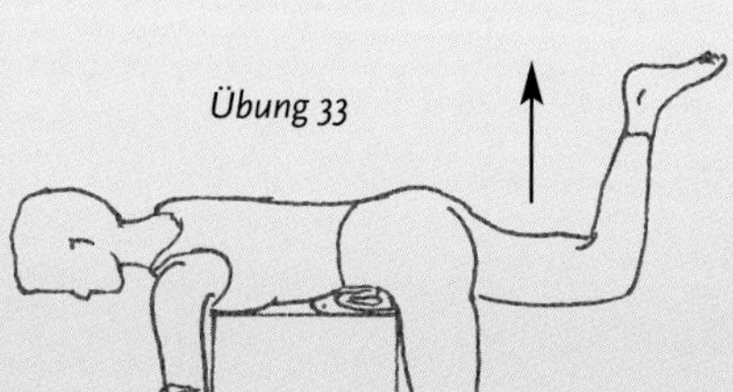

Übung 34

Zielsetzung: Kräftigung der gesamten Muskelkette der Rumpfrückseite, der Gesäß- und hinteren Oberschenkelmuskulatur.

Ausgangsposition: Bankstellung rücklings auf den Unterarmen.

Ausführung: Hüftgelenk strecken, sodass eine Linie Beine-Oberkörper entsteht.

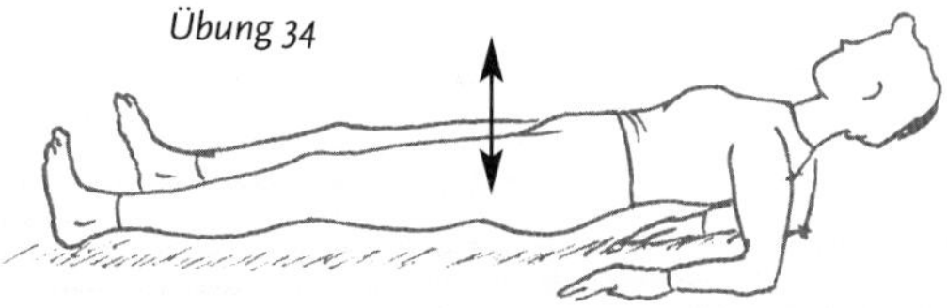

Übung 34

Übung 35

Zielsetzung: Kräftigung der Beinabspreizer.

Ausgangsposition: Seitenlage, unteren Arm strecken, Oberkörper mit der anderen Hand vor dem Körper auf dem Boden abstützen.

Ausführung: Oberes Bein nur so weit abspreizen, dass keine Beugung in der Hüfte entsteht.

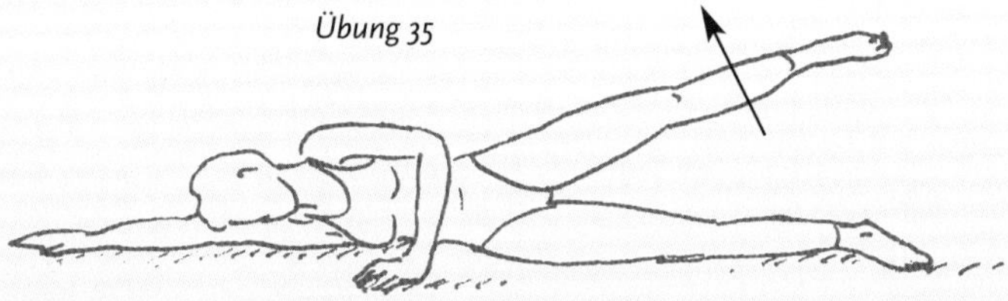

Übung 35

Übung 36

Zielsetzung: Kräftigung der Beinabspreizer.

Ausgangsposition: Im Stand auf eine Stuhllehne stützen.

Ausführung: Bein bis 45° abspreizen, Fußspitze anziehen und nach innen drehen.

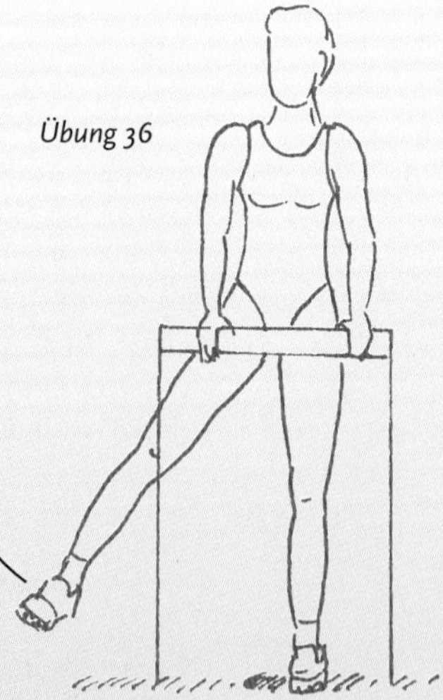

Übung 36

Übung 37

Zielsetzung: wie in Übung 36.

Ausgangsposition: Seitenlage, Körper auf unterem Arm stützen, die freie Hand stützt vor dem Körper.

Ausführung: Becken anheben, bis die obere Körperseite eine Linie bildet.

Achtung: **Im Becken nicht abknicken, Ganzkörperstreckung (vordere/hintere Rumpfseite) muss erhalten bleiben.**

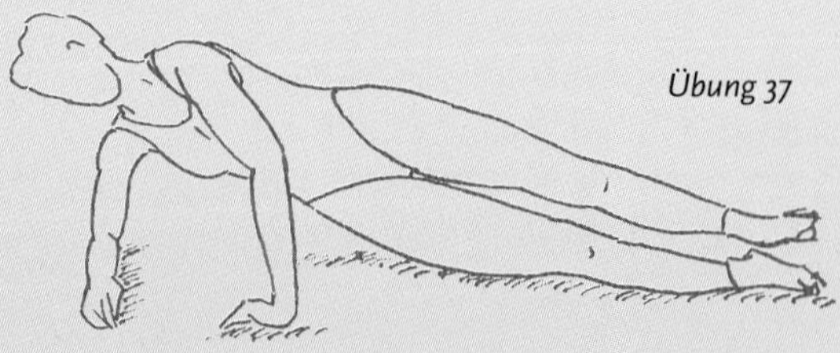

Übung 37

Übung 38

Zielsetzung: wie in Übung 36.
Ausgangsposition: Seitenlage, Körper auf unteren Arm stützen.
Ausführung: Becken anheben, bis die obere Körperseite eine Linie bildet.
Achtung: **Im Becken nicht abknicken, Ganzkörperstreckung (vordere/hintere Rumpfseite) muss erhalten bleiben!**

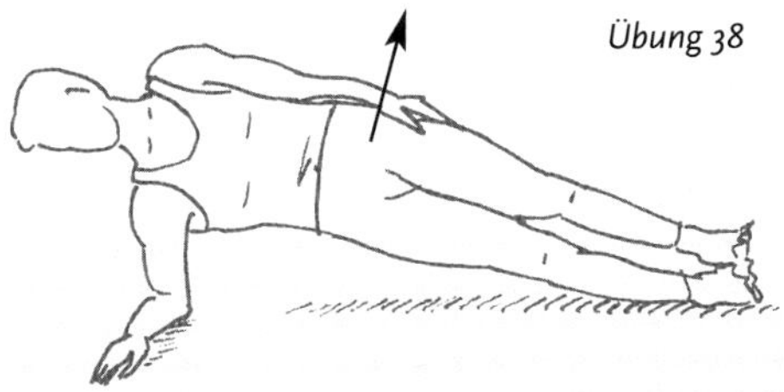
Übung 38

Übung 39

Zielsetzung: wie in Übung 36.
Ausgangsposition: wie in Übung 38.
Ausführung: wie in Übung 38, nur nach erreichter Streckung oberes Bein anheben.

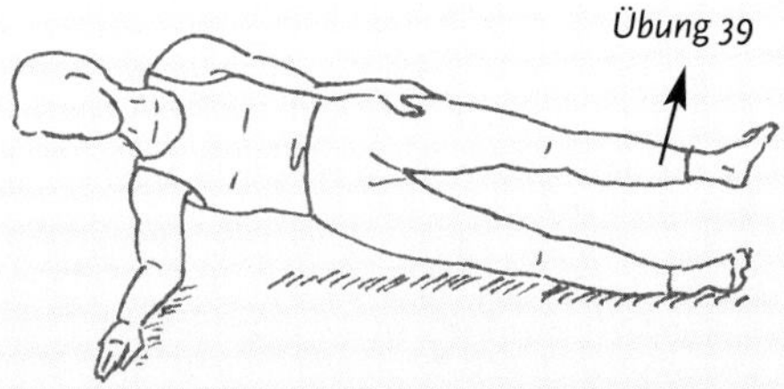
Übung 39

Übung 40

Zielsetzung: wie in Übung 36.
Ausgangsposition: Seitenlage, oberes Bein im Hüftgelenk beugen und vor dem Körper aufstellen.
Ausführung: Unteres Bein anheben.

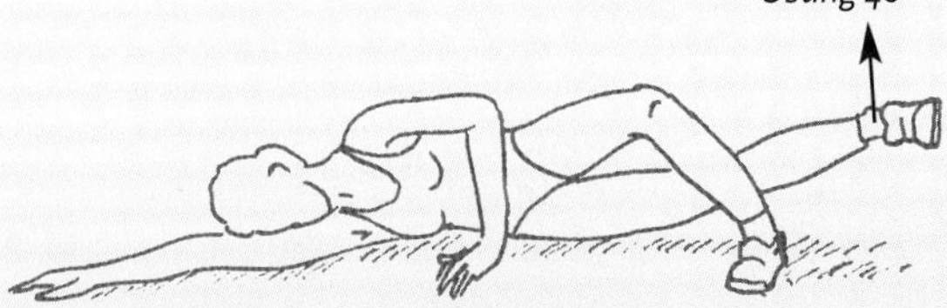
Übung 40

Übung 41

Zielsetzung: wie in Übung 36
Ausgangsposition: Seitenlage, Körper völlig gestreckt.
Ausführung: Beide Beine anheben und leicht öffnen.

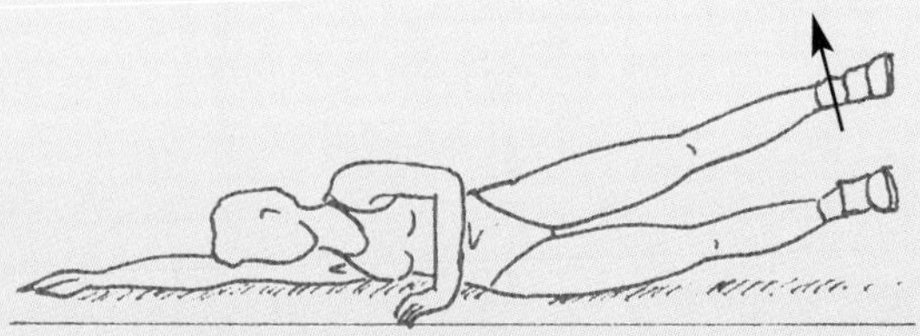
Übung 41

Übung 42

Zielsetzung: wie in Übung 36.
Ausgangsposition: Seitenlage, Beine überkreuzen, Körper auf den unteren Arm und das obere Bein stützen.
Ausführung: Becken anheben, unteres Bein so hoch wie möglich anheben (Hüftbeugung vermeiden).

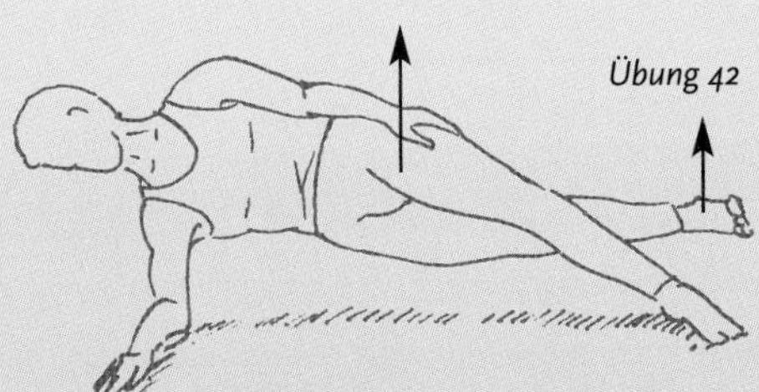
Übung 42

Übung 43

Zielsetzung: wie in Übung 36.
Ausgangsposition: Seitenlage, Körper auf den unteren Arm gestützt, oberes Bein auf einen Stuhl gestützt, unteres Bein im Kniegelenk gebeugt.
Ausführung: Becken heben, ohne die Hüfte zu beugen, unteres Bein vor dem oberen hochführen.

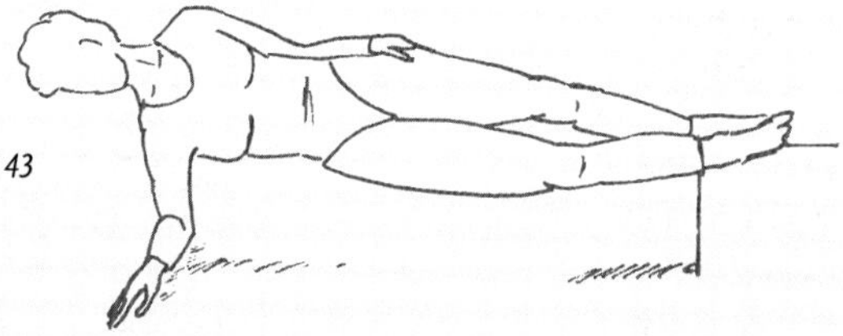

Übung 43

Übung 44

Zielsetzung: wie in Übung 36.
Ausgangsposition: wie in Übung 43.
Ausführung: Unteres Bein an das obere heranführen.

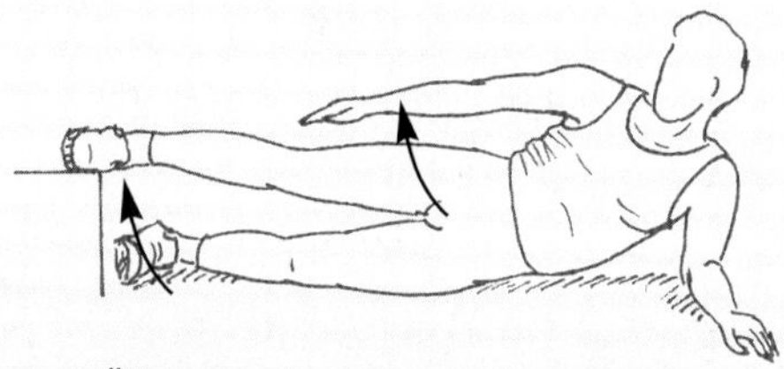

Übung 44

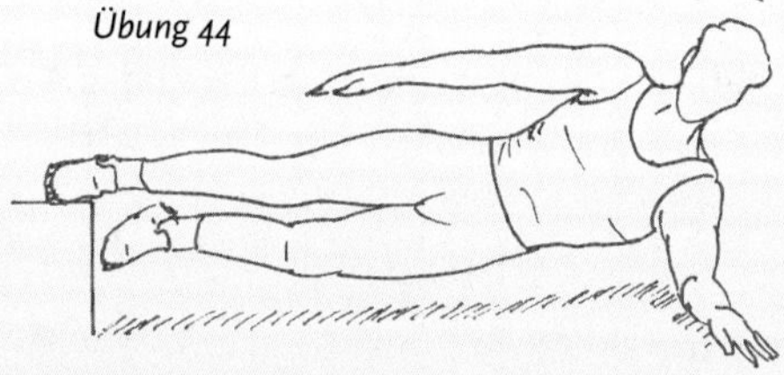

Übung 45

Zielsetzung: wie in Übung 36.
Ausgangsposition: Seitenlage, unteres Bein im Hüft- und Kniegelenk rechtwinklig gebeugt.
Ausführung: Bein gegen den Widerstand eines Partners anheben.
Achtung: **Der Partner hält nur, drückt das Bein nicht nach unten!**

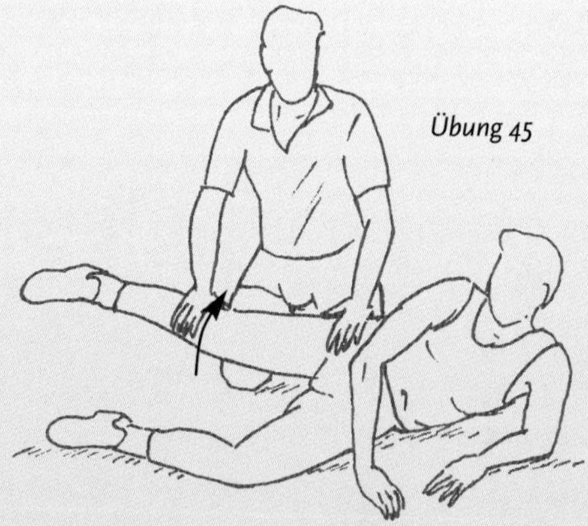

Übung 45

Übung 46

Zielsetzung: Kräftigung der seitlichen Rumpfmuskulatur (Lendenmuskel).
Ausgangsposition: Seitenlage, oberes Bein liegt gestreckt vor dem unteren auf dem Boden, Hände sind vor dem Körper gefaltet, Kopf bildet die direkte Verlängerung

der Brustwirbelsäule.
Ausführung: Oberkörper seitlich anheben.
Achtung: **Hüftknick vermeiden! Kopf darf beim Anheben nicht seitwärts steuern; er ist die direkte Verlängerung der Brustwirbelsäule!**

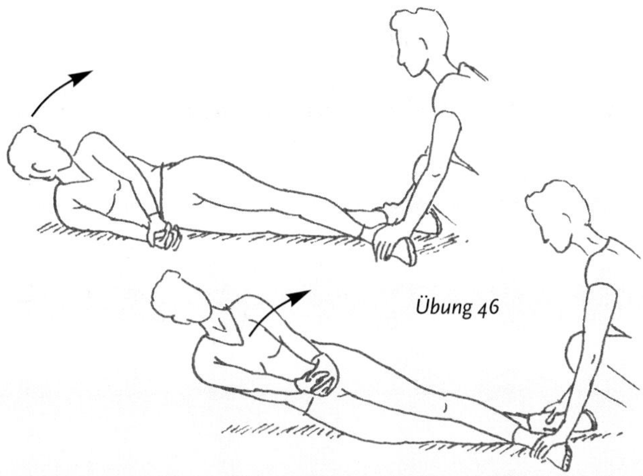

Übung 46

Übung 47

Zielsetzung: Kräftigung der vorderen Oberschenkelmuskulatur (Kniestrecker).
Ausgangsposition: Fersensitz, Hände in die Hüfte gestützt.
Ausführung: Langsames Heben in den Kniestand, dann wieder senken.

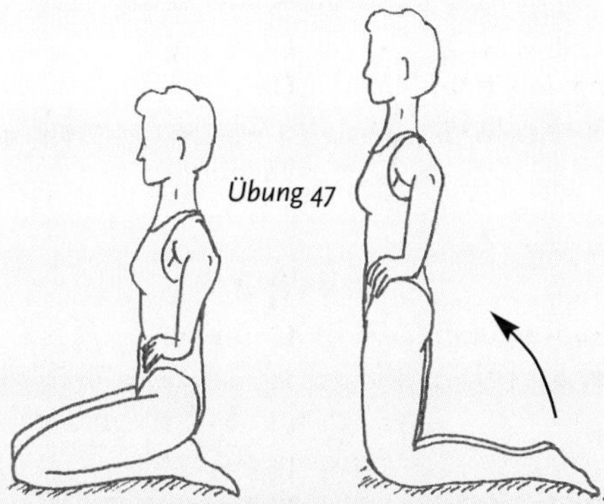

Übung 47

Übung 48

Zielsetzung: Kräftigung von vorderer Oberschenkel- und Gesäßmuskulatur.
Ausgangsposition: Bankstellung mit vor dem Körper verschränkten Unterarmen.
Ausführung: Kniegelenke bis in die Endstellung strecken und in die Ausgangsstellung zurückkehren, ohne mit den Knien den Boden zu berühren.
Achtung: **Hohlkreuz vermeiden!**

Übung 48

Übung 49

Zielsetzung: wie in Übung 48.
Ausgangsposition: wie in Übung 48.
Ausführung: Einbeinige Ausführung.
Achtung: **Hüfte stabilisieren, nicht drehen!**

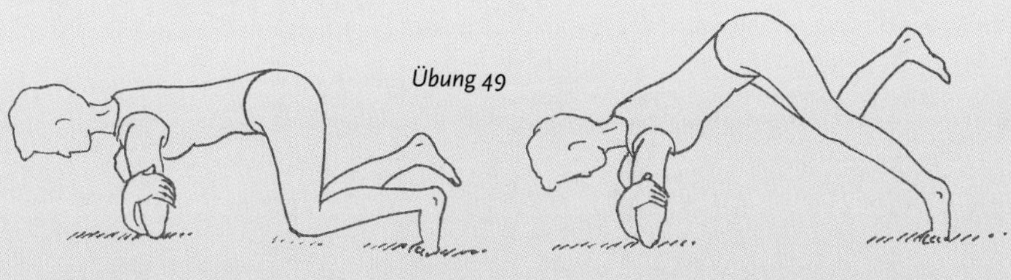

Übung 49

Übung 50

Zielsetzung: Kräftigung der Bein- und Gesäßmuskulatur

Ausgangsposition: Stand schulterbreit, Hände hinter dem Kopf verschränkt, die Fußspitzen beider Füße zeigen leicht nach innen.

Ausführung: Vorderes Bein so weit beugen, bis das Knie des hinteren Beines annähernd den Boden berührt, dann vorderes Bein wieder strecken.

Achtung: **Das hintere Bein sollte bei der Übung annähernd gestreckt bleiben!**

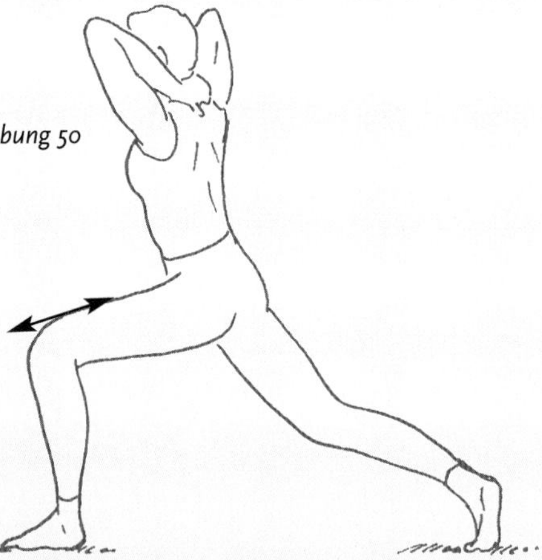

Übung 50

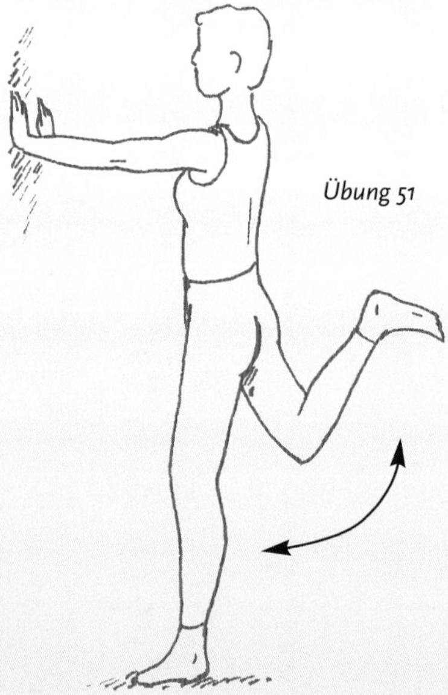

Übung 51

Übung 51

Zielsetzung: Kräftigung der hinteren Oberschenkelmuskulatur.

Ausgangsposition: Schrittstellung, Gesicht zur Wand, Hände stützen sich gegen die Wand.

Ausführung: Hinteres Bein abheben und beugen und strecken.

Achtung: **Nicht so schwungvoll hochführen, dass ein Hohlkreuz gebildet wird!**

Übung 52

Zielsetzung: Kräftigung von hinterer Oberschenkel- und Gesäßmuskulatur.

Ausgangsposition: Rückenlage, Knie- und Hüftgelenke rechtwinklig gebeugt, Fersen auf einen Stuhl gelegt und Oberkörper auf einen Stuhl gestützt.

Ausführung: Gesäß weit vom Boden anheben.

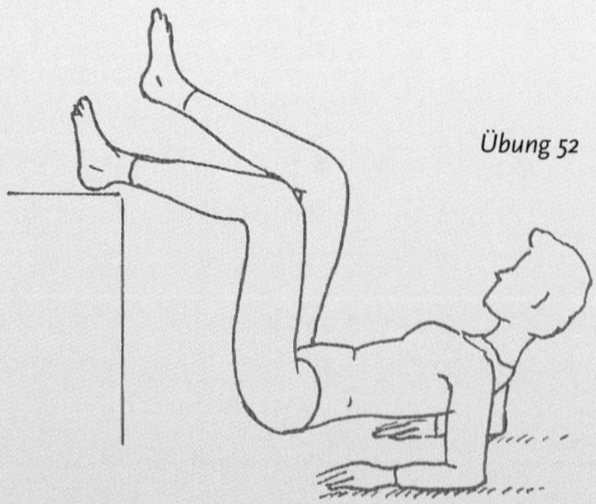

Übung 52

Übung 53

Zielsetzung: wie in Übung 52.
Ausgangsposition: wie in Übung 52, aber mit einem Bein auf den Stuhl stützen.
Ausführung: Mit einem Bein Gesäß weit vom Boden anheben.

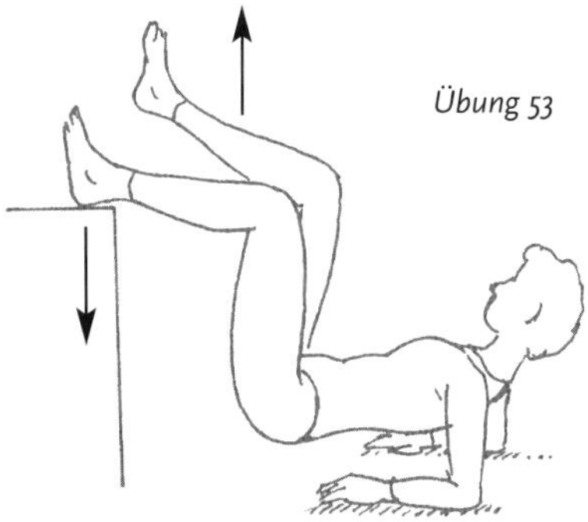

Übung 53

Übung 54

Zielsetzung: Kräftigung der Hüftgelenkbeuger.
Ausgangsposition: Ein Bein anstellen, das andere Bein im Knie rechtwinklig beugen.
Ausführung: Oberschenkel gegen den Widerstand des Partners anziehen, der den Fuß festhält.

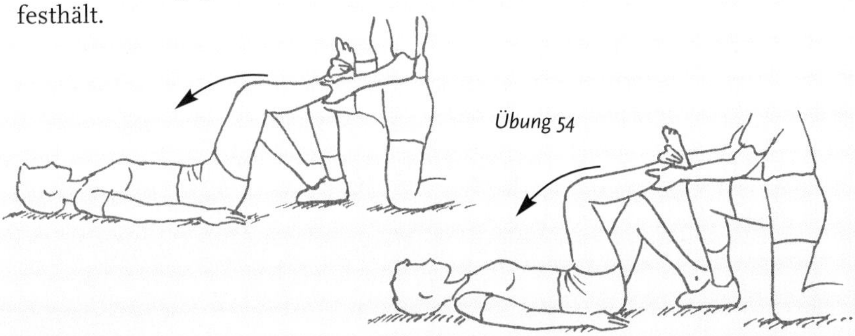

Übung 54

Übung 55

Zielsetzung: Kräftigung der gesamten Muskelkette der Körperrückseite.
Ausgangsposition: Bankstellung rücklings.
Ausführung: Hüfte strecken, bis Oberschenkel und Oberkörper eine Linie bilden, dann Gesäß senken.
Achtung: **Wenn das Handgelenk schmerzt, führen Sie die Übung auf geballten Fäusten durch!**

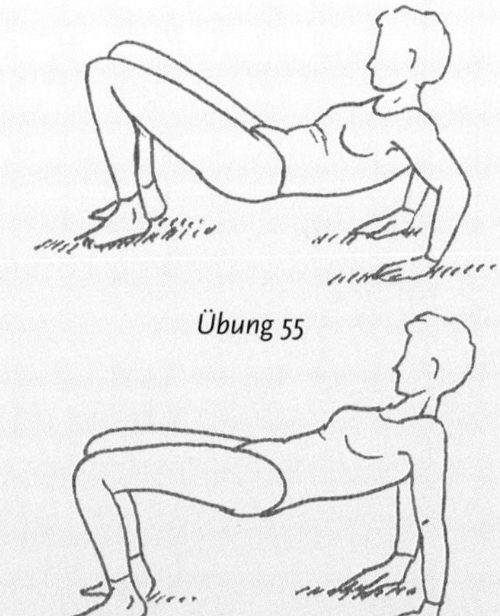

Übung 55

Übung 56

Zielsetzung: Kräftigung von Körperrückseite, hinterer Oberschenkel- und Gesäßmuskulatur.
Ausgangsposition: Rückenlage, Oberkörper auf Unterarmen abstützen.
Ausführung: Gesäß langsam heben, bis die gesamte vordere Körperseite eine gerade Linie bildet.

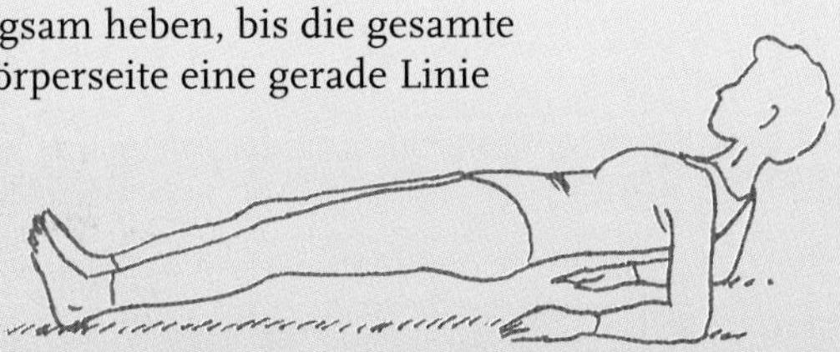

Übung 56

Übung 57

Zielsetzung: wie in Übung 56.

Ausgangsposition: wie in Übung 56.

Ausführung: Gesäß langsam auf ein Bein gestützt heben, bis die gerade Linie der gesamten vorderen Körperseite erreicht ist.

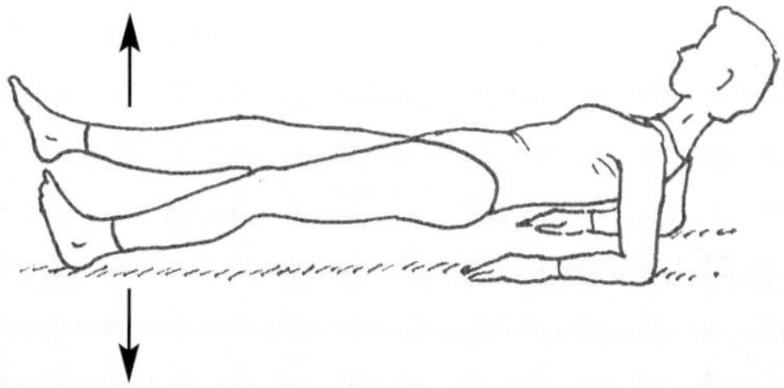

Übung 57

Übung 58

Zielsetzung: Kräftigung der Kniegelenkbeuger.

Ausgangsposition: Bauchlage auf einem Kasten, das vordere Bein bildet zum auf dem Kasten liegenden Bein einen rechten Winkel.

Ausführung: Ferse bis zum Gesäß führen.

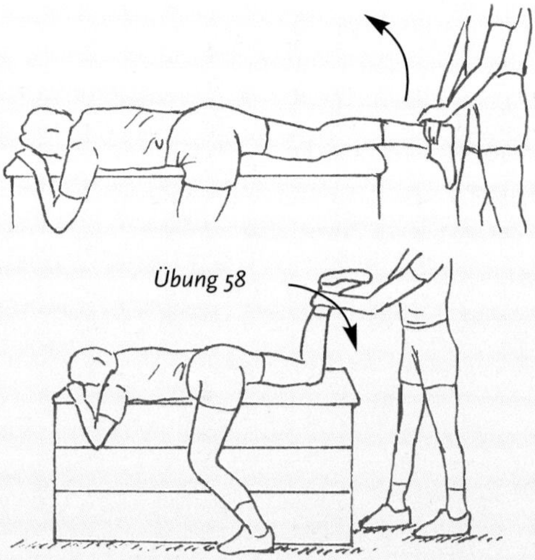

Übung 58

Übung 59

Zielsetzung: Kräftigung der gesamten Muskulatur der Körpervorderseite.

Ausgangsposition: Bauchlage, Oberkörper auf die Unterarme stützen.

Ausführung: Langsam das Gesäß heben und den gesamten Körper auf den Unterarmen und Zehenspitzen abstützen. Einknicken im Schulter- und Beckenbereich vermeiden.

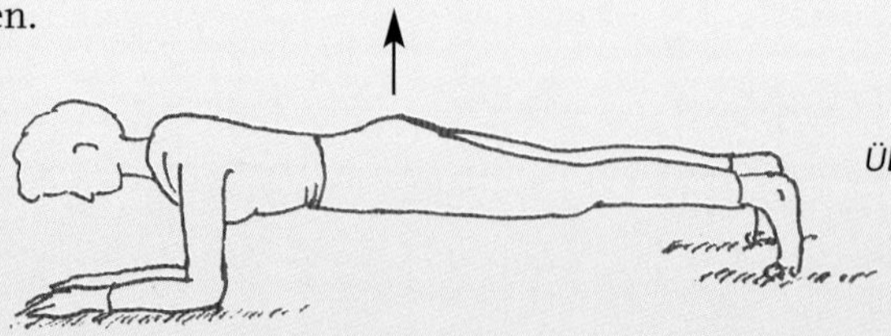

Übung 59

Übung 60

Zielsetzung: wie in Übung 59.

Ausgangsposition: wie in Übung 59.

Ausführung: wie in Übung 59, aber ein Bein vom Boden leicht anheben.

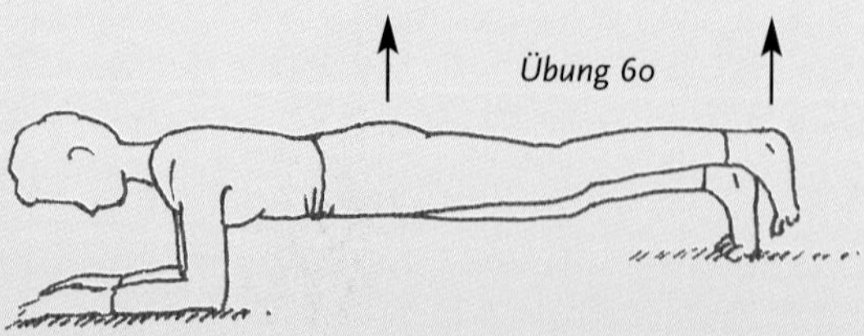

Übung 60

Übung 61

Zielsetzung: wie in Übung 59.
Ausgangsposition: wie in Übung 59.
Ausführung: Diagonales Anheben von rechtem Arm und linkem Bein bzw. linkem Arm und rechtem Bein.

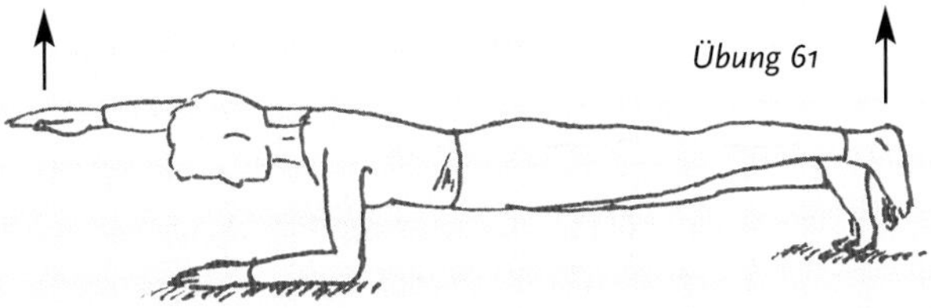

Übung 61

Übung 62

Zielsetzung: Kräftigung der Schienbeinmuskulatur.
Ausgangsposition: Stand mit dem Rücken zur Wand, Fersen sind auf einem Buch angehoben.
Ausführung: Fußspitzen anziehen.

Übung 62

Übung 63

Zielsetzung: Kräftigung der Wadenmuskulatur.
Ausgangsposition: Einbeiniger Stand seitlich an einer Wand abgestützt.
Ausführung: Ferse anheben.

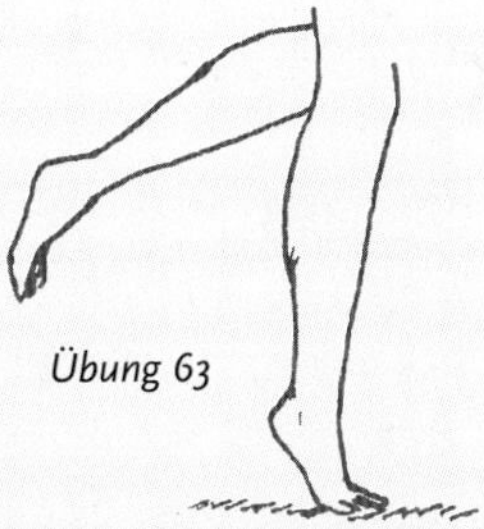

Übung 63

Übung 64

Zielsetzung: Kräftigung der Fußgelenkstabilisatoren.
Ausgangsposition: Fuß in Mittelstellung halten.
Ausführung: Fuß gegen den Widerstand der Hand nach innen drehen.

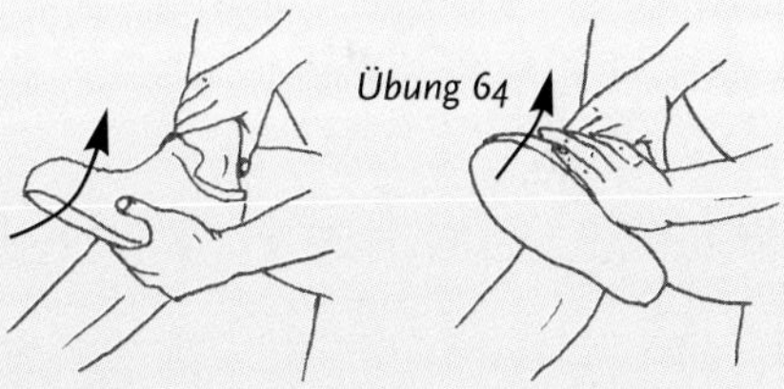

Übung 64

Übung 65

Zielsetzung: wie in Übung 64.
Ausgangsposition: Fuß in Mittelstellung.
Ausführung: Fuß gegen den Widerstand nach außen drehen.

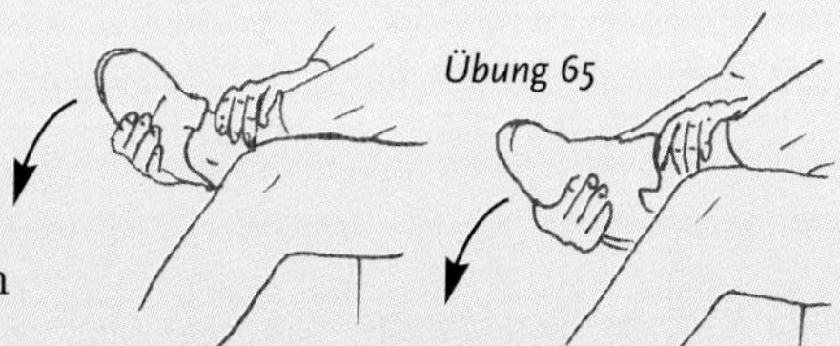

Übung 65

Übung 66

Zielsetzung: Kräftigung der Zehenbeuger.
Ausgangsposition: Füße berühren mit der gesamten Sohle den Boden.
Ausführung: Mit den Zehen nach vorne ziehen (Zehen einkrallen).

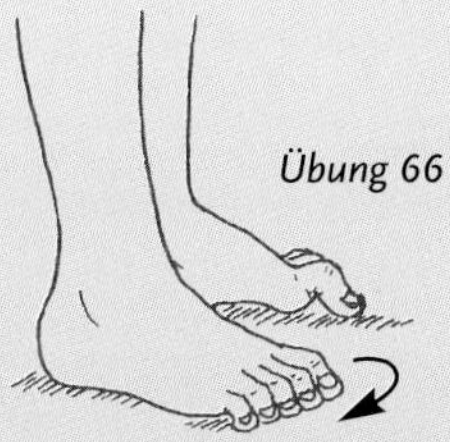

Übung 66

Übung 67

Zielsetzung: Kräftigung der Schienbeinmuskulatur.
Ausgangsposition: Mit gebeugtem Körper abstützen/rechter Winkel Oberkörper-Oberschenkel-Unterschenkel.
Ausführung: a) Fuß wird gegen den Widerstand eines Partners angezogen.
b) Fuß drückt gegen den Halt des Partners.

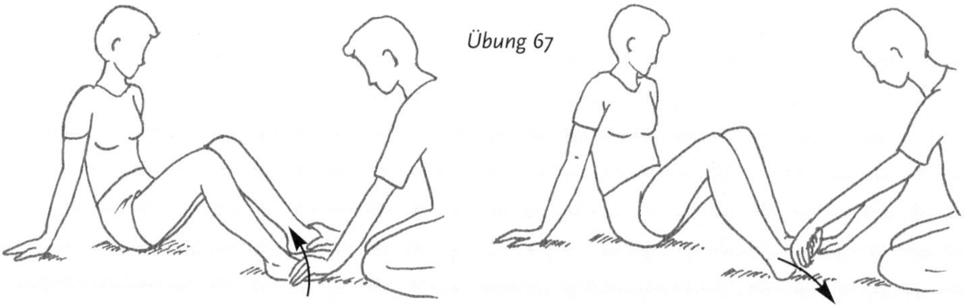
Übung 67

Übung 68

Zielsetzung: Kräftigung der Wadenmuskulatur, Stabilisierung der Sprunggelenke.
Ausgangsposition: Hockstand gegen eine Wand, Knie ca. 90° gebeugt.
Ausführung: Füße strecken und beugen.

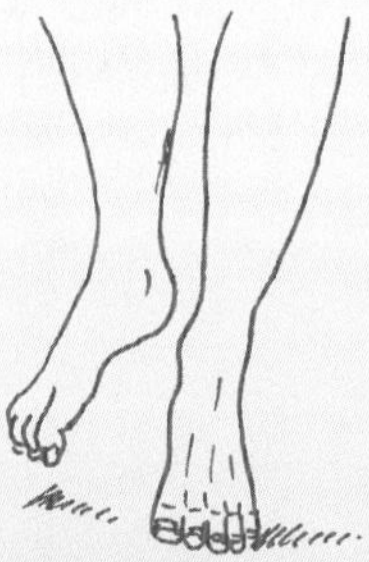
Übung 69

Übung 68

Übung 69

Zielsetzung: Kräftigung der Unterschenkel- und Fußmuskulatur.
Ausgangsposition: Stand auf einem Bein.
Ausführung: Zweites Bein krallt, spreizt, streckt mit Fußmuskulatur.

Übung 70

Zielsetzung: Kräftigung der Unterschenkel- und Fußmuskulatur.
Ausgangsposition: Einbeiniger Stand.
Ausführung: Zehen greifen ein Seil und lassen es wieder los.

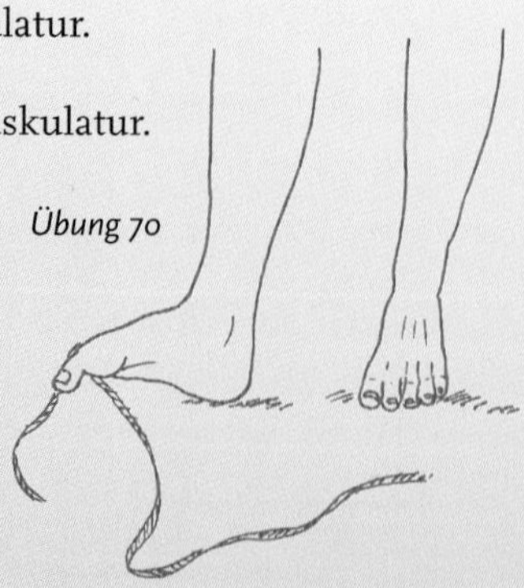
Übung 70

Die Bedeutung des Auf- und Abwärmens für den Reiter

Dem Storch nacheifern schult das Gleichgewicht!

Ist Aufwärmen eine sachliche Notwendigkeit oder ein bloßes Ritual? Macht man irgendwelche Übungen vor Beginn der Sporttätigkeit nur, weil man es immer so gemacht hat oder bei anderen beobachten konnte und übernommen hat? Diese Fragen kamen mir, als ich in Vereinen bzw. Schulen Sportstunden beobachtete. Ich erkannte, dass das Aufwärmen sehr unterschiedlich gehandhabt wurde. Teilweise schienen sich die Sporttreibenden überhaupt nichts aus einer Vorbereitung zu machen, andere wiederum vollzogen eine intensive Vorstartphase, während dritte sich aus meiner Sicht widersinnig aufwärmten.

In der Reiterei ist diese Thematik noch vollkommen außen vor. Das Pferd wird intensiv gelöst (aufgewärmt) und trocken geritten (abgewärmt), auf sich selbst bezieht der Reiter diese Notwendigkeit fast gar nicht. Die Voltigierer sind da schon erheblich weiter. Da Reiter, wenn sie entsprechend aufgewärmt sind, deutlich bessere Leistungen bringen können, sehe ich darin eine wesentliche Grundvoraussetzung für die Entwicklung des Bewegungsgefühls. Nur ein entspannter, lockerer (aufgewärmter) Reiter ist fähig, seine gut koordinierten Bewegungen auch auf das Pferd zu übertragen. Dann kann ein Dialog weitestgehend ohne Störungen ablaufen.

Spitzenathleten durchlaufen ein intensives Vorbereitungsprogramm, weil ihnen bewusst ist, dass das Aufwärmen für alle nachfolgenden Sporthandlungen einen Verstärkereffekt hat, der sich auf physische und psychische Faktoren des Menschen auswirkt.

Die im Folgenden dargestellten Wirkungen sind weitestgehend auf das Pferd übertragbar. Somit erfährt der Reiter auch, welche Vorgänge im Pferd ablaufen, wenn er die Lösungsphase sachgerecht gestaltet.

Unter Berücksichtigung wissenschaftlicher Erkenntnisse komme ich zu folgenden Forderungen:

Aufwärmen muss zentraler Bestandteil des Reitunterrichts sein!

Beim Aufwärmen müssen die Funktionsabläufe des menschlichen Organismus konsequenter als bisher berücksichtigt werden!

Es sollen folgende Gesichtspunkte abgehandelt werden, um die dringende Notwendigkeit systematischer Aufwärmphasen zu verdeutlichen: Herz-Kreislauf-Tätigkeit, Blutdruck, Blutzirkulation, Körpertemperatur und Atmung,

- Muskeltätigkeiten und Abläufe des Muskelstoffwechsels,
- nervliche und koordinative Steuerungsprozesse,
- Funktionseigenschaften des passiven Bewegungsapparats,
- psychische Einflüsse,
- Rahmenbedingungen (Alter, Tageszeit u. a) und deren Einfluss.

Es werden Grundlagen aufgezeigt und praktische Konsequenzen gezogen.

Funktionsabläufe beim Menschen

Auswirkungen auf die Herzfrequenz

Beim Übergang von der Ruhe- zur Belastungsphase gibt es eine erste und zweite Phase. In der ersten Phase werden das Herz-Kreislauf-System und das stoffwechselaktive Hormon Adrenalin gereizt. Sie dauert beim Untrainierten 30, beim Trainierten 10 Sekunden. In der zweiten Phase werden vorrangig die Stoffwechselprozesse aufbereitet. Um beide Phasen optimal ablaufen zu lassen, ist in besonderem Maße die Vorstartphase von Bedeutung, also die Phase vor Beginn der reiterlichen Belastung. Der gesamte Kreislauf wird durch von der Großhirnrinde ausgehende Reize in höhere Aktivitäten versetzt.

Blutdruckveränderungen

Der Anstieg des Blutdrucks lässt sich vorrangig auf die Erhöhung der Menge an zirkulierendem Bedarfsblut zurückführen. Milz, Leber und Verdauungstrakt geben Blut an die an der Arbeit beteiligten Organe ab. Andererseits steigt der Blutdruck durch den peripheren (im äußeren Bereich des Menschen liegenden) Widerstand. Alle Blutgefäße werden eng gestellt, um für die arbeitende Muskulatur das notwendige Blut bereitzuhalten. Die Engstellung wird durch das Noradrenalin bewirkt, das wie das Adrenalin im Augenblick der Leistungssteigerung vom Nebennierenrindenmark und den sympathischen (leistungsorientierten) Nervenendigungen ausgeschüttet wird.

Wirkung auf das Blutsystem

Während des Aufwärmens nimmt die Menge des pro Zeiteinheit zirkulierenden Blutes zu. Dadurch wird die an der Arbeit beteiligte Muskulatur besser mit Nährstoffen und Sauerstoff versorgt. Außerdem werden anfallende Stoffwechselzwischenprodukte wie z. B. Milchsäure beseitigt, sodass einer Übersäuerung entgegengewirkt wird, die die Arbeitsfähigkeit der Muskulatur beeinträchtigen würde. So stellt z. B. die Menge an Sauerstoff, die der Reiter innerhalb einer Zeiteinheit aufnehmen kann, den leistungsbegrenzenden Faktor für Ausdauerbelastungen dar.

Erhöhung der Körpertemperatur

Während des Aufwärmens findet ein Anstieg der Körper- und Muskeltemperatur statt. Auch die Hauttemperatur erhöht sich, um ein Ansteigen der inneren Temperatur über den Normalwert zu vermeiden. Folgen der gestiegenen Körpertemperatur sind Stoffwechselveränderungen. Bei längerem Reiten verursachen Schweißabsonderungen einen erhöhten Wasserverlust. Der Schweiß verdunstet und lässt Kälte entstehen, die die Erhöhung der Haut- und Körperkerntemperatur reduziert. Unsere normalen Stoffwechselprozesse laufen bei Temperaturen von etwa 37 ° ab. In den Armen und

Beinen kann die Temperatur bis zu 5° weniger betragen. Dieser Unterschied wirkt sich auf Sitz und Einwirkung des Reiters leistungsmindernd aus. Optimale Bedingungen für reiterliche Belastungen herrschen bei einer Körpertemperatur von 38,5 bis 39° C.

Atemsystem und „toter Punkt"

Beim Aufwärmen nehmen die Anzahl der Atemzüge und die Atemtiefe zu, weil der Sauerstoffbedarf der arbeitenden Muskulatur steigt und die anfallenden Stoffwechselschlacken (z. B. Milchsäure) abtransportiert werden müssen. Üblicherweise beschleunigt sich die Atmung erst nach einer Verzögerung zu Beginn der Belastung. Bei Ausdauerbelastungen wird erst nach einer bestimmten Zeitspanne der steady state erreicht, also der Zustand, in dem Energieaufnahme und Ernergieverbrauch identisch sind. Das ist wichtig, damit der Reiter über längere Zeit ohne Konditionsverlust einwirken kann. Das Aufwärmen soll der Startverzögerung dadurch entgegenwirken, dass die Atmung bereits vor der eigentlichen Belastung auf ein ausreichendes Ausgangsniveau gebracht wird, der Reiter bei Beginn der Belastung also bestens vorbereitet ist. So wird auch der „tote Punkt" im Wettkampf vermieden.

Vielfältige Bewegungsmöglichkeiten erweitern Reitqualitäten.

Verringerung der inneren Reibung der Muskulatur und Reduzierung von Verspannungen/Verletzungen

Durch die höhere Körpertemperatur wird die Muskelviskosität, das heißt die innere Reibung der Muskeln, vermindert, was wichtig ist, um Verspannungen, Verkrampfungen und Verletzungen zu vermeiden. Auch die Dehnfähig- und Beweglichkeit der Muskeln wird durch die Erwärmung erhöht. Gerade bei niedrigen Außentemperaturen hilft eine erhöhte Körpertemperatur daher, das Verletzungsrisiko des Reiters zu verringern. Wenn das Pferd z. B. erschrickt und zur Seite springt, müssen die Muskeln des Reiters blitzschnell leistungsfähig sein. Bei kalter Muskulatur kann es dann zu Zerrungen o.Ä. kommen.

Einfluss auf die koordinativen Vorgänge und die Reittechnik

Die herabgesetzte innere Reibung, die erhöhte Elastizität und Dehnfähigkeit der Muskulatur durch die erhöhte Körpertemperatur führt unmittelbar zu einem besseren Zusammenspiel des Nervensystems mit den Muskeln. Die verbesserte Koordination (Zusammenspiel aller Muskeln) verringert den Energieverbrauch; die Muskeln ermüden später. Die gesteigerte Entspannungsfähigkeit der arbeitenden Muskulatur wirkt sich besonders bei schnell ablaufenden feinkoordinativen Bewegungen positiv aus. Die Leitungsgeschwindigkeit der Nervenbahnen wird erhöht und macht die Rezeptoren (Aufnahmequellen) an den Muskeln, Sehnen, Bändern, usw. besonders feinfühlig. Daraus folgen eine verkürzte Latenzzeit, die zwischen Nervenimpuls und Muskelaktion verstreicht und ein verfeinertes Bewegungsgefühl, was ein besonders präzises Einwirken von Schenkeln und Händen erlaubt. Körperliche Empfindungen werden also vom Reiter schneller wahrgenommen.

Vorbereitung des Kapsel-, Band-, Sehnen- und Knorpelgewebes

Auch für das Bindegewebe spielt die höhere Körpertemperatur eine zentrale Rolle. Wie beim Herz-Kreislauf-System läuft die Anpassung träge ab, beim Bindegewebe allerdings noch ausgeprägter. Erst bei Temperaturen von 39 bis 40 ° ist eine optimale Elastizität und Plastizität der Fasern von Gelenkkapseln, Bändern, Sehnen und Knorpelgewebe erreicht. Wegen der geringeren Stoffwechselgeschwindigkeit dauert das Vorbereiten der Knorpel länger als das der Muskulatur.

Die Gelenkknorpel werden ausschließlich über die Gelenkflüssigkeit ernährt und haben keinen direkten Anschluss an das Blutsystem. Die Gelenkflüssigkeit wird in der Gelenkinnenhaut erzeugt und in den Gelenkinnenraum weitergeleitet.

Durch Bewegung lassen sich die Ernährungsbedingungen in den Gelenkknorpeln verbessern; nach kurzzeitigem Aufwärmen kommt es zu einer Verdickung der Knorpelschicht auf den Gelenken. Nach einer 5-minütigen Bewegung des Gelenks vermehrt sich die knorpelernährende Gelenkflüssigkeit; der Gelenkstoffwechsel wird umfassend angeregt. Das ist für sportliche Leistungen wichtig, weil dadurch einwirkende Kräfte besser aufgefangen und so Verletzungen kurz- und langfristig vermieden werden können. Nach 20 Minuten sind diese Körperbereiche optimal eingestellt.

Wirkungen auf die Psyche des Reiters

Neben Optimierungsprozessen im körperlichen Bereich wirkt sich das Aufwärmen intensiv auf die Psyche des Menschen aus und führt zu einer emotionalen Stabilisierung. Es wirkt Erregungs- und Hemmungszuständen entgegen, hat also eine Art Ventilfunktion. Insgesamt führt das Aufwärmen zu einem Zustand psychischer Aktiviertheit, der Reiter ist wach. Es bestehen optimale Bedingungen für das Lernen, Üben und Trainieren.

Das Aufwärmen dient somit auch der mentalen Einstellung des Reiters, seiner Gewöhnung an die Lern- und Leistungssituation und weckt die allgemeine Arbeitsbereitschaft. Die besondere Aktivierung lässt ihn sich auf die reiterlichen Anforderungen einstellen.

Körperkontrolle wirkt sich auf das Reiten positiv aus.

Weitere wichtige Gesichtspunkte beim Aufwärmen des Reiters

Alter

Je nach Alter des Reiters ändern sich Aufwärmumfang, -zeit und -intensität. Ältere Reiter müssen ihre Aufwärmprogramme behutsamer und langsam steigernd gestalten, weil der Körper nicht mehr so elastisch und belastbar und die Verletzungsgefahr erhöht ist. Im Vergleich zu Kindern und Jugendlichen vollzieht sich die Einstellung der Organfunktionen im vegetativen Bereich langsamer, erfordert also eine längere Aufwärmzeit.

Kleidung

Fünf Minuten nach Ende der Aufwärmarbeit ist die Temperatur des Körpers noch unverändert hoch, während nach 45 Minuten Ruhe der positive Effekt des Aufwärmens nicht mehr nachweisbar ist. Deshalb kommen der Kleidung und der sinnvollen Bewegung zwischen Aufwärmen und Leistungsanforderung erhöhte Bedeutung zu. Die Qualität der Kleidung macht sich daran fest, dass sie einerseits die Wärme speichert, andererseits ein ausreichendes Schwitzen zulässt, damit kein Wärmestau entsteht. Der Reiter kann sich nach dem Aufwärmen um sein Pferd kümmern: Er kann es aus der Box holen, es putzen und satteln, ohne dass der vorher erwirkte Effekt verloren geht, weil er ständig in Bewegung ist.

Tageszeit

Der Biorhythmus des einzelnen Reiters hat Einfluss auf die Aufwärmdauer. Im Schlaf werden einzelne Körperfunktionen verringert oder gänzlich ausgeschaltet. Das wirkt sich in den Morgenstunden negativ auf das Organsystem und die Gelenkbeweglichkeit aus. Es dauert einige Zeit, bis der Reiter seine maximale Leistungsbereitschaft erreicht hat, die bis zum Nachmittag zunimmt. Faktoren, die die Aufwärmzeit mit fortschreitender Tageszeit verkürzen, sind die zunehmende Durchblutung und der Anstieg der Körpertemperatur bis zu einem Maximum gegen 15.00 Uhr.

Außentemperatur/Klimatische Bedingungen

Neben der Tageszeit wirken sich unterschiedliche klimatische Bedingungen auf die Dauer und Intensität des Aufwärmens aus. Hohe Außentemperaturen verkürzen die Aufwärmzeit, Regen und Kälte verlängern sie. Dabei kann bei kalten Temperaturen klimagerechte Kleidung helfen, die Aufwärmzeit zu verkürzen. Es besteht allerdings eher die Gefahr, dass man sich bei warmem, schwülem Wetter unangemessen aufwärmt als bei kaltem, weil das Schwitzen dem Reiter fälschlicherweise vorspiegelt, er sei bereits genügend vorbereitet. Verletzungen und Leistungsminderungen bleiben nicht aus.

Innere Einstellung und Typ des Reiters

Auch die Einstellung des Reiters beeinflusst Dauer und Effektivität des Aufwärmens. Wird die zu absolvierende reiterliche Tätigkeit als besonders bedeutend eingestuft, verstärkt sich der Vorstartzustand. Die ausgeschütteten Hormone (Noradrenalin, Adrenalin u. a.) fördern die Umstellung vom Ruhe- auf den Arbeitsstoffwechsel. Die innere Erregung des Reiters hat erheblichen Einfluss auf die Spannungszustände der Muskulatur und die Eng- und Weitstellung der Gefäße. Vom Typ des Reiters ist es abhängig, ob er mit steigender oder sich verringernder Erregung reagiert. Jeder kennt Langsamstarter. Bei diesen Reitern (und auch Pferden) muss das Aufwärmen anregend und motivierend aufgebaut werden. Es wird längere Zeit in Anspruch nehmen.

Dauer/Umfang des Aufwärmens

Die Aufwärmzeit sollte mindestens 20 Minuten betragen, weil darunter kaum Leistungssteigerungen zu erwarten sind. Eine Aufwärmzeit von einer Stunde ist das Maximum, weil darüber hinaus keine zusätzlich positiven Effekte zu erwarten sind. Neben den genannten Rahmenbedingungen (Alter/Kleidung/Tageszeit/Außentemperatur) sollte der körperliche Zustand des Reiters berücksichtigt werden. Je besser seine Kondition ist, desto länger kann er sich auf die Leistungssituation vorbereiten.

Arten des Aufwärmens

Allgemeines Aufwärmen

Dabei werden große Muskelgruppen betätigt, wobei die einzelnen Muskeln nicht in unmittelbarem Zusammenhang mit dem Reiten stehen. Es sollen möglichst alle Muskelgruppen des Körpers einbezogen werden, um die Fähigkeiten des Organismus insgesamt auf ein höheres Niveau zu bringen. Die bei dieser Art des Aufwärmens zu vollziehenden Übungen müssen hohe Wiederholungszahlen zulassen, damit das Herz-Kreislauf-System entsprechend angeregt wird und die Körperkerntemperatur allmählich bis zum Optimum steigen kann. Dabei sollen keine Muskelgruppen nacheinander belastet werden, um eine Übermüdung zu vermeiden.

Die folgenden Übungen mögen als Anregung dienen:

- Laufgymnastik mit Laufformen wie Skippings (Knie anheben oder Anfersen (Absätze bis zum Gesäß führen);
- Laufen in alle Richtungen (nach vorne/hinten/zur Seite/schräg nach vorne), um möglichst viele Muskeln unterschiedlich zu beanspruchen;
- Hüpfendes Laufen;

- Galopp;
- Sprunglauf (von links auf rechts springen, dabei die Schritte über die normale Länge ziehen);
- Kombinationen wie hüpfendes Laufen vorwärts mit beidseitig parallelem langsamem Armkreisen;
- Hüpfendes Laufen mit Verwringen im Hüftbereich;
- Seitlauf mit Körperverwringung;
- Fußexperimente (Ballenlauf, Lauf auf ganzem Fuß, Abrollen, etc.), Beinexperimente (hoher Kniehub, kleiner Kniehub, etc.), Rumpfexperimente (gerader/gebeugter Oberkörper, Oberkörpervorlage), Hüpf- und Sprungübungen am Ort, Seilsprünge, leichte Sprungübungen an Cavalettis, Schlangenlauf (einer läuft vor, die anderen hinterher), Schattenlauf (einer läuft, ein Zweiter muss genau folgen), etc.

Vorbereitende Übungen können sehr viel Spaß machen!

In das allgemeine Aufwärmen sollten zwischendurch Mobilisierungsübungen einbezogen werden (siehe S. 52)

Spezifisches Aufwärmen für den Reiter

In diesem Teil werden die Muskelgruppen vorbereitet, die in unmittelbarem Zusammenhang mit dem Reiten stehen. Somit werden die danach folgenden koordinativen Prozesse vorbereitet. Insgesamt ist hierbei zu bedenken, dass Dehnungs-, Lockerungs-, Kräftigungsübungen, Übungen für die inneren Organe und Entspannung (siehe Kapitel „Funktionelle Grundlagen für das Bewegungsgefühl des Reiters“, „Mobilisierung“ auf S. 52) einbezogen werden.

Nach dem allgemeinen Aufwärmen und der Mobilisierung der Gelenke müssen die Muskeln zunächst gedehnt, gekräftigt, dann gelockert werden, um optimal funktionstüchtig zu sein. Nach Kräftigungsübungen müssen die verkürzten Muskeln wieder gedehnt werden, um unökonomischen Bewegungsabläufen entgegenzuwirken. Übungen für die inneren Organe (siehe S. 90) sollen die Körpertemperatur auf dem günstigen Niveau halten. Lockerungsübungen (Ausschütteln der benutzten Körperteile) dienen dazu, zu erfühlen, ob noch Verspannungen vorhanden sind.

Dabei ist für den Reitersitz zu bedenken, welche Muskeln zur Abschwächung neigen (sie müssen gekräftigt werden), und welche Muskeln zur Verkürzung neigen (sie müssen gedehnt werden). Sind Beuger und Strecker annähernd gleich stark, ist eine lockere Bewegung gegeben. Die Übungen im Kapitel „Zusammenstellung von Dehnungsübungen“ auf S. 56 und im Kapitel „Zusammenstellung von Kräftigungsübungen“ auf S. 67 sind mit einzubeziehen. Aus den umfassenden Ausführungen im Kapitel „Welche Verbindungen haben die Körperteile untereinander“ auf S. 30 und im Kapitel „Ursachen und Vermeidung muskulärer Ungleichgewichte“ auf S. 33 kann entnommen werden, welche Muskeln verkürzende und abschwächende Tendenzen aufweisen.

Insgesamt ist zu berücksichtigen, welche Besonderheiten der jeweilige Reiter aufweist. Je nach Stärken und Schwächen ist das Aufwärmen individuell zu gestalten.

Mentales Aufwärmen

Hinsichtlich körperlicher Veränderungen ist der Begriff „Aufwärmen“ hier falsch benutzt, weil keine Rückwirkung auf die Körpertemperatur und den Stoffwechsel stattfindet. Trotzdem hat die Methode für koordinative Prozesse Bedeutung. Gemeint ist das Sich-Vorstellen eines Bewegungsablaufs vor dem Bewegungsvollzug. Dadurch finden positive Bahnungsprozesse statt, weil die in den Gehirnzellen gespeicherten Muster der Bewegung schneller verfügbar gemacht werden.

Passives Aufwärmen

Das Aufwärmen vor Leistungsanforderungen ist ein aktiver Umstellungsprozess und kann niemals durch passives Erwärmen (Duschen, Massage, Einreibemittel) ersetzt werden. Die Einreibemittel können den Funktionszustand der energiebereitstellenden Systeme, des Bewegungsapparats und des Zentralnervensystems nicht verbessern. Es wird ein Aufwärmzustand vorgetäuscht, sodass der Reiter glaubt, er sei bereits warm. Werden keine weiteren aktiven Maßnahmen vollzogen, steigt das Verletzungsrisiko. Auch eine Sportmassage kann funktionelles Aufwärmen niemals ersetzen und sollte nur als Ergänzung betrachtet werden.

Fehlerhaftes Aufwärmen

Aufwärmen wird oft zu kurz und intensiv durchgeführt, sodass der Reiter nach Beginn seiner Übungsstunde, seines Trainings oder Wettkampfs schnell einen „toten Punkt“ verspürt. Durch zu geringes Aufwärmen ist die Kreislaufregulation noch nicht abgeschlossen. Der Körper reagiert mit extremer Atmung, weil der Reiter eine hohe Sauerstoffschuld eingeht. Am Ort der Verarbeitung wird mehr Sauerstoff benötigt, als über die Transportbahnen herangeschafft werden kann.

Außerdem werden Dehnübungen häufig falsch durchgeführt (wippendes Dehnen) sowie falsche Dehn- und Kräftigungsübungen (siehe Abb. 39 und 40) einbezogen. Wenn die korrekten Ausgangs- und Endstellungen nicht eingenommen werden, verlieren die Übungen ihren funktionellen Charakter, weil keine Dehneffekte erzeugt werden. Auch belasten mehrere Übungen derselben Muskeln hintereinander diese Muskeln so hoch, dass bereits in der Aufwärmphase eine Ermüdung entsteht.

Aktives Entmüden – der Cool-Down-Vorgang

Nach hohen körperlichen Beanspruchungen muss der Körper langsam zum Normalzustand zurückgeführt werden. Der Cool-Down-Prozess ist in vielen Sportarten zur Unterstützung der Regeneration zur Normalität geworden. Mit seiner Hilfe zeigt der Organismus weniger Belastungszeichen und ist bei nachfolgenden Anforderungen leistungsbereiter.

Zunächst soll über Ganzkörperübungen wie Auslaufen oder Dehngymnastik der hauptsächlich beanspruchten Muskelbereiche der Abbau von Stoffwechselschlacken im Blut unterstützt werden. Permantes Dehnen soll die Spannungszustände in der Muskulatur herabsetzen und auf das Ausgangsmaß zurückführen. Konzentrative Entspannungsübungen sollen versuchen, positive und negative Erlebnisse zu verarbeiten.

Zum „Abwärmen" kann zum Beispiel das autogene Training oder die progressive Muskelentspannung dienen. Beide Methoden seien kurz beschrieben:

Das **autogene Training** nach SCHULTZ enthält sechs Übungen, die ein Umschalten des Organismus auf einen konzentrativen Entspannungszustand ermöglichen. Der typische Übungsverlauf kann in der Droschkenkutscherstellung, im Liegen oder bei passiv entspannter Sitzhaltung mit geschlossenen Augen beginnen. Man beginnt mit der Ruhetönung, indem sich jeder Einzelne mehrmals mental sagt: „Ich bin vollkommen ruhig." Ziel ist die allgemeine Beruhigung von Körper und Psyche.

Danach folgen die sechs Übungen, bei denen sich der Sporttreibende intensiv in die Körperteile hineindenken und – fühlen muss.

1. **Schwereübung:** Der rechte (linke) Arm ist ganz schwer. Der gesamte Köper kann durchgegangen werden. Ziel: Muskelentspannung, allgemeine Beruhigung.

2. **Wärmeübung:** Der rechte (linke) Arm ist ganz warm. Einzelne Körperteile können nacheinander einbezogen werden. Ziel: Entspannung der Blutgefäße, Beruhigung.

3. **Herzübung:** Das Herz schlägt ganz ruhig und gleichmäßig. Ziel: Normalisierung der Herztätigkeit, Beruhigung.

4. **Atemübung:** Die Atmung ist ganz ruhig und gleichmäßig. Ziel: Harmonisierung und Passivierung der Atmung, Beruhigung.

5. **Leib-(Sonnengeflechts-)übung:** Der Leib ist strömend warm. Ziel: Entspannung und Harmonisierung aller Bauchorgane, Beruhigung.

6. **Kopfübung:** Die Stirn ist angenehm kühl. Ziel: kühler, klarer Kopf, Entspannung der Blutgefäße im Kopfgebiet, Beruhigung.

Die **progressive Muskelentspannung** nach Bernstein und Borkovec (1975) umfasst 16 Muskelgruppen in vorgegebener Reihenfolge, die zu-

Ein guter Tipp gegen Seitenstechen: Mit beiden Händen unter die Rippen greifen.

nächst angespannt und anschließend wieder entspannt werden. Diese Methode kann zum Abwärmen ebenfalls angewandt werden.

Hier wird in Kurzform ein möglicher Weg vorgeschlagen, um die Grundfertigkeiten zu erwerben, die vor der Reitstunde oder vor einer Wettkampfsituation angewendet werden können. **Wenn jemand Probleme beim Entspannen hat, sind die nachfolgenden Übungen zunächst zu Hause (an einem ruhigen, ungestörten Ort im Liegen) zu erlernen, um sie später auch vor Reitsituationen (auf einem Stuhl oder auch im Liegen) anwenden zu können.**

Jede Muskelgruppe wird nun so lange angespannt, bis die verursachte Spannung wahrgenommen wird. Das dauert ungefähr fünf bis acht Sekunden. Bis der Reiter ein Gefühl für diese Zeitspanne entwickelt hat, kann er sich mit Zählen behelfen. Es gilt also, eine Spannung zu erzeugen, sie wahrzunehmen und sich danach zu entspannen. Dabei soll sich der Reiter beim Anspannen und Entspannen in den entsprechenden Muskel „hineindenken bzw. hineinfühlen“.

Man geht in folgender Reihenfolge vor:

1. dominante Hand und Unterarm,
2. dominanter Oberarm,
3. nicht dominante Hand und Unterarm,
4. nicht dominanter Oberarm,
5. Stirn,
6. obere Wangenpartie und Nase,
7. untere Wangenpartie und Kiefer,
8. Nacken und Hals,
9. Brust, Schultern und obere Rückenpartie,

10. Bauchmuskulatur,
11. dominanter Oberschenkel,
12. dominanter Unterschenkel,
13. dominanter Fuß,
14. nicht dominanter Oberschenkel,
15. nicht dominanter Unterschenkel,
16. nicht dominanter Fuß (vgl. Hans Eberspächer 1990).

Es kann davon ausgegangen werden, dass der Abwärmprozess genauso wichtig ist wie das Aufwärmen. Eine Missachtung hinterlässt Bewegungsrückstände, die sich bei folgenden Belastungssituationen negativ auswirken können. Besonders bedeutsam ist die Entlastung der Lendenwirbelsäule beim Reiten.

Weitere Anregungen für Übungsprogramme finden Sie im Serviceteil.

Auf einen Blick

- Aufwärmen ist die „Lösungsphase des Reiters".
- Die Herzschlagzahl wird erhöht. Der Blutdruck steigt.
- Innerhalb einer Zeiteinheit ist mehr Blut in Bewegung.
- Die Körpertemperatur steigt auf den notwenigen Wert von 38,5° – 39°.
- Der „tote Punkt" wird bereits in dieser Phase erreicht. Beim Reiten wird er dann später eintreten.
- Das Zusammenspiel der Muskeln wird verbessert. Gelenkkapseln, Bänder, Sehnen und Knorpel werden geschont.
- Alter, Kleidung, Tageszeit, Temperatur, Klima und der Typ des Reiters beeinflussen die Aufwärmvorgänge.
- Es gibt allgemeines, spezielles, mentales und passives Aufwärmen.
- Das Abwärmen ist genauso wichtig wie das Aufwärmen. Übungen des autogenen Trainings oder der progressiven Muskelentspannung können dazu benutzt werden.

II. Zur Entwicklung des **Bewegungsgefühls beim Reiten**

Was ist eigentlich Bewegungsgefühl?

Mit dem Bewegungsgefühl, der inneren Wahrnehmung und dem Körperbewusstsein im täglichen Leben haben sich u. a. F. M. Alexander, Moshe Feldenkrais, Rudolf zur Lippe und ihre Anhänger sowie im Sport Autoren wie Karl-Heinz Leist, Jürgen Loibl, Andreas Heinrich Trebels, Bernd Volger u. a. auseinander gesetzt.

Jeder Fachmann im Sport weiß daher genau, was gemeint ist, wenn von jemandem gesagt wird, er habe ein hervorragendes Bewegungsgefühl. Unter diesem Begriff wird die Fähigkeit eines Sportlers verstanden, sich so zu bewegen, dass für den Beobachter die Bewegungen als harmonisch, zweckmäßig, ökonomisch und elegant wahrgenommen werden. Für solche Bewegungen treffen alle Kriterien zu, die Meinel/Schnabel als qualitative Merkmale für die höchste Stufe der Bewegungsbeherrschung entwickelt haben: Bewegungsgenauigkeit, Bewegungselastizität, Bewegungsharmonie, Bewegungsfluss, Bewegungsrhythmus.

Gemeint ist eine Fähigkeit, die sich darin äußert, dass sich ein Mensch in einer Bewegungssituation oder im Umgang mit einem Gerät von seinem Gefühl, seiner inneren Sensibilität leiten lässt.

Was heißt nun Bewegungsgefühl im Reiten? Es soll im Folgenden in eine Außen- und Innensicht unterschieden werden. Zunächst geht es um die Außensicht.

Das Reiten stellt einen Sonderfall dar, weil sich im Gegensatz zu anderen Sportarten zwei Lebewesen miteinander bewegen. Das ist etwas anderes, als wenn jemand Tennis spielt, das heißt mit einem „toten Gegenstand“ bestimmte Bewegungsziele verfolgt. Beim Reiten kommt es darauf an, sich mit einem zweiten Lebewesen so zu verständigen, dass die Bewegungen beider stimmig, harmonisch, ökonomisch, rhythmisch, fließend, elastisch, ästhetisch aussehen.

Bewegungsgefühl beim Reiten bedeutet in der Außensicht:

Der Reiter muss mit sich so umgehen, dass seine Bewegungen „kontrolliert“ sind bzw. alle äußerlich wahrnehmbaren Bewegungen bezüglich des Bewegungsziels (Reitlektion) sinnvoll erscheinen. „Kontrolle“ meint, dass der Reiter seine Bewegungen vollkommen verinnerlicht hat und sie je nach Situation variabel beherrscht und anzuwenden versteht.

Der Reiter muss das Pferd kontrollieren; er hat seine Bewegungen so auf das Pferd abzustellen, dass dessen natürliche Bewegungsabläufe zur Geltung kommen. Bewegungsprobleme des Pferdes muss er so früh spüren und beheben, dass sie äußerlich nicht wahrnehmbar werden.

Der Reiter muss bestimmte Bewegungsmerkmale beherrschen, die für einen Dialog Reiter-Pferd notwendig sind. Er muss ein gutes Tempogefühl und ein feinfühliges Gleichgewicht (Balance) besitzen, um seinen Körper in sich ständig verändernden Reitsituationen (gleich ob Dressur oder Springen) mit dem des Pferdes so abzustimmen, dass ein harmonisches Bild beider Wesen entsteht.

— Das Pferd fordert im Gegensatz zu anderen Bewegungsumfeldern ständig die volle Aufmerksamkeit des Reiters. Der Reiter muss also dauernd in das andere Wesen „hineinhorchen", ohne dabei selbst zu verkrampfen. Seine Bewegungen haben sich den Veränderungen des Pferdes anzupassen.

— Unter dieser Anpassung ist Folgendes zu verstehen: Der Reiter darf seinen Willen dem Pferd nicht aufzwingen. (Das würde auch nicht gelingen, denn rein massemäßig ist das Pferd dem Menschen überlegen). Dem Reiter muss es zunächst um ein Sich-Einlassen auf die Bewegungsabläufe des Pferdes gehen, um danach die optimalen Bewegungsmöglichkeiten aus dem Pferd „herauszulocken". Der Reiter muss also ganz vorsichtig auf das Pferd einwirken und erfühlen, wie es darauf reagiert. Er muss die Möglichkeiten des Pferdes kennen lernen, um es danach zu veranlassen, sich seinem Willen unterzuordnen.

— Der Reiter muss in diesem Sinne Objekt- und Subjektrhythmus miteinander verbinden. Darunter ist Folgendes zu verstehen: Jedes Pferd hat eine ganz besondere Art, sich zu bewegen. Seine individuellen Bedingungen sind dem Reiter als objektiver Rhythmus vorgegeben, dem er sich anpassen muss. Erst wenn er seinen eigenen (subjektiven) Rhythmus den vorgegebenen Bedingungen angepasst hat, kann er auf den objektiven Rhythmus des Pferdes einwirken. Dies gelingt nur in einer Situation vollkommener Einheit zwischen Reiter und Pferd; sie müssen bildlich gesprochen miteinander verschmelzen.

In diesem Zusammenhang meint Bewegungsgefühl die Fähigkeit des Reiters, etwas koordinativ Anspruchsvolles so zu beherrschen, dass die Bewegungen sicher, ökonomisch und situationsgerecht sind. Bewegungsgefühl in diesem Sinne sind gespeicherte Erfahrungen, die der Reiter im Umgang mit vielen Pferden und Reitsituationen erworben hat. Es ist also das besondere Gefühl für die Bewegungen des Pferdes. Dabei steht nicht eine bestimmte Reittechnik im Vordergrund, sondern der Erwerb von Erfahrungswissen, das sich aus den über Jahre hinweg erlebten Situationen und Empfindungen ergibt.

Die Innensicht des Bewegungsgefühls

Von Bewegungsgefühl wird auch gesprochen, wenn der Reiter Bewegungserlebnisse hat, die – positiv oder negativ – anregend und erregend sind. Bei diesem Gesichtspunkt von Bewegungsgefühl geht es um innere Vorgänge, die der Reiter spürt. Im Einzelnen können dies folgende Erlebnisse sein:

— Der Reiter erlebt das Geschwindigkeitsgefühl bei Verstärkungen im Trab, beim Mittel- oder starken Galopp, beim Überwinden von breit gebauten

Die weiche, harmonische Bewegung im Galopp wird vom Reiter als positives Bewegungserlebnis empfunden.

Oxern. Die Bewegungen werden als weich, leicht, fließend, harmonisch empfunden.

—
Er spürt die Übereinstimmung seiner Bewegungen mit denen des Pferdes.

—
In Dressursituationen, die viel Schwung in sich bergen, oder beim Springen kann er ein Gefühl des Emporgetragenwerdens haben.

—
Er kann Lust empfinden, wenn er das Glück ein wenig aufs Spiel gesetzt hat und eine Risikosituation gut überstanden hat.

—
Der Reiter erlebt eventuell auch Angst, wenn er sich mit unbekannten Situationen konfrontiert sieht. Jeder Springreiter wird dieses Gefühl kennen, wenn er mit seinem Pferd nie zuvor gesprungene Hindernisse überwinden muss, die das Pferd zusätzlich durch unangenehme Farben verunsichern.

Diese Seite des Bewegungsgefühls beinhaltet also emotionale Erlebnisse, die zwischen höchster Freude und bedrohlicher Angst anzusiedeln sind. Gerade diese Gefühle machen das Reiten attraktiv, gerade deshalb lassen sich viele Menschen auf das Reiten ein.

Was ist Bewegungsgefühl?

- Beim Bewegungsgefühl gibt es eine Außen- und eine Innensicht.
- Die Außensicht meint den eleganten Bewegungsfluss und die Bewegungsharmonie eines Reiters in Verschmelzung mit dem Pferd.
- Die Innensicht bezieht sich auf innere Erlebnisse bei der Bewegung. Es geht um Erlebnisse wie Geschwindigkeitswahrnehmung, die Empfindung des Emporgetragenwerdens oder der Übereinstimmung der eigenen Bewegungen mit denen des Pferdes. Auch bedrohliche innere Zustände wie Orientierungslosigkeit oder Angst gehören dazu.

Bewegungsgefühl kontra Muskellehre?

Der erste Teil des Buches versuchte eine Einführung in die Muskellehre zu geben, die dem Reiter und Ausbilder einen tieferen Einblick in die Abläufe beim Reiten bieten sollte. Nach den Ausführungen über das Bewegungsgefühl stellt sich die Frage, ob das eine gegen das andere ausgetauscht werden soll bzw. ob man beide Bereiche sinnvoll integrieren kann oder sogar muss.

Analysiert man die Vermittlungskonzepte im Reiten, so scheint der Reiter wie eine Gliederpuppe zu funktionieren. Die im Kapitel „Reitbahnkommandos können ein falsches Gefühl vermitteln“ auf S. 16 ausführlich behandelten Reitbahnkommandos haben es verdeutlicht. Der Reiter wurde und wird heute noch zu stark durch die Außensicht wahrgenommen; sein Körper und seine Veränderung in Raum und Zeit stehen zu sehr im Vordergrund.

Sitz und Gefühl müssen eine Einheit bilden.

In den bisherigen Lehrkonzepten fehlen weitestgehend Ausführungen über beide Seiten des Bewegungsgefühls (Außensicht/Innensicht): Die Bewegungsaneignung beim Reiten ist bisher zu wenig unter dem Gesichtspunkt Bewegungsgefühl diskutiert und umgesetzt worden. Man scheint ein Misstrauen gegen alles Subjektive (und Gefühlsmäßige) zu haben. Dies hängt sicherlich mit der militärischen Tradition der Reitausbildung zusammen, die eine andere Zielsetzung verfolgte als die heutige Reitausbildung.

Aus meiner Sicht dürfen Reiter und Ausbilder, die sich auf die lebendige Bewegung des Reitens einlassen, das Bewegungsgefühl nicht außer Acht lassen. Es ist für das Reitenlernen ebenso wichtig wie die muskulären Grundlagen. Diese bilden nämlich das Fundament, ohne das die Entwicklung des Bewegungsgefühls nicht möglich ist. Erst ein muskulär optimal aufgebauter Reiter kann sich so aufs Pferd setzen, dass er die Bewegungen des Pferdes als harmonische Abläufe erspüren kann.

Wie kommt es dazu, dass dieser Gesichtspunkt bisher so wenig Beachtung gefunden hat? Der Sport unterwirft sich Kriterien wie Leistung, Spannung, Geschwindigkeit und hat sich einem Bewegungsbegriff ausgeliefert, der nach „objektiven" Maßstäben drängt. Bewegungsergebnisse werden gemessen und verglichen, wobei die strengen Kriterien der Naturwissenschaft angewendet werden. Naturwissenschaft und Gefühl passen in dieser Hinsicht nicht zusammen, außerdem ist das Bewegungsgefühl wegen seiner komplizierten Zusammenhänge schwer zum Gegenstand wissenschaftlicher Forschung zu machen.

Wir erinnern uns daran, dass der Begriff „Bewegung" in unserer Kultur zu einseitig interpretiert wird. Wenn wir die englische Sprache zugrunde legen, dann kann „Bewegung" mit „movement" und mit „motion" übersetzt werden.

„Movement" bezeichnet eine Ortsveränderung des Menschen, die gemessen werden kann. „Motion" meint die innere Bewegung, also das, was auch unter Bewegungsgefühl verstanden wird. Diese innere Bewegung ist in der westlichen Kultur außer Acht geraten. Im vergangenen Jahrzehnt ist jedoch über die Gesundheitsdiskussion eine andere Sichtweise von Bewegung ins Blickfeld gerückt. Der Mensch musste einsehen, dass er sich durch das Streben nach immer neuen Höchstleistungen zu schädigen beginnt. Deshalb steht die Entdeckung des Bewegungsgefühls und innerer Vorgänge oder des inneren Auges des Menschen im Mittelpunkt von Konzepten, die in diesem Teil des Buches behandelt werden sollen. Es geht um innere Wahrnehmungsprozesse und um das Körperbewusstsein.

- Muskellehre und Bewegungsgefühl schließen einander nicht aus! Muskellehre bildet die körperliche Grundlage, um das Bewegungsgefühl korrekt auszubilden!
- Der Reiter muss lernen, sich über seine Muskeln „von innen zu sehen"!
- Bewegung hat eine Außensicht (Movement – Ortsveränderung) und eine Innensicht (Motion – innere Bewegung). Der Gesichtspunkt der inneren Bewegung ist bisher zu wenig beachtet worden.

Die Einheit von Wahrnehmung und Bewegung

Die phänomenologische Betrachtungsweise weist eindrucksvoll auf die Beziehung zwischen Bewegen und Wahrnehmen hin. Sie funktioniert nicht als kausale Verknüpfung, sondern als Koinzidenz, also als Zusammenfall zweier Erlebnisse. So ist Wahrnehmen durch Bewegungserfahrungen und Bewegen durch Wahrnehmen bestimmt.

Die Begriffe Bewegen und Wahrnehmen und ihr Zusammenhang

Bewegen ist immer Selbstbewegung, also die handelnde, selbst ausgelöste Auseinandersetzung eines Menschen mit einer konkreten Situation, in der er seine Ziele verfolgt. Im Gegensatz dazu gibt es beim Reiten viele Vermittlungssituationen, in der der Reiter von außen bewegt wird und nicht selbstbestimmt eingreifen kann.

Situationsgebundenes Handeln wie das Reiten darf nicht aus dem Sinnzusammenhang, also der Verwobenheit von Reiter und Pferd, herausgelöst werden. Das wäre gleichbedeutend mit einem Schwimmer, der das Schwimmen an einer Trockenangel und nicht im Wasser lernen soll.

Sich-Bewegen ist phänomenologisch ausgedrückt eine leibliche Aktion, d. h., der Reiter erweist sich als jemand, der sich entfalten kann, dessen Bewegungsvermögen wächst. Hiermit ist die absolute Integration geistiger, psychologischer und körperlicher Prozesse gemeint.

Das Sich-Bewegen ist immer zielgerichtet, wobei die Richtung nicht nur vom Reiter bestimmt wird, sondern auch durch die Umwelt (aufgrund von Bewegungen des Pferdes) vorgegeben sein kann. Aus der Verwobenheit von Reiter und Pferd kann ein Dialog entstehen.

Wenn der Reiter auf das Pferd antwortet, dann entstammen diese Antworten (Hilfen) den persönlichen situativen Bedingungen, die bei jedem Reiter anders sind. Eine Verallgemeinerung des Bewegungsverhaltens, wie sie im Reiten oft vorgenommen wird (Pressen in eine Form), kann deshalb nicht akzeptiert werden.

Wahrnehmen ist immer aus der ganzen Person des Reiters zu verstehen und nicht nur aus der Perspektive der Sinnesorgane. Sie sind zunächst die Kommunikationswege zum Pferd und Ausbilder, lassen ein Verhältnis zu beiden entstehen. Das Pferd und die Aufgabenstellung des Ausbilders haben Aufforderungscharakter und locken Aktivitäten des Reiters heraus.

Bewegen und Wahrnehmen (Hilfen geben und die Antwort des Pferdes erfühlen) müssen sich wechselseitig durchdringen, es geht also um den Zusammenhang zwischen Spüren und Bewirken. Wenn Sie in diesem Augenblick Ihre Rolle als Leser betrachten, dann ist es nicht so, dass Sie bloß optische Reize über das Auge aufnehmen, diese irgendwie verarbeiten und später darauf motorisch oder (inner-)sprachlich reagieren. Eine Bewegung folgt nicht erst der Wahrnehmung, sie ist immer schon im Wahrnemungsaspekt vorhanden. Auch wenn Sie jetzt relativ ruhig zu sitzen meinen, so bewegen Sie sich doch, richten Ihre Körperhaltung aus, verändern sie, rutschen auf dem Stuhl hin und her oder sacken ein wenig in sich zusammen.

Auch wenn Sie es nicht bemerken, so vollführen Ihre Augen, während Sie den Text fixieren, fortlaufend kleinste unwillkürliche Zitterbewegungen. Diese 50 Bewegungen in der Sekunde reizen unterschiedliche Rezeptoren, um die Sinneszellen nicht einseitig erschlaffen zu lassen. Die unmittelbare Einheit von Wahrnehmung und Bewegung würde uns noch deutlicher werden, wenn wir nicht die starre Sitzhaltung einnehmen würden, sondern gemeinsame rhythmische Bewegungen mit dem Pferd vollziehen oder gemeinsam tanzen würden.

Wenn der Reiter auf dem Pferd sitzt, reagiert er nicht nur auf die wahrgenommene Bewegung des Pferdes, sondern er macht auch aktiv eigene Bewegungen. Er nimmt die vermutete Bewegung des Pferdes als Partner vorweg, stellt sich darauf ein, plant etwas anderes, „trickst" auch einmal sein Pferd aus, wenn er das Gefühl hat, dass es ihn überlisten will. In solchen Situationen sind Wahrnehmung (Erspüren des Pferdes) und Einwirkung als Einheit zu verstehen und folgen nicht nacheinander.

Weitere Begründung für mehr Eigenaktivität des Reiters

In diesem Zusammenhang sind wissenschaftliche Experimente von Psychologen wie Kohler (oder auch Held und Mitarbeitern, zitiert in Ennenbach 1989) wichtig, die vor mehr als 40 Jahren Experimente mit so genannten Umkehrbrillen machten. Den Versuchspersonen wurden Prismenbrillen aufgesetzt, die die Umwelt auf den Kopf stellten. Nach mehreren Tagen mit diesen Brillen konnten sie sich sicher damit bewegen. Beim Abnehmen der Brillen entstanden zunächst wieder Unsicherheiten, die sie jedoch beim freien Bewegen im Raum rasch korrigieren konnten. Erstaunlich war, dass Personen, die man nach Aufsetzen der Umkehrbrillen in einen Rollstuhl gesetzt und fixiert hatte, sodass sie das Fortbewegen im Raum nur noch passiv erleben konnten, nicht imstande waren, das Weltbild wieder zurechtzurücken. Sie waren nach mehreren Tagen noch relativ hilflos.

Die Versuche von Held und Mitarbeitern zeigten bei aktiven Rollstuhlfahrern dagegen bereits nach einer Stunde Anpassungsvorgänge. Daraus ergibt sich folgender Schluss: Nicht nur die Bewegung allgemein ist für die Wahrnehmung wichtig, sondern speziell die aktive, selbst gesteuerte Bewegung ist für die Erkenntnisgewinnung und die Ausbildung von Verhaltensmustern von grundlegender Bedeutung.

Mit diesen Ausführungen wollte ich das hoch komplexe Zusammenspiel von Bewegen und Wahrnehmen (Spüren des Pferdes und Einwirkung; Einwirkung und Spüren des Pferdes) verdeutlichen und endgültig von den vereinfachten Modellen des Bewegungslernens abkommen.

Berücksichtigt man die geschilderten Erkenntnisse über Bewegen und Wahrnehmen, so werden andere Qualitäten des Ausbilders als die rein sprachlichen relevant. Wie soll denn jemand dem Reiter Strategien (Hilfen) für neue Aufgaben an die Hand geben, der die tiefe innere Verwobenheit von Reiter und Pferd nicht nachfühlen, rational durchdringen und nicht die notwendigen Schlussfolgerungen ziehen kann?

Genau hier liegt die zentrale Schwachstelle des anweisungsorientierten Unterrichts. Dem Reiter wird keine Chance zum Erspüren seiner Bewegung gelassen. Er darf keine Fehler machen, weil diese sofort kritisiert werden. Der Zusammenhang zwischen Spüren und Bewirken erschließt sich ihm nicht. Erst wenn er unterschiedliche Strategien erproben darf, kann er erkennen, was er mit welcher Hilfe bewirkt und wie das Pferd darauf reagiert. Er wird sich nie von innen sehen lernen und kann das von mir definierte Bewegungsgefühl wohl nie erreichen, weil ihm keine Chance eingeräumt wird, mit Unterstützung des Ausbilders fühlend seinen Körper und den des Pferdes wahrzunehmen.

Bewegungs- und Wahrnehmungsaspekte beim Reiten

Ausschalten des Denkens – den Prozess entdecken

Ein Reiter kam zu einem mir bekannten sehr qualifizierten Ausbilder, um seine Schenkellage zu verbessern. Er berichtete, dass bisher alle Ausbilder immer wieder seinen zu weit nach hinten verlagerten rechten Schenkel korrigiert hätten. Immer wieder sei er aufgefordert worden, den Schenkel mehr nach vorne zu nehmen. Er meinte das auch zu tun, doch die Korrekturen der Ausbilder bestätigten ihm ständig das Gegenteil.

Der Ausbilder wollte sich das einmal genauer ansehen und ließ ihn einige selbst gewählte Lektionen vorreiten. Es stimmte: Der Reiter neigte generell dazu, den rechten Schenkel nach hinten zu führen, was in Situationen wie Traversale nach links zum Problem wurde.

Der Ausbilder sagte mir als Beobachter der Szene, dass er einen anderen Weg gehen wolle als die anderen Reitlehrer. Den Hinweis, den rechten Schenkel mehr nach vorne zu nehmen, hatte der Reiter bereits oft genug gehört, ohne dass es etwas bewirkt hätte.

Glücklicherweise besaß diese Reithalle an einer kurzen Seite eine Spiegelwand. Der Ausbilder zog den Vorhang zur Seite und forderte den Reiter auf, in einem Abstand von drei bis vier Metern vom Hufschlag der Spiegelwandseite entfernt unterschiedliche Lektionen zu reiten, darunter auch einmal eine Traversale nach links. Dabei sollte er in den Spiegel schauen und sich beobachten.

Der Reiter ritt entsprechend den Aufforderungen. Bereits beim ersten Blick in den Spiegel rief er verblüfft: „Das gibt es nicht, mein rechter Schenkel liegt ja wirklich zu weit hinten!“ Er ritt auch andere Lektionen und stellte immer wieder verblüfft fest, dass es stimmte, was seine Ausbilder bisher gesagt hatten. Wie ist nun diese Situation zu interpretieren? Alle Reitlehrer hatten ihm vorher gesagt, wie er die Bewegung vollziehen sollte. Hätte nun auch dieser Reitlehrer dieselben Hinweise gegeben, dann hätte er sicherlich von dem Reiter zu hören bekommen, dass er das mit dem zu weit nach hinten genommenen rechten Schenkel bereits wisse. Obwohl der Reiter verstandesmäßig wusste, dass der rechte Schenkel zu weit hinten war, hatte er die Bewegungen des Schenkels nie „erlebt“. Er war durch die ständige Anweisung „rechten Schenkel vor“ so mit dem Reflektieren beschäftigt und dem Bemühen, den falsch liegenden Schenkel zu korrigieren, dass er ihn nicht wahrnehmen konnte. (Es wurde stets die linke Gehirnhälfte beschäftigt, – vgl. Kap. "Gefühlvolles Reiten – Die Bedeutung beider Gehirnhälften beim Lernen" auf S. 119)

Bei weiteren Versuchen vor der Spiegelwand, selbst auf dem ersten Hufschlag, gelang es ihm relativ mühelos, den Schenkel nach vorne zu bringen und zu spüren, dass sich diese Bewegung völlig anders anfühlte als alle anderen vorher. Ihm gelang die Korrektur relativ schnell und dauerhaft, weil er sich nun mit dem Gefühl des Unterschieds zu vorher beschäftigte und nicht über die Bewegungskriterien des Ausbilders nachdenken musste.

Nachmittags hatte er noch sein zweites Pferd zu reiten; auch bei diesem Pferd gelang es ihm fast mühelos, den rechten Schenkel korrekt einsetzen. Die gesamte Situation ist so zu erklären, dass unser Reiter den visuellen Eindruck der Spiegelwand durch sein Gefühl ersetzt hatte.

Konzentration – eine problematische Tugend

Ein mit mir eng befreundeter Reitlehrer unterrichtete einen Reitschüler, der vom äußeren Bild her relativ verklemmt auf dem Pferd saß. Man sah seinen Gesichtszügen an, dass er voll bei der Sache war, sich also sehr konzentrierte. Dabei machte sein Pferd nicht immer einen zufriedenen Eindruck. Besonders bei Volten traten Probleme auf. Es gelang ihm selten, eine korrekte Linienführung einzuhalten. Das Pferd fiel ständig über die äußere Schulter aus.

Mein Freund stellte sich darauf in den Mittelpunkt einer zu reitenden Volte und ließ den Reiter durchparieren. Er korrigierte nicht an ihm herum, sondern gab ihm in lockerem Ton den Rat, bei der nächsten Volte nur auf ihn zu schauen. Er werde im Mittelpunkt der Volte stehen bleiben.

Mit lachender Miene forderte der Ausbilder den Reiter immer wieder auf: „Komm, nur herschauen, guck immer mich an, egal auf welchem Teil der Volte du bist!" Über das, was passierte, war der Reiter am meisten überrascht. Seine Volten gelangen, das Pferd machte einen zufriedenen Eindruck, er saß bei weitem nicht mehr so „verklemmt". Reiter, Ausbilder (und Pferd) waren also hochzufrieden.

Diese Situation muss bewegungstheoretisch wie folgt interpretiert werden: Wenn sich ein Reiter große Mühe gibt, sich also zu sehr konzentriert, benutzt er automatisch zu viele Muskeln; auch solche, die für die Bewegungen eigentlich gar nicht zuständig sind. Er lässt seine Reitbewegung nicht (aus dem Bauchgefühl heraus) geschehen, sondern steuert sie mit Hilfe des Kopfes. So kann sich aber nicht die ganze Person in die Hilfengebung einbringen. Mein Freund hat die zu strikte Konzentration durchbrochen, indem er den Reiter dazu anhielt, ihn ständig zu beobachten.

Dass die Aufgabe allein dadurch gelang, liegt u. a. daran, dass die Augen den Körper leiten. So würde Feldenkrais es ausdrücken, der sich mit „Bewusstheit und Bewegung" vertiefend auseinander gesetzt hat. Nur durch den Blick zum Ausbilder wird der Reiter insgesamt korrigiert. Der Blick zum Ausbilder lässt automatisch den Oberkörper drehen. Somit nimmt der Reiter ohne „Kopfsteuerung" einen dem Pferd und der Lektion gemäßen

Sitz ein und wird dadurch locker. Durch die automatisch nach vorne genommene äußere Schulter stimmen außerdem die Zügelführung und die Gewichtshilfen. Ein einziger (fast oberflächlich erscheinender) Hinweis ersetzt viele Anweisungen, die nacheinander formuliert das komplexe Geschehen gar nicht erfassen und leiten können.

Raumwahrnehmung in Abhängigkeit von Reitabsichten

Ein Fußballspieler sieht das Fußballfeld nicht in festgelegten Abmessungen, nach denen der Platzwart die Feldlinien zieht. Seine Person und das Feld sind untrennbar miteinander verbunden, sodass er die Richtung des Tores ebenso wahrnehmen kann wie ein Loch in der Deckung, das er nicht nach Metern wahrnimmt, sondern gemäß seinen Handlungszielen, ob er z. B. durchpassen oder einen Gewaltschuss in Richtung Tor abziehen möchte.

Ebenso ist es beim Reiten. Ein wahrnehmungsfähiger Reiter nimmt die Diagonale bei den Einerwechseln nicht nach Metern wahr, sondern er leitet sie ein und beendet sie, weil er es im Gefühl hat. Ebenso ist es mit anderen Lektionen. Das Viereck ist nicht ein optisch wahrgenommener, sondern z. B. nach Galoppsprüngen (je nach Pferd unterschiedlich) gefühlter und wahrgenommener Raum.

Reitern, die gefühlsmäßig noch nicht so weit sind, merkt man die krampfhafte Orientierung an Punkten und Banden deutlich an. Sie benötigen noch die äußeren Hilfen zur Steuerung ihres Reitverhaltens. Wie sehr sie darauf angewiesen sind, spürt man in sich verändernden Situationen.

Bei einem Reitausbildungslehrgang ritten die Teilnehmer immer in derselben Reithalle von 20 x 40 m, in der sie sich am Ende der Woche relativ sicher orientieren konnten. Am letzten Tag durften sie in der großen Halle mit fast den doppelten Ausmaßen reiten. Es war überraschend, zu sehen, wie hilflos sie in dem neuen Raum umherritten, optisch immer auf der Suche nach entsprechenden Bahnpunkten, ohne gefühlsmäßige Orientierung.

Seitengänge fordern Gefühl.

Zur Erklärung des Verhaltens: In ihrem Empfinden waren ihre Bewegungen mit denen des Pferdes noch nicht so verschmolzen, dass sie den gewohnten „alten“ Raum gefühlsmäßig sicher ausloten konnten. Durch die veränderten Raummaße der neuen Halle waren sie gefühlsmäßig orientierungslos. Sie benötigten sehr viel mehr Augenunterstützung (sie suchten ständig mit ihren Augen im Raum herum), als es für Beobachter in der alten Halle feststellbar gewesen war. Die Pferdebewegungen waren bei ihnen nicht genügend mit den eigenen verbunden, um sie in einer neuen Umgebung frei entfalten, d. h. genauso sicher zeigen zu können, wie es scheinbar in der „alten Umgebung“ möglich war. Sie waren also vorher noch viel zu verkopft geritten (und nicht gefühlsmäßig – was selbst für uns Ausbilder von außen beobachtend nicht wahrnehmbar war). Der Zusammenhang von Bewegen und Wahrnehmen lief keineswegs reibungslos oder stimmig ab.

Schwächeren Reitern gelingt es noch nicht, den Raum der Reithalle nicht als Distanz in Metern optisch zu erfassen, sondern in der gefühlten Bewegung von Galoppsprüngen oder verlängerten Trabtritten wahrzunehmen – so wie der Fußballer die Lücke erkennt und seine Dynamik darauf einstellt.

Methodische Empfehlungen für die Reitpraxis

Die Idealtypik so genannter richtiger Bewegungen reduzieren

Heute herrscht immer noch die Vorstellung, dass man von Beginn an die richtige Bewegung, den so genannten richtigen Sitz, anstreben muss. Dieses Ideal ist so weit vom lernenden Reiter entfernt, dass die Differenz zwischen ihm und der richtigen Bewegung zu groß ist. Er kann sie gar nicht erreichen. Es sollte deshalb immer nur die augenblicklich für diesen Reiter optimale oder stimmige Bewegung, also den relativ „richtigen" Sitz geben.

Der „richtige Sitz" hat sich über Jahrzehnte oder mehr als optimal herauskristallisiert und ist selbstverständlich anzustreben. Nur muss eingesehen werden, dass er nicht von jedem Reiter von Beginn an zu erwarten ist. Jeder Mensch hat unterschiedliche körperliche Voraussetzungen, die ihn nie sofort in den so genannten richtigen Sitz hineingelangen lassen.

Der Ausbilder muss sich also vermehrt mit den körperlichen Bedingungen des Menschen, seinen Möglichkeiten und Grenzen beschäftigen. Er muss sich bemühen, die individuellen Bedingungen jedes Reiters zu erkennen, um die Abweichungen seines Sitzes vom Ideal verstehen zu können. Durch zusätzliche Maßnahmen (Gymnastikübungen, Feldenkrais-Lektionen, etc.) muss er ihm helfen, die vorhandenen körperlichen Probleme zu reduzieren. Erst wenn die körperlichen Grundlagen gegeben sind, kann der Reiter dem Pferd gemäß sitzen und fühlend reiten lernen (vgl. Meyners, 1996, Miesner/Meyners, 1997).

Figurale Bewegungsvorschriften reduzieren

Der anweisungsorientierte Unterricht bestätigt, dass der Reiter die ständigen korrekten Analysen und Anweisungen des Ausbilders nicht einwirkungsmäßig umsetzen kann. Es darf nicht die Form des idealtypischen Reitsitzes „nachgeahmt" werden, sondern der Reitlehrer muss durch Hilfen von außen versuchen, den Reiter den richtigen Sitz erfahren zu lassen.

Das Beispiel im Kapitel „Konzentration – eine problematische Tugend" auf S. 104 hat gezeigt, wie allein der Blick auf einen bestimmten Punkt automatisch Bewegungskriterien entstehen lässt, die nicht durch Anweisungen eingegeben worden sind. Der Blick hat viele Worte ersetzt und es dem Reiter leicht gemacht.

Insgesamt müssen sich die Reitausbilder mehr Gedanken machen, wie die Reiter durch Orientierungshilfen korrekter reiten können, ohne sie mit einer Vielzahl von Bewegungsvorschriften zu überschütten. Wie oft landen Springpferde in einem falschen Galopp. Von Ausbildern wird oft betont, dass der Bügel mehr zur entsprechenden Seite ausgetreten werden soll. Wir haben alle oftmals festgestellt, dass diese figurale Vorgabe nicht zum Erfolg geführt hat. Sensibilisiert der Ausbilder den Reiter jedoch dafür, dass er bereits über dem Sprung in die Richtung der weiteren Parcourslinie schaut, landet das Pferd eher korrekt. (Augen leiten die Bewegungen des Menschen /

Feldenkrais; Primärkontrolle des Kopfes / Alexander; Steuerungsfunktion des Kopfes / Meinel/Schnabel).

Auch Hilfsmittel wie etwa Kegel lassen den Reiter z. B. bei Schlangenlinien eher optimale Bilder entwickeln, als wenn die gesamten Hilfen als Bewegungsvorschriften vorgegeben werden. Man reitet mit zu starker Konzentration, „verkopft", spannt zu viele Muskeln an, die gar nicht zur Lektionsbewältigung dazugehören, und kommt nicht zum Fühlen. Bewegungen des Reiters und Wahrnehmen des Pferdes werden nicht zu einer Einheit.

Allein durch die optische Anregung der Kegel reduziert sich die Komplexität der Reitsituation. Der Reiter erkennt Abweichungen selbst und kann, wenn die eigenen Korrekturen nicht gelingen, durch Hinweise des Reitlehrers schneller den Zusammenhang von Wahrnehmen der Situation und Sich-Bewegen (Einwirken) als situationsnotwendige Konsequenz spüren. In diesem Zusammenhang trifft die folgende Erkenntnis von Trebels (1990, 15) zu: „Die Situation lehrt, nicht die Instruktion; es gilt den Dingen und den in ihrem Sosein eingelagerten Gesetzmäßigkeiten zu entsprechen, nicht die Gesetzmäßigkeiten als Konstruktionshilfen für die eigene Bewegungsformung zu verwenden."

Hilfsmittel geben Reitlektionen vor. Hier z.B. Schlangenlinien mit Hilfe von Kegeln.

Bewegungskorrektur indirekt über Erfahrungssituationen geben

Wie der anweisungsorientierte Reitunterricht zeigt, ist nicht jeder Reiter fähig, Korrekturen sofort bewegungsmäßig umzusetzen. Gründe sind genannt worden. Zu den bisherigen Ausführungen muss noch zusätzlich betont werden, dass es besonders den Reitern schwer fällt, figurale Merkmale umzusetzen, die bezüglich den Ansprüchen des Reitlehrers eine zu große Differenz aufweisen. Diese Reiter sind von den formulierten Anforderungen noch weit entfernt.

Demgegenüber ist es produktiver und fördert den Zusammenhang von Bewegen und Wahrnehmen, wenn Erfahrungssituationen geschaffen werden. Die Reiter werden durch sie befähigt, die in ihnen enthaltenen Bewegungsaufgaben selbstständig zu erkunden (zu erspüren), um den Zusammenhang von Spüren und Bewirken zu erfahren. Auf diesem Wege entwickeln Reiter zentrale Bewegungserfahrungen und Einsichten durch die Auseinandersetzung mit der Situation.

Dabei wird der direkte Weg zur angestrebten Form der Lektionen umgangen. Man bezeichnet diesen Weg auch als „Lernen von Absichten". Mit Lernen von Absichten ist das Lernen durch Nachahmung gemeint; wobei darunter nicht die Nachahmung der Form (typisch für den normalen Reitunterricht) zu verstehen ist, sondern ein „Nachahmen der Absicht". Nachahmen der Form hieße die Übernahme vorgeschriebener Bewegungsmuster: Haltung von Körperteilen und deren Ortsveränderungen, wie in unserer Reitsituation ausschließlich zu erkennen ist.

Die Fachliteratur bezeichnet derartige Bewegungsformen als „motorische Fertigkeiten" und betrachtet sie häufig als ideale Bewegungsformen. Diese so genannten richtigen Bewegungen gibt es jedoch nicht – wie bereits mehrfach betont –, denn ein solcher Standpunkt ginge von idealtypischen Menschen aus, deren Muskeln, Gelenksysteme, Bänder und Sehnen optimale Bedingungen aufweisen. Demgegenüber meint „Nachahmen der Absicht“ die Verwirklichung eines gesetzten Zwecks (Zieles).

Folgendes Beispiel mag dies verdeutlichen.

Die Absicht wird dem Reiter nur als ein pauschales Bild vermittelt:

Reiten eines Zirkels

Der Reitlehrer gibt den Weg des Pferdes z. B. durch aufgestellte Kegel oder eine gezeichnete Linie auf dem Hallenboden vor (eventuell auch Vorreiten oder Darstellung durch Film). Mit dem Reiter werden die zentralen Kriterien abgesprochen, wie er diese Situation mit dem Pferd bewältigen könnte. Danach erfolgt der erste Versuch, diese Aufgabe zu lösen.

Die Art der Bewältigung der Situation bietet für den Ausbilder den Einstieg, mit dem Reiter weitere Strategien zu besprechen. Es werden dann neue Kriterien der Lektion „Reiten eines Zirkels“ mit dem Reiter geklärt. Ausgehend von den auf die Reiterbewegungen antwortenden Pferdebewegungen muss der Funktionszusammenhang Situation-Reiterbewegungen-Pferdebewegungen erspürt (erfahren) werden. Entsprechend der Bewegungen des Pferdes in der Situation müssen Rückschlüsse hinsichtlich der Reiterbewegungen gezogen werden. Dieser angedeutete Weg wird so lange gegangen, bis der Reitschüler die Situation sachgerecht gemäß der Reitlehre bewältigen kann.

Die Zügelführung sollte z. B. nicht ausschließlich angewiesen werden, sondern muss sich als Funktionszusammenhang aus der Situation entwickeln. Dem Reiter wird die Form (Lektion) nicht als Anweisung gegeben, sondern er muss die (seine) Form über Funktionszusammenhänge (Aufgabenstellungen) erfahren, erspüren, also bewusst erleben. Aus den Erfahrungen werden in Zusammenarbeit Reitlehrer/Reiter Rückschlüsse gewonnen, die in der folgenden Wiederholung angewendet werden. Dieser Weg ist Grundlage und Voraussetzung für ein sinnvolles selbstständiges Reiten auch ohne den Reitlehrer.

Bevor die Reiterin einen Zirkel reitet, bespricht der Ausbilder mit ihr die wichtigen Kriterien dieser Hufschlagfigur. Die Korrektur erfolgt dann in der gegebenen Situation.

Die Korrektur der Reiterbewegungen soll in der gegebenen Situation und aus ihr heraus erfolgen. Bewegen auf dem Pferd ist immer situationsbezogen und kann nicht formalisiert nach Befehlen geschehen. Die enge Verwobenheit von Bewegen und Wahrnehmen wird durch diese Methode sehr begünstigt.

Metaphorische Instruktionen verwenden

Untersuchungen von Petra Maurus (1996), Hans-Jürgen Schaller (1993, 95) und Bernd Volger (1990) haben ergeben, dass beobachtbare Bewegungshandlungen und subjektive Wahrnehmungen durch Metaphorik (Gestalten, Bilder) zu einem günstigen Lernverlauf führen. Die Metapher steckt einen großzügigen Rahmen für Variationen in der Bewegungsausführung ab, der sich positiv auf den Lernverlauf auswirkt. Beispiele könnten in diesem Zusammenhang folgende Hinweise sein:

Halte die Zügel, als ob du eine Feder in der Hand hättest!

Setz dich so hin, als wärst du eine Fee!

Stell dir vor, du drückst einen Schwamm in der Hand aus!

Kontrasterfahrungen ermöglichen

Bewegungen sollen besonders langsam oder schnell, groß oder klein, kraftvoll oder leicht ausgeführt werden. Dabei sind die Reiter dafür zu sensibilisieren, die Unterschiedlichkeit dieser Einwirkungsarten zu erfühlen und erfassen. Besonders die unterschiedlichen Reaktionen der Pferde geben Auskunft darüber, wie die Bewegungen angekommen sind und wie sich das Pferd dabei fühlt.

Die für den Reiter im Augenblick korrekte Form des Sitzes kann durch Kontrastübungen wie ganz extrem nach rechts sitzen, dann entgegengesetzt nach links, weit nach vorne oder nach hinten, gefunden werden. Durch diese Kontraste wird dem Gehirn eine Vielzahl von Möglichkeiten angeboten. Von Natur aus hat das Gehirn die Weisheit der besten Lösung. So wird es nach diesen Übungen dem Reiter signalisieren, was für ihn im Augenblick das rechte Maß ist, wenn er sich danach wieder normal in den Sattel setzt. Das direkte Anstreben des korrekten Sitzes (also die reine Form – und nur diese eine) führt oftmals in eine Sackgasse.

Quintessenz aus diesen Ausführungen

Die Praxis hat gezeigt, dass sich durch Kontrasterfahrungen bei allen Bewegern etwas ändert, auch bei denjenigen, die diese Unterschiede zu Beginn sprachlich noch nicht thematisieren können. Fast alle spüren die Unterschiede und erkennen auch die Funktionsveränderungen. Sie können die unterschiedlichen Bewegungsgefühle in den Zusammenhang von Spüren und Bewirken einbinden.

Unterschiede aufgrund von veränderten Bewegungsweisen und sich verändernden Situationen sind „Durchgangssituationen". Die momentane Angemessenheit des Sich-Bewegens gilt es immer differenzierter wahrnehmen zu lernen. In diesem Zusammenhang trifft Feldenkrais' Grundsatz zu: „Um zu einer richtigen Bewegung zu gelangen, ist vorerst eher an eine bessere Bewegung zu denken als an die richtige; denn die richtige Bewegung hat keine Zukunft: sie läßt sich nicht weiterentwickeln" (Feldenkrais 1987, 135).

Bewegungsprobleme aus der Sicht des Reiters sehen

Im anweisungsorientierten Unterricht sieht der Reitausbilder die Reitprobleme aus seiner Sicht, die in keiner Weise auch die Sicht des Reiters sein kann, denn dann würde der sich in seinem Verhalten schneller und problemloser ändern. Dass er es jedoch nicht tut, ist gewiss nicht als Widersetzlichkeit zu interpretieren. Er kann es einfach nicht besser. Deshalb hat sich der Reitlehrer dem Reiter anders zu nähern.

Wenn der Zusammenhang von Bewegen und Wahrnehmen im Mittelpunkt steht, dann geben Anweisungen wie in unserem Beispiel keine ausreichende Begründung für die Reitschwierigkeiten. Der Ausbilder muss dafür sensibel werden, die individuellen Probleme von Pferd und Reiter zu erkennen, und darf sich – wie in unserer Situation – nicht an der Idealtypik orientieren. Das spezifische Reitverhalten und die daraus resultierenden Bewegungsabläufe des Pferdes sollten erster Anknüpfungspunkt für den Reitlehrer sein. Das spezifische Verhalten jedes Reiters gibt Aufschluss über die Situationswahrnehmung und Wahrnehmung des Pferdes. Hier muss der Ausbilder anknüpfen, seine Strategien wählen und sie dem Reiter durchschaubar machen.

Außerdem sind die erfahrenen Bewegungserlebnisse ein weiterer Anhaltspunkt. Das Verhalten des Reiters und das Erleben der Abläufe des Pferdes geben dem Lehrer Anhaltspunkte, wie er weiter vorgehen kann. Dabei ist es natürlich notwendig, dass Reiter daran gewöhnt werden, in sich hineinzuhorchen und ihre Empfindungen in den Situationen mitzuteilen.

Die Aufmerksamkeit des Reiters lenken

Loibl (1990, 19 f.) weist darauf hin, dass es von fundamentaler Bedeutung ist, die Aufmerksamkeit, den Blick des Lernenden zu lenken, weil es auch ein Teil des zielgerichteten Verhaltens des Schülers/Reiters ist. Wahrnehmungslernen ist im Zusammenhang von Bewegungsvermittlung auch immer Bewegungslernen. Dabei soll die Aufmerksamkeit auf die Dinge und Bewegungsqualitäten oder unterschiedliche Aspekte der Situation gelenkt werden, die vorrangig für die Akzentsetzung des Bewirkens relevant sind. Aufmerksamkeitslenkung bedeutet für den Reiter eine tätige Auseinandersetzung mit der Reitlektion. Dabei sind Experimente und Erprobungen wichtig, um unterschiedliche Zugänge zu ermöglichen.

Der Ausbilder soll dabei (nach Könnensstand differenziert) dem Reiter Aufgaben erteilen, auf die er bei seinen Vollzügen achten soll. Gerade in Bezug auf das Kontrastlernen geht es darum, dass der Reiter erfühlen lernt, wie sich das Pferd verändert, wenn er z. B. einmal weicher oder einmal härter einwirkt.

Beim Reiten von Lektionen können je nach Problem von Reiter und Pferd Ausschnitte betont werden, auf die der Reiter beim Bewegungsvollzug besonders zu achten hat. Er soll dabei den Zusammenhang von Bewirken (Einwirkung) und Spüren (Reaktionen des Pferdes) herausfiltern. Dem Ausbilder sind dabei kaum Grenzen gesetzt, welche Beobachtungsteile er dem Reiter als besondere Aufmerksamkeitslenkung anbietet. Er kann von Ganzheiten (richte Dein Pferd rückwärts und beschreibe danach, wie die Bewegungsabläufe des Pferdes insgesamt waren) ausgehen oder Detailaufgaben stellen (entlaste einmal mehr/einmal weniger den Pferderücken beim Rückwärtsrichten und beschreibe die Unterschiede der Pferdebewegungen).

Gefühlvolles Reiten

Die Aufmerksamkeit des Reiters ist nach innen gerichtet, er „horcht in das Pferd hinein".

Grundzüge des Lernens

Wenn ein Reiter in meinem Sinne das Reiten gelernt hat, muss man fragen, was gelernt worden ist:

Er hat erfühlt, zu welchen Veränderungen das Pferd fähig ist und wie er diesen Herausforderungen gemäß auf dem Pferd zu handeln hat. Er handelt mehr koordinativ (mit Hilfe von Gleichgewicht und Rhythmusanpassung anstatt mit übermäßigen mechanischen Hilfen wie dem Ziehen an den Zügeln, dem Klemmen, dem zwanghaft geraden Sitz).

Er hat gelernt zu antizipieren, also vorauszusehen. In den Situationen des „Wahrnehmens und Bewegens" hat der Reiter Erfahrungen gespeichert, die er bei Situationsveränderungen als Erfahrungswissen abrufen kann, ohne erst lange überlegen zu müssen. Er hat aus den Wahrnehmungssituationen innere Bilder entwickelt, die es ihm ermöglichen, nicht auf Anweisungen des Trainers von außen zu reagieren, sondern selbstständig die Situationen zu meistern.

Er ist durch die Vorgänge des „Wahrnehmens und Bewegens" so sensibilisiert, dass er sich ohne große Probleme auch auf andere Pferde einstellen kann. Er wendet nicht mechanisch Reitprinzipien an, sondern überträgt sie sensibel, indem er erst in das Pferd „hineinhorcht", erfühlt, wie das Pferd auf seinen Willen eingeht, um danach seinen Willen auf das Pferd zu übertragen.

Ein solches Reitenlernen gründet sich auf das gefühlvolle Einwirken des Reiters auf sein Pferd, sodass der Kopf frei für die Bewältigung von Situationen ist. Durch den Zusammenhang von „Wahrnehmen und Bewegen" haben sich so viele innere Bilder entwickelt, dass die Beherrschung des Pferdes nicht kopfgesteuert abläuft. Der Reiter führt sein Pferd bewegungslenkend, das heißt, er erfühlt bereits an kleinen Veränderungen des Pferdes, was es nicht in seinem Sinn nachvollziehen will. Diese Widerstände werden für den Beobachter von außen gar nicht sichtbar. Der gefühlvolle Reiter korrigiert sein Pferd nicht erst aufgrund des Bewegungsergebnisses, also nach dem vollzogenen Fehler, sondern er erstickt den möglichen Fehler gefühlsmäßig „im Keime". Er ist so geschickt, dass die von ihm erfühlten Widerstände des Pferdes erst gar nicht sichtbar werden.

- Koordination, vor allem Gleichgewicht und Rhythmus, haben Vorrang vor rein mechanischen Abläufen.
- Die Selbstständigkeit des Reiters muss entwickelt werden.
- Dem Reitschüler müssen die Zusammenhänge Reiter-Pferd so durchschaubar gemacht werden, dass er selbstständig werden kann.
- Durch das Entwickeln von feinfühligen Reitbewegungen über „Wahrnehmen und Bewegen" kann sich der Reiter auch auf andere Pferde schneller einstellen.
- Das Bewegungsgefühl soll so ausgebildet werden, dass der Kopf frei wird für die Situation.

Prinzipien der Vermittlung für das Bewegungsgefühl

Voraussetzung für die Entfaltung des Bewegungsgefühls ist eine möglichst freie reiterliche Gestaltung der Situation. Spielerische Aufgaben, wie man sie mit Kindern an vielen Orten bereits einsetzt, sollten auch den Erwachsenen angeboten werden. Erst über diese Situationen können auch Erwachsene ohne Sattel (Voltigiergurt als Hilfe sollte vorhanden sein) das Pferd in seinen Bewegungen direkt erspüren. Wenn sie solche Übungen vollziehen, sich z. B. vermehrt auf eine Seite des Pferderückens setzen, dann erfühlen sie direkt, was sie damit beim Pferd bewirken. Diese elementaren Situationen können später für das Lektionenreiten genutzt werden.

Das Bild des Unterrichts, das sich hieraus ergibt, ist nicht mehr das des Reitlehrers, der Vorschriften und Reitformen vorgibt. Der Reitlehrer wird vermehrt Berater oder Moderator (Hackfort), der Reitsituationen nahe legt, die aber Phasen des Suchens, des „Ins-Gefühl-Kommens“ für den Reiter ermöglichen.

Der Reitlehrer wird in keiner Weise überflüssig, sondern er „überwacht“ die Bemühungen des Reiters. Es wird in der Reiterei immer Phasen geben, die allein aus dem Gefühl nicht vom Reiter gelöst werden können. In diesen Situationen überprüft der Reitlehrer die Zweckmäßigkeit der Aufgabenstellung und versucht sie rational für den Reiter zu begründen. Danach darf dieser sich wieder auf sein Gefühl verlassen.

Die Sprache bleibt auch Gegenstand des Unterrichts. Sie erhält nur eine andere Funktion. Der Reiter muss lernen, in Problemsituationen seine Gefühle dem Reitlehrer mitzuteilen, damit dieser ihm sinnvolle Hilfestellung geben kann.

Sprache des Unterrichts muss bildhaft (metaphorisch) gestaltet werden, um so bessere Vorstellungen beim Reiter hervorrufen zu können (vgl. Kapitel „Die Einheit von Wahrnehmung und Bewegung“ auf S. 101).

Lektionen des Unterrichts müssen nicht als Anweisung formuliert werden, sondern als Aufgaben. Anweisungen legen den Reiter in allen Verhaltensweisen fest und lassen ihn reagieren. Aufgaben geben einen Spielraum (vgl. S. 108 – Reiten eines Zirkels), der vom Reiter selbstständig ausgefüllt wird. Der Reitlehrer berät bei auftretenden Problemen, welche Strategien weiter eingeschlagen werden sollen.

Beim aufgabenorientierten Unterricht können folgende Phasen der Bewältigung durchlebt werden (alle Ausführungen sind so zu verstehen, dass sie immer unter der Aufsicht eine Ausbilders ablaufen, damit dieser in jeder widersinnigen Lösungsphase eingreifen kann.)

Zunächst **erkundet der Reiter die Situation**, auf der Suche nach sinnvollen Lösungsschritten. Gelingt ihm die Aufgabenlösung derart, dass er spürt, wie sich das Pferd annähernd auf der Kreisform (beim Reiten des Zirkels – vgl. S. 108) bewegt, dann **lotet er die Situation aus**. Er möchte wissen, was man über die ersten Lösungsversuche hinaus noch machen kann. Er versucht die **Situation zu kontrollieren** (auch mithilfe der vom Reitlehrer gegebenen Hilfen). Er reitet Zirkel auf beiden Händen und mit unterschiedlichen Tempogestaltungen. Ist er sich mit dem Pferd im Trab einigermaßen sicher, **reizt er die Situation aus**. Er versucht es im Galopp. Wird die große Zirkellinie beherrscht, **überschreitet der Reiter diese Anfangssituation**. Er legt kleinere Zirkel an, die bereits der 6-m-Volte ähneln. Er möchte herauszufinden versuchen, was man auf gebogenen Linien alles veranstalten kann. Danach **gestaltet er** Teile von Dressuraufgaben, indem der Zirkel mit anderen Lektionen kombiniert wird. Der Reiter gestaltet somit Reitsituationen, bis er über sie im Stadium des Könnens **selbstständig, auch ohne Reitlehrer verfügen kann**.

Eine solche Stufung des Handlungsaufbaus haben Jürgen Loibl/Karl-Heinz Leist (1990, 25) entwickelt.
Diese Stufung kann der Reitlehrer auch für den Aufbau methodischer Schritte im Unterricht übernehmen, indem er über Anregungen die entsprechenden Handlungen bei den Reitern „herauslockt“:

Erkunden der Situation

Ausloten der Situation

Kontrollieren der Situation

Ausreizen der Situation

Überschreiten der Situation

Gestalten von Situationen

Verfügen über Situationen

- Zur Entwicklung des Bewegungsgefühls ist eine möglichst freie Gestaltung der Situation nötig.
- Der Reitlehrer stellt Aufgaben und gibt keine ständigen Anweisungen. Anweisungen lassen nur eine Möglichkeit des Lösungsweges zu. Der Reitlehrer wird Berater/Moderator des Reiters.
- Aufgaben fordern den Reiter auf, Lösungswege selbst (mithilfe des Ausbilders als Berater/Moderator) zu suchen.
- Die Unterrichtssprache muss „bildhaft“ gestaltet werden.
- Das Vorgehen eines Lernenden hat folgende Stufung: Erkunden – Ausloten – Kontrollieren – Ausreizen – Überschreiten – Gestalten der Situation bis zum absoluten Verfügen über die Situation.

Grenzen der sprachlichen Vermittlung

Die folgenden Ausführungen beziehen sich vor allen Dingen auf Reiter, die sich auf dem Weg befinden, ihr reiterliches Bewegungsgefühl aufzubauen. Sie gehören also noch nicht zu den Reitern, denen man ein Reiten im fortgeschrittenen Stadium ansehen kann. Für fortgeschrittene Reiter können sprachliche Hilfen ganz anders umsetzbar sein, weil bei ihnen bereits die gefühlsmäßigen Grundlagen entwickelt sind und sie sich nur noch auf die Details zu konzentrieren brauchen, die noch nicht feinkoordiniert ablaufen.

Die Formen der Vermittlung im Sport sind unterschiedlich. Früher glaubte man, der Lehrende müsse alles vormachen, also optisch darstellen, damit der Lernende eine Vorstellung der Bewegung erhält. Diese sollte Grundlage für die eigene Bewegung des Lernenden sein.

Danach folgte eine Tendenz zur Ablösung von der Orientierung am Ausbilder. Man wollte die Lernenden nicht den individuellen Bildern einzelner Lehrender ausliefern. Der Vormachende erzeugte zwar ein äußeres Bild von der Bewegung, die jedoch immer schon individuellen Charakter hatte, also nicht ohne weiteres übernommen werden konnte. Es schien, als wollte man nun in den einzelnen Regionen „kleine Nachkommen" dieser Lehrer erzeugen.

Es stellte sich außerdem das Problem, dass dem Vormachenden irgendwann aufgrund seines Alters auch Grenzen gesetzt waren, für die Lernenden eine optimale Vorgabe bieten zu können. Es entstand daraufhin die Tendenz zur Vermittlung über die Sprache.

In den 70er-Jahren entstanden Konzepte, die das Prinzip „Vormachen-Nachmachen" und die Vermittlung über die Sprache ablösten. Man glaubte, über Lehrprogramme dem Lernenden die besten Möglichkeiten für das eigene Nachvollziehen bieten zu können. Es wurden Bildreihen mit Texten verknüpft, um die Vorteile beider vorheriger Ansätze auszunutzen und die Nachteile möglichst klein zu halten.

Es sollen an dieser Stelle aber nicht noch weitere Konzepte dargestellt und infrage gestellt werden, weil sie für unseren Ansatz des Bewegungsgefühls keine ertragsbringenden Gesichtspunkte bieten können.

Bezüglich des Reitens sollen die angesprochenen Methoden befragt werden, ob sie für das Ziel der Entwicklung des Bewegungsgefühls sinnvoll erscheinen. Dabei wird insbesondere auf die Methode der Versprachlichung eingegangen, weil diese in der Reiterei hauptsächlich verwendet wird.

Eine vorgeführte Reitlektion hat für einen Reiter nur dann Bedeutung, wenn er bereits Grundlagen dieser Lektion beherrscht. Ansonsten würde er nur die äußere Form der Bewegung erkennen, die dynamischen (gefühlsmäßigen) Zusammenhänge blieben ihm verborgen. Eine dem Reiter annähernd bekannte Reitbewegung erzeugt in ihm einen Zwang des inneren Mitvollziehens, das heißt, er kann sich nicht von der vor ihm ablaufenden Bewegung distanzieren, sondern vollzieht sie im Inneren automatisch nach. Dieser Effekt wurde als Carpenter-Effekt bezeichnet; heute wird er „Bild und Mitbewegung" (Wilfried Ennenbach) genannt.

Aus dieser Erkenntnis ist für das Prinzip „Vormachen-Nachmachen" zu folgern, dass neue Reitbewegungen mit dieser Methode kaum vermittelt

Hand anlegen unterstützt die Anweisungen der Ausbilderin.

werden können. Im Reiter entsteht kein inneres Bild, er fühlt die vor ihm ablaufenden Reitbewegungen nicht innerlich nach, wenn er sie nicht schon kennt. Er erhält ausschließlich einen oberflächlichen äußeren Entwurf, dessen inneren Zusammenhang er noch nicht erspüren kann. Außerdem ist die vorgegebene Form schon wieder etwas Individuelles, das von einem anderen nicht gleichförmig nachvollzogen werden kann.

Jeder Reiter und jedes Pferd haben für jede Bewegung nur **ihren** optimalen Bewegungsablauf; ein Orientieren an Vorgaben hieße, die individuellen Bewegungsmöglichkeiten teilweise zu tilgen und sich zwanghaft einer vorgeschriebenen Form zu unterwerfen.

Für die Entwicklung des Bewegungsgefühls wäre eine Orientierung an diesem Modell verwerflich. Der einzelne Reiter könnte **sein** Bewegungsgefühl nicht erlangen, er würde **nur in eine Form gepresst**.

Wenn das Prinzip „Vormachen-Nachmachen“ eine Bedeutung haben soll, dann müssen die demonstrierten Lektionen einen gewissen Bekanntheitsgrad für den Reiter besitzen, damit sich der „Carpenter-Effekt“ einstellt, das heißt, dass sich innere Bilder als Grundlage für das eigene Nachvollziehen entwickeln können.

Lehren/Lernen mit Hilfe von Bildreihen (die auch in der Reiterei Eingang gefunden haben) mit unterlegtem Text haben das Ziel, dem Reiter die optischen Vorgaben so exakt wie möglich anzubieten.

Einerseits können die Bilder – im Gegensatz zum Vorführen – in ihren Details genauer sein als die unmittelbar vorgeführte Bewegung. Andererseits fehlt den Bildern die in der Realität vorhandene Dynamik. Gerade diese ist aber für die Entwicklung des eigenen Bewegungsgefühls eine wichtige Orientierungsgrundlage.

Sprachliche Unterlegungen der Bildreihen führen zu denselben Problemen wie die Sprache im gängigen Reitunterricht. Diese soll im Folgenden bezüglich ihrer Tauglichkeit unter die Lupe genommen werden.

(Es wird deshalb so intensiv auf die Vermittlung durch Sprache eingegangen, weil diese Vermittlungsform hauptsächlich praktiziert wird und die meisten Reiter nur über das Ohr lernen dürfen. Vielleicht liegt gerade in dieser Methode der Grund verborgen, warum viele Reiter über Jahre nicht „vom Fleck“ kommen, sich gefühlsmäßig nicht verbessern und den Zusammenhang von Wahrnehmen und Bewegen nicht herstellen können.

Ausbilder und Reiter sollten wissen, dass jeder Mensch eigentlich ein anderer Lerntyp ist. Je nach eigener Entwicklung haben die einzelnen Menschen auf unterschiedlichen „Informationskanälen“(Auge/Ohr/Muskelsinn) gelernt und sich daran gewöhnt.

Es wird z. B. unterschieden in optische (über das Auge), akustische (über das Ohr) und kinästhetische (über den Muskelsinn) Lerntypen. Diese kann man auch schon daran erkennen, dass sie in ihrer Sprache bereits verstärkt Begriffe aus dem jeweiligen „Kanalbereich“ benutzen, wenn sie sich über denselben Inhalt unterhalten.

Ein Vermitteln über die Sprache würde also nur den akustischen Lerntyp erreichen, die anderen müssten sich mehr mühen, um die für das Reitenlernen bedeutsamen Informationen zu erhalten. Für ein Sicheinfühlen in die Bewegung sind dadurch bereits Barrieren aufgebaut.

Theorieunterricht legt Grundlagen.

Der Sprache sind Grenzen in der Erfassung und Formulierung von Bewegungsabläufen gesetzt. Mit Worten kann der Reitlehrer Bewegungen immer nur nacheinander formulieren, auch wenn sie gleichzeitig ablaufen. In diesen Situationen werden dann Hilfskonstruktionen verwendet: „Du musst innen sitzen und gleichzeitig ...“; „...während du die Zügel annimmst, musst du das Pferd im selben Augenblick von hinten ...“. Die Unzulänglichkeit der Sprache ist für die Entwicklung des Bewegungsgefühls des Reiters bereits eine Klippe.

Ein weiteres Problem besteht darin, die dynamischen Momente einer Reitbewegung mithilfe der Sprache wiederzugeben. Begriffe wie „weicher annehmen oder nachgeben mit den Zügeln“ u. a. m. werden von jedem Reiter anders verstanden. Es ist schwer, innere Bewegungsabläufe, die die wahrnehmbaren Reiterhilfen auslösen sollen, überhaupt mit der Sprache zu erfassen und sie auch noch so zu formulieren, dass sie dem Reiter eine Verbesserung seiner Feinabstimmung ermöglichen.

Sprache ist generell hinsichtlich der Übermittlung gefühlsmäßiger Regungen begrenzt; wie soll denn ein Ausbilder das Gefühl, das ein Reiter innerlich wahrnehmen soll, in Sprache umsetzen. Meistens formuliert der Ausbilder **sein Bewegungsgefühl** für die zu reitende Lektion. Dies bedeutet jedoch für den Reiter eine Überforderung, weil der Ausbilder weitaus höher ausgebildet ist als er selbst. Deshalb kann der lernende Reiter solchen Anforderungen nicht spürend nachgehen.

Der Reitlehrer versprachlicht meistens seine inneren Bilder, sein inneres Auge. Dabei muss er bedenken, dass jeder seiner Reiter andere innere Bilder besitzt. Diese gilt es für den Ausbilder aufzuspüren. Eine wahrlich hohe Anforderung! Der Reitlehrer muss also lernen, **das augenblickliche Bewegungsgefühl des Reiters zu erfassen**. Er muss im Unterricht den Reitschüler „nachreiten“, um durch sein inneres Nachspüren die Bewegungsungenauigkeiten des Reiters selbst zu erfühlen (mithilfe seines Bildes und der unweigerlich ablaufenden inneren Mitbewegung). Nur auf diesem Weg kann er erkennen, wo er Veränderungen der dynamischen Abläufe des Reiters vornehmen muss.

Leider werden Ausbilder nicht für diese Art von Unterricht ausgebildet. In den Ausbildungsgängen lernen die Reitlehrer noch zu häufig ausschließlich die äußere Form zu bewerten/zu beurteilen. Dies ist zwar grundsätzlich nicht zu verwerfen, nur ist die hinter der Form sich verbergende Dynamik (Funktion) die entscheidende Ausgangsbasis für eine erfolgreiche Veränderung des Reitverhaltens des Lernenden.

Hinter der Fachsprache und dem Fachjargon der Reiterei verbergen sich Bewegungsanforderungen, die nicht von jedem Reiter erfasst und umgesetzt werden können. Die Bedeutungsinhalte, die sich hinter ihnen verbergen, werden nicht verstanden. Von daher ist es für den Ausbilder notwendig, seinen Reitern zu verdeutlichen, was er mit seinen Begriffen meint.

Oftmals werden Reiter mit übermäßig vielen Anweisungen überschüttet. Jeder Reiter kann im Augenblick des Neulernens nur ein Bewegungskriterium bewusst umsetzen, obwohl viele Bewegungsabläufe dabei gleichzeitig stattfinden (vgl. Volger).

Da jeder auf einem anderen Niveau reitet, müssten die Anweisungen auch in jeder Reitstunde für jeden individuell gestaltet werden. **Man bedenke: Jeder Reiter soll sein Bewegungsgefühl entwickeln**!

Wenn der gängige Reitunterricht zugrunde gelegt wird, so kann man Folgendes unterstellen: Eine hohe Anzahl von Anweisungen des Ausbilders lassen die Entwicklung des Bewegungsgefühls nicht zu, weil der Reiter immer damit beschäftigt ist, die Formvorgaben des Reitlehrers zu erfüllen. Er wird so davon abgelenkt, sich auf sich selbst und sein Pferd gefühlsmäßig einstimmen zu können (vgl. Funktionsweisen des Gehirns, S. 119).
Oft ist es so, dass den Reiter (aufgrund der Anweisungen des Ausbilders) mehrere Gedanken beschäftigen („Was soll ich tun, was soll ich lassen?"). So gut diese Hilfestellungen auch gemeint sind, sie verhindern eher einen Lernfortschritt, als dass sie die gewünschte Korrektur bewirken. Sie schüren eine ständige Rivalität zwischen „Kopf und Gefühl" (vgl. das folgende Kapitel.).

- Über Sprache allein kann der Reiter nicht lernen.
- Auch Vormachen-Nachmachen reicht nicht aus.
- Filme und Bildreihen haben ebenfalls ihre Grenzen.
- Jeder Reiter ist ein anderer Lerntyp.
- Vermittlung über Sprache unterstützt hauptsächlich den akustischen Lerntyp.
- Über Sprache können Teilbewegungen nur nacheinander formuliert werden, obwohl sie gleichzeitig ablaufen.
- Die gängige Reitersprache erzeugt Bewegungsbilder, die die eigentlich ablaufenden Prozesse innerhalb des Reiters nicht erfassen.
- Die Art der Sprache erzeugt ein falsches Bewegungsgefühl.

Lernen geschieht nicht nur über den Kopf

Der „Kopf" ist der „bewusste Bestimmer", während das „Gefühl" der „unbewusst automatische Macher" ist. Auf dieses Verhältnis soll jetzt genauer eingegangen werden (vgl. Gallwey 1990).

Wenn Reiter in Höchstform reiten, dann beschreiben die Außenstehenden es oft wie folgt: „Er reitet wie im Traum!", „Er wächst über sich selbst hinaus!", „Er reitet unbewusst!" Diese Äußerungen haben gemeinsam, dass sie einen Zustand beschreiben, der nicht verstandesorientiert ist. Das Reiten geschieht scheinbar intuitiv, der kontrollierende Verstand ist überwunden oder zu einem Großteil außer Funktion.

Dieses Reiten findet nicht ohne Bewusstsein statt; das würde zu großen Schwierigkeiten führen. Wenn jedoch jemand beim Reiten den Verstand „ausschaltet", dann fühlt er mehr auf das Pferd, erfasst optisch die Hindernisse, spielt die Lektionen innerlich durch. Er stört sich nicht selbst durch ständige eigene Belehrungen (oder Erfüllung der Anweisungen des Reitlehrers). Er denkt nicht ständig über seine Bewegungen nach. Er reitet so, als wäre er mit sich und dem Pferd allein auf der Welt, er vergisst die Außenwelt und verschmilzt mit den Bewegungen des Pferdes. Er lässt sich beim Reiten nicht vom Kopf, sondern vom Gefühl leiten.

Dieser Reiter reitet bewusst, aber nicht „verkopft". In diesem Zustand spürt der Reiter, wie er muskulär einzuwirken hat. Dieses gute Reitgefühl hält so lange an, bis der Reiter darüber nachdenkt. Sobald der „Kopf" wieder die Kontrolle übernimmt, verliert er das Gefühl.

Diese Aussagen mögen widersprüchlich klingen, aber sie beschreiben einen Zustand, der erreicht werden kann. Reiter und Pferd werden zu einer Einheit (Kapitel „Die Einheit von Wahrnehmung und Bewegung", S. 101). Diesen Zustand zu erreichen, ist das Ziel des „inneren Reitens". Genau das meint der Titel des Buches: „Das Bewegungsgefühl des Reiters". Um diesen Zustand jedoch in Auseinandersetzung mit einem anderen Lebewesen wie dem Pferd zu erzielen, muss jeder erst einmal lernen, seine eigenen Bewegungen zu erleben.

Die Menschen müssen sich an einen natürlichen und wirkungsvollen Prozess des Lernens wieder erinnern, den viele vergessen haben, den aber alle Menschen durchlebten, als sie gehen und sprechen lernten. Dieser Prozess bedient sich eher des so genannten Unterbewusstseins als des verstandeskontrollierten Bewusstseins. Beim Unterbewusstsein kommen die Impulse aus dem Rückenmark und den Stammregionen des Nervensystems, der Verstand hingegen sendet Impulse von der Großhirnrinde aus.

Warum die Auseinandersetzung „Kopf" und „Gefühl" beim Menschen einem „Konkurrenzkampf" gleicht, soll im nächsten Kapitel erläutert werden, wenn es um die Bedeutung beider Gehirnhälften geht. Die linke Gehirnhälfte ist der Verstand, der „bewusste Bestimmer", während die rechte der „automatische Macher" ist. Sprachliche Anweisungen schalten immer die linke Gehirnhälfte (den Verstand) ein, sodass Bewegungslernen (Reitenlernen) zum Problem werden kann. Die linke Gehirnhälfte hat nämlich ihre Probleme beim Bewegungslernen, wie noch zu erörtern sein wird.

Das sich hinter diesen beiden Teilen des Gehirns verbergende Geheimnis soll durch eine **Praxissituation** angedeutet werden, die zum nächsten Kapitel überleitet:

Jemand beobachtet einen ihm bekannten Reiter. Es fällt dem Beobachter auf, dass Reiter und Pferd an diesem Tag im wahren Sinne „ein Paar" darstellen. Der Reiter schmiegt sich dem Pferd so an, dass beide eine Einheit bilden. Es gelingen ihnen Lektionen, die vorher nicht so gelungen aussahen. Wenn nun der Beobachter den Reiter anspricht und ihn befragt, warum er heute in einer solchen Form mit dem Pferd sei, dann beginnt der Reiter zu überlegen und versucht Begründungen heranzuziehen. Bei fast allen Reitern sehen danach dieselben Reitlektionen bei weitem nicht mehr so gelungen aus; mit der guten Form ist es zu Ende. Versucht der Reiter zu wiederholen, was vorher dem Beobachter als besonders gelungen beschrieben wurde, verliert er seinen Rhythmus.

Wie ist nun diese Situation zu erklären?

- Es wird zu viel über den Kopf gelernt, anstatt dem Fühlen mehr Bedeutung zu schenken.
- Der Reiter soll bewusst reiten, aber nicht verkopft.
- Ein ständiges Denken oder Nachdenken stört das Bewegungsgefühl.
- Der Kopf (Verstand) bereitet Vorgänge vor, danach muss das Gefühl die Führung übernehmen.

Die Bedeutung beider Gehirnhälften beim Lernen

Das menschliche Gehirn ist eigentlich in zwei voneinander getrennte Organe zu unterteilen, die durch das Corpus callosum, ein Bündel von Nervenfasern, miteinander Kontakt haben. Die Funktion beider Gehirnhälften lässt sich so beschreiben, als wären sie zwei unterschiedliche Personen.

Die **linke Gehirnhälfte** sieht wie ein Computer aus und funktioniert entsprechend. Sie zeigt kein Gefühl, ist durch nichts in Rage zu bringen und hat die Fähigkeit, große Mengen an Informationen (= Mitteilungen mit Neuigkeitswert) systematisch zu verarbeiten und zu behalten.

Die **linke Gehirnhälfte** reagiert auf sprachliche Informationen und ordnet sie so, dass sie jederzeit abgerufen werden können. Sie ist imstande, Daten mechanisch und strukturiert zu wiederholen. Sie betätigt sich nie kreativ. Die linke Gehirnhälfte hat eine hohe Konzentrationsfähigkeit und widersteht jeglichem Ablenkungsmanöver von außen. Sie denkt logisch, analysiert messerscharf, vertraut jedoch nicht einem Gefühl. Die innere Zufriedenheit entsteht verstandesmäßig.

Starke Konzentration kann störend wirken.

Die **linke Gehirnhälfte** ist angespannt und verkrampft, bewegt sich nur schwerfällig im Raum und kann Musik nicht in Bewegung umsetzen. Bewegung interessiert sie generell nicht.

Die **rechte Gehirnhälfte** reagiert nicht auf Situationen, in denen es gilt, ein Problem zu verstehen oder zu analysieren. Sie kennt die Lösung und vertraut auf sie. Die rechte Gehirnhälfte ist vergleichbar einem Künstler, der im Augenblick lebt und ihn auskostet. Augen und Ohren werden von ihr zum Aufnehmen von bildhaften und musikalischen Informationen benutzt; sie ist verantwortlich für musikalische und künstlerische Begabung. Sie hat eine hohe Vorstellungskraft und kann sich schnell an Bilder erinnern. Das Ohr lehnt sie als Aufnahmeinstrument für Informationen ab, weil sie Aufgaben irritieren, bei denen viele Details zu bedenken sind. Sie wird ausschließlich von Gefühlen gelenkt.

Die **rechte Gehirnhälfte** weiß sich auf höchstem Niveau koordiniert im Raum zu bewegen. Ihre Bewegungen sind gelöst und leicht, weil eine gute emotionale Beziehung zwischen ihr und dem Körper besteht. Sie kann sich vollkommen der Musik hingeben. Lesen wird von ihr gegenüber dem Schreiben bevorzugt. Gesichter erkennt sie sofort, Wörter jedoch weniger.

Die **rechte Gehirnhälfte** handelt instinktiv, sodass es durchaus zu undisziplinierten, unkonzentrierten Handlungen kommen kann.

Zusammenfassend kann also gesagt werden: Die **linke Gehirnhälfte** ist für das analytische Denken, für Sprache und logische Vorgänge zuständig. Sie „springt an", wenn klar gegliederte Informationen über das Ohr zu ihr dringen. Die **rechte Gehirnhälfte** ist für das visuelle, auch innere visuelle Gedächtnis zuständig. Raumorientierungen, Gefühle, Körperbewusstsein und Erkennen von Bildern, also von ganzheitlichen Informationen, lassen sie in Kraft treten (vgl. Dennisson).

Nun werden die Reaktionen des Reiters, der am Ende des vorigen Abschnitts erwähnt wurde, sicherlich deutlicher. Ein ganz mit dem inneren Gefühl sich bewegender Reiter (rechte Gehirnhälfte) wird im Augenblick des Ansprechens durch den Beobachter aus seinen inneren Zuständen herausgerissen: Er fühlt nicht mehr, sondern wird gezwungen, analytisch an sein Handeln heranzugehen. Sofort zerfällt der koordinierte Gesamtzusammenhang; die einzelnen Reitbewegungen erscheinen nicht mehr als Ganzes, sondern als nacheinander geschaltete Teilaspekte. **Aus Gefühlen herausgerissen zu werden ist identisch mit dem Aufwachen aus einem schönen Traum.**

Wenn man diese Aussagen zugrunde legt, wird deutlich, warum es eine Auseinandersetzung „Kopf" („Verstand") und „Bauch" („Gefühl") gibt und wann sich in der Lernsituation die entsprechende Gehirnhälfte im richtigen bzw. falschen Augenblick einschaltet. Reiten muss nicht nur über die rechte Hälfte vermittelt werden. Es sollte deutlich geworden sein, wann die eine oder andere Gehirnhälfte aktiviert werden sollte, um das Lernen des Reitens zu erleichtern oder die Verbesserung von Reitbewegungen zu unterstützen. Die folgende Übersicht mag noch einmal die unterschiedlichen Funktionen verdeutlichen.

Die Bedeutung der linken und rechten Gehirnhälfte

LINKE GEHIRNHÄLFTE	RECHTE GEHIRNHÄLFTE
über das Ohr orientiert	über das Auge (auch innere) orientiert
kurzsichtig	weitsichtig
analysierend	synthetisierend
abstrakt	konkret
rational	emotional
zeitlich	räumlich
objektiv	subjektiv
aktiv	passiv
angespannt	entspannt
der Reihe nach – nacheinander	ganzheitlich – gleichzeitig
mental – verstandesmäßig	intuitiv
wissenschaftlich	künstlerisch
logisch	gefühlsmäßig
in sich zurückgezogen	nach außen gekehrt

Zur Entwicklung des Bewegungsgefühls

Reitbewegungen von außen und innen sehen lernen

Bei der Wahrnehmung von Reiter und Pferd darf also der Reitlehrer den Reiter und das Pferd nicht nur als sich bewegende **Körper** sehen. Es sind nicht lediglich Körper, die sich dort dressur- oder springmäßig bewegen, sondern eigenständige, individuelle **Wesen**, die sich mit einer Aufgabe auseinander setzen.

Für den Reitunterricht bedeutet das, dass der Blick auf die individuelle Art des Zusammenspiels von Reiter und Pferd gerichtet werden muss und nicht auf die ausschließlich von außen wahrnehmbaren Bewegungsabläufe.

Damit ist die bisher vorherrschende Sichtweise im Vereinssport gemeint, die bei Reiter und Pferd die Bewegung als äußere Form betrachtet, jedoch kein Interesse dafür entwickelt, tiefer in das Zustandekommen dieser Bewegung einzudringen.

Was ist neu an unserer Sichtweise? Wenn vom Reiten gesprochen wird, dann darf nicht mehr nur die äußere Erscheinung der Pferde und Reiter betrachtet und beurteilt werden. Nur die Fähigkeit, auch ein „inneres Bild" des Reitens erfassen zu können, ermöglicht einen vollständigen Eindruck davon, was Pferd und Reiter darbieten.

Reitbewegung als Problem des Reiters

Die Reiterei unterscheidet zwischen Bewegungshandeln des Reiters (Reitvollzüge) und Bewegungsanalyse als Beurteilung der Reitbewegungen durch den Reitlehrer. Beide Aufgaben werden nicht dem sich bewegenden Reiter übertragen, sondern von unterschiedlichen Personen übernommen, also

- vom Reiter selbst, der Beweger und zugleich Analyseobjekt ist,
- vom Reitausbilder, der auf das Fachwissen der Reitlehre zurückgreift, Zielvorgaben macht (Idealbewegung) und Korrekturen an den vollzogenen Reitbewegungen vornimmt.

Wenn der gängige Reitunterricht als Gegenstand der Betrachtung genommen wird, so zeigt sich, dass der Reiter vom Ausbilder „gelenkt" wird. Mit ihm geschieht etwas, das ein Außenstehender (Reitlehrer) festlegt. Betrachtet man eine Reitstunde kritisch, dann erhält man den Eindruck, dass der Ausbilder das Vorrecht besitzt, über andere zu bestimmen, während diese nur noch Ausführende sind. Lässt sich diese Situation – neben allen bewegungstheoretischen Bedenken – pädagogisch überhaupt noch vertreten? Welch ein Menschenbild verbirgt sich eigentlich hinter einer solchen Auffassung von Reitunterricht?

Der Reiter muss sich von innen sehen lernen

Im gängigen Reitunterricht ist der Reiter – wie bereits mehrfach festgestellt – fast ausschließlich Reagierender, das heißt, er wird von außen betrachtet und korrigiert, ohne dass er hinsichtlich seiner Reitbewegungen innerlich genügend beteiligt wird. Er ist passiv. Er begibt sich in die Abhängigkeit von der Fähigkeit des Reitlehrers.

Die neue Betrachtungsweise sieht den Reiter nicht passiv als jemanden, der angeordnete Sitzhaltungen einzunehmen hat, sondern fordert, dass der Reiter aktiv in seine Lernprozesse eingreift, indem er sich selbst (in Abstimmung mit dem Reitlehrer) Ziele setzt und, soweit möglich, diese selbstständig anstrebt. Der Reitlehrer ist nicht mehr der allein Korrigierende, sondern beteiligt den Reiter ständig, indem er mit ihm über dessen Bewegungen und die des Pferdes spricht. Anhand der Beschreibungen des Reiters kann der Reitlehrer erkennen, wie weit sich das Gefühl und die Handlungsfähigkeit des Reiters entwickelt haben.

Es geht um das Bemühen, ein Gefühl für die Stimmigkeit der Bewegungen in Einklang mit dem Pferd zu entwickeln, zu sehen, wie sich dieses Gefühl im Ablauf der folgenden Reitstunden verändert und wie er fähig wird, immer genauer die korrekte Abstimmung mit dem Pferd selbst erfassen zu können.

Diesem Ansatz der Bewegungslehre von Reiten liegt ein Verständnis von Bewegungslernen zugrunde, das reiten lernen als einen grundsätzlich unabgeschlossenen Vorgang ansieht. Der Reiter entwickelt beim Reitenlernen ein „Wertbewusstsein" bezüglich seiner Bewegungen: Ein sensibles Bewegungsgefühl, das im gängigen Reitunterricht so nicht entwickelt werden kann. Beim rein anweisungsorientierten Reitunterricht lernt der Reiter zu sehr technisch reiten, das heißt, es geht z. B. um das schnelle Übernehmen einer äußerlich korrekten Sitzhaltung, ohne dass diese Sitzhaltung auch mit dem korrekten Bewegungsgefühl übereinstimmen muss.

Das heißt nicht, dass die Technik des Reitens ausgeblendet wird. Sie wird jedoch nicht mehr bis ins kleinste Detail vorgegeben, sondern entwickelt sich aus den Lösungswegen (Handlungen) des Reiters, aus seiner Art der Auseinandersetzung mit dem Pferd in unterschiedlichen Reitsituationen.

Diese Ausführungen mögen den Schluss zulassen, es soll nun eine neue Lerntheorie (Vermittlungstheorie) entwickelt werden, die den Reitausbilder überflüssig macht. Ziel soll aber nur sein, ein Bewegungsverständnis in der Reitausbildung zu erzeugen, das den Reiter mit seinen inneren Vorgängen stärker berücksichtigt, ihn selbstständiger (handlungsfähiger) werden lässt.

Der Reitlehrer erhält eine andere Funktion: Er steuert nicht mehr die Bewegung des Reiters mit dem Ziel, eine bestimmte Form des Sitzes zu erreichen, sondern beeinflusst die Prozesse (das Bewegungsgefühl) des Reiters durch Instruktionen oder Beratungen (Hackfort) bei der Auseinandersetzung mit dem Pferd.

Das Wechselspiel von Kräften

„Voraussetzung für die Erfahrung meiner zutreffenden Bewegung ist ein regelhaftes wechselseitiges Zusammenspiel zwischen antreibenden (Aktion des Reiters, der Verf.) und entfachten Kräften (Reaktionen des Pferdes, der Verf.). Diese bestimmen die Möglichkeiten und die Grenzen des richtigen Tuns. Die spezielle Form der Bewegung (von Reiter und Pferd, der Verf.) gestaltet sich erst in der Auseinandersetzung mit den Dingen in der vorgefundenen Welt, sie ist niemals schon da, sondern entsteht im Prozess dieser Auseinandersetzung. Man kann sich dies veranschaulichen, wenn man

Kinder sollte man Bewegung auch einfach mal erproben lassen.

betrachtet, wie z. B. Kinder das Rollerfahren, das Radfahren oder Skateboardfahren erlernen. Über die eigene Bewegung wird ein ideales Anschmiegen (Reiter an das Pferd, das Pferd an die Hilfen des Reiters, der Verf.) an die entfachten Kräfte angestrebt." (Trebels 1990, 14)

Jeder kennt diese Vorgänge von sich selbst, denn Radfahren etc. wird nicht anweisungsorientiert gelernt, sondern entsteht aus der Bewegungssituation heraus gefühlsmäßig durch „Spüren und Bewirken". Das richtige oder falsche Bewegen haben wir gespürt, bevor wir die Regel (Technik) für die Lösung der Bewegungssituation kannten. Der sich Bewegende hat in Bewegungssituationen ein Gefühl für die Richtigkeit seiner Bewegung entwickelt und für den Wert seines Tuns. Genauso muss das Reitenlernen betrachtet werden.

Die Anzahl der Reitbetriebe, die einen solchen Unterricht bereits umsetzen, wird immer größer. Dort wird nachgewiesen, dass ein solches Vorgehen möglich ist und „gefühlsmäßige Erfolge" in hohem Maße erreicht werden, wenn die Handlungsfähigkeit des Reiters beim Vermitteln angestrebt wird.

Reiten lernen beginnt in Lebenssituationen, die die sich bewegenden Kinder und Jugendlichen langsam erobern (und Erwachsene auch noch erobern sollten), anhand derer sie Gesetzmäßigkeiten für ihr Tun entwickeln. Leider wird ein solches lebenssituatives Konzept wenig umgesetzt, weil auch die meisten Reitanlagen nicht die entsprechende Umgebung besitzen. Auch ein Konzept für Erwachsene sollte sich an einem solchen Weg orientieren, um die Möglichkeit zu bieten, ein Bewegungsgefühl zu entwickeln und daraus die Bewegungsformen zu erschließen.

Der Reiter muss Eigeninitiative in Lernsituationen entwickeln

Die eigentliche Zuständigkeit für das Lernen von Bewegungen liegt somit beim Beweger (Reiter) selbst, denn Bewegungslernen muss als ein Dialog zwischen Pferd und Reiter verstanden werden. Indem der Reiter seine Bewegung und die des Pferdes in der Auseinandersetzung und in der entsprechenden Umgebung formt, gewinnt er zugleich ein inneres Bild seiner Reitbewegung und der Bewegungen des Pferdes. Darin enthalten ist die Beurteilung „richtig" oder „falsch" hinsichtlich der Anpassung an die Anforderungen der Reitsituation gemäß seinem Könnensstand. Je feiner gefühlt werden kann (je besser sich das Reitgefühl entwickelt hat), desto genauer ist die Beurteilung der eigenen und der Bewegungen des Pferdes als „richtig" oder „falsch". Der Ausbilder hat sich in solch einer Situation eher als Lernunterstützer für die inneren Prozesse des Reiters zu verstehen und nicht als Anweiser von Techniken.

Welche Vorgänge finden statt?

Im Verlauf des Aneignungsprozesses entwickelt sich eine angemessene Form der Reitbewegung (Verbesserung des Könnensstandes). Das Bewusstsein der korrekten Reitbewegung entwickelt sich in Form einer Stufung von Reitqualitäten, bemisst sich daran, was der Situation gerecht/nicht gerecht wird. Die Ordnung dieser Reitqualitäten ist mit der Ordnung mechanischer Gesetzmäßigkeit gleich. Das heißt, der Reiter orientiert sich bei seiner Auseinandersetzung mit dem Pferd unbewusst an den Gesetzen der Mechanik; muss er sie von außen dirigiert zwanghaft anwenden, ergeben sich – wie tausendfach erlebt – Umsetzungsschwierigkeiten. Im täglichen Reitunterricht werden ständig Gesetzmäßigkeiten der Biomechanik formuliert (z. B. Schulter vor oder zurück etc.), ohne dass man eine stetige Veränderung des Körperverhaltens beim Reiter feststellen kann. Oft fallen diese Reiter wieder in ihre alte Haltung zurück.

Der Reiter lernt auch ohne Anweisungen

Die Bewegungswissenschaft hat gesichert erforscht, dass der Mensch sich durch die handelnde Auseinandersetzung die objektiven Bedingungen von Bewegungsabläufen ohne äußere Einflüsse eines Lehrers erwerben kann, nur bedarf es dazu einer bestimmten Zeit, bestimmter Lernerleichterungen durch den Ausbilder und entsprechender geistiger, sozialer und gefühlsmäßiger Entwicklungsprozesse. Für sie muss wieder Zeit vorhanden sein, um erfolgreich über das Gefühl und durch Aktivierung innerer Prozesse reiten zu lernen. Wie notwendig jedoch ein guter Ausbilder bleibt, zeigen die Ohnmachtssituationen vieler Reiter, wenn sie allein reiten und oftmals keine Lösungen für Probleme haben.

Ein typisches Bild des Nicht-fühlen-Könnens ist z. B. das Heruntergucken auf die Beine der Pferde beim Durchparieren zum Halten, um über das Auge (von außen) zu erfassen, ob das Pferd geschlossen steht. Normalerweise müsste der Reiter die korrekte Stellung des Pferdes erspüren können.

Methoden sind im Menschen. „Mit dieser Aussage ist gemeint, dass die Fähigkeit zum Bewegungslernen grundsätzlich im Menschen angelegt ist. Der Mensch begegnet der Welt nicht passiv, ist nicht ihren Einflüssen ausgeliefert, sondern ordnet sie von sich aus ...Der Mensch lernt Bewegungen mit – ohne – und trotz Methoden!“ (Volger 1990, S. 88)

Reiten ist jedoch nicht Beliebigkeit!

Reiter und Pferd im Gleichgewicht

All diese Ausführungen dürfen nun nicht so verstanden werden, dass das Reitenlernen einer Beliebigkeit des Reiters ausgeliefert ist. Vielmehr geht es um eine klare Absage an die Erwartung, durch sprachliche Kommentare im Sinne von Formvorgaben dem Bewegungslernen im Reiten in jeder Situation förderlich sein zu können. Man bedenke die Funktion der Gehirnhälften und in diesem Zusammenhang die Auseinandersetzung zwischen „Kopf“ und „Gefühl“. In dem Konzept des „Inneren Reitens“ ist folgender Satz von entscheidender Bedeutung:

„Die Situation lehrt, nicht die Instruktion. Es gilt den Dingen und den in ihrem Sosein eingelagerten Gesetzmäßigkeiten zu entsprechen, nicht die Gesetzmäßigkeiten als Konstruktionshilfen für die eigene Bewegungsformung zu verwenden.“ (Trebels 1990, 15)

Man kann oft genug sehen und erfahren, wie wenig Reiter Bewegungsanweisungen von Reitausbildern umsetzen können. Erst wenn sie die Grundsituation beherrschen, wenn sie nicht mehr über die Bewältigung des Pferdes „nachdenken müssen“, können auch Einzelheiten über sprachliche Hilfen des Ausbilders gelingen.

Grundstruktur des erfahrungsorientierten Lernens

Das erfahrungsorientierte Lernen hat entsprechend dem anweisungsorientierten Lernen letztendlich ebenso das korrekte Reiten als Ziel, nur ist der Weg – wie hoffentlich deutlich geworden ist – ein anderer.

Reiter werden nicht zum Nachahmen einer vordefinierten Bewegungsform veranlasst, sondern das gemeinsame Verfolgen einer Bewegungsabsicht/eines Bewegungsziels von Reitlehrer und Reiter versucht die Innenbetrachtung der eigenen Bewegung in den Mittelpunkt zu rücken. Es findet kein auf strikte Anweisung aufbauender Unterricht statt, sondern der Reiter wird von Beginn an intensiv an den eigenen Lernprozessen beteiligt. Lernen findet auch bei diesem Modell in Schrittfolgen statt. Diese Sichtweise von Bewegungslernen wird heute auch von der Handlungstheorie geteilt. Bernd Gröben (2000) hat sich bemüht, die von mir gewählte phänomenologische Sichtweise von Bewegungslernen mit der Handlungstheorie zu verbinden und eine neue Theorie des Bewegungslernens zu entwickeln.

- Klärung des Bewegungsproblems
- Klärung der Erfolgskriterien
- Schaffung von Bewegungssituationen mit gestaffelten Schwierigkeitsgraden
- Anerkennung individueller Lösungen
- Bewusstmachen des „inneren Bildes" (Bewegungsgefühls) des Reiters
- Anwendung und Ausweitung gekonnter Bewegungen (vgl. Trebels 1990)

Klärung des Bewegungsproblems

Im Gegensatz zum anweisungsorientierten Unterricht wird nicht die Form des Reitersitzes und der Aufgabenausführung vorgegeben, sondern das Ziel für eine bestimmte Aufgabe formuliert.
Aufgabe kann sein, auf dem ersten Hufschlag der Halle anzugaloppieren. Die Vorgabe des Ziels überlässt den einzelnen Reitern Entscheidungsfreiräume bei der Lösung, das heißt, sie müssen sich die unterschiedlichen Hilfen (halbe Parade, Stellung, Gewichtsverlagerung auf den inneren Gesäßknochen, innerer Schenkel am Gurt, äußerer Schenkel eine Handbreit hinter dem Gurt, elastisches Mitgehen in der Mittelpositur, Vorgehen mit der inneren Hand, äußere Schulter nicht zurücknehmen) bewusst machen und sich entscheiden, wann, wo und wie sie sie anwenden wollen.
(Im anweisungsorientierten Reitunterricht lässt die Bewegungsvorschrift keine andere Lösung als die angeordnete zu. Da der Reitlehrer die Hilfen korrekt vorgibt, dürften die Reiter eigentlich keine Fehler machen. Trotzdem passieren sie!)

Beim erfahrungsorientierten Lernen müssen sich die Reiter nun selbst die Hilfen (die sie vorher z. B. im Longenunterricht kennen gelernt haben) bewusst machen.

Die Entwicklung der Lösungen „innerhalb“ des Reiters (im Kopf und Gefühl) ist die Grundlage für die Entwicklung eines korrekten Bewegungsmusters. Der Reitlehrer erkennt an dem Gelingen/Nichtgelingen, wo die Reiter Probleme haben. Sie werden in gemeinsamer Absprache ausgemerzt. Dabei sollen die Reiter zunächst ihre eigenen Bewegungsvollzüge beurteilen. An dieser Beurteilung setzt der Reitlehrer an und gibt Hilfestellung. Die Reiter werden somit intensiv an den Lösungen beteiligt, so dass sie die Bewegungen und Bewegungsfolgen besser verinnerlichen können. Sie reflektieren sich in den Situationen und haben auch die Möglichkeit der Änderung ihrer Absichten. Sie lernen, für sich und das Pferd Entscheidungen zu treffen; dies ist die Grundlage für die Fähigkeit, auch in Situationen ohne Reitlehrer weitestgehend korrekt reiten zu können.

Klärung der Erfolgskriterien

Die Erfolgskriterien, mit denen das Bewegungsproblem („mit dem Pferd angaloppieren“) zu lösen ist, werden vor dem ersten Bewegungsvollzug nochmals besprochen, damit sie dem Reiter bewusst werden und er zumindest die korrekten Hilfen kennt.

Die Beurteilung der optimalen Lösung muss jedoch vorrangig vom Reiter selbst (mit Unterstützung des Reitlehrers) vorgenommen werden, weil die Beurteilung der eigenen Leistungen so in den Prozess der Bewegungsaneignung einfließt und zur Klärung bzw. Verdeutlichung des „inneren Bildes“ (des korrekten Bewegungsgefühls) verhelfen kann. *(Gerade dieser Gesichtspunkt wird beim anweisungsorientierten Unterricht außer Acht gelassen.)* Über die Mitbeteiligung der Reiterinnen und Reiter werden sie so in die Verantwortung beim Lernen genommen, dass sie langfristig unabhängiger vom Reitlehrer werden.

Schaffung von Bewegungssituationen mit gestaffelten Schwierigkeitsgraden

Die Erfahrungs- und Erprobungssituationen bei Unterrichtsstunden sollten im Sinne individueller Anpassung den einzelnen Reitern die Möglichkeiten bieten, Lösungen so zu bearbeiten, dass die Entscheidung für unterschiedliche Schwierigkeitsgrade möglich wird. Da jeder Reiter (jedes Pferd) andere Fähigkeiten (andere Möglichkeiten und Grenzen) hat, sind unterschiedliche Bewegungssituationen anzubieten und auf ihre positive/negative Wirkung für den jeweiligen Reiter/das jeweilige Pferd zu prüfen (Angaloppieren auf dem Zirkel, gegen die Bande, in der Ecke, an der kurzen Seite/an der langen Seite etc.). Die **„gestaffelten Situationen“** sind notwendig, weil jeder Reiter und jedes Pferd andere individuelle Bedingungen besitzt und deshalb andere Lernhilfen benötigt.

Akzeptieren individueller Lösungen

Das Gesagte macht deutlich, dass sich der Reitlehrer in den Vermittlungssituationen zurücknehmen muss. Ziel ist es, dass Bewegungslernen selbst gestaltet wird und hinsichtlich der eigenen Erfahrungen stimmig sein muss. Die Offenheit für die Gestaltung individueller Lösungen kann durch Formvorgaben unterstützt werden; die Bewegungsvorgaben dürfen jedoch nicht zu stark einschränken. Die Lösung von Bewegungsaufgaben der Reiterinnen und Reiter darf nur dann durch den Ausbilder abgelehnt werden, wenn sie entweder dem besprochenen Bewegungsproblem nicht entspricht oder im Widerspruch zu den gemeinsam verfolgten Beurteilungskriterien steht (vorab abgesprochene Abfolge von Hilfen).

Bewusstmachen des „inneren Bildes" (des Bewegungsgefühls) des Schülers

Ziel soll es sein, dass das innere Bild von der Bewegung und von den Bewegungsabfolgen z. B. während des Galopps zunehmend bewusster wird. Das eigene Bewegungsgefühl (das innere Bild) und die äußere Form des Galoppierens sollen ins Bewusstsein gehoben werden.

Der Reitlehrer sollte die Reiter fragen, wie sie die Lösung erfühlt haben. Auf diese Weise gewinnt der Reitlehrer Gewissheit über das Bewegungsgefühl der einzelnen Reiter. Eventuell wird er nach dem äußeren Ablauf der Galoppbewegung die Reitbewegungen der Teilnehmer anders einschätzen, als es die Reiter selbst erkennen und fühlen. Die bewusste Lenkung der Aufmerksamkeit der Reiter auf bestimmte Abschnitte von Reitlektionen eröffnet die Möglichkeit, dass die Reiterinnen und Reiter eine gezieltere Annäherung an die korrekte Galoppbewegung finden. Der Schwierigkeitsgrad der Situationen soll so abgestuft werden, dass die einzelnen Reiter sich aufgrund der Einsicht in die eigenen und Fähigkeiten des Pferdes für einen bestimmten Lösungsweg entscheiden können.

Anwendung und Ausweitung gekonnter Bewegungen

Nach dem korrekten Absolvieren des Galopps soll die Anwendung dieser Lektion in weiteren Situationen vertieft werden. Der Reiter hat die Bewegung nun dadurch zu stabilisieren, dass er sie in immer anderen Lektionszusammenhängen anwendet. Er reizt Situationen aus, welche Möglichkeiten für ihn und sein Pferd bieten. Er lernt auf diese Weise, die Galopphilfen sicher in sich ständig verändernden (schwieriger werdenden) Situationen anzuwenden. Hier schließt sich der Kreis zu dem von Leist/Loibl beschriebenen Vorgehen von Menschen in Bewegungssituationen: Ausgangspunkt stellt das Erkunden der Situation dar, Endpunkt bildet das Verfügen über die Situation.

Diese Art des methodischen Vorgehens ist auf allen Könnensstufen des Reitenlernens zu praktizieren. Nur durch die eigenständige Auseinandersetzung mit der Reitaufgabe kann sich das Bewegungsgefühl des Reiters entwickeln.

- Die Bewegungsabläufe des Reiters müssen im Vordergrund stehen und nicht die anzustrebende Form des Sitzes.
- Der Reiter muss sich von innen sehen lernen.
- Reiten ist ein Wechselspiel von Kräften. Aus diesem Wechselspiel gewinnt der Reiter Gesetzmäßigkeiten für sein Handeln. Somit lehrt die Situation und nicht die Instruktion.
- Reiten ist jedoch nicht Beliebigkeit.

Prinzipien für gefühlvolle Bewegungsvollzüge

Allgemeine Hintergründe für den Fehlgebrauch unseres Körpers

Um das Konzept des „Inneren Reitens" in die Praxis umsetzen zu können, müssen Voraussetzungen geschaffen werden, damit die Bewegungen dem Reiter auf dem Pferd gelingen bzw. der Reitlehrer sensibel für die Vermittlung von gefühlvollen Bewegungen wird. Bevor im Kapitel „Zur Entwicklung des Bewegungsgefühls", „Lektionen für gefühlvolle Bewegungsvollzüge" auf S. 136 eine Reihe von Lektionen zur Sensibilisierung für den eigenen Körper bzw. zum bewussten Umgang mit sich selbst beschrieben werden, muss verdeutlicht werden, wie der Mensch (Reiter) generell (auch auf tägliche Bewegungen bezogen) mit sich umgehen lernen muss. Ohne diese Grundlagen bleiben die praktischen Lektionen für den bewussten Umgang mit dem eigenen Körper wertlos. **Ein Reiter, der bei täglichen Bewegungsabläufen falsch mit seinem Körper umgeht, kann dann nicht plötzlich sensibel auf sein Pferd einwirken.**

Diese Prinzipien und die folgenden Lektionen dienen dazu, die stereotypen Reaktionsmuster, denen wir heute alle unterliegen, aufzubrechen und in – dem Menschen gemäße – Bewegungen umzuwandeln. Es gilt, ein Verständnis für den verantwortlichen Umgang mit dem eigenen Körper zu entwickeln und die Wahrnehmung des eigenen Körpers zu verbessern. **Es geht also um das Lernen des Lernens.**

—

Der Reiter muss sich selbst entdecken, er muss erfühlen lernen, wie er mit sich umgeht, um zu erkennen, dass die bisherige Art und Weise nicht korrekt ist.

—

Er muss die Bedeutung von Kopf, Hals und Rumpf als Ausgangsposition der Organisation der eigenen Bewegungen verstehen lernen. So wie sich diese Körperteile richtig oder falsch bewegen, so bewegt sich auch der gesamte Körper richtig oder falsch (vgl. Bedeutung Okzipitalgelenk, Bootsmastmodell, Funktion der Körperteile zueinander im Kapitel „Was ist eigentlich Bewegungsgefühl?" auf S. 97).

—

Der Reiter muss begreifen, dass falsche Bewegungen nicht nur ein rein körperliches Phänomen sind, sondern sich aus dem Verhältnis von Geist und Körper herleiten lassen. Im Kapitel „Was ist eigentlich Bewegungsgefühl?" auf S.97 ist bereits darauf aufmerksam gemacht worden, dass die Empfindung für die Selbststeuerung in unserer Kultur unzuverlässig geworden ist. Das Zentralnervensystem kompensiert Ungleichgewichte aufgrund einer ständigen Überforderung durch Stressoren nicht mehr.

—

Ziel ist die Ausbildung der Fähigkeit des Reiters, sich von unüberlegten Bewegungsabläufen zu befreien und sensibel für äußere und innere Abläufe seiner Person zu werden.

— Der Reiter unterliegt dem Problem von Gewohnheiten; er „benutzt sich" weitestgehend unüberlegt und ohne Bewusstheit (Feldenkrais). Dieser falsche Gebrauch führt langfristig zu negativen Folgen; er ist auch Hauptfaktor für fast alle Krankheiten.

— Die Hintergründe für den falschen Gebrauch des Körpers liegen nicht im Reiten selbst. In diesen Bewegungsbereich reichen Fehler hinein, die im täglichen Leben entstehen. Im täglichen Leben hat der Mensch eine ungleiche Koordination (siehe Teil I, Kapitel „Koordinative Grundlagen für das Reiten", S. 41) bei vielen Verrichtungen, weil bestimmte Körperteile zu viele, andere zu wenige Aufgaben übernehmen. Diese Situation führt zu Ungleichgewichten im muskulären und auch im psychischen Bereich. (Aus diesen Gründen soll der folgende Praxisteil – Kapitel „Zur Entwicklung des Bewegungsgefühls", „Lektionen für gefühlvolle Bewegungsvollzüge", S. 136 – auch mit täglichen Bewegungsabfolgen beginnen.)

Wenn im täglichen Leben bereits Probleme auftreten, dann reichen sie in alle weiteren Lebensbereiche hinein, auch in das Reiten. Deshalb ist es ein Irrglaube, anzunehmen, der Reitlehrer könne durch Anweisungen den Fehlgebrauch (körperliche Fehlhaltungen) von einem Moment zum anderen ändern. Für diese neue Haltung werden jedoch falsche Muskeln benötigt, was weitere Fehler nach sich zieht. Es geht also darum, die Wurzel dieses Übels zu erreichen. Dafür benötigt der Reiter unter anderem funktionelles Bewegungstraining, Sensibilisierungsübungen nach Alexander, Feldenkrais oder die Kinesiologie, um sich psychisch und muskulär umstrukturieren zu lernen.

In unserer Kultur leben viele Menschen stark „verkopft" (vgl. Kapitel „Gefühlvolles Reiten", „Grenzen der sprachlichen Vermittlung", S. 114, und „Lernen geschieht nicht nur über den Kopf", S. 117). Ziel muss die Entwicklung der körperlichen Koordination sein, bei der der Kopf, also die Intelligenz, zur Wirkung kommen muss, jedoch nicht die ständige Kontrolle übernehmen soll.

Das menschliche Verhalten ist heute oft so ausgebildet, als wären wir nicht eine Einheit von Geist und Körper, sondern eine Person, in der Körper und Geist nebeneinander stehen. Ebenso ist es mit unseren Körperteilen. Der Vergleich des Menschen mit einem Bootsmastmodell (S. 28) hat deutlich gemacht, wie die einzelnen Teile unseres Körpers miteinander harmonieren müssten. Trotzdem werden Reiter dazu veranlasst, nur einzelne Körperteile und nicht zusammenhängende Einheiten zu verändern. So kommt es, dass der Hals oder die Schultern die Arbeit übernehmen, die eigentlich der Rücken übernehmen müsste. Als Konsequenz entstehen langfristig Schmerzen, oder der Reiter verändert sich nicht ganzkörperlich, sodass sein Sitz und seine Einwirkung sich auch nicht verändern können.

So wie einzelne Körperteile die Arbeit für andere übernehmen, so übernimmt der Kopf oft die Arbeit für unsere Gefühle und umgekehrt. Dieser unwirtschaftliche Gebrauch der Körperenergien schafft Bewegungs- und psychische Probleme.

Grundlegende Bewegungsprinzipien

Die zentrale Erkenntnis für das Verhältnis von Kopf und Körper ist, dass Kopf, Hals und Rumpf die gesamte Organisation für den Körper übernehmen. Die so genannte „Primärkontrolle" (F. M. Alexander) ist kein automatisches Zentrum oder magischer Auslöser, sondern stellt ein sich ständig änderndes (dynamisches) Verhältnis von Kopf und Becken (Körper) dar.

Die Bewegungen, die der Kopf einleitet, vollzieht das Becken automatisch nach, genauso reagiert der Kopf im Kleinen auf die Bewegungen des Beckens.

Kopf, Hals und Rumpf stehen in einem höchst empfindlichen und verletzbaren Verhältnis zueinander. Im Kopf befinden sich das Gehirn, die Augen, die Ohren, Nase und Mund; er ist somit Ort der beiden wichtigsten Gleichgewichtszentren, dem der Augen und des Gleichgewichtsorgans (Verstibularapparat).

Kopf, Hals und Rumpf bestimmen die gesamte Körperhaltung. Die aufrechte Haltung erweitert den Gesichtskreis, ermöglicht einen lockeren, koordinierten Umgang mit den Armen und ermöglicht fein abgestimmte Handbewegungen. Außerdem steigert die aufrechte Haltung den körpereigenen Energiefluss, weil die Atmung, der Kreislauf, die Verdauung und das Körpergefühl optimal funktionieren können.

Jede Bewegung unseres Körpers wird durch das Gesamtmuster von Kopf, Hals und Rumpf kontrolliert und in den ganzkörperlichen, koordinativen Ablauf eingeordnet. Für den Reiter ist es wichtig, zu erfahren, dass eine veränderte Haltung des Kopfes im gesamten Körper unterschiedliche Positionen folgen lässt: Der Kopf führt und der Körper folgt.

In diesem Funktionszusammenhang spielen der Steh- und Stellreflex eine zentrale Rolle. Man beobachte eine Katze: Wenn sie eine Maus erspäht, so dreht sie ihr den Kopf zu, und ihr Körper bereitet die Handlung des Springens auf die Maus vor. Das nennt man Stehreflex. Es ist so, als verlange der Kopf dem übrigen Körper eine für die folgende Handlung notwendige Haltung ab. Verschwindet die Maus aus dem Blickfeld der Katze, so kehrt sie zu einem ausgeglichenen Ruhezustand zurück, wobei das Verhältnis von Kopf, Hals und Rumpf die zentrale Rolle für den folgenden Reflex (Stellreflex) spielt.

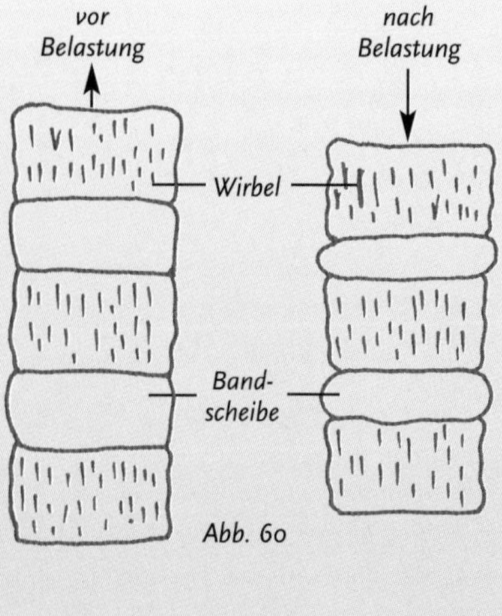

Abb. 60

Aus diesen Ausführungen folgt: Der Reiter muss das ausgewogene Funktionieren von Kopf, Hals und Rumpf erfühlen lernen. Es geht um die Dehnung der gewohnheitsmäßig verkürzenden Muskeln des Rückens (vgl. S. 56), sodass durch die Aufrichtung das Gleichgewicht des Skelett- und Muskelsystems hergestellt wird. Dieses Gleichgewicht zeigt sich in einem verbesserten Gesamtspannungsverhältnis aller Muskeln, das heißt, die verkürzenden und die abschwächenden Muskeln sind in einem ausgewogenen Verhältnis.

Daraus ergibt sich automatisch der aufrechte Sitz, wobei eine zentrale Rolle den mit Flüssigkeit gefüllten knorpeligen Bandscheiben zukommt (Abb. 60). Sind die Bandscheiben unter Spannung, wird die in ihnen enthaltene Flüssigkeit gepresst, sodass sich die Abstände der Wirbelkörper untereinander derart verändern, dass die Elastizität des gesamten Körpers verloren geht. Eine vom Kopf ausgelöste aufrechte und entspannte Haltung erhält damit die Elastizität des gesamten Körpers.

Die Grundhaltung der angezogenen Schultern muss also derart verändert werden, dass der Reiter lernt, die Schultern fallen zu lassen. Die angezogenen Schultern sind das so genannte Schreckmuster. Damit ist eine unter Stress und ständiger Überbelastung entstandene Gewohnheitshaltung gemeint, die den gesamten Körper blockiert. Sie muss durch entsprechende Veränderung von Gewohnheiten abgebaut werden.

Nur wenn die Primärkontrolle (Steuerung Kopf, Hals, Rumpf) gelingt, kann der Reiter lernen, sich besser wahrzunehmen. Die falsche Kopfhaltung verzerrt die gesamte Körperwahrnehmung. Alle Sinne des Körpers werden daran gehindert, die richtige Beziehung zur Außenwelt herzustellen (vgl. Ausführungen über Freiheit des Okzipitalgelenks, die alle Gelenke im Körper frei macht – Teil I, Kapitel „Der Reiter ist mit einem Bootsmastmodell zu vergleichen", S. 28).

Die Wurzel für eine bessere Wahrnehmung liegt in der Beziehung zu unserer Innenwelt (Außensicht/Innensicht – Kapitel „Was ist eigentlich Bewegungsgefühl?", S.97), insbesondere zu unserem Muskelsinn, unserer muskulären Unterscheidungsfähigkeit (vgl. Teil I, Kapitel „Koordinative Grundlagen für das Reiten", S. 41). Eine Störung der kinästhetischen (muskulären) Wahrnehmung führt automatisch zu einem Verzerreffekt unserer Selbstwahrnehmung. Eine schlaffe Haltung oder eine zu „feste" Körperhaltung lassen die korrekte Selbsteinschätzung über die Wahrnehmung nicht mehr zu (deshalb sind funktionelles Bewegungstraining – Teil I, Kapitel „Funktionelle Grundlagen für das Bewegungsgefühl des Reiters", S. 48, bis Kapitel „Zusammenstellung von Kräftigungsübungen", S. 67 – und Lektionen zur Entwicklung des Bewegungsgefühls – Kapitel „Zur Entwicklung des Bewegungsgefühls", „Lektionen für gefühlvolle Bewegungsvollzüge", S. 136 – unbedingt notwendig).

Diese schlechte kinästhetische Wahrnehmung (der schlecht ausgebildete Muskelsinn, die fehlende muskuläre Unterscheidungsfähigkeit) lässt falsche Sitzhaltungen und Einwirkungen auf dem Pferd als richtig erscheinen. Die Sinneswahrnehmung des Reiters muss wieder so weit hergestellt werden, dass der Reiter gefühlmäßig das Richtige vollzieht, ohne als Erstes den Verstand einzuschalten.

Das Gehirn, der Verstand, ist das Instrument, um das dann folgende Handeln vorzubereiten. Er soll es jedoch nicht ständig begleiten, weil dann die gefühlsmäßige Kontrolle wieder verloren geht (Kapitel „Gefühlvolles Reiten", „Grenzen der sprachlichen Vermittlung", S. 114, und „Lernen geschieht nicht nur über den Kopf", S. 117). In diesem Zusammenhang ist der Begriff „Innehalten" eine wichtige Fähigkeit des menschlichen Verstands, um die dann folgenden Wahrnehmungen vorzubereiten.

Der Reiter muss lernen, zwischen einem Reiz (Anweisung/Aufgabe des Ausbilders) und einer Reaktion (Reiterbewegung) eine Pause einzulegen. Leider wird von vielen Ausbildern verlangt, dass die Reiter sofort ihre Anweisungen umsetzen sollen. Die dann folgenden Reitbewegungen können nichts anderes sein als bereits vorhandene Reiz-Reaktionsmuster oder krampfartige Haltungen. Neue Reitbewegungen bzw. ein Umlernen von eingeschliffenen Mustern ist auf diese Weise nicht möglich.

Der Verstand des Reiters muss lernen, ein Instrument zur Vorbereitung des Handelns zu werden. „Innehalten" meint im Zusammenhang von Lern- und Umlernprozessen, dass eine Reaktion, die der Reiter vornehmen möchte (er möchte gern dem Wunsch des Ausbilders entsprechen), aufgeschoben wird, bis die inneren Vorgänge, das innere Bild so klar entwickelt sind, um es nach außen zu lassen. Man muss sich also unbedingt weigern, seine verstandesmäßige Vorbereitung so schnell wie möglich in Bewegung umzusetzen.

Diesbezüglich muss nämlich der Reiter das, was er eigentlich tun möchte, unterbinden, nämlich das stereotype Falsche. Dies ist verstandesmäßig einzusehen, aber gefühlsmäßig schwer umzusetzen. Man denke an das Katzenbeispiel zurück. Was bei der Katze instinktiv abläuft, kann vom Reiter bewusst unter Kontrolle gehalten werden. Das Innehalten der Katze und die Vorbereitung auf das Folgende, sich nämlich auf die Maus zu stürzen, gelingt nur, wenn eine entsprechende Vorbereitung eingeschoben wird, die alle körperlichen Reflexe optimal einstellt. Bei der Katze sind das psychische und muskuläre System so vorbereitet, dass die erzeugte positive Spannung des muskulären Systems nur noch herausgelassen werden muss.

Der Reiter hat also seinen Verstand in der Pause nach dem Reiz (der Aufgabe und nicht Anweisung – vgl. Beispiel des Reitens eines Zirkels, S. 107) so einzusetzen, dass er sich bewusst Zeit lässt, um sich erst einmal geistig (mental – Fähigkeit der linken Gehirnhälfte) auf die Erfüllung der Aufgabe vorzubereiten.

Das heißt, der Reiter spielt die Möglichkeiten der Bewegung so lange im Inneren durch, bis er das Gefühl hat, dass er es schaffen könnte, die Bewegung entsprechend korrekt zu absolvieren. Diese verstandesmäßige Durchdringung führt im Inneren des Reiters (in seinem Nerv-Muskel-system) zu biochemischen Prozessen, die identisch sind mit denen einer real vollzogenen Bewegung. Das „mentale und autogene Training" bedient sich dieser wissenschaftlichen Erkenntnisse; warum sollten sie nicht auch für den Reiter nutzbar gemacht werden?

Quintessenz I: Der Reiter soll erst gar nicht einen Konkurrenzkampf zwischen dem „bewussten Bestimmer" (Kopf) und dem „unbewussten Macher" (Gefühl) (vgl. Kapitel „Gefühlvolles Reiten", „Grenzen der sprachlichen Vermittlung", S. 114) aufkommen lassen, sondern die Fähigkeit des „Kopfes" nutzen, um das „Gefühl" optimal vorzubereiten. Je besser der „Kopf" das innere Bild gezeichnet hat, desto besser kann man dem „Gefühl" freien Lauf lassen.

Quintessenz II: Für Lern- und Umlernprozesse benötigt der Reiter Ruhe, Freiräume für die eigene äußere und innere Gestaltung. Der Reitausbilder unterstützt bei Problemen mit den inneren Prozessen, das heißt, der Reiter kann den Ausbilder jederzeit als Helfenden heranziehen, wenn er bei dem mentalen Erstellen des inneren Bildes Schwierigkeiten hat.

Dieser Vorgang wird mit „Ausrichtung durch Direktiven" (F. M. Alexander) bezeichnet. Auf eine solche Art vorzugehen ist nicht unbedingt sofort

Lockern durch vielfältige Übungen auf dem Pferd.

möglich. Besonders schwer ist es, weil der Reiter noch sein Pferd einbeziehen muss. Aus diesen Gründen muss der Reiter erst einmal lernen, mit sich selbst so umzugehen, um die erworbene Fähigkeit auch innerhalb des Reitprozesses auf dem Pferd umsetzen zu können. Aus diesen Gründen sind die entsprechenden Übungen (Teil I, „Funktionelle Grundlagen für das Bewegungsgefühl des Reiters“, S. 48, bis Kapitel „Zusammenstellung von Kräftigungsübungen“, S. 67) und Lektionen im Kapitel „Zur Entwicklung des Bewegungsgefühls“, „Lektionen für gefühlvolle Bewegungsvollzüge des Alltags“, S. 138, „Lektionen zur tieferen Sensibilisierung“, S. 155, von fundamentaler Bedeutung.

Über die „Ausrichtung durch Direktiven“ hinaus ist ein weiteres Prinzip des „Umgangs mit sich selbst“ wichtig, nämlich Mittel der Umsetzung von Reitbewegungen zu wählen, anstatt Ziele anzustreben. Was bedeutet das?

Ein Ausbilder fordert den Reiter auf, die linke Schulter zu heben. Diese Aufforderung gibt ein Ziel an; die Mittel dazu werden dem Reiter nicht an die Hand gegeben. Wenn nun der Reiter und auch der Ausbilder in beiden Kapiteln dieses Buches gelernt haben, wie die äußeren und inneren Abläufe des Reiters funktionieren, dann kann der Reitlehrer dem Reiter genau sagen (oder ihm mit seinen Händen zeigen) mit welchen Körperteilen / Mitteln) er das entsprechende Ziel erreichen kann. Der Ausbilder dringt ins Innere des Reiters ein, der Reiter erhält Hilfen, um die entsprechenden Bewegungen im Kopf so lange durchzuspielen, bis er das richtige Gefühl entwickelt hat und die Bewegung auszuführen imstande ist.

Um die Grundlage für diese Fähigkeit zu entwickeln, Mittel zu wählen, anstatt Ziele anzustreben, muss das selbstständige, entdeckende Lernen ermöglicht werden (vgl. Kapitel „Zur Entwicklung des Bewegungsgefühls“, „Reitbewegungen von außen und innen sehen lernen“, S. 121 – erfahrungsorientiertes Lernen). Nur über die Struktur des erfahrungsorientierten Lernens wird der Reiter befähigt, das „innere Reiten“ erlernen zu können.

Die folgenden Lektionen dienen nicht dazu, Bewegungen richtig oder falsch zu vollziehen. Sie enthalten Prozesse, die es jedem Reiter ermöglichen, zum ersten Mal zu erfahren, was für ihn selbst richtig ist. Es gilt, den Schlüssel zu sich selbst zu finden, das heißt, einen Weg zu finden, um Bewegungen zu vollziehen, die sich leicht, bequem und angenehm anfühlen.

Der Einsatz von Kraft als Grundlage für die Erfüllung der Lektionen ist auszuschließen. Deshalb werden die Übungen auch in Positionen absolviert, in denen die Schwerkraft weitestgehend ausgeschlossen ist. Der Reiter kann nur unter Ausschluss der Schwerkraft „Sichfühlen“ lernen, seine Grenzen und auch neue Möglichkeiten entdecken, weil er nicht den Großteil seiner Muskelkraft dafür aufwenden muss, gegen die Schwerkraft anzuwirken. In diesen Situationen ist nämlich das Zentralnervensystem so beansprucht, dass es für das „innere Fühlen“ keine Sensibilität mehr bereitstellen kann. Sind gefühlsmäßige Grundlagen entwickelt, kann der Reiter diese neuen Bewegungsqualitäten auch in Situationen unter Einbeziehung der Schwerkraft vollziehen.

Der Reiter kann nur die „funktionale Integration" (die Beziehungen der einzelnen Körperteile zueinander – Teil I, Kapitel „Welche Verbindung haben die Körperteile untereinander?", S. 30) spüren, wenn er sich sanft, langsam, ohne Druck und Hektik bewegt. Es gilt, Anstrengung zu vermeiden, weil der Reiter dann nichts anderes über das Funktionieren seines Körpers lernen würde. Er würde sich nur anstrengen. Ziel muss es sein, die eigenen Grenzen zu erspüren und nie mit Gewalt darüber hinauszugehen.

Bei allen Bewegungen muss Folgendes beachtet werden (vgl. F. M. Alexander, Feldenkrais):

1) Jede Bewegung sollte leicht, behutsam, bequem ausgeführt werden. Die Grenze der Bewegung des Reiters sollte der Punkt sein, an dem sich bei ihm eine leichte Spannung aufbaut, er ein Ziehen spürt. Wenn er sich knapp unter dieser Grenze bewegt, wird der Lernerfolg bedeutend gesteigert. Er sollte nie mit Gewalt über diesen Punkt hinausgehen. Der Reiter muss spüren lernen, fast ohne etwas zu tun. Im Mittelpunkt muss das muskuläre „Durchfühlen" bzw. „Durchdenken" der Situation stehen.

2) Bewegungen müssen langsam vollzogen werden, damit der für die langsamen Bewegungen zuständige Gehirnteil, der die Handlungen organisiert, Schritt halten kann mit dem eigenen Tun. Bei schnellen Bewegungen werden nur vorher automatisch organisierte Handlungsabläufe angeregt bzw. in Gang gesetzt. Eine Veränderung des Verhaltens ist auf diese Weise nicht möglich. Diese Versuche wären mechanisch, ohne Kopf und Gefühl.

3) Was der Reiter tut, muss für ihn angenehm sein, um Neues zu lernen und Altes (Unbrauchbares) verlernen zu können. Bei Müdigkeit und innerer Unruhe sollte der Reiter aufhören, seine Übungen zu machen. Dies entspricht auch der Situation im Reiten: Die eigene innere Unruhe würde sich sofort auf das Pferd übertragen und zu keinem Erfolg führen.

4) Es gibt keinen von außen bestimmbaren Weg, um Lektionen auszuführen. Jede Lektion ist für den Reiter Gelegenheit herauszufinden, was für seinen Körper richtig und wichtig ist. Das eigene Wohlbefinden oder das behagliche Gefühl sollte die führende Größe bei allen Bewegungsvollzügen werden. Treten Schwierigkeiten auf, sollte der Reiter einen Augenblick aufhören und sich ausruhen.

5) Die Bezugsgröße für die eigene Bewegung ist jeder Reiter selbst und nicht der Vergleich mit anderen.

6) Man kann die Sensibilität für eigene Bewegungsabläufe nur erhöhen, wenn man die Anstrengung verringert. Oder: Je geringer der Reiz, desto größer ist die Wahrnehmung. Ein Beispiel aus einem anderen Lebensbereich möge dieses Prinzip verdeutlichen: Jemand geht in ein Chinarestaurant und sieht vor sich das Gewürzset stehen. Wenn man nun als Erstes Tabasco auf die Zunge streichen würde, wäre der Reiz so groß, dass danach

Essig, Salz, Soja ebenso wie Tabasco schmecken würden, obwohl alle einen eigenen Geschmack haben.

Auf Bewegung bezogen folgt daraus: Man muss die kraftmäßige Anstrengung vermindern, um kleine Unterschiede spüren zu können. Leichtigkeit setzt die Muskeln frei, die bei einem kraftmäßigen Einsatz nie zum Tragen kommen würden. Man denke an Teil I, Kapitel „Der Reiter ist mit einem Bootsmastmodell zu vergleichen", S. 28, in dem im Zusammenhang mit dem falschen Umgang mit dem Kopf verdeutlicht wurde, dass beim Bewegen des Kopfes immer die großen Muskelstränge benutzt werden. Sie verspannen die Hals-Nacken-Partie, und die kleinen Muskeln, die am Okzipitalgelenk ansetzen, verkümmern, weil sie nie benutzt werden. Der Reiter muss lernen, unbenutzte Muskelgruppen wieder einzubeziehen.

7) Es ist somit nicht wichtig, dass man etwas tut, sondern wie man es tut. Ein und dieselbe Bewegung muss auf verschiedene Art und Weise (langsam oder schnell/ weich oder kraftvoll) vollziehbar sein, dann erst kann man von einem Lernerfolg sprechen. Denn wie sollte ein Reiter mit unterschiedlichen Pferden umgehen lernen, wenn er diese Unterscheidungsfähigkeit nicht hätte? Nicht alle Pferde wollen auf dieselbe Weise geritten werden; sie haben ganz unterschiedliche Voraussetzungen und Möglichkeiten wie die Reiter auch. Erst wenn diese Unterscheidungsfähigkeit des Reiters entwickelt worden ist, kann von einem Lernerfolg gesprochen werden. Alles andere bleibt Schematismus und ist nicht erfolgreich auf unterschiedliche Situationen übertragbar.

8) Die Anstrengung muss verringert werden, trotzdem muss sich der Reiter Mühe geben. Leider wird in unserer Kultur in allen Sportarten viel zu viel mit Kraft und Anstrengung gearbeitet; ein Phänomen, das der mittelalterlichen Kraftkultur ähnelt. Gerade darin sind die Hintergründe der meisten Krankheitserscheinungen des Bewegungsapparats zu sehen.

Zusammenfassung

- Ausschalten der Schwerkraft
- Aufgaben erteilen und kleine Anweisungen geben
- Innensicht entwickeln
- Beeinflussung und Einbeziehung unbenutzter Muskelgruppen
- Aktivierung selten benutzter Muskelgruppen
- Stimulierung beider Gehirnhälften
- Verbesserung des Allgemeingefühls
- Entwicklung eines besseren Bewusstseins über sich selbst
- Kein äußerer Zwang, sondern Orientierung an sich selbst
- Kein Vormachen, sondern eigene Grenzen erkennen und ausweiten
- Bewusstwerden der eigenen Möglichkeiten
- Zurückführung zu den eigenen natürlichen Bewegungsmöglichkeiten
- Erfahren des eigenen Körpers und Entwicklung einer bewussten Kontrolle (ohne Verkopfung)
- Veränderung von falschen Gewohnheiten

Lektionen für gefühlvolle Bewegungsvollzüge

Unsere falschen Gewohnheiten

Die Alltagsbewegungen des Menschen entsprechen nicht mehr seinen körperlichen Gegebenheiten; was Kinder noch können, hat der Erwachsene verlernt. Es haben sich falsche Gewohnheiten eingeschliffen, die den Menschen unsensibel für alle weiteren Tätigkeiten werden ließen.

Wenn nun der Reiter sensibilisiert werden soll, sich entsprechend gefühlvoll auf dem Pferd zu bewegen und auf das Pferd feinfühlig einzuwirken, dann muss er bereits im Alltag umlernen, um sich vor dem Hintergrund eines insgesamt veränderten Körperbewusstseins auch in anderen Bewegungswelten sensibel verhalten zu können. Deshalb beginnt die Entwicklung der Sensibilität für den Reiter in dem Konzept des „inneren Reitens“ anhand von Alltagsbewegungen.

Abb. 61

Im Verlaufe der Kindheit werden die Eingriffe der Umwelt in den natürlichen Umgang mit uns selbst so stark, dass das Zentralnervensystem diese Überforderungen nicht mehr automatisch ausgleichen kann. Bei Betrachtung beider Kinderbewegungen (Abb. 61 und 62) wird die natürliche Haltung deutlich.

Das Kind ist vollkommen entspannt, wie es sich in Abb. 61 nach einem Gegenstand bückt, um ihn aufzuheben. Der ganze Körper befindet sich im Gleichgewicht. Ebenso nehmen Kinder beim Sitzen eine natürliche Haltung ein, ohne zu verkrampfen. Erwachsenen sind die gezeigten Bewegungsabläufe bereits fremd geworden. Wenn sie sitzen oder sich bücken, treten Fehlbewegungen auf, die das Gefühl für die natürlichen körpereigenen Bewegungsabfolgen systematisch zerstören. Bei den Tieren laufen die Bewegungsprozesse natürlich ab: Der Kopf bestimmt die Bewegung, und der Körper folgt (Abb. 63).

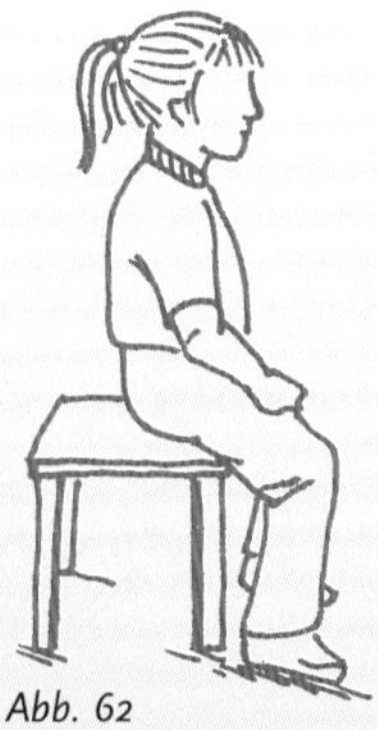

Abb. 62

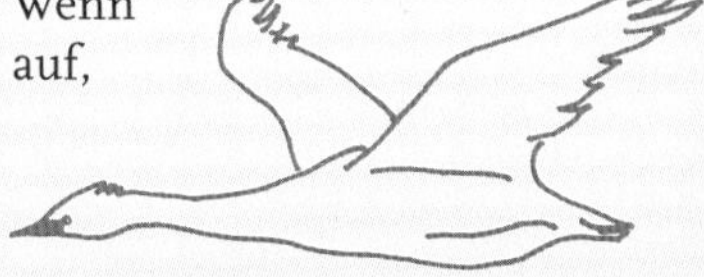

Abb. 63

Die folgenden Abbildungen von typischen Lebenssituationen mögen dieses Problem verdeutlichen. Abb. 64 demonstriert eine häufige Stehhaltung, bei der eine verzerrte Ausrichtung des gesamten Körpers zu erkennen ist. Durch die Haltung, die dem Menschen bequem erscheint, werden – ohne dass es der Einzelne spürt – Muskeln verspannt (Abb. 65). Sitzhaltungen wie in Abb. 66 und 67 können in unserer Umwelt häufig beobachtet werden: Menschen sind scheinbar entspannt, ohne Signale zu spüren, die allmählich zu Verzerrungen des gesamten Körpers füh-

Abb. 64

Abb. 65

Abb. 66

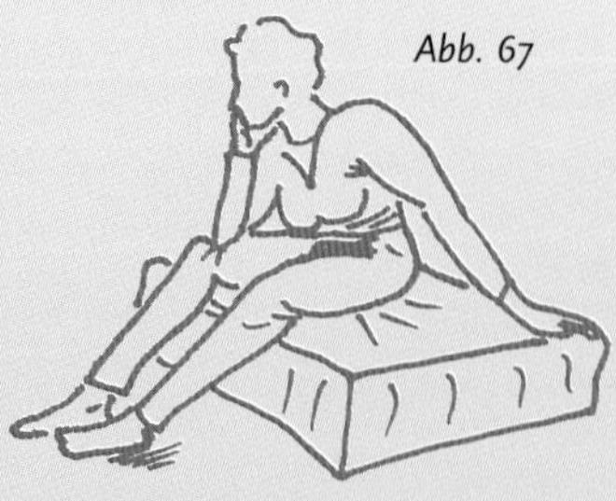

Abb. 67

Abb. 68

ren (vgl. Teil I, Kapitel „Der Reiter ist mit einem Bootsmastmodell zu vergleichen“, S. 28, und „Welche Verbindung haben die Körperteile untereinander?“, S. 30). Wenn jemand jahrelang z.B. bei Schreibarbeiten eine gekrümmte Haltung einnimmt (Abb. 68), erwirbt er nicht nur Haltungsstörungen, sondern greift noch intensiver in seinen Organismus ein: Er wird mittelfristig durch Atmungsstörungen geschädigt. Bei einer solchen Haltung verengt sich der Brustkorb und die Atmung erfolgt flach. Da die Atmung jedoch Grundlage unseres Lebens ist, mag sich jeder ausrechnen, wie die gesamte Leistungsfähigkeit des Menschen durch solche Fehlbelastungen ständig abnimmt.

Abb. 69

In der Jugend beginnende Fehlhaltungen führen im Alter durch immer stärker werdende Muskelverspannungen zu einem zurückgezogenen Kopf (Abb. 69), der wiederum Lendenwirbelbeschwerden nach sich zieht (vgl. Bootsmastmodell – Teil I, Kapitel „Der Reiter ist mit einem Bootsmastmodell zu vergleichen“, S. 28).

Das Stehen ist bei Kleinkindern zwar noch eine natürliche Haltung, die jedoch durch Sensibilisierung des Umgangs mit dem eigenen Körper ständig aufrechterhalten werden muss. Heute stehen fast alle Menschen nicht körpergerecht. Die Stehhaltung in Abb. 70 zeigt eine typische Fehlbelastung. Da die Muskulatur nicht ausbalanciert ist, gleicht der Mensch dieses Defizit durch ein Nach-vorne-Schieben des Beckens aus. Es entstehen hohe Druckaspekte im Lendenwirbelbereich, die sich auf das gesamte Muskelsystem verzerrend auswirken; alle Muskeln sind angespannt. Auch die scheinbar entspannte, übliche Stehhaltung in Abb. 71 führt zu Verkrümmungen im Rücken; die Hüfte und der Bauch sind vorgestreckt. Aus dieser Haltung entsteht Müdigkeit und die inneren Organe werden stark belastet.

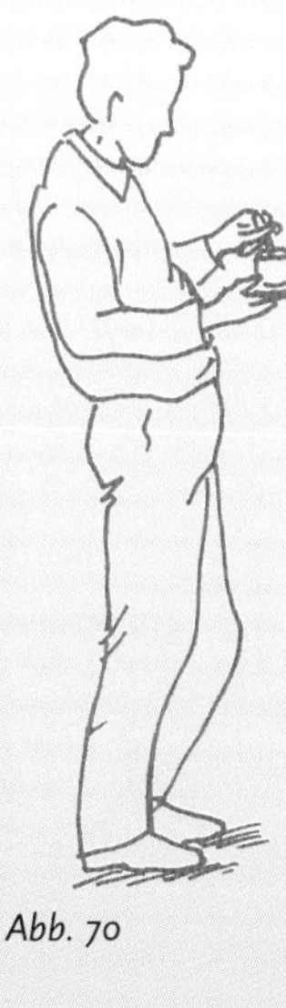

Abb. 70

Abb. 71

Die in unserer Gesellschaft ständig zu hörenden Anweisungen „Halte dich gerade“ führen unweigerlich zu Haltungen, die vielleicht äußerlich gerade zu sein scheinen, in ihren inneren Abläufen oder muskulären Zuständen jedoch das Gegenteil hervorrufen. Abb. 72 zeigt ein typisches Beispiel für die Unzulänglichkeit der Sinneswahrnehmung. Der Mann glaubt, aufrecht zu stehen, obwohl sein Körper deutlich verkrümmt ist.

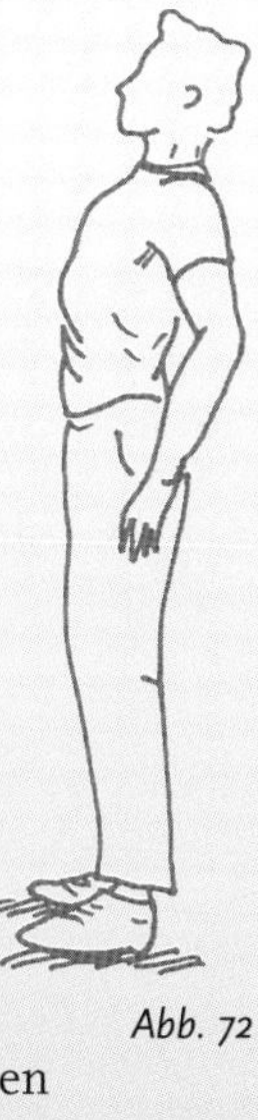

Abb. 72

Gerade dieses Beispiel lässt eine Übertragung auf das Reiten zu. Der Reiter wird im gängigen Unterricht auch immer wieder aufgefordert, sich gerade hinzusetzen. Er versucht dieser Anweisung gerecht zu werden, verspannt sich jedoch dabei, weil er einem Ziel nachkommen will, ohne die Mittel dafür zu kennen (vgl. Kapitel „Zur Entwicklung des Bewegungsgefühls“, S. 121, „Prinzipien für gefühlvolle Bewegungsvollzüge“, S. 128). Der Grund für einen nicht aufrechten Sitz ist immer in den Schwächen bestimmter Körperbereiche zu suchen, die es nicht mehr schaffen, einen harmonischen Zustand des Körperbildes wie bei den beiden Kinderabbildungen herzustellen (Abb. 61/62).

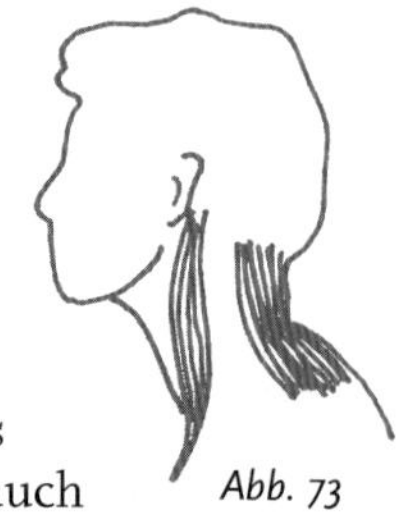

Abb. 73

Im Kapitel „Zur Entwicklung des Bewegungsgefühls", „Prinzipien für gefühlvolle Bewegungsvollzüge", S. 128, ist besonders auf die Steuerungsfunktion von Kopf, Hals und Rumpf hingewiesen worden (Primärkontrolle). In dieser Fehlbelastung liegt die Wurzel allen Übels. Abb. 73 verdeutlicht, wie aus einer Überbeanspruchung der großen Halsmuskeln eine Verspannung des gesamten Körpers eingeleitet wird. Bereits das Aufstehen in Abb. 74 zeigt einen allgemein üblichen Missbrauch des Körpers, der eine Katastrophe im Umgang mit unserem Körper darstellt: Der Hals ist steif, der Kopf nach hinten gezogen, der Brustkorb angehoben, der Rücken durchgedrückt und das Gesäß nach hinten weggeschoben.

Da in den Ausführungen über „Prinzipien für gefühlvolle Bewegungsvollzüge" (Kapitel „Zur Entwicklung des Bewegungsgefühls", S. 121, „Prinzipien für gefühlvolle Bewegungsvollzüge", S. 128) die zentrale Bedeutung von Kopf, Hals und Rumpf betont worden ist, beginnen die Lektionen auch mit der Kopfsteuerung (Primärkontrolle) anhand von Alltagsbewegungen.

Abb. 74

Lektionen für Bewegungsabläufe des Alltags

Nicht den Kopf verlieren!

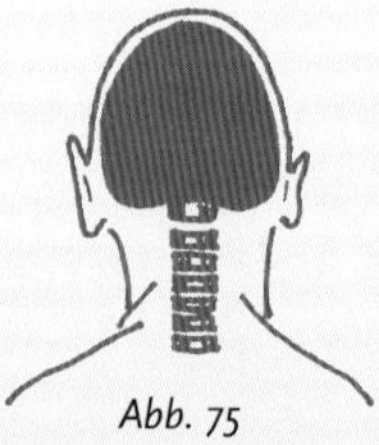

Abb. 75

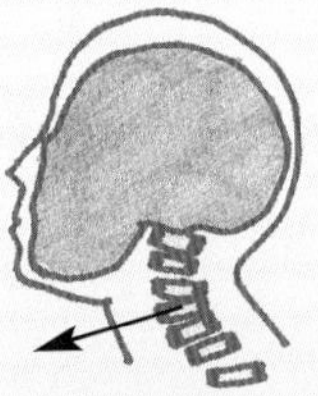

Abb. 78

Ein gut ausbalancierter Kopf (Abb. 75) ist Grundvoraussetzung für die Organisation des gesamten Körpers. Die Ebene von Ohren und Schultern ist gut ausgerichtet, die Wirbelsäule verläuft gerade. Wegen einer einseitig ausgebildeten Muskulatur (Teil I, Kapitel „Ursachen und Vermeidung muskulärer Ungleichgewichte", S. 33) wird von vielen der Kopf seitlich getragen (Abb. 76). Dieser verdrehte Hals führt zu Folgeproblemen im Bereich des Brustbeines und des Brustkorbs insgesamt. Es entstehen starke Anspannungen, die zu einem Ungleichgewicht der Muskeln in Nacken und Schultern führen. Ein Reiter z. B. sitzt aufgrund dieser Kopfhaltung immer nur auf einem Gesäßknochen, in diesem Falle links. Die Verformung der gesamten Wirbelsäule nach links wird durch die Kopfneigung nach rechts vorgenommen.

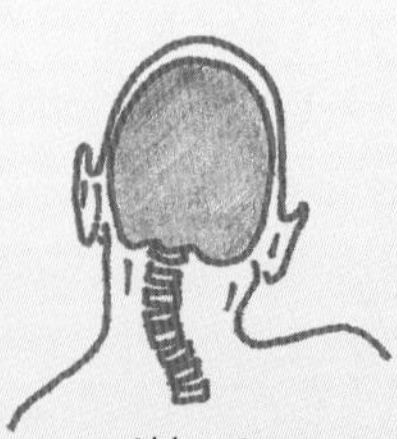

Abb. 76

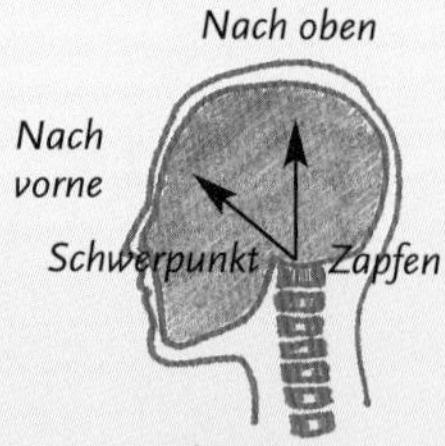

Abb. 79

Abb. 77 zeigt einen nach hinten und unten gezogenen Kopf. Dadurch wird das Okzipitalgelenk starr. Die aus dem Gleichgewicht geratenen Muskeln üben Zugkraft aus und drücken nach unten auf das obere Ende der Wirbelsäule. Wenn der Hals nach vorne zusammengesunken ist (Abb. 78), entstehen mögliche Verengungen zwischen den Wirbelkörpern der Halswirbelsäule und damit ein leichter Buckel. Die Abb. 79 und 80 zeigen den Zustand eines gut balancierten Kopfes mit einem gut ausgerichteten Nacken. Alle Muskeln befinden sich bei einer solchen Kopfstellung im Gleichgewicht.

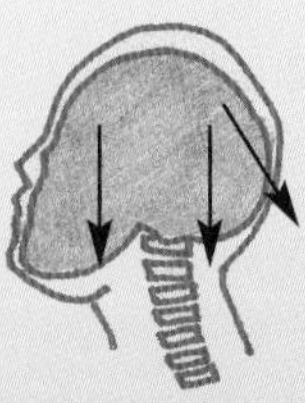

Abb. 77

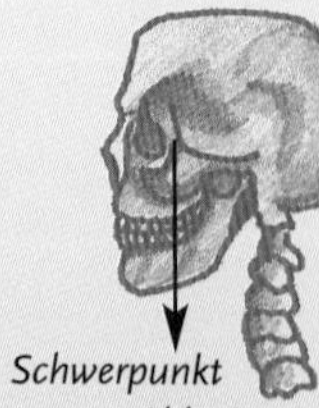

Abb. 80

Abb. 83

Abb. 84

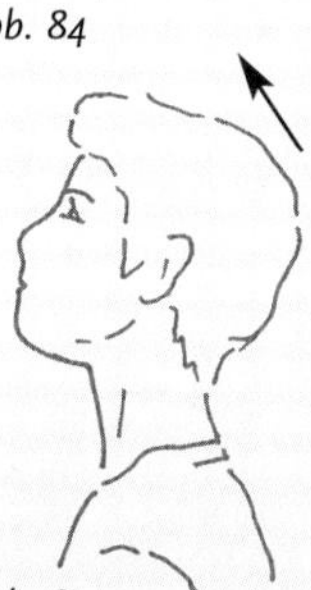
Abb. 85

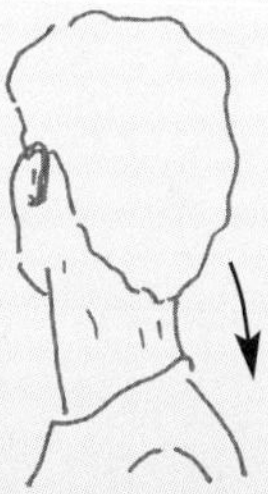
Abb. 86

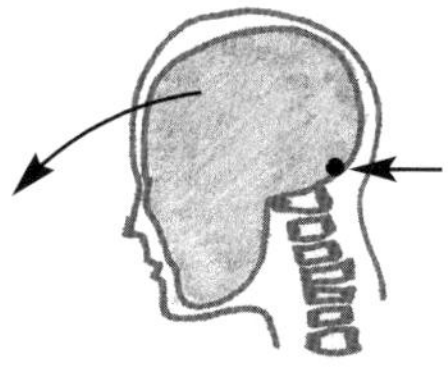
Drehpunkt
Abb. 81 (Okzipitalgelenk)

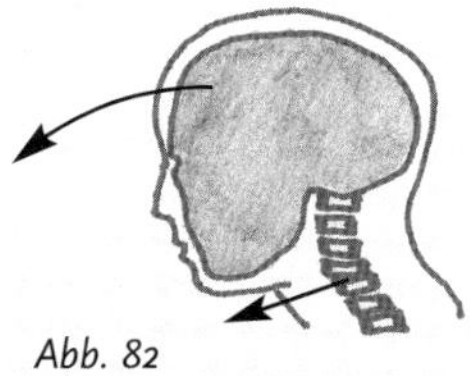
Abb. 82

Demgegenüber führt eine Kopfhaltung nach vorne und unten (Abb. 81) zu einer zu starken Streckung des Halses bei gleichzeitiger Spannung im Kinn durch zu stark zusammengezogene Muskeln vorn am Hals. Diese Haltung wird ganz häufig von Reitern eingenommen, wenn sie aufgefordert werden, den Kopf aufrecht zu tragen. Es bedarf viel Sensibilität, um den Kopf aufzurichten und gleichzeitig Lockerheit im Hals und in den Schultern zu gewährleisten. Darauf wird später noch intensiver eingegangen.

Bei einer Haltung wie in Abb. 82 kann zu wenig Anspannung im Hals und damit eine Verschiebung der Wirbel nach hinten entstehen.

Der nach hinten und unten gezogene Kopf (Abb. 83) führt zu Druckzuständen im hinteren Nackenbereich bei gleichzeitiger Dehnspannung der Unterseite des Kinns. Man soll dem Kopf erlauben, auf dem höchsten Punkt des Nackens leicht nach hinten oben zu rollen (Abb. 84). Bei einer Blickrichtung leicht nach unten ist der Kopf nach vorne und oben ausgerichtet. Es ist bereits in Teil I, Kapitel „Welche Verbindung haben die Körperteile untereinander?“, auf S. 30 angesprochen worden, dass diese Kopfhaltung für den Reiter von besonderer Bedeutung ist, um den gesamten Körper gelöst mit den Pferdebewegungen mitschwingen zu lassen.

Abb. 85 verdeutlicht, wie die Augen nach oben blicken, ohne den Kopf nach hinten unten zu ziehen. Er ist nach vorne oben ausgerichtet und lässt somit die gesamte Nackenmuskulatur frei. Der Mensch – besonders der Reiter – muss lernen, die Augen zu bewegen, ohne den Kopf mitzubewegen. Dieser Vorgang ist schwer zu realisieren, weil der Körper meistens den Augen folgt. Für einen Reiter ist es jedoch wichtig, dass er sich aus den Augenwinkeln räumlich orientiert, ohne den Kopf ständig mitwenden zu lassen. Diese Fehlbewegungen würden ständige Sitzveränderungen bedeuten. Das Pferd würde durch die unbeabsichtigten Hilfen verwirrt.

Die Drehbewegung des Kopfes in Abb. 86 verdeutlicht im Gegensatz zu Abb. 87 a eine Drehbewegung mit nach hinten unten gezogenem Kopf. Wie die kleinen Muskeln, die am Hinterkopf ansetzen, korrekt benutzt werden sollen, verdeutlichen die Abb. 87 a und b. Nur diese Stellung ermöglicht eine freie Drehbewegung mit vollkommen ausbalancierter Nackenmuskulatur.

Wenn der Mensch sich insgesamt bemüht, seine falschen Gewohnheiten auszumerzen, darf er sich nicht erhöhter Konzentration unterwerfen. Konzentration ist eine geistige Haltung, die leichte Verspannungen im Körper hervorruft. Jeder muss sich bemühen, seine Fähigkeit zur Aufmerksamkeit zu erweitern. Aufmerksamkeit ist ein wacher Zustand. Es geht nicht nur um die normalen Informationen durch die Sinnesorgane, Gedanken und Gefühle, sondern vor allem um die Informationen des kinästhetischen Sinnes (Muskelsinn, muskuläre Unterscheidungsfähigkeit).

Psychologen haben die Anzahl der Wimpernschläge in einer gewissen Zeit als Maß für die Konzentration er-

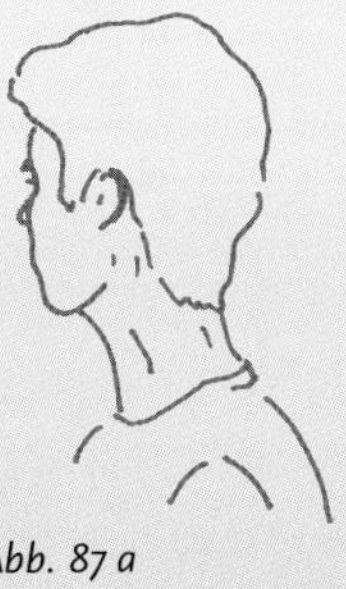
Abb. 87 a

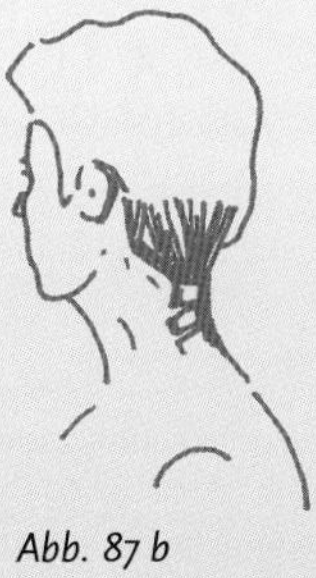
Abb. 87 b

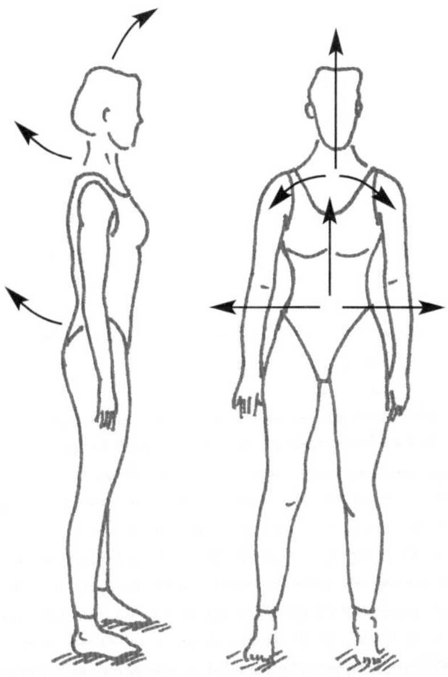

Abb. 88

mittelt. Bei großer Konzentration hören Menschen oft ganz auf zu blinzeln, bei Beunruhigung oder Erregung hingegen blinzelt der Mensch mehr als normal. In Aufmerksamkeitssituationen erhöht sich bei jedem Menschen der Wimpernschlag leicht. Er wird fähig, sich von innen zu betrachten, ohne den Kopf für die Situation zu verlieren. Das heißt, er ist wach für Bewegungsabläufe im eigenen Körper und um ihn herum. Konzentration würde die Balance zwischen Ich und Umwelt einseitig in eine Richtung verzerren: Entweder spürt man ausschließlich Dingen im eigenen Körper nach oder erfasst nur die Umwelt.

Zum Abschluss der Ausführungen über den Kopf (Primärkontrolle) verdeutlicht die Abb. 88 die Direktiven, die sich jeder stets vergegenwärtigen sollte (ohne sie muskulär nachzuvollziehen), um aus seinen falschen Gewohnheiten herauszukommen.

Erkenntnisse aus dem mentalen Training besagen, dass sich muskuläre Veränderungen bereits ergeben, wenn der Mensch sich geistig mit ihnen beschäftigt. Biochemisch laufen dieselben Vorgänge ab, als würde man die entsprechenden Muskeln direkt bewegen:

Ich lasse den Hals frei, damit der Kopf nach vorne oben gehen kann, um den Rücken längen und weiten zu können. Diese Direktiven führen bei ständiger Vergegenwärtigung nach entsprechender Zeit zu einem veränderten Umgang mit dem Kopf und Rumpf.

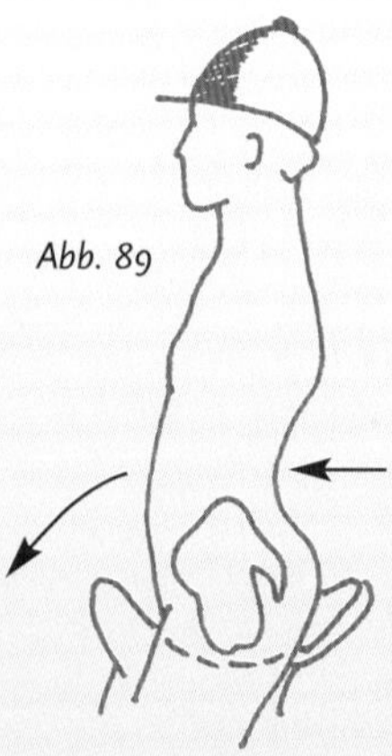

Abb. 89

Missbrauch des Rückens. Oder: Rücken längen und weiten!

Die falschen Gewohnheiten sind bereits angedeutet worden, sollen hier jedoch vertieft werden, um für den Reiter Grundlagen zu bieten, die er für seine Aufmerksamkeitslenkung und damit Veränderung seines Gebrauchs des Rückens zum Positiven benötigt. Der Rücken ist für den Reiter bezüglich seiner Gewichtshilfen von zentraler Bedeutung, deswegen muss er sich auch entsprechend intensiv mit ihm auseinander setzen.

Abb. 90

Nach der Erörterung des richtigen Gebrauchs des Kopfes folgen nun Ausführungen für den Umgang mit dem Becken. Wie bereits mehrfach angesprochen, zeichnet das Becken die Bewegungen des Kopfes nach. Wenn der Kopf in den Nacken genommen wird, bildet der Reiter automatisch ein Hohlkreuz.

Abb. 89 verdeutlicht eine übermäßige Wölbung im unteren Rückenbereich, der grundsätzlich zur Verkürzung neigt. Es ist eine typisch durchgedrückte Haltung, die oftmals entsteht, wenn der Reiter zum geraden Sitzen aufgefordert wird. Der Reiter reagiert fälschlicherweise mit einer Drehbewegung im Becken. Er lässt es nach vorne kippen, sodass es schräg steht. Der Reiter ist dadurch im Becken „fest" und kann seine Gewichtshilfen nicht optimal einsetzen.

Es gibt außerdem Reiter, die den Nacken nach vorne fallen lassen (Abb. 90). Der Rücken längt sich daraufhin und macht den Ausbilder auf einen

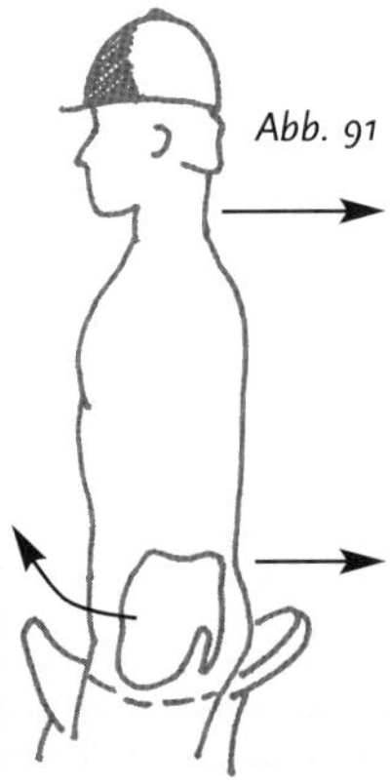

Abb. 91

Buckel aufmerksam. Die daraus folgende hohe Festigkeit im Brustwirbelbereich lässt den gesamten Oberkörper nicht mitschwingen; er versteift sich. Leider verfallen Reiter bei der Forderung nach einem geraden Sitz oft in die Haltung der Abb. 91. Der Nacken ist nach hinten gedrückt, die Wirbelsäule ist zu stark gestreckt und das Becken wird „eingezogen". Diese Haltung ist starr, das Becken kann sich nicht den Bewegungen des Pferderückens anpassen. Konsequenzen sind in den Abb. 92 und 93 zu sehen. Der Rücken verengt sich bei angespannten, hochgezogenen Schultern, oder der Rücken kann sich bei heruntergezogenen Schultern verengen. In solchen Fällen muss sich der Reiter immer die „inneren Befehle" (Direktiven) geben: **Hals freilassen, Kopf nach vorne und oben „rollen", damit sich der Rücken längen und weiten kann. Dann entsteht die richtige Haltung (Abb. 94).**

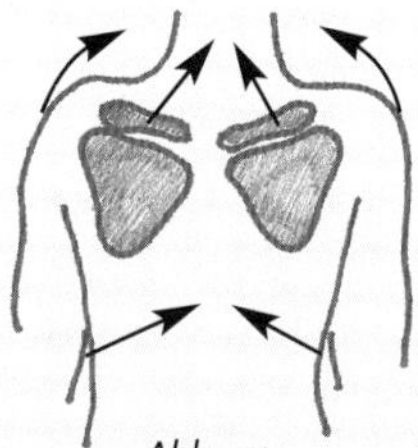

Abb. 92

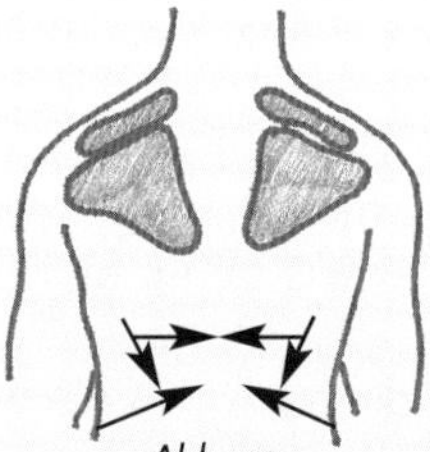

Abb. 93

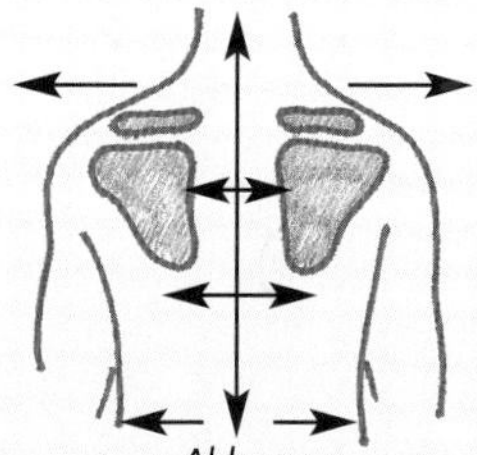

Abb. 94

Nochmals zusammenfassend der falsche Gebrauch und die korrekte Lösung:

In Abb. 95 verkürzt sich der Rücken durch den vorgestreckten Hals, den nach unten gezogenen Kopf und Rücken. Es findet eine Verengung im Hals-Nacken-Bereich und in der Lendenwirbelsäule statt. Der untere Rückenbereich wölbt sich sehr auf und die Bauchmuskulatur erschlafft.

Abb. 96 zeigt eine Verkürzung des Rückens bei steifem Hals und nach hinten gezogenem Kopf. Das hochgezogene Brustbein führt zu Problemen im mittleren Rückenbereich, wobei sich die Lendenwirbelsäule verbiegt. Abb. 97 zeigt einen nach vorne oben ausgerichteten Kopf, der dem Rücken die Möglichkeit lässt, sich zu weiten. **Die Hals-Nacken-Muskulatur soll die Kräfte freilassen, die Schultern sollen fallen.** Das Becken richtet sich als Reaktion auf die Kopfhaltung natürlich auf, sodass die Wirbelsäule eine doppelt geschwungene S-Form aufweisen kann. Nur so sind die Bewegungen des Reiters mit denen des Pferdes in Einklang zu bringen (Dialog: Becken des Reiter – Rücken des Pferdes).

Reiter können den richtigen Gebrauch des Rückens auch in der Liegehaltung erfühlen lernen. In der Bodenlage fallen den meisten Menschen Bewegungen leichter, weil sie nicht mehr den Hauptteil ihrer Kraft für die Erhaltung des Gleichgewichts

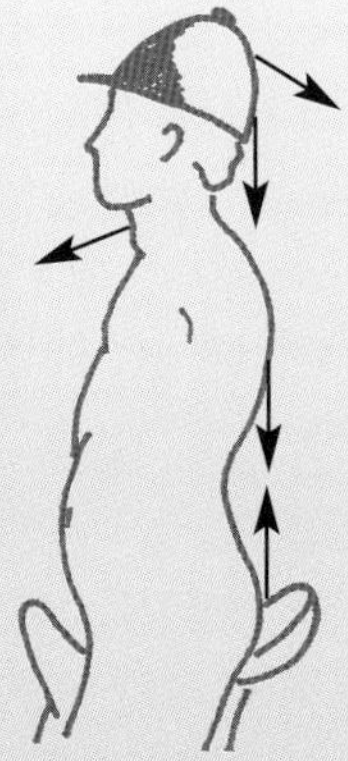

Abb. 95

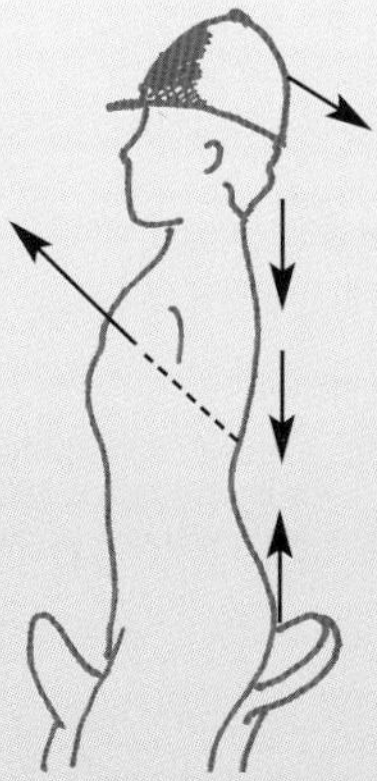

Abb. 96

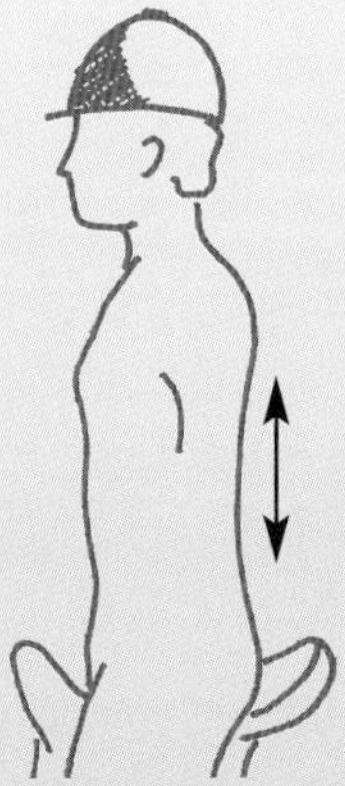

Abb. 97

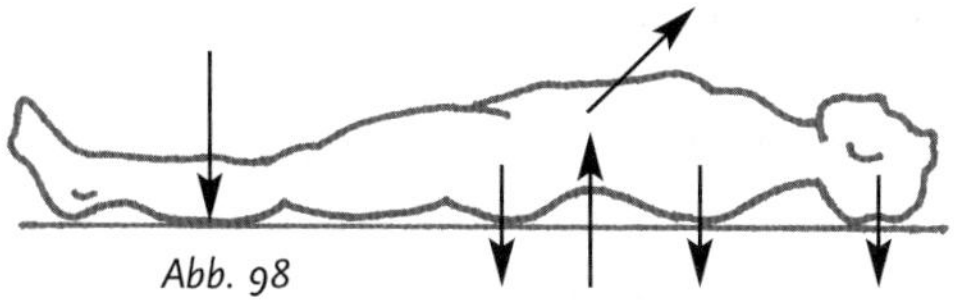

Abb. 98

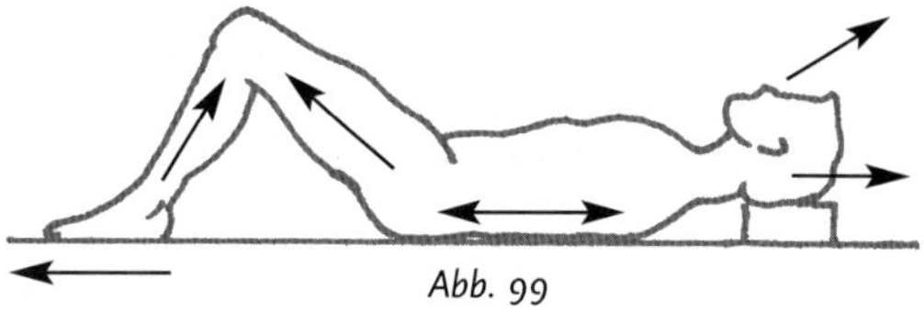

Abb. 99

benötigen. Sie werden sensibel für Feinabläufe von Bewegungen; ihnen werden die eigenen Bewegungsabläufe bewusst.

Auch in der Rückenlage neigen Menschen zu einer geraden Haltung und glauben, die Haltung sei für sie gut. Abb. 98 zeigt einen Menschen mit nach unten gedrückten Knien, gewölbtem Rücken und starrer Brust durch Anheben des Brustbeines. Diese Lage ist äußerst schlecht.

Die Sensibilität für Veränderungen im Körper kann in einer liegenden Haltung (Abb. 99) erzeugt werden. Die Beine werden angestellt. Die Knie zeigen zur Decke. Durch die angestellten Beine längen sich die Füße und auch der Rücken, der gleichzeitig durch das direkte Aufliegen auf der Unterlage gestützt wird. Der Kopf ist durch eine Unterlage nach vorn und oben abgestützt. Auf diese Weise finden alle vorher durch Anweisungen ausgelösten Vorgänge statt, man muss dies nur bewusst werden lassen. Die im Stehen, Gehen oder durch andere Tätigkeiten stark gedrückten Bandscheiben können sich regenerieren (vgl. Abb. 100). In dieser Lage können sie sich wieder mit Flüssigkeit füllen, um dem Menschen in der aufrechten Haltung mehr Beweglichkeit zu bieten.

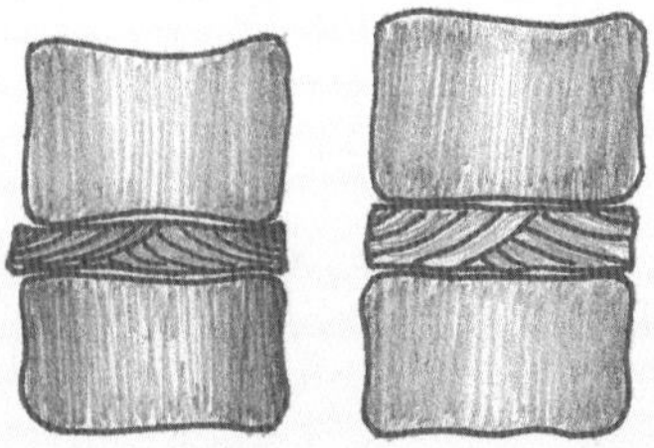

Abb. 100

Die Abb. 101–103 verdeutlichen die Bedeutung einer Unterlage. Der Hals-Nacken-Bereich soll stets die direkte Verlängerung der Brustwirbelsäule bilden. Diese Situation ist ausschließlich in Abb. 103 gegeben. In Abb. 101 ist die Unterstützung zu gering, während sie in Abb. 102 zu stark ist. Eine Hilfe durch eine zweite Person ist am Anfang notwendig. Der Außenstehende kann genau erkennen, wann die gerade Linie Brust-Hals gefunden ist. Der Reiter mag diese neue Situation oft als ungewöhnlich und unbequem empfinden, weil er vorher immer falsch gelegen hat. Er hat ein falsches Gefühl für diesen Körperbereich entwickelt. Für den Reiter ist es wichtig, sich in entsprechenden Situationen (vor dem Reiten/vor einer Prüfung) auf diese Weise vorzubereiten. Es wird immer einen ruhigen Platz geben, um sich liegend körperlich und mental auf seinen Sitz einzustimmen.

Abb. 101

Abb. 102

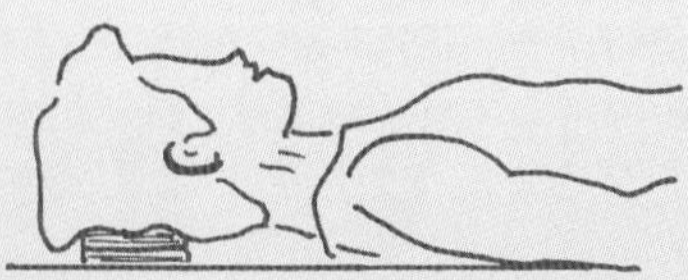

Abb. 103

In dieser Lage können viele weitere Sensibilisierungsübungen vollzogen werden, um die natürlichen Bedingungen des eigenen Körpers wiederherzustellen. Sie halten jedoch nicht ewig an, weil der Mensch danach wieder in seinen Fehlgebrauch verfällt. Sensibilisierungsübungen müssen also ständig wiederholt werden, bis ein hohes Ganzkörpergefühl entstanden ist, das es jedem ermöglicht, sich auch bei aufrechter Haltung körperkonform zu bewegen. Als innere Direktiven gelten in dieser Lage:

„Ich lasse meinen Hals frei, damit sich mein Kopf ungehindert zwischen den Schultergelenken herauslösen kann, damit sich mein Rücken längen und weiten kann, so, dass der Rücken mehr und mehr auf dem Boden aufliegen kann.“ (Drake 1993, 49)

Abb. 104

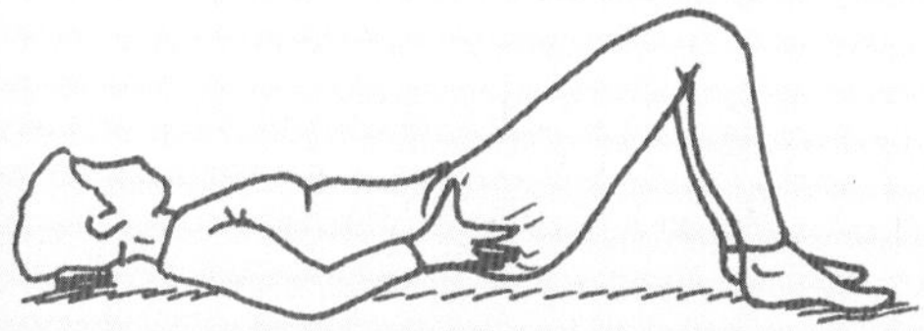

Abb. 105

Abb. 106

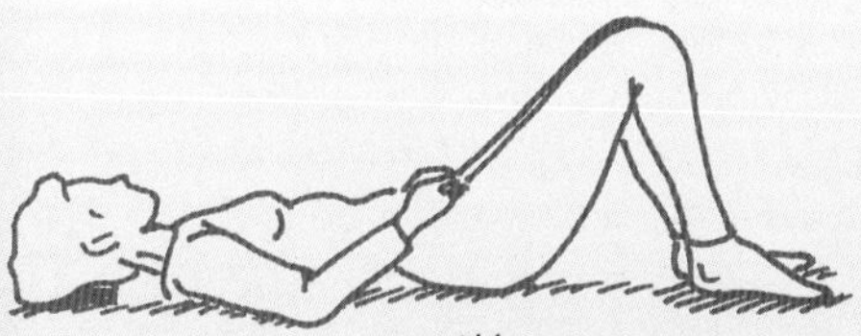

Abb. 107

Abb. 104 zeigt eine Lektion, um das Hohlkreuz „auszubügeln“. In der Rückenlage wird ein Knie mit beiden Händen umfasst und langsam ganz sanft in Richtung Brust gezogen und gehalten. Dabei sollen die Ellenbogen leicht nach außen gestellt werden, um gleichzeitig dem Brustkorb die Chance zu geben, sich zu weiten. Die Atmung verläuft freier. Weder sollen die Ellenbogen krampfhaft nach außen gedrückt, noch die Knie an die Brust gepresst werden. In der Haltung mit angezogenem Knie soll man zwei Minuten und mehr verweilen. Man wird spüren, wie der Rücken immer mehr Kontakt mit dem Boden bekommt. Dasselbe wird auch mit dem anderen Bein vollzogen.

Abb. 105 ermöglicht ebenfalls eine Längung des unteren Rückens. Die Grundhaltung ist wieder eine Rückenlage mit angestellten Beinen. Die Fersen werden fest gegen den Boden gedrückt, die Knie bewegen sich leicht nach oben, so dass sich die Hüfte wenige Zentimeter vom Boden entfernt. Dabei bewegen sich die Knie etwas vom Kopf weg in Richtung Füße, wodurch das Becken leicht gekippt wird. Die Hände können die Bewegung des Beckens leicht unterstützen, wenn man sie unter die Hüften legt. Wichtig ist, dass sich die Muskulatur im Nackenbereich und in der Schulterregion nicht verkürzt. Dieser Vorgang kann mehrmals wiederholt werden. Dabei muss immer wieder bedacht werden, dass die Bewegungen langsam, sanft und ohne übermäßige Kraftanstrengung erfolgen.

Ein Längung des oberen und mittleren Rückens erzeugt man durch die Lektion in Abb. 106. Die Hände heben den Kopf vorsichtig an und ziehen die gesamte Wirbelsäule sanft in die Länge. Der Kopf wird wieder abgelegt und der Halsmuskulatur völlige Entspannung ermöglicht, indem das ganze Gewicht des Kopfes auf der Unterlage ruht. Danach kann die Bewegung mehrmals wiederholt werden (incl. Pause).

Abb. 107 verdeutlicht die Haltung der Hände in der Pause zwischen den Lektionen oder zur allgemeinen Entspannung. Sie sollen mit entspannten Fingern auf dem Bauch ruhen; die Ellenbogen sind leicht nach außen geneigt. So können sich Spannungen im Schulterbereich lösen; die Schultern weiten sich und erhalten besseren Kontakt zum Boden. Sie dürfen jedoch nicht krampfhaft in Richtung Boden gedrückt werden. Die Anweisungen für die Hände sind ähnlich der für die Primärkontrolle (Kopf/Nacken/Schulter):

„Ich lasse die Schultern frei, damit sie sich zur Seite hin weiten können, so, dass sich der Ellenbogen zur Seite hin ausdehnen kann, so, dass sich die Hand ungehindert aus dem Handgelenk herauslösen kann, und damit sich die Finger aus den Hand- und Fingergelenken heraus verlängern können." (Drake 1993, 49)

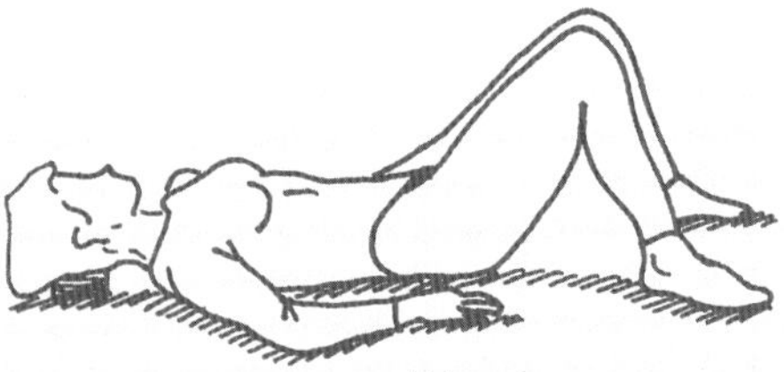

Abb. 108

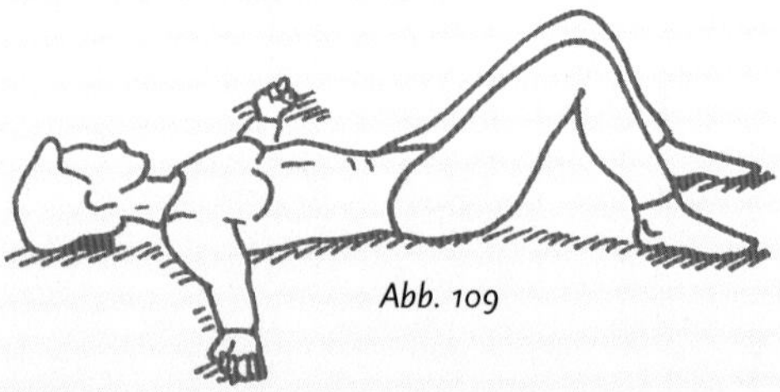

Abb. 109

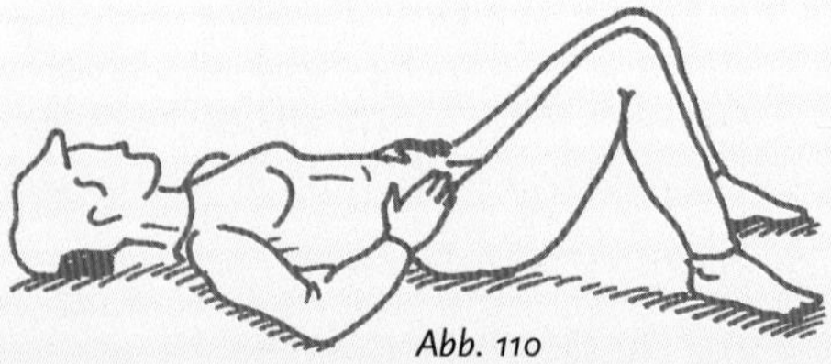

Abb. 110

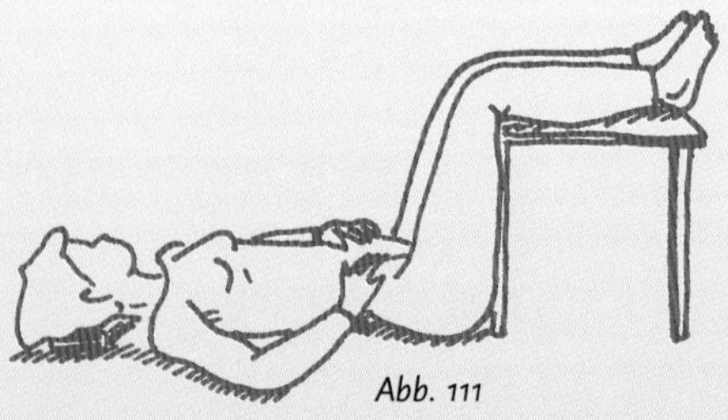

Abb. 111

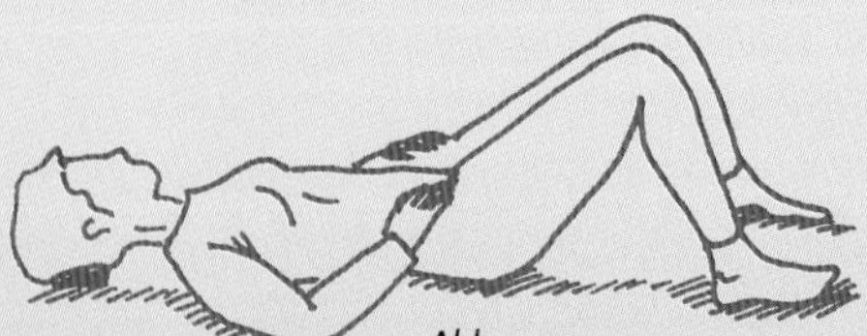

Abb. 112

Die Anweisungen (mentale Programmierung) für Kopf und Hals können immer wieder mit einbezogen werden, um den Funktionszusammenhang Kopf-Hals-Schultern-Rücken herzustellen. Dabei ist es wichtig, dass die Anweisungen nicht muskulär ausgeführt werden. Sie sind ausschließlich als Mitteilungen des Gehirns an den Körper zu verstehen. Die angesprochenen Körperteile werden entsprechend reagieren.

Eine weitere Haltung in Rückenlage wird in Abb. 108 gezeigt. Die Arme liegen neben dem Körper; die Ellenbogen sind leicht zur Seite gestreckt. Die Handgelenke sind leicht nach innen gewendet; die Unterarme liegen neben dem Körper; die Handteller und die Finger liegen neben dem Körper und zeigen in Richtung Füße. Die Anweisungen lauten:

Verhalte dich so, dass „... der Ellenbogen sich fortgesetzt zur Seite hin ausdehnen kann, so, dass sich die Handgelenke zum Körper hinneigen können, und damit sich die Finger aus den Hand- und Fingergelenken heraus in Richtung zu den Beinen verlängern können." (Drake 1993, 50)

In der „Kruzifix-Haltung" werden die Arme und Handflächen nach oben und zur Seite ausgestreckt. Diese Haltung entspannt und erweitert den Rücken. Gleichzeitig wird durch diese Haltung ermöglicht, dass sich die Schulterblätter voneinander wegbewegen können. Die Anweisungen lauten:

„Ich lasse die Schultern frei, damit sie sich zur Seite hin weiten können, so, dass sich die Arme aus den Schultergelenken heraus verlängern können, und damit sich die Finger aus der Hand heraus verlängern können." (Drake 1993, 50)

Die Stellung der Beine ist in Abb. 110 zu sehen. Die Füße sind schulterbreit voneinander entfernt und zeigen leicht nach außen. Die Knie zeigen zur Decke, die Füße sollen 30–40 cm vom Gesäß entfernt sein. Das Gewicht des Beins ist gleichmäßig auf die ganze Fußsohle verteilt. Die Anweisungen lauten:

„Ich lasse die Hüfte frei, so, dass das Knie aus dem Hüftgelenk heraus nach oben und aus dem Fußgelenk heraus nach oben zeigen kann (zur Zimmerdecke hin), und ich lasse die Knie ein wenig voneinander weg, nach außen zeigen, so, dass sich die Zehen aus dem Fuß- und Zehengelenken heraus verlängern können."(Drake 1993, 52)

Abb. 113 a

Bei akuten Rückenbeschwerden oder starken Verkrampfungen, wie sie immer wieder beim Reiten vorkommen können, empfiehlt es sich, die Lage gemäß Abb. 111 einzunehmen. Die Unterschenkel ruhen auf einem Stuhl, so dass zwei rechte Winkel entstehen können: Oberkörper-Oberschenkel, Oberschenkel-Unterschenkel. In dieser Haltung wird die Lendenwirbelsäule total entlastet, um Verkrampfungen oder starken Verspannungen entgegenwirken zu können.

Abb. 113 b

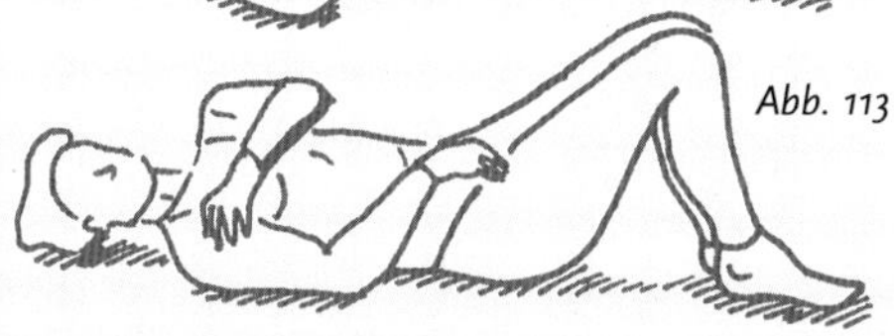

In einer Position, wie sie Abb. 112 zeigt, kann auch ein Schläfchen gehalten werden. Durch die leicht nach innen gestellten Füße erhalten die Beine Stabilität, die Knie lehnen aneinander.

Abb. 113 c

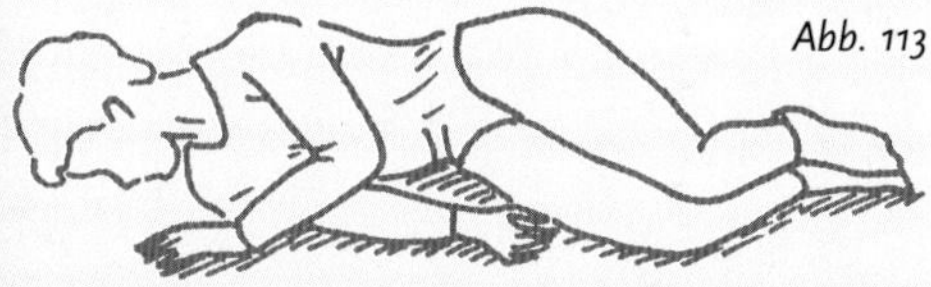

Die mangelnde Sensibilität für die körperkonformen Bewegungen ist bei vielen Menschen z. B. an der Aufstehbewegung aus der Rückenlage zu erkennen. Durch ein falsches Aufstehen können alle vorher erzeugten positiven Wirkungen wieder zerstört werden. Deshalb ist es wichtig, sich dieses Vorgangs grundsätzlich bewusst zu werden. Alle vorher erörterten Bewegungsabfolgen verbinden sich in dieser Bewegung. Ziel ist es, sich aller Glieder zu bedienen und immer eine Stabilität von Kopf, Schultern, Rumpf und Becken aufrechtzuerhalten. Die Bildreihe in Abb. 113 a–h verdeutlicht diesen Vorgang sehr plastisch.

Abb. 113 d

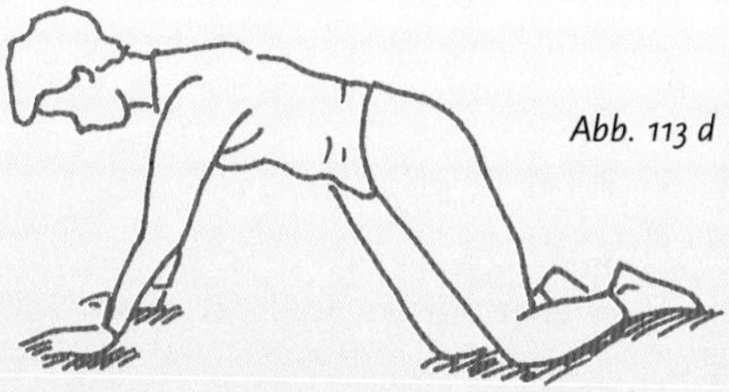

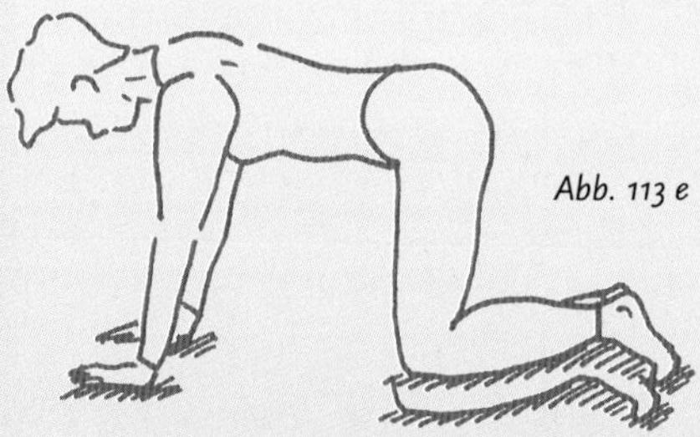

Abb. 113 e

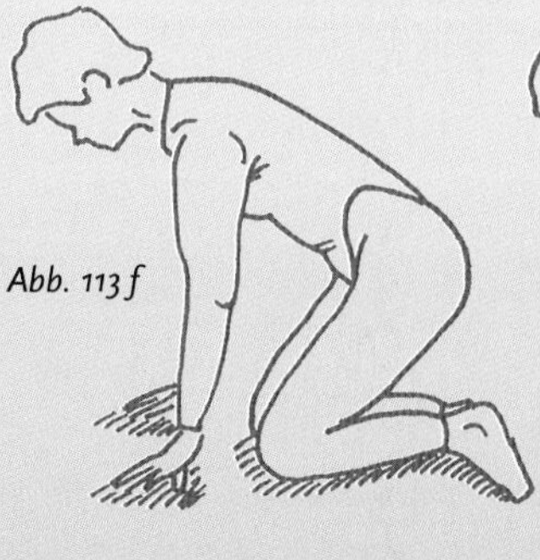

Abb. 113 f

Abb. 113 g

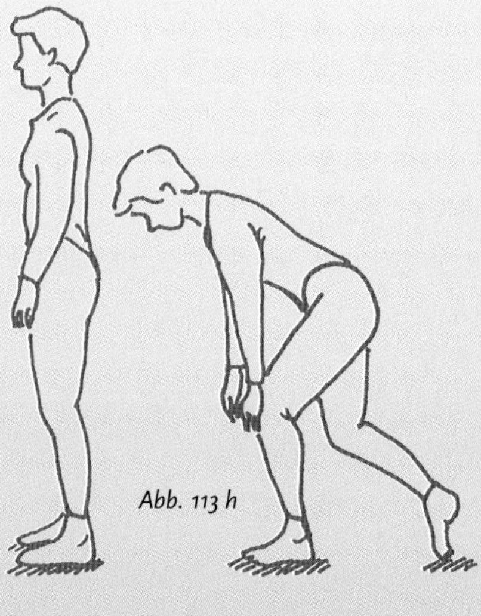

Abb. 113 h

Das Sitzen fördert die schrecklichsten Gewohnheiten!

Sitzen ist gerade für den Reiter von hoher Bedeutung, denn wenn er auf dem Pferd nicht korrekt sitzt, kann er keine Einwirkung erzielen. Deshalb müssen sich Reiter und Ausbilder mit dieser in der heutigen Zeit häufigsten Haltung vertiefend auseinander setzen. Wie soll der Reiter auf dem Pferd korrekt sitzen können, wenn er es schon auf einem Stuhl nicht schafft?

F. M. Alexander hat einmal gesagt, dass der Stuhl die schlechteste Erfindung des Menschen sei, weil er in erhöhtem Maße schlechte Gewohnheiten fördere. Die meisten Menschen verbringen heute zu viel Zeit im Sitzen und gehen dabei vollkommen falsch mit sich um. Sie sitzen starr und nicht dynamisch. Dadurch entstehen mangelnde Sensibilitäten auch für das Sitzen in anderen Situationen als auf dem Stuhl. Im Sitzen entstehen schlimme Verrenkungen der Muskulatur, sodass sie zwangsläufig unsensibel auch für andere Situationen werden muss.

„Sitzen" als Reitanweisung ist eben nicht starr, obwohl dem Anfänger durch den Begriff „Sitzen" diese Vorstellung übermittelt werden kann. Ein Reiter sitzt jedoch auf dem Pferd erst dann, wenn er imstande ist, seine Bewegungen mit denen des Pferdes so abzustimmen, dass sie ineinander verschmelzen. Der Reiter sitzt im Gleichgewicht, wenn er alle Ungleichgewichtssituationen des Pferdes mitzugehen vermag. Doch wie soll ein Mensch ein solches Bild verstehen können, wenn er im täglichen Leben nicht für eine dynamische Sitzhaltung sensibilisiert wird.

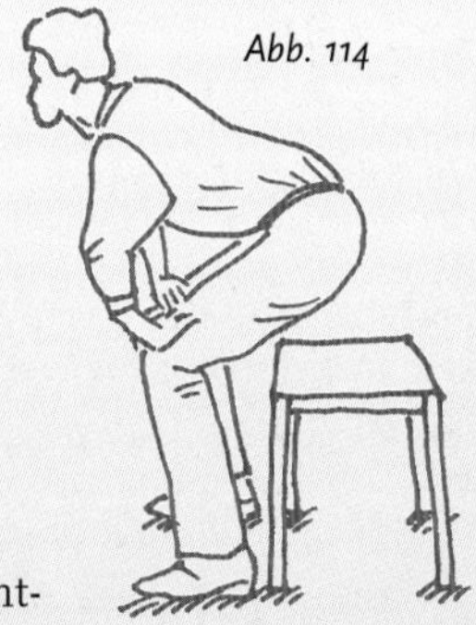

Abb. 114

Sitzen, Hinsetzen und Aufstehen sind komplizierte Zusammenhänge, die erfahren werden müssen, um sie auch auf das Pferd korrekt übertragen zu können. Wie soll denn ein Reiter entspannt auf einem Pferd sitzen, wenn er es noch nicht einmal im täglichen Leben auf einem starren Gegenstand gelernt hat?

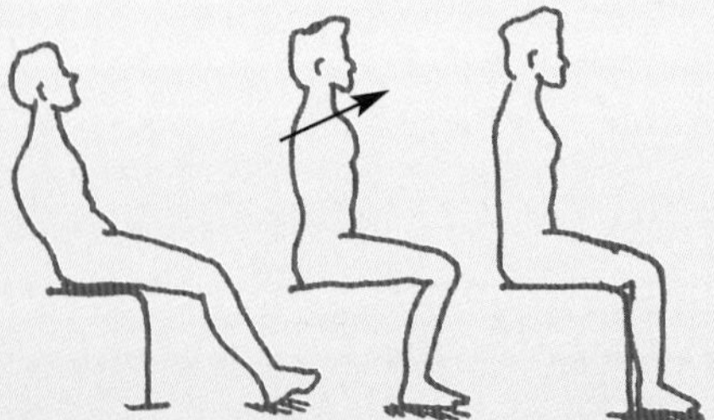

Abb. 115 a Abb. 115 b Abb. 115 c

Abb. 114 deutet bereits einen katastrophalen Umgang mit dem Körper an (vgl. Abb. 74 mit den Erläuterungen). Das Aufstehen lässt viele falsche Gewohnheiten entstehen, denen entgegengewirkt werden muss. Sitzen als starre Form wird in Abb. 115 (a und b) deutlich. Es werden typische Muster des falschen Umgangs gezeigt. Abb. a zeigt das übliche Zusammensacken des Körpers nach hinten über einen 90°-Winkel (Oberkörper-Oberschenkel) hinaus. Abb. b dokumentiert die falsche Vorstellung vom geraden Sitzen. Die Brust wird zu stark angehoben, es entsteht ein Hohlkreuz, und der Winkel Oberkörper-Oberschenkel ist unter 90°. Einen guten Zustand des Sitzens verdeutlicht Abb. c. Der Winkel beträgt 90° und lässt einen dynamischen Sitz zu, weil die körpereigenen Schwingungen aller Muskeln ermöglicht werden. Abb. 116 verdeutlicht richtiges Sitzen

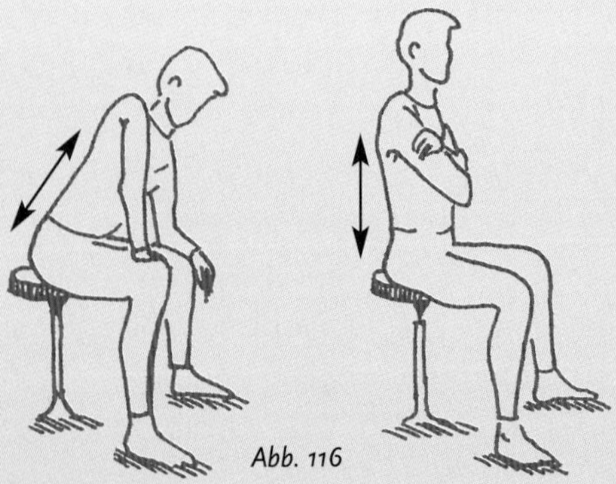

Abb. 116

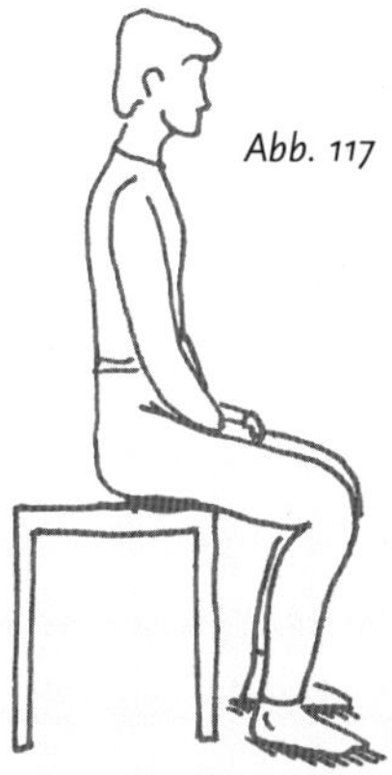
Abb. 117

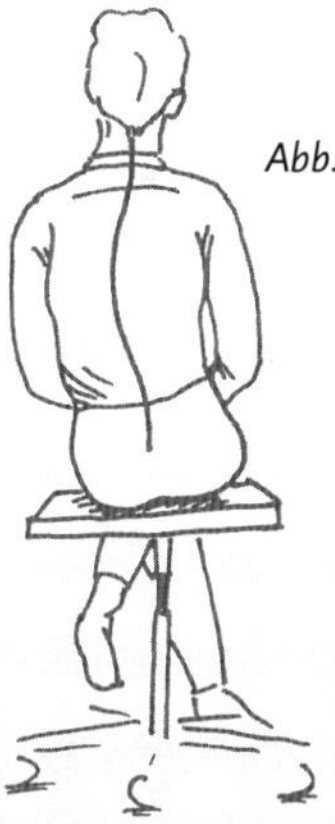
Abb. 118

Abb. 119

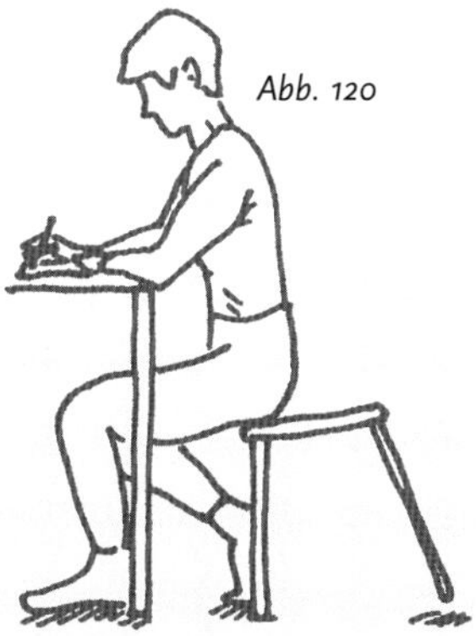
Abb. 120

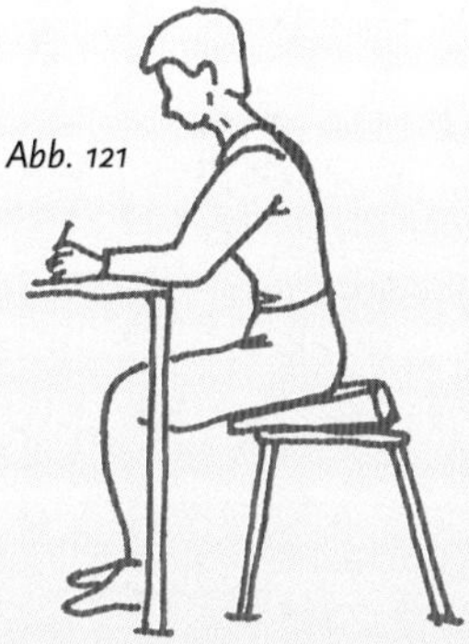
Abb. 121

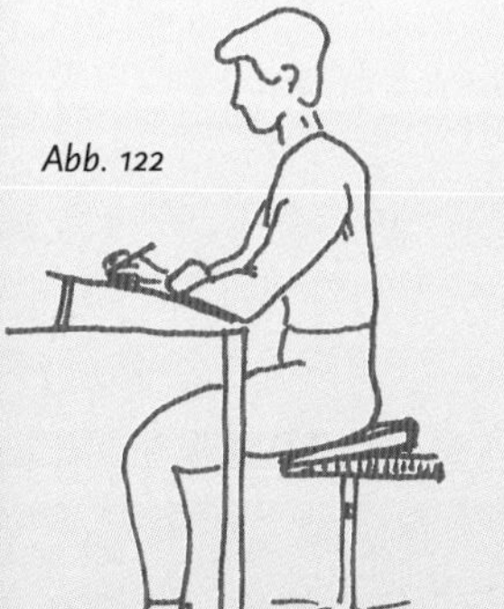
Abb. 122

und richtiges Bewegen im Sitzen. Eine insgesamt ausgewogene Haltung stellt auch die Abb. 117 dar.

Abb. 118 lässt demgegenüber durch das Übereinanderschlagen der Beine erkennen, wie sich das Becken verschiebt und die Wirbelsäule verdreht wird. Auch die übliche gebeugte schädliche Sitzhaltung (Abb. 119) ist jedem bekannt. Sie wird meistens als bequem empfunden. Das in Abb. 120 dargestellte Kippeln deutet an, dass die Person auf der Suche nach einem besseren Sitz ist. Sie scheint zu erfühlen, dass eine Neigung nach vorne angenehmer ist als eine starre Sitzhaltung.

Um das Kippeln zu umgehen, kann der Sitz auf dem Stuhl durch ein Keilkissen verbessert werden, das hinten überhöht ist (Abb. 121). Durch die Aufrichtung des Beckens zeichnet der Kopf diese Bewegung im Kleinen nach: Der Rücken wird verlängert. Diese Verlängerung wirkt sich auch positiv auf das Verhältnis von Kopf und Schultern aus. Dabei sollen die Knie etwa hüftbreit voneinander entfernt sein. Allein diese Öffnung stabilisiert das Becken und lässt den Körper nicht mehr zusammensinken.

Die Verwendung eines nach vorne geneigten Hockers mit Benutzung einer Schreibunterlage gleicht der alten Stehpulthaltung (Abb. 122). Wie in Abb. 123 deutlich zu sehen ist, zieht die schräg verlaufende Schreibunterlage den Blick des Menschen so natürlich auf sich, dass die Augen leicht nach vorne unten schauen und somit das Okzipitalgelenk frei wird. Der gesamte Bereich Kopf-Nacken-Schultern wird von Verspannungen befreit. Wenn das Schreibgerät noch so geführt wird, dass man es nicht gegen den Mittelfinger drückt (Abb. 124), ist das Handgelenk vollkommen locker. Übrigens eine Notwendigkeit für gefühlvolles Reiten (Zügelführung)!

Nur wer sich im täglichen Leben durch ständige Direktiven an die beschriebene Haltung gewöhnt, ist auch imstande, sich auf dem Pferd so hinzusetzen, dass eine dynamische rhythmische Einwirkung möglich wird.

Durch Arbeit an der Wand kann der Mensch für natürliche Körperabläufe wieder sensibilisiert werden. Die Füße

Abb. 123

Abb. 124

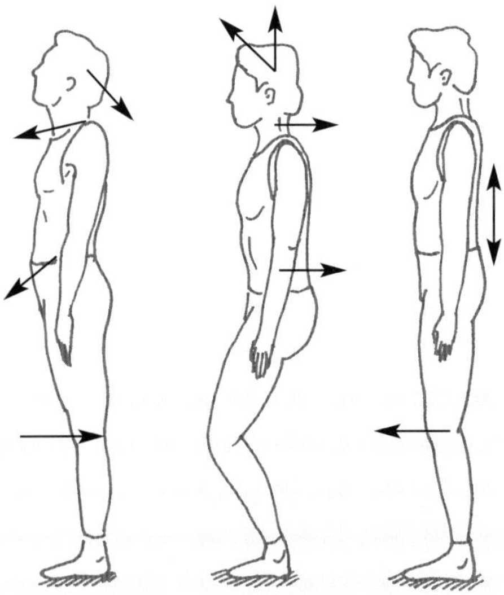

Abb. 125 Abb. 126 Abb. 127

sind etwa 30 cm voneinander entfernt, der Abstand Hacken-Wand beträgt etwa 5–7 cm. Bevor feinfühlige Bewegungen an der Wand vollzogen worden sind, entspricht die Körperhaltung annähernd der in Abb. 125: Der Kopf ist nach hinten-unten gezogen, der Nacken nach vorne gestreckt. Das Becken ist nach vorne geneigt, und die Knie sind nach hinten durchgedrückt.

Es werden nun langsame, sanfte und fließende Bewegungen (auf und ab) an der Wand vollzogen, um Veränderungen vom Kopf bis zum Rücken zu erzeugen. Durch die Stützhaltung werden nicht alle Muskeln für die Aufrechterhaltung des Gleichgewichts benötigt. Der Reiter kann seine Aufmerksamkeit somit auf die entstehenden Veränderungen lenken; er wird sich über diese Bewegungen seines Körpers bewusst. Erst danach ist er fähig, auch bewusst seinen Körper auf dem Pferd einzusetzen.

Was geschieht nun während der Auf- und-ab-Bewegungen, worüber wird sich der Reiter bewusst (Abb. 126)?

Der Kopf gerät immer mehr in Richtung vorne-oben, der Nacken dehnt sich, der Rücken lockert sich nach hinten und die Knie wandern nach vorne über die Zehen hinaus. Der Bauch wird gelockert, jedoch nicht eingezogen. Ein Einziehen würde sofort den Aufbau von Spannungen unterstützen. Die Beine bewegen sich in dieser Lektion, ohne dass die Beziehung zwischen Nacken und Kopf gestört wird. Durch den gesamten Vorgang wird ein besserer Gleichgewichtszustand erreicht; die Spannung in allen Muskelbereichen wird ausgewogen. Das Endergebnis ist in Abb. 127 zu erkennen. Der Kopf wird nach vorne-oben getragen, der Rücken hat sich gelängt, die Knie sind leicht nach vorne gebeugt.

Die gut ausgeführte „Affenstellung"

Diese Haltung ist auch auf dem Pferd immer wieder zu vollziehen. Sie entspricht eigentlich dem leichten Sitz oder Entlastungssitz, der jedoch von vielen Reitern nicht korrekt eingenommen werden kann. Besonders steife Reiter gewinnen durch das Reiten in der „Affenhaltung" an Lockerheit, weil alle Gelenke einen hohen Freiheitsgrad erreichen. Der Reiter selbst muss sich für diese Haltung sensibilisieren, bzw. der Ausbilder muss Kriterien für eine mögliche Korrektur von außen über die Sprache gewinnen. Er kann auch Veränderungen an der Haltung des Reiters mithilfe seiner Hände vornehmen.

Diese Haltung kann beim Traben und Galoppieren vollzogen werden. Beim Traben entfernt sich das Gesäß vom Sattel und bleibt in dieser Haltung. Es wird nicht wie beim Leichttraben wieder eingesessen. Galoppiert wird im leichten Sitz mit stark verkürzten Bügeln. Diese beiden Übungen öffnen die großen Gelenke (Knie und Hüfte). Danach sind feste Reiter er-

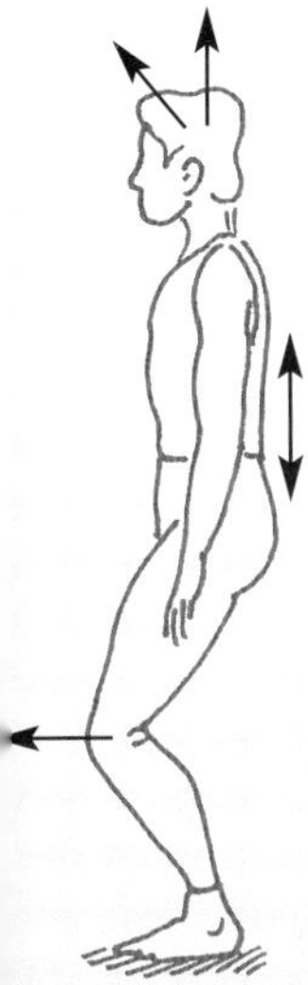

Abb. 128

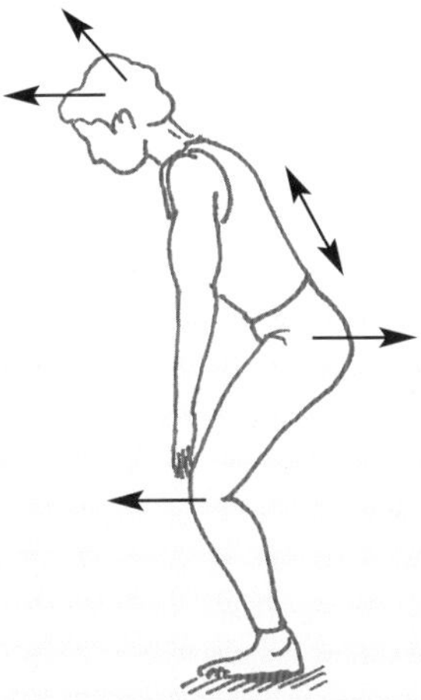

Abb. 129

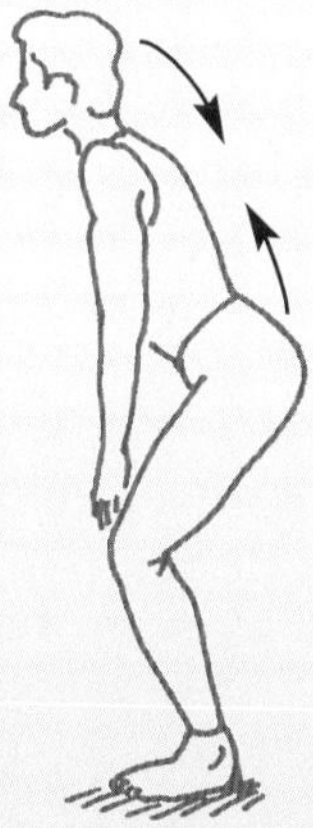

Abb. 130 a

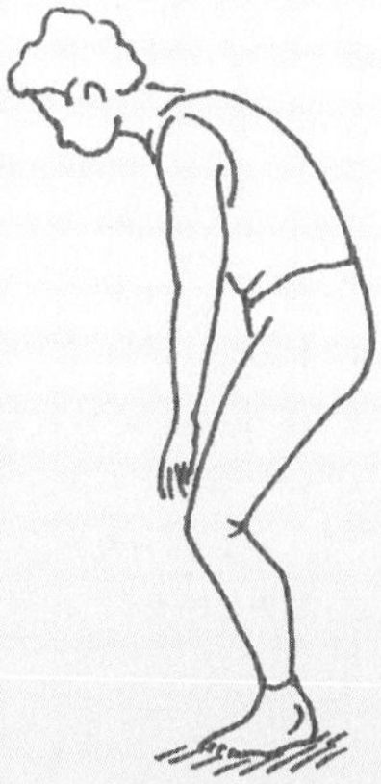

Abb. 130 b

heblich lockerer; untertonisierte (zu schlaffe) Reiter sitzen danach mit erheblich mehr Körperspannung.

Abb. 128 zeigt diese Stellung. Es wird deutlich, dass die Knie über die Zehen hinausragen, damit der Rücken sich längen kann. In Abb. 129 wird deutlich, dass die Hüften wie in Scharnieren hängen und nach hinten gehen. Die Knie bleiben jedoch vorn, der Kopf gewinnt bei dieser Haltung Freiheit in drei Richtungen. Eine Überprüfung der korrekten Haltung ist dadurch gegeben, dass Unterschenkel und Oberkörper parallel verlaufen müssen. Genau dieser Verlauf ist bei vielen Reitern im Entlastungs- oder leichten Sitz nicht vorhanden.

Abb. 130 verdeutlicht Fehlhaltungen, die auch auf dem Pferd zu beobachten sind. Es sind schlechte Versuche der Affenhaltung aufgrund nicht gut balancierter Muskulatur. Abb. a zeigt eine Krümmung der Wirbelsäule; der Kopf wird nach hinten-unten gezogen und leitet ein Hohlkreuz ein. Die Knie sind zwar gebeugt, die Wirbelsäule jedoch gekrümmt, anstatt in den Scharnieren des Hüftgelenks zu hängen. Der gesamte Kopf-Hals-Rücken-Bereich verkürzt sich, sodass ein solcher Reiter nicht locker mit den Pferdebewegungen mitschwingen kann. Er wirkt ständig den Bewegungen des Pferdes entgegen. Abb. b zeigt die Haltung in entgegengesetzter Richtung mit gekrümmtem Rücken. Es entstehen ähnliche Bewegungsablaufstörungen.

Abb. 131 zeigt noch einmal zusammenfassend, dass kein Einsatz der Gelenke an Hüften, Knien oder Füßen erfolgt. Die Knie sind durchgedrückt, der Kopf nach hinten-unten gezogen. Die gesamte Körperelastizität ist durch eine solche Haltung gestört.

Die Abb. 132–134 verdeutlichen den Zusammenhang von „Affenstellung" und Hinsetzen. Die Direktiven sind durch die Pfeile markiert. Die Ausgewogenheit des gesamten Körpers wird sichtbar.

Abb. 131

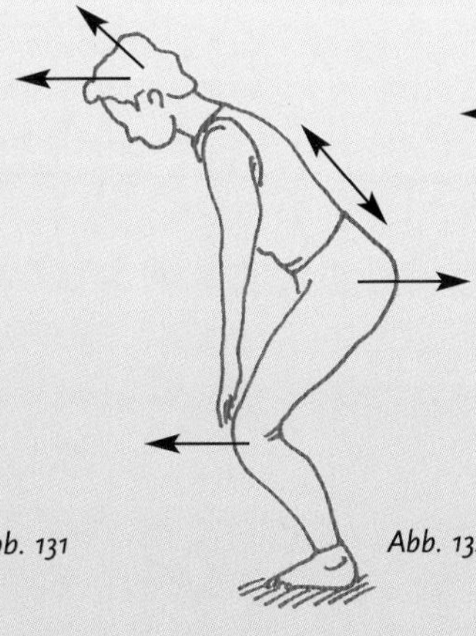

Abb. 132

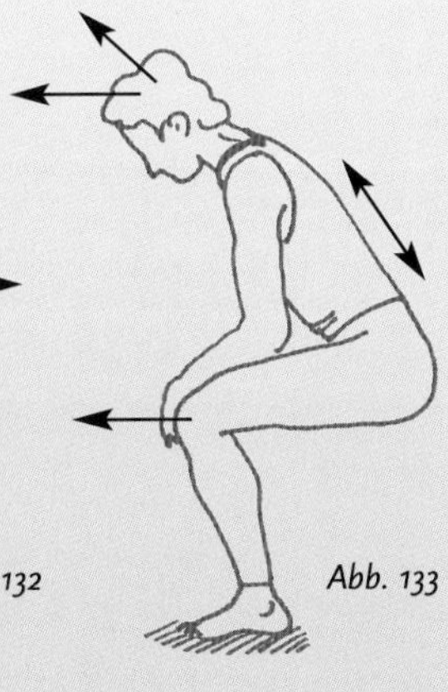

Abb. 133

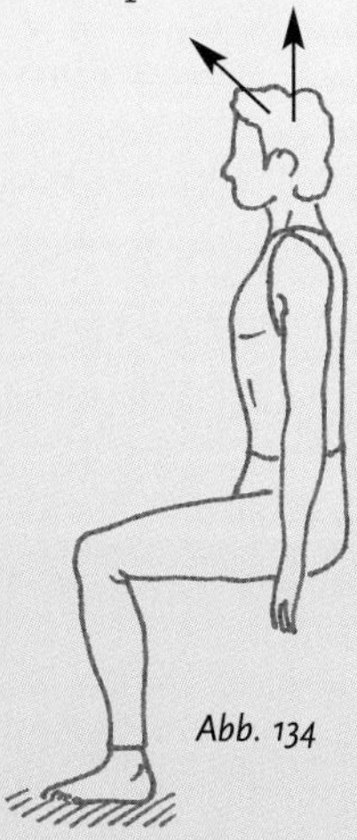

Abb. 134

Abb. 135 a

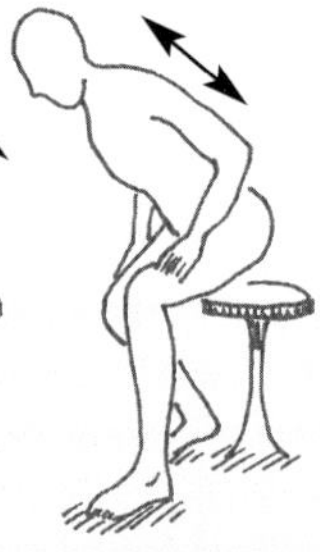
Abb. 135 b

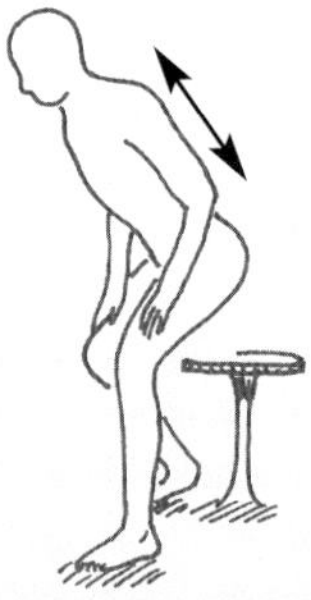
Abb. 135 c

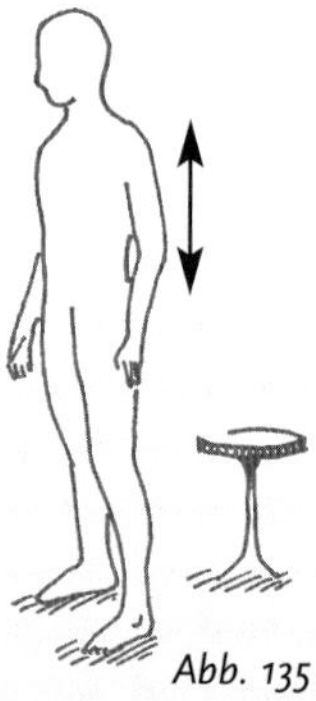
Abb. 135 d

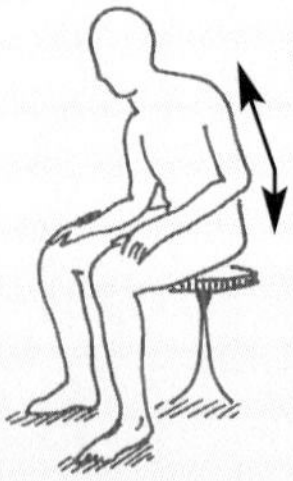
Abb. 136 a

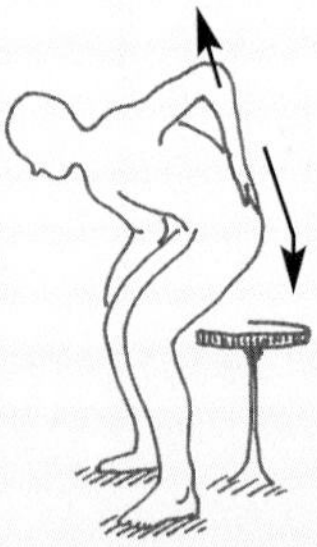
Abb. 136 b

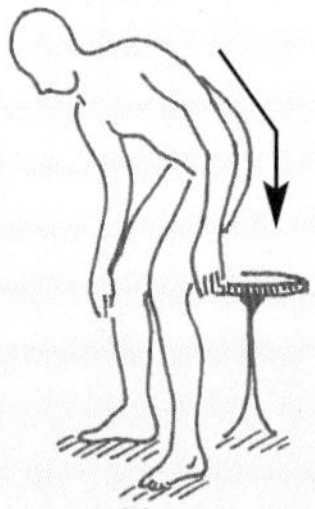
Abb. 136 c

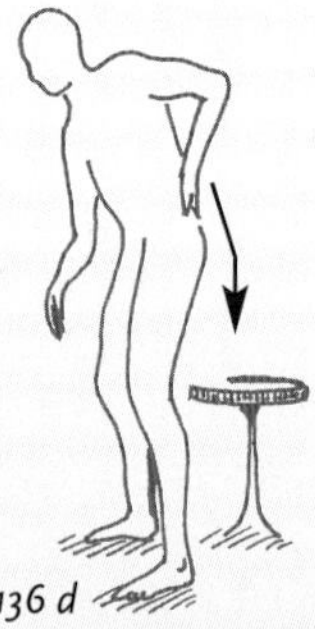
Abb. 136 d

Abb. 135 a–d demonstrieren das richtige Aufstehen, während Abb. 136 typische Fehler sichtbar macht.

Die Grundstruktur der Affenstellung kann auf fast alle Lebenstätigkeiten übertragen werden (Bücken, Tragen, Anheben etc.). Später folgende Darstellungen werden dies verdeutlichen.

Auch das richtige Stehen will gelernt sein. Auf Turnierplätzen trifft man immer häufiger Reiter und Zuschauer an, die über Rückenprobleme im Stehen klagen. Abb. 137–139 verdeutlichen typische Fehlhaltungen. Zunächst fallen das nach vorne geschobene Becken und das daraus entstehende Hohlkreuz auf. Der Druck im Lendenwirbelbereich wird erhöht, der Kopf krampfhaft nach vorne geschoben. Der Körper ist vollkommen unter Spannung. Auch die Rückansicht lässt ein Hohlkreuz erahnen; die Beine sind durchgedrückt, die Schultern und Arme krampfhaft gehalten, weil die Daumen leicht nach außen zeigen. Die Handflächen verlaufen parallel zueinander, was nicht der natürlichen Platzierung der Gelenkkugel des Oberarmes in der Gelenkpfanne des Schultergelenks entspricht. Auch Abb. 139 zeigt ein verkrampftes Geradestehen.

Abb. 140 und 141 dokumentieren eine ausgewogene Haltung im Stehen. Die Füße stehen nebeneinander leicht nach außen, der Rücken ist „gelängt“ und „geweitet“, die Handflächen zeigen nach innen, die Beine sind leicht gebeugt, sodass die Lendenwirbelsäule entlastet ist.

Abb. 137

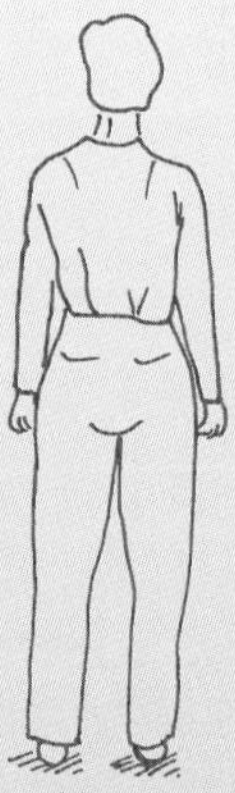
Abb. 138

Abb. 139

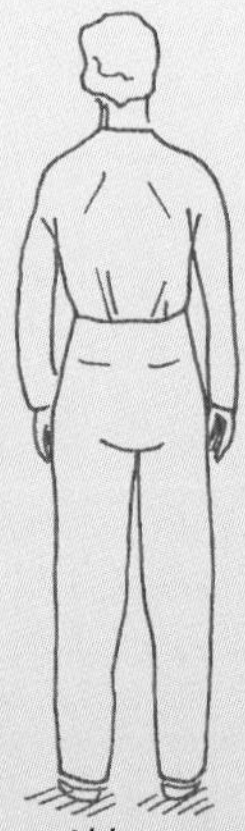
Abb. 140

Abb. 141

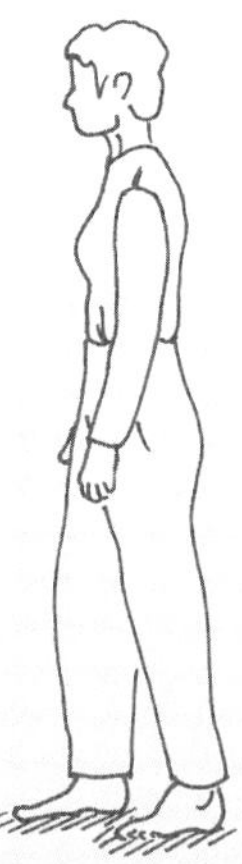
Abb. 142

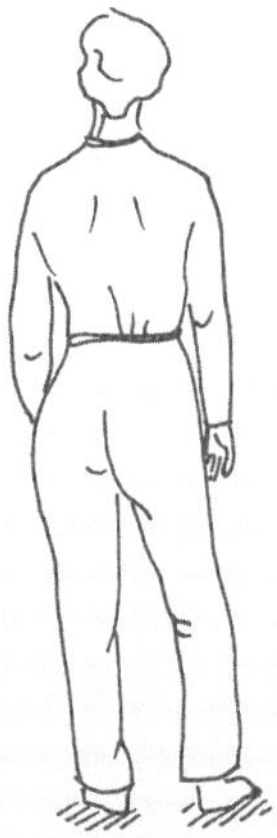
Abb. 143

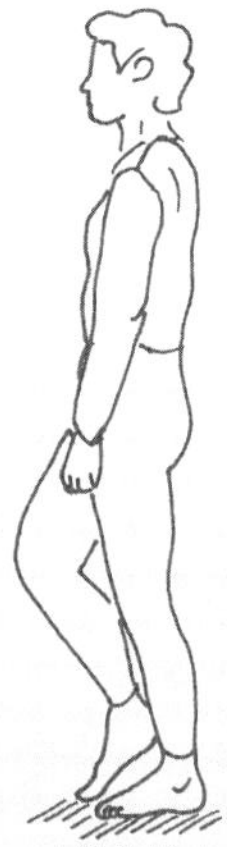
Abb. 144

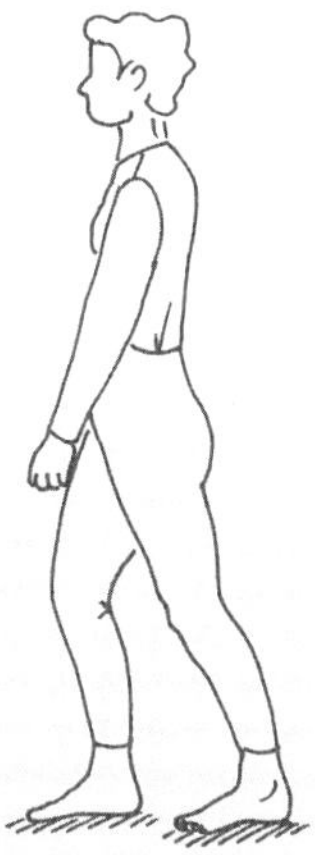
Abb. 145

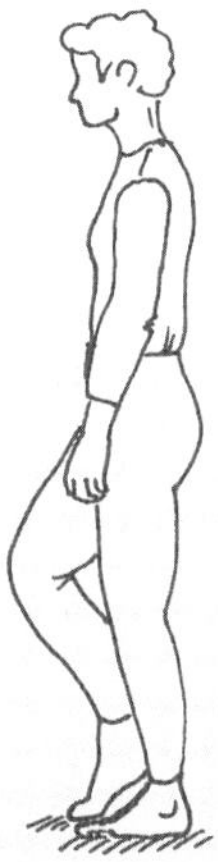
Abb. 146

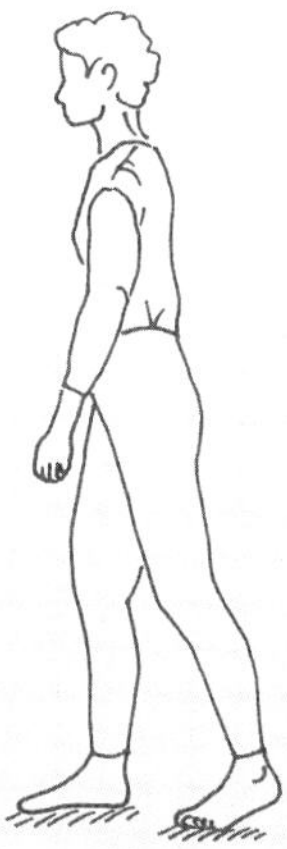
Abb. 147

Gehen will gelernt sein!

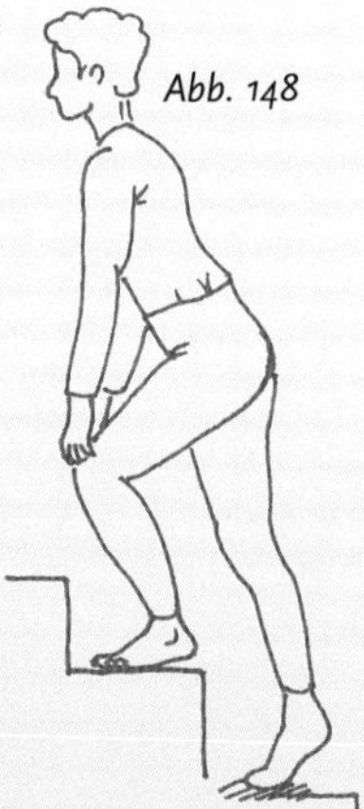
Abb. 148

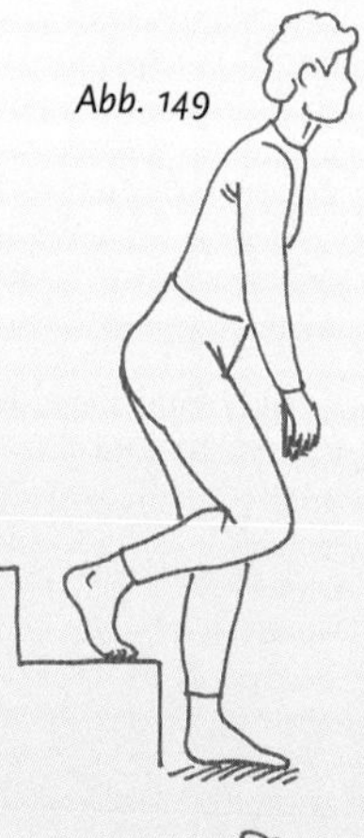
Abb. 149

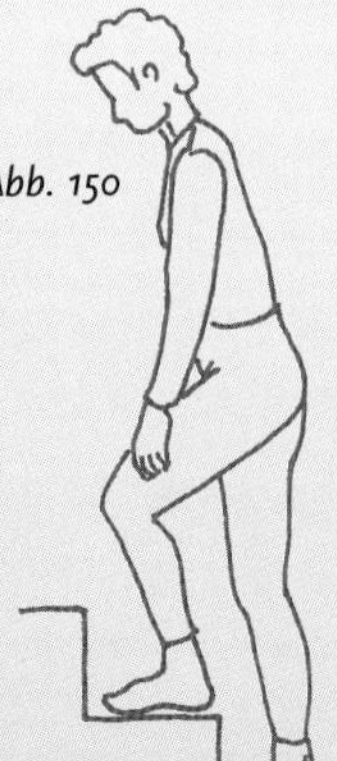
Abb. 150

Abb. 151

Gehen ist ebenso neu zu lernen wie alle bisherigen anderen Haltungen auch. Korrekte Gehbewegungen lassen sich nur aus einer ausgewogenen Haltung im Stehen entwickeln, bei der die Füße leicht voreinander gestellt sind (Abb. 142). Aus der Haltung in Abb. 143 kann sich kaum ein körpergerechter Gang entwickeln. Das Gewicht ist nicht gleichmäßig verteilt, das Becken ist nach links verschoben und somit reagiert die Wirbelsäule mit einer Verdrehung.

Abb. 144 und Abb. 145 verdeutlichen, wie man nicht laufen sollte. Das Bein führt die Bewegung an, der Rücken bleibt hinter der Bewegung und das Körpergewicht fällt schwer auf das vordere Bein, sodass eine übermäßige Belastung aller Gelenke entsteht.

Man sollte es den Vögeln nachmachen (siehe Abb. 63). Ein nach diesem Muster verbesserter Gang zeigt sich in den Abb. 146 und 147. Der Kopf führt die Bewegung an (er leitet sie ein) und der Körper folgt; erst dann kommt das Bein. Der Blick ist leicht nach vorne-unten gerichtet.

Das falsche Gehen wird besonders beim Treppensteigen deutlich: Es kann zu einem Kraftakt werden, wenn der Körper nicht korrekt behandelt wird, wie es in den Abb. 148 und 149 zu sehen ist. Mit einem nach hinten-unten gezogenen Kopf und leichtem Hohlkreuz wird jede Bewegung zu einem Kraftsteigeakt. Das gesamte Gewicht lastet auf dem vorderen Bein und muss – ähnlich dem Gewichttraining mit einer Hantel – im Nacken hochgedrückt werden. Wenn jedoch der Kopf führt, die Kopf-Hals-Rücken-Linie ausgerichtet ist, fühlt sich das Treppensteigen federleicht an (Abb. 150 und 151). Man sollte es einmal ausprobieren; der Unterschied fühlt sich so an, als ob man von einem Augenblick zum anderen mehrere Kilo abgenommen hätte.

Alltagsbewegungen richtig ausführen!

Die Abb. 152 bis 168 zeigen Alltagsbewegungen, wie sie korrekt auszuführen sind. Es wird deutlich, dass in allen Situationen das Prinzip der „Affenstellung“ aufrechterhalten wird. Es sind plastische Demonstrationen für einen sensiblen Umgang bei täglichen Verrichtungen, wobei die Korrektheit bei der Kopfhaltung beginnt, sich über den Nacken, die Schultern und den Rücken bis hin zu den Füßen erstreckt:

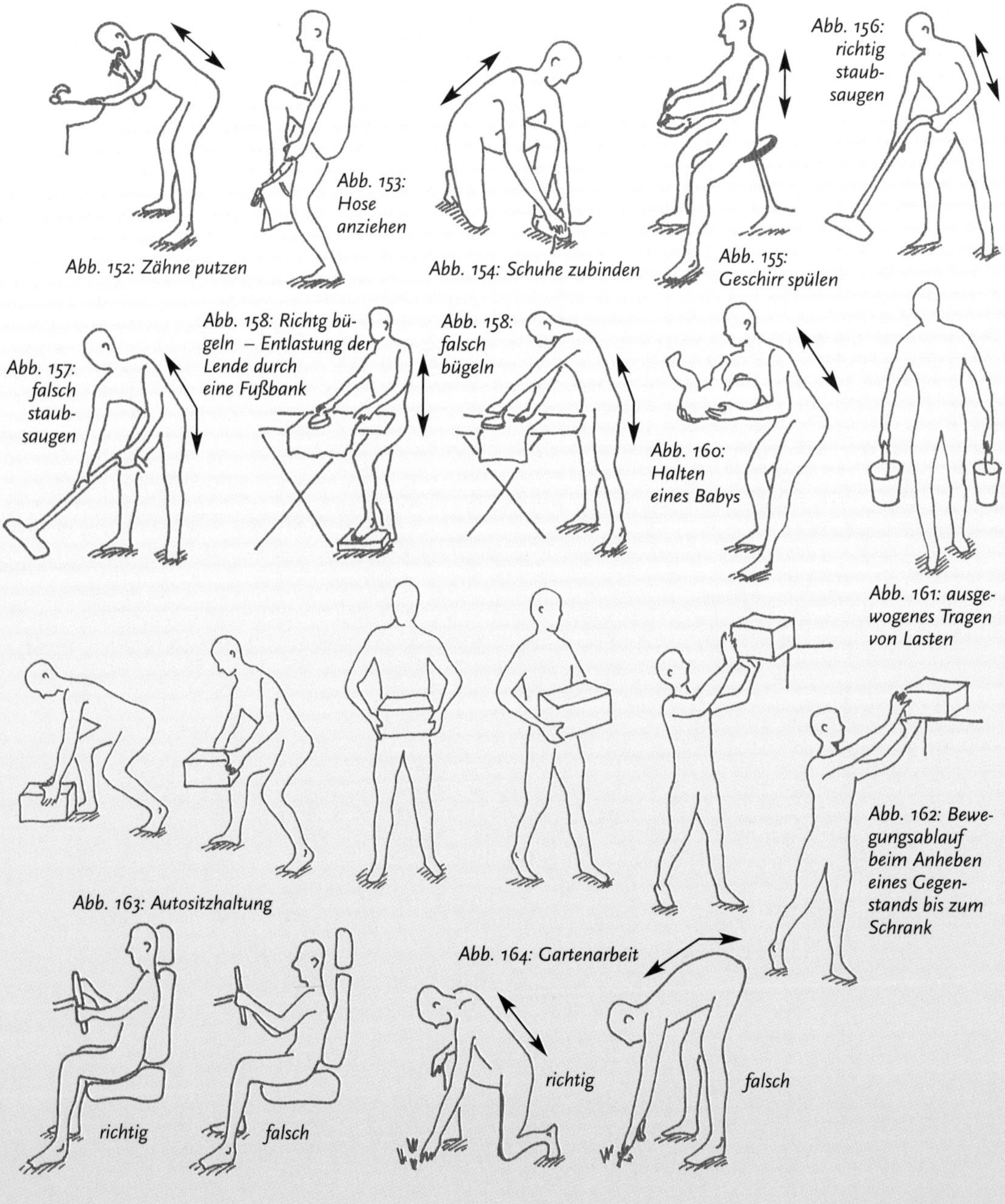

Abb. 152: Zähne putzen

Abb. 153: Hose anziehen

Abb. 154: Schuhe zubinden

Abb. 155: Geschirr spülen

Abb. 156: richtig staubsaugen

Abb. 157: falsch staubsaugen

Abb. 158: Richtg bügeln – Entlastung der Lende durch eine Fußbank

Abb. 158: falsch bügeln

Abb. 160: Halten eines Babys

Abb. 161: ausgewogenes Tragen von Lasten

Abb. 162: Bewegungsablauf beim Anheben eines Gegenstands bis zum Schrank

Abb. 163: Autositzhaltung

Abb. 164: Gartenarbeit

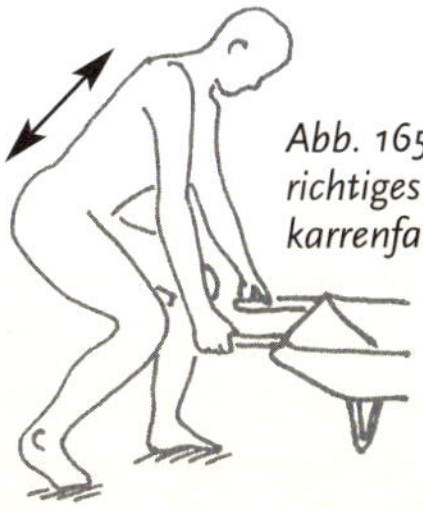

Abb. 165: richtiges Schubkarrenfahren

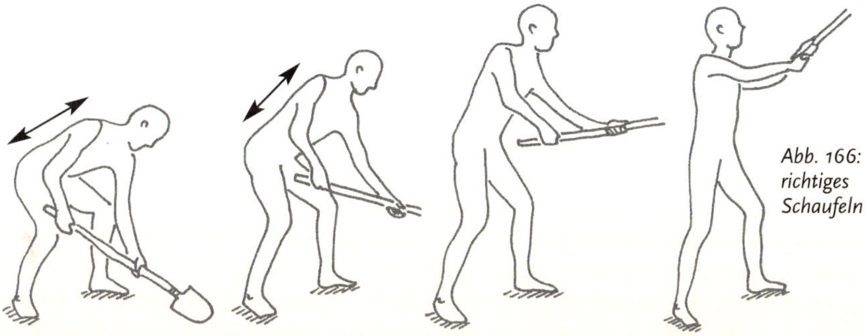

Abb. 166: richtiges Schaufeln

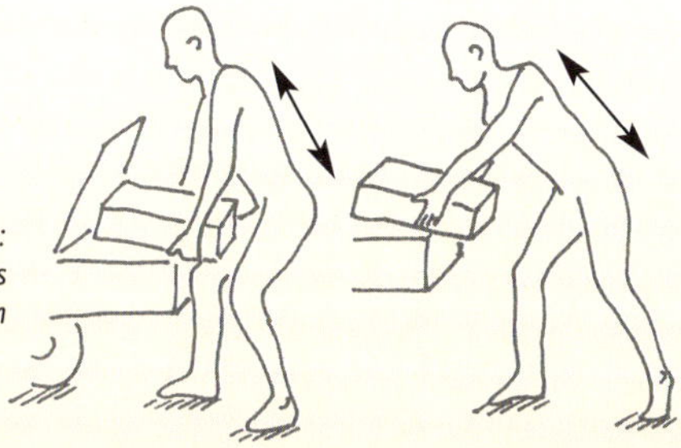

Abb. 167: richtiges Kofferraumentladen

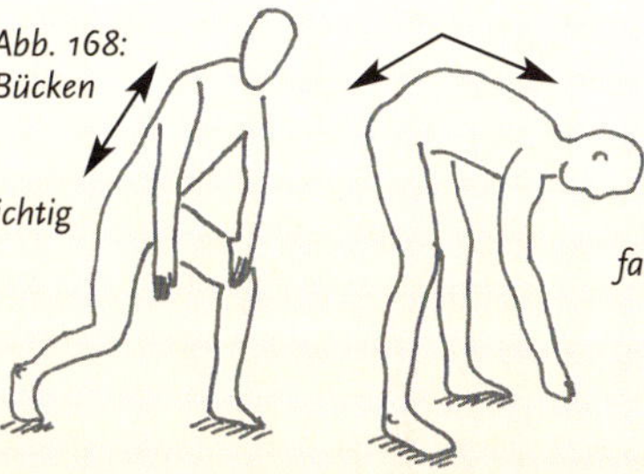

Abb. 168: Bücken

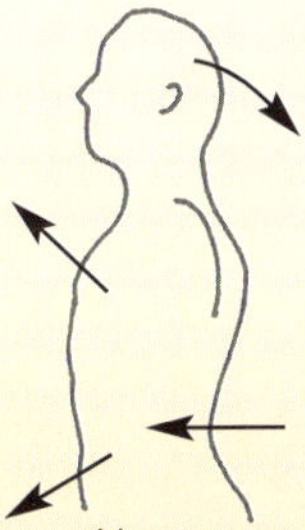

Abb. 169

Natürliches Atmen wiederherstellen

Man sieht bei Springreitern oft, dass sie nach einem Ritt von annähernd einer Minute stark schnaufend und verschwitzt den Parcours verlassen. Sie haben während des Ritts weitestgehend den Atem angehalten, gepresst, und somit ihre Leistungs- und Konzentrationsfähigkeit gemindert. Oft sind Einwirkungsfehler am Ende des Parcours die Folge, sodass aus dieser mangelhaften Einwirkung auch Fehler des Pferdes resultieren.

Abb. 169 verdeutlicht ein schlechtes Kopf-Hals-Verhältnis, ein hochgezogenes Brustbein durch mögliche Überaktivität des Zwerchfells. Der Bauch ist schlaff, der eingezogene Rücken kann nicht stützen. Abb. 170 zeigt eine Störung der Beziehung Kopf-Hals-Schulter. Die Rippen sind nach außen gedrückt und festgehalten, das Zwerchfell ist nach außen und unten gepresst. Abb. 171 bildet ein häufiges Muster der Rippen ab, die in einem verengten Zustand festgestellt sind. Die Atmung findet zu weit oben im Brustkorb statt und ist zu flach.

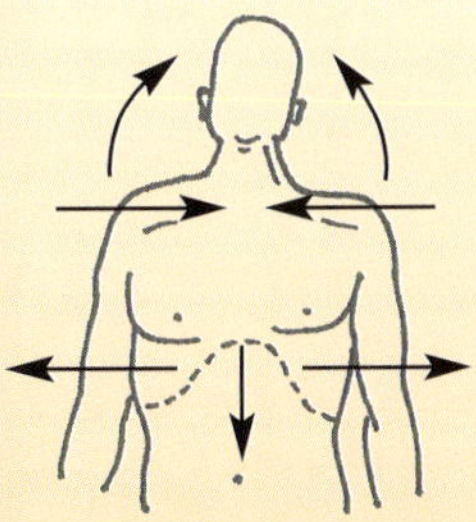

Abb. 170

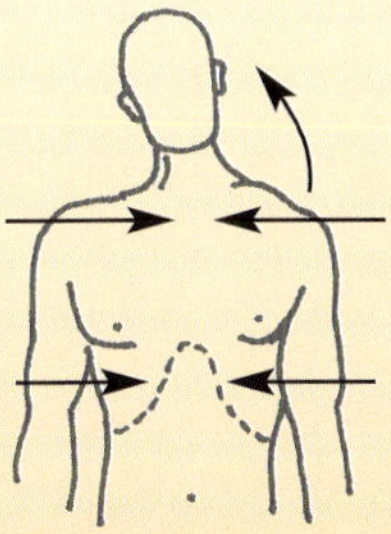

Abb. 171

Zur richtigen Atmung, muss Folgendes beachtet werden (Abb. 172):

- gute Kopf-Hals-Beziehung aufrechterhalten,
- Brustbein nicht beteiligen,
- „gelängter und geweiteter" Rücken; Schultern sind nicht beteiligt, sie sind entspannt,
- fühl- und erkennbare Bewegung besonders im unteren Rippenbereich

Abb. 172

Dabei ist gemäß Abb. 173 eine gute Aufrichtung wichtig, wobei die Bewegung des Zwerchfells im unteren Brustbereich kaum wahrnehmbar ist. Die Bauchmuskeln übernehmen Stützfunktion, sind aber nicht intensiv angespannt.

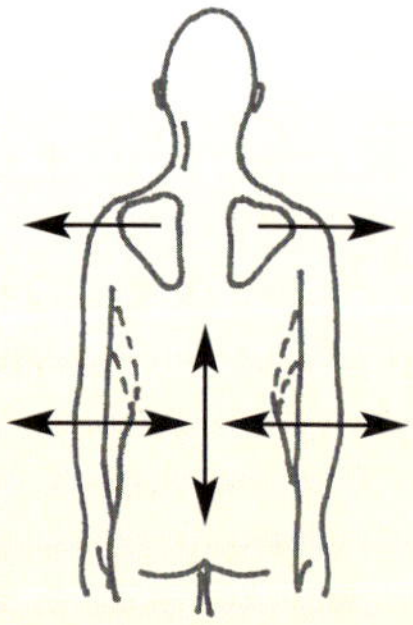
Abb. 173

Zusammenfassung

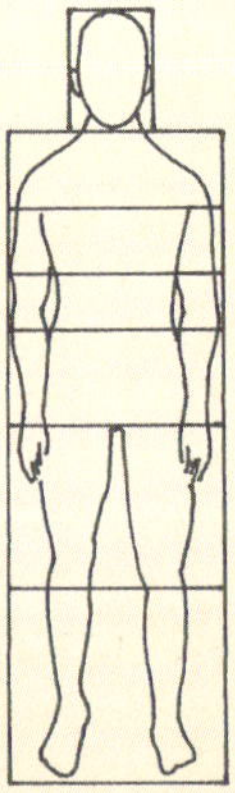
Abb. 176

Abb. 176 verdeutlicht den menschlichen Körper in Blöcken. Diese Blöcke sollen möglichst optimal zueinander stehen, so dass eine symmetrische Haltung entsteht:

- Ohren und Schultern sind auf gleicher Höhe,
- die Wölbung der Taille ist auf beiden Seiten gleich,
- das Becken steht gerade.

Typische Verstellungen sind in den Abb. 174 und 175 erkennbar. Abb. 174 a zeigt noch einmal in der Seitenansicht, wie eine ausgewogene Haltung auszusehen hat. Dagegen sind in Abb. b starke Verschiebungen der Blöcke erkennbar:

- Der Kopf ist nach hinten-unten gezogen, das Kinn nach vorne-oben geschoben,
- das Körpergewicht ist im Beckenbereich nach vorne verlagert,
- die Knie sind nach hinten durchgedrückt.

Abb. 175 verdeutlicht

- einen verschobenen Kopf,
- schiefe Schultern,
- einen zur Seite geneigten Brustkorb,
- nach außen gestreckte Hüfte,
- durchgedrückte Knie.

Der Mensch ist bei entsprechender Körpersensibilisierung durchaus imstande, sich noch so natürlich wie ein Kind zu bewegen. Abb. 177 verdeutlicht diesen Zustand.

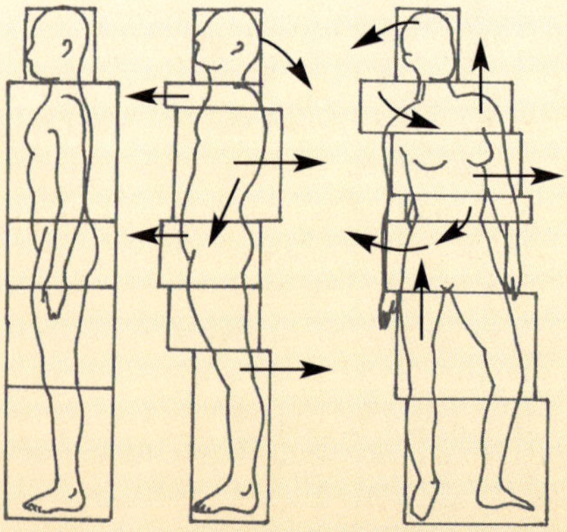
Abb. 174 a Abb. 174 b Abb. 175

Abb. 177

Bewegungsprinzipien für Alltagsbewegungen

- Nicht den Kopf verlieren.
- Den Rücken längen und weiten.
- Den Hals, die Schultern, die Hüfte freilassen.
- Sensibel und flexibel sitzen lernen.
- Sitzen ist ein dynamischer Prozess.
- Die Affenstellung befreit von Spannungen.
- Gehen lernen und den Kopf richtig tragen.
- Natürliches Atmen wiederherstellen.

Lektionen zur tieferen Sensibilisierung
(vgl. Alon 1993, 74–183; 1995)

Abb. 178

Das Becken macht den Rücken mobil beim „Gehen auf den Schultern"
Die Bewegung des Beckens führt dazu, dass die Schulterblätter gelöst und entspannt sind: Sie ordnen sich der gesamten Rückenlinie unter. Der obere starre Bereich des Rückens ist gegen den Boden gedrückt und wird durch die Integration in die Gesamtbewegung gelockert. Die Arme werden dabei auch freier.

Abb. 179

Beziehung zwischen Beinen und Rücken herstellen
In dieser Lektion wird die Beziehung zwischen Beinen und Rücken erfühlbar. Mit den weichen Dehnübungen, die langsam und sanft mehrmals vollzogen werden, wird die widerspenstige Beinmuskulatur nicht gestreckt, sondern die Rippen und Wirbel in ungewohnter Form mobilisiert. Aus dieser Veränderung wird der Rücken gelängt, so dass man auch bei Beugevorgängen keine Schwierigkeiten mit den Beinen hat.

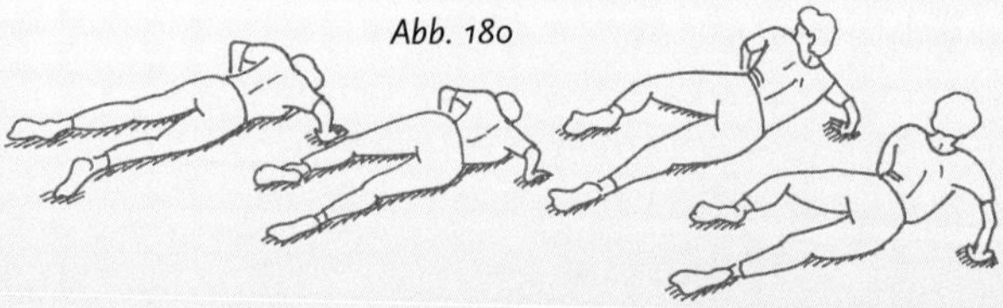

Abb. 180

Die Hände werden zum kindgemäßen Kriechen benutzt
Das Drücken der Handfläche bei gebeugtem Handgelenk gegen den Boden löst eine Streckung des Ellenbogens aus, wölbt die Schulter auf und dreht die Wirbelsäule wie eine Spirale. Das Brustbein wird mobilisiert. Der Arm übernimmt die frühere Funktion des „Vorderbeines" und führt zu höherer Bewegungsqualität im Oberkörper.

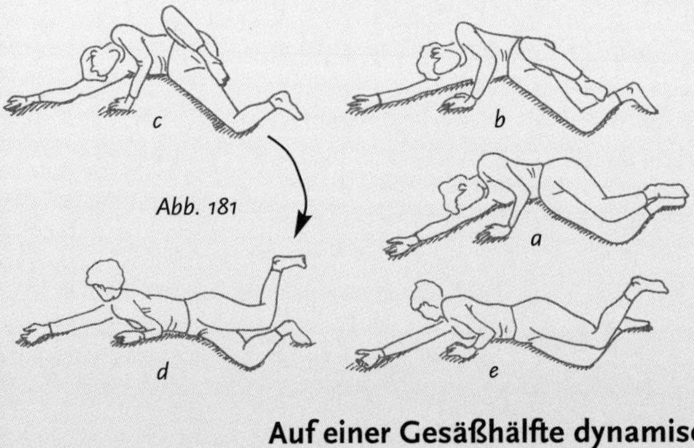

Abb. 181

Das Bein aktiviert den Rücken
Die Bein-(Knie-)bewegungen nach innen und außen, mit der Bewegung der Wirbelsäule und entgegengesetzt, mobilisieren viele Möglichkeiten des Funktionszusammenhangs Bein-Becken-Rücken-Kopf. Das Ergebnis ist beim anschließenden Gehen durch hohe Leichtigkeit und Elastizität spürbar.

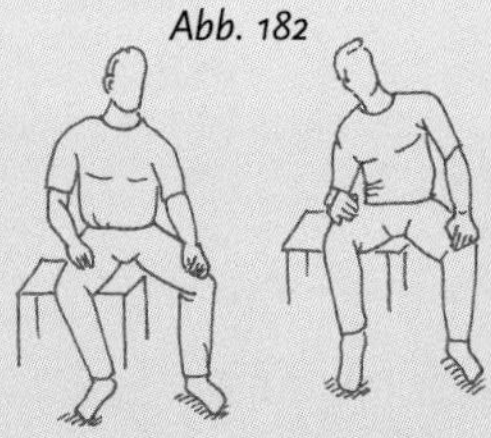

Abb. 182

Auf einer Gesäßhälfte dynamisch sitzen
Sitzen ist kein starres Schema, sondern immer dynamisch. Stereotype Sitzmuster sind dadurch zu durchbrehen, dass man mit einer Hälfte des Beckens über den Stuhl hinaus-

rutscht. Die freie Körperhälfte wird langsam sanft angehoben und gesenkt. Diese Veränderung spürt man als angenehme Neuigkeit für die Ordnung des gesamten Körpers. Es wird ein starrer Sitzschematismus aufgebrochen.

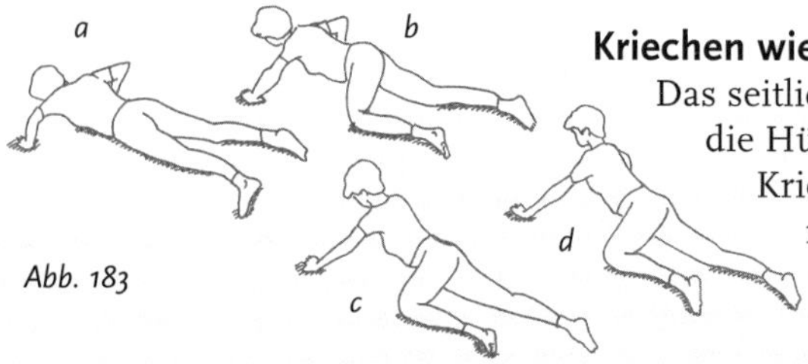

Abb. 183

Kriechen wie zu Urzeiten

Das seitliche Anziehen des gebeugten Knies mobilisiert die Hüfte aufgrund des Widerstands des Bodens. Das Kriechen macht die Wirbelsäule wieder darauf aufmerksam, wie sie sich drehen muss, um den Füßen die richtige Stellung zum richtigen Gehen zu geben. Der Schritt kann dann weich aufgefangen werden, der Körper ist imstande, sich wieder gefühlvoll abzudrücken. Diese Bewegungen übertragen sich bis zum Kopf, der in eine bequeme Position gerät, um optimal Informationen aufnehmen zu können.

Abb. 184

Aus dem Knien zum Sitzen

Durch den Übergang vom Knien zum Sitzen wölbt sich der untere Rücken stark auf, weil der Kopf in den Nacken genommen wird (Fehlorganisation Kopf-Hals-Schultern-Rücken). Das Neigen des Kopfes nach unten rundet den Rücken. Durch das Kombinieren einer neuen Bewegung zwischen Kopf und Becken wird die Gesamtbewegung elastischer, leichter. Das Überkreuzen eines Knies vor dem anderen verdeutlicht noch intensiver die Notwendigkeit des nach hinten gerundeten Rückens bei der Vorwärtsbewegung.

Entgegnung einer widerspenstigen Bewegung

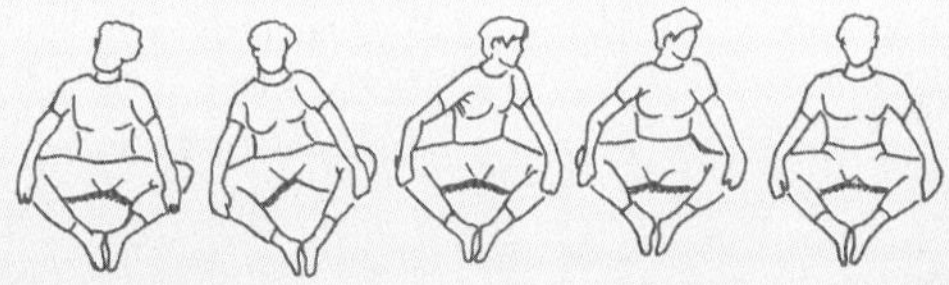
Abb. 185

Es ist schwierig, den Kopf zur Schulter hin zu bewegen. Man spürt oft Verspannungen. Leichter fällt es, wenn sich nicht nur der Kopf zur Schulter, sondern gleichzeitig die Schulter in Richtung Kopf bewegt. Durch das Herstellen dieser Einheit wird der gesamte Körper in seinen natürlichen Abläufen wiederhergestellt. Wenn sich die Annäherungen Kopf-Schulter eingespielt haben, wird die Bewegung des Kopfes insgesamt freier, auch wenn er sich danach unabhängig bewegt.

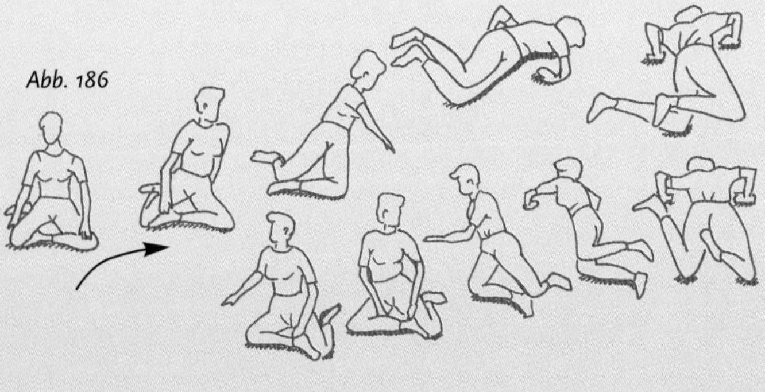
Abb. 186

Wiederherstellen der Natürlichkeit des gesamten Körpers

Durch die Funktion des Aufsetzens aus einer liegenden Position mit dem Gesicht zum Boden wird die Fähigkeit des Organismus gefördert, sich in Raum und Zeit rhythmisch zu organisieren. Wenn der fließende Rhythmus des Aufrichtens von rechts oder links aufgenommen wird, werden alle Einzelfunktionen des Organismus verfeinert. Es entsteht der biologische Takt.

Abb. 187

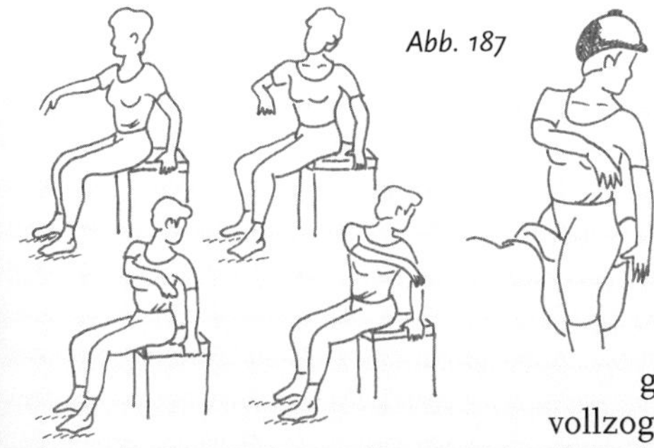

Dynamische Drehungen um die Längsachse

Nur der Mensch ist fähig, sich um seine Längsachse zu drehen. Diese Drehbewegungen fallen dem heutigen Menschen schwer, woraus eine Reihe von Verspannungen entsteht. Diese Fähigkeit soll genutzt werden, um Bewegungsmöglichkeiten aufzufrischen. Der Arm wird in Schulterhöhe gehalten, die Augen verfolgen die Hand: Die Bewegungen werden ganz sanft und ohne Überwindung von Widerständen vollzogen. Wenn muskuläre Spannungen entstehen, wird nicht über sie hinweg gearbeitet. Die Bewegung verläuft von der Körpermitte bis hinter den Körper und zurück. Bei jeder neuen Bewegung wird eine Ausweitung der Drehbewegung feststellbar; der Körper gewinnt schnell an Mobilität. Die Lektion wird nach beiden Körperseiten vollzogen. Nach einigen Wiederholungen weitet sich der Blick extrem nach hinten.

Entblocken alter Verbindungen

Abb. 188

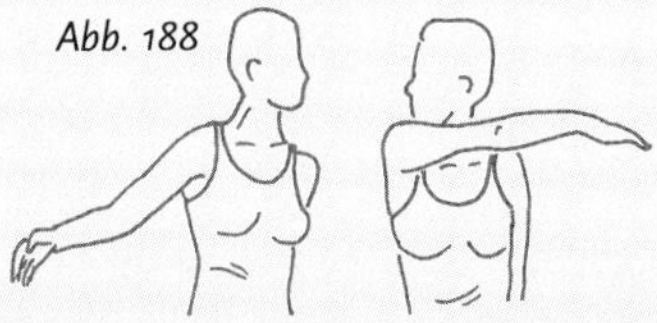

Der Arm wird in Schulterhöhe vor dem Körper gehalten. Der Arm dreht sich sanft nach außen, der Kopf dreht sich dabei in die entgegengesetzte Richtung. Diese Bewegungen werden mehrmals mit dem rechten und linken Arm vollzogen. Danach werden Kopf und Arm nicht entgegengesetzt geführt, sondern der Arm „wickelt" den Kopf ein. Wenn der rechte Arm mit der Hand nach links geführt wird, wendet sich der Kopf nach rechts (beim linken Arm umgekehrt). Nach einer bestimmten Zeit kann der Mensch seinen Blick extrem nach hinten wenden. Die gesamte Hals-Schulter-Partie entspannt sich, weil das starr gewordene Brustbein mobilisiert worden ist. Da der Mensch nicht mehr wie ein Kleinkind kriecht, wird es im Alltag nicht aktiviert.

Abb. 189

Bewegungen durchströmen den Körper beim Krabbeln

Das diagonale Sichbewegen bei der Krabbelbewegung erzeugt einen Bewegungsfluss im Körper, sodass sich alle Teile in diese Gesamtbewegung einordnen. Die Kraftlinien fließen vom Hinterbein zum diagonalen Vorderbein, zurück zum Hinterbein derselben Seite und wieder zum diagonalen Vorderbein. Die Druckbelastungen durch Arme und Schulterblatt gegen den Boden übertragen sich auf die Wirbelsäule und mobilisieren die oberen Brustwirbel intensiv.

Diese Übung kann auch auf den Unterarmen und ganz in Bodenlage (wie Abb. 183) nacheinander absolviert werden.

Rolle entlang der Wirbelsäule

Durch das Liegen auf einer zusammengerollten Decke erhält nach einiger Zeit des Übens jeder Wirbel die Erfahrung des Bodenkontakts. Der Brust-

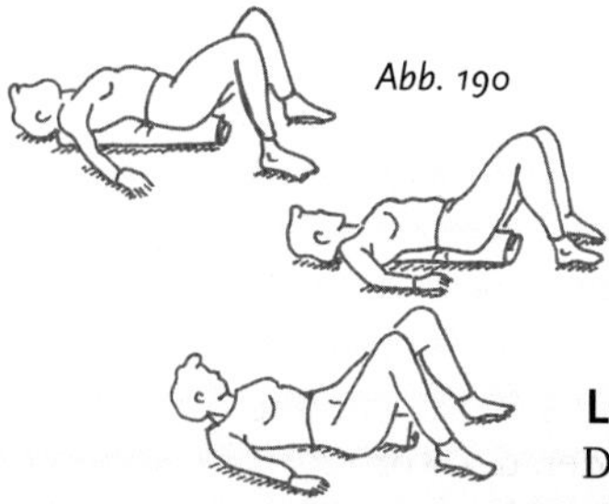

Abb. 190

korb wird durch das Hin- und Herrollen auf der Rolle gelockert. Die diagonalen Möglichkeiten des Körpers werden wiederentdeckt, die für das koordinierte freie Gehen wichtig sind. Beim Liegen danach auf dem flachen Boden wird man überrascht sein, wie flach der Rücken geworden ist.

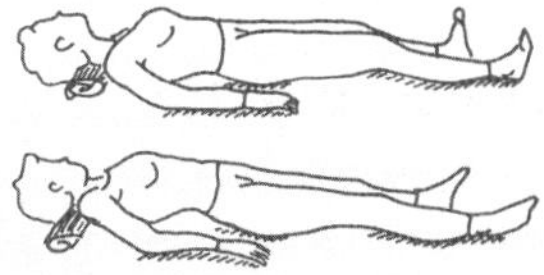

Abb. 191

Lösung von Nackenverspannungen

Da der Kopf unaufhörlich dafür zuständig ist, den gesamten Körper im Gleichgewicht zu halten, neigt er zu starken Verspannungen. Der Körper kann nur auf einem festen Untergrund ausruhen. Die Rolle muss aus einem Material bestehen, das einerseits fest genug ist, um genügend Stützfunktion zu übernehmen, andererseits weich genug, um sich der Form des Nackens anzupassen. Über die Lösung der Nackenverspannungen wird der gesamte Körper elastisch, weil das Okzipitalgelenk frei wird.

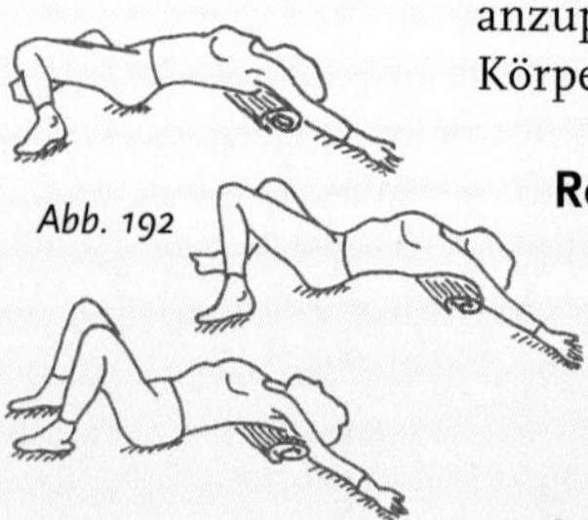

Abb. 192

Rolle unter dem Schulterblatt

Die Beine sind angestellt und „rollen" durch das langsame Hin- und Herbewegen den steifen Rücken so, dass er sich insgesamt lockern kann. Besonders die steifen Stellen zwischen den Schulterblättern werden „entblockt".

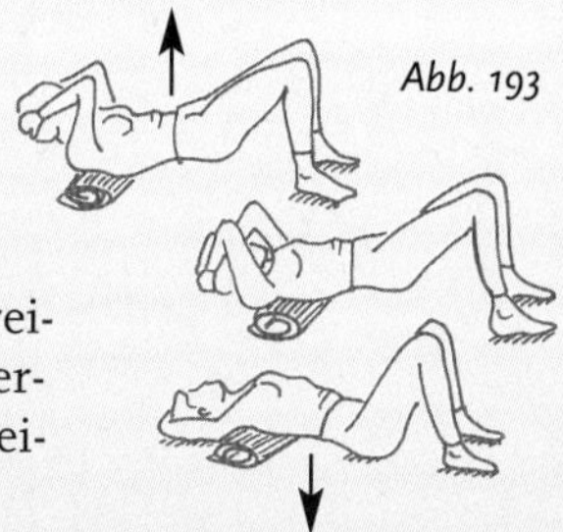

Abb. 193

„Scheuern an einem Baumstumpf"

Wie sich ein Tier an einem Baumstumpf reibt, so können durch diese Lektion die Teile der Wirbelsäule mobilisiert werden, die im Stehen äußerst schwer zu erreichen sind. Eine eingerollte Decke liegt unter den Schulterblättern. Mit gefalteten Händen wird der Kopf aus der Neigung nach hinten, die durch das leichte Drücken der angestellten Beine mit hochgehobenen Gesäß unterstützt wird, langsam in Richtung Brust gezogen. Dabei senkt sich das Gesäß wieder in Richtung Boden. Dadurch entsteht im Brustwirbelbereich erhöhte Mobilität.

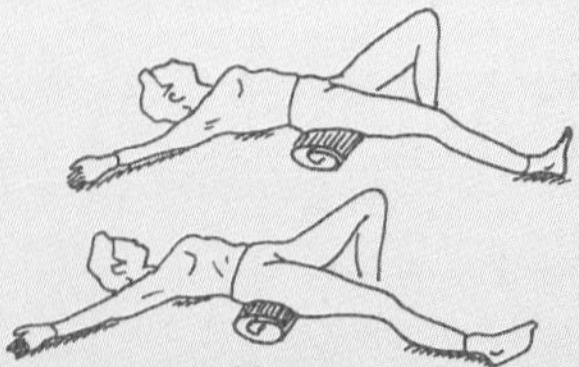

Abb. 194

Rolle quer unter dem Becken

Durch die Rolle unter dem Kreuzbein wird die Wölbung des unteren Rückens nach innen und außen verstärkt. Durch kreisende Bewegungen des Knöchels wird das Becken weich und elastisch in unterschiedliche Positionen gebracht. Der gesamte Rücken passt sich mit der Zeit den Veränderungen des Beckens an.

Die Rundung genießen

Die Rolle erzeugt unter Zuhilfenahme der angezogenen Knie die größtmögliche Rundung im unteren Rücken. Die Knie werden in unterschiedliche Haltungen gebracht. Darin soll einige Sekunden verharrt werden. Die Knie bringen die Wirbel in Stellungen, die der Mensch sonst nicht mehr kennt.

Abb. 195

Komplexe Lektionen zur Sensibilisierung

Die folgenden Übungen entstammen der Feldenkrais-Methode und können in der einschlägigen Literatur vertieft werden (siehe Serviceteil auf S. 204).

Alle Übungen sollen 8–10 mal wiederholt werden.

Lektion 1: Beweglichkeit

Ausgangsposition: Sie sitzen auf dem vorderen Teil eines Hockers, legen die Hände auf die Oberschenkel. Die Füße ruhen schulterbreit auseinander, der Körper bildet vier rechte Winkel: Füße-Unterschenkel; Unterschenkel-Oberschenkel; Oberschenkel-Oberkörper; Oberkörper-Kinn. (Abb. 1)

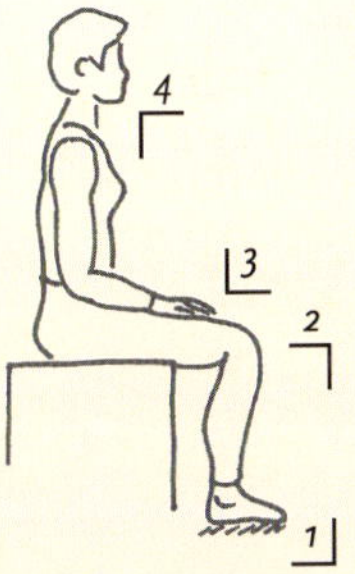

(1)

1) Drehen Sie den Oberkörper langsam nach rechts, den Blick ebenfalls in die Richtung wenden. Danach wieder zurückdrehen und geradeaus schauen und entspannen.
   - Die Bewegungen sollen angenehm und leicht sein.
   - Nicht über Widerstände hinaus drehen und schauen.
   - Wenn Sie das erste Mal nach rechts schauen, merken Sie sich die Stelle, bis zu der Sie schauen können. Diese Stelle benötigen Sie als Bezugspunkt, um später zu erkennen, wie viel gelenkiger Sie geworden sind. (Abb. 2)

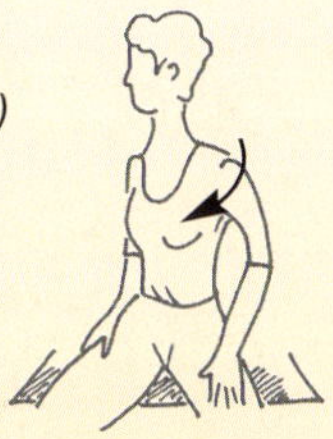

(2)

2) Ihre Augen fixieren einen Punkt, der sich direkt vor Ihnen befindet. Die Augen schauen ruhig geradeaus, während Sie Kopf und Oberkörper nach rechts drehen. Dann wenden Sie sich wieder in die Ausgangsstellung zurück.
   - Keine Überanstrengungen unternehmen, nicht über Widerstände hinwegdehnen.
   - Beim Drehen ausatmen, um die Bewegung zu erleichtern.
   - Nacken, Schultern und Oberkörper entspannen. (Abb. 3)

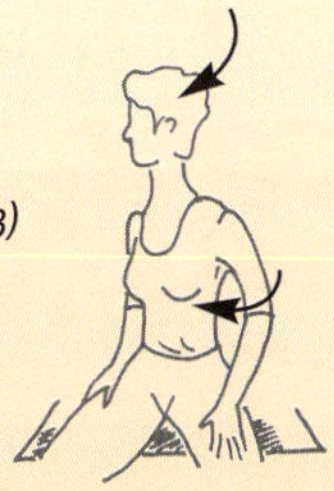

(3)

3) Drehen Sie nochmals den Oberkörper einschließlich Augen langsam nach rechts. Können Sie nun bereits weiter schauen?
4) Halten Sie Kopf und Augen in der Mittelposition, einen Punkt geradeaus fixieren, drehen Sie den Oberkörper langsam nach rechts, ohne den Kopf mitzudrehen.
   - Drehungen langsam vollziehen. Beim Drehen ausatmen.
   - Kiefer, Nacken und Schultern entspannen. Fühlen Sie, wie Ihre rechte Schulter nach hinten und Ihre linke nach vorne geführt wird? (Abb. 4)

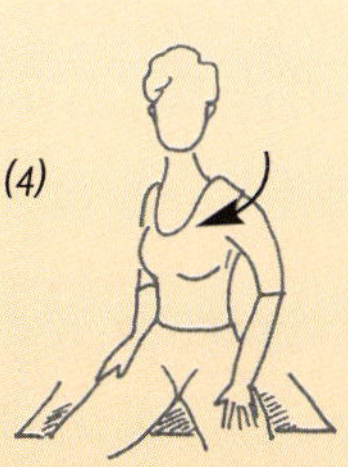

(4)

5) Drehen Sie den gesamten Oberkörper (einschließlich Kopf und Augen) nach rechts und kehren wieder in die Ausgangsposition zurück und entspannen.
   Spüren Sie, wie die Bewegung nach rechts immer leichter und angenehmer wird? Fühlen Sie den Unterschied zwischen rechter und linker Schulter? Spüren Sie die Entspannung der linken Seite?
6) Ihre Füße sind weiterhin flach am Boden. Bewegen Sie Ihr linkes Knie ganz sanft nach vorn.
   - Vollziehen Sie die Bewegung ganz klein.
   - Entspannen Sie dabei das linke Bein.
   - Beobachten Sie, wie Ihr Rücken, die Schultern und der Kopf sich ein wenig nach rechts mitdrehen. (Abb. 5)

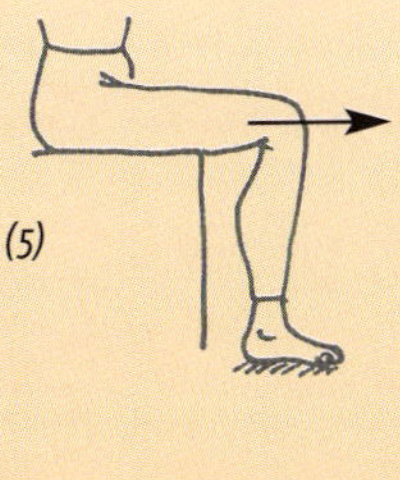

(5)

7) Wenn Sie das linke Knie nach vorne bewegen, unterstützen Sie die Bewe-

gung durch eine Drehung des Oberkörpers nach rechts.

- Spüren Sie, wie Sie beim Drehen ein wenig größer werden?
- Atmen Sie beim Drehen aus, um den Brustkorb beweglicher zu machen.
- Spüren Sie, wie sich beim Drehen Ihr Becken weich mitbewegt?
- Spüren Sie, wie sich Ihre linke Seite (von Kopf bis Becken) entspannt.

(6)

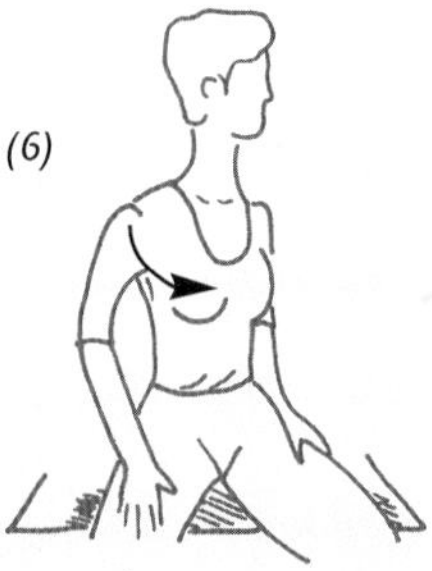

8) Drehen Sie den Oberkörper langsam nach links, wenden Sie den Blick ebenfalls in die Richtung. Drehen Sie wieder zurück und schauen Sie geradeaus und entspannen.
- Die Bewegungen sollen angenehm und leicht sein.
- Nicht über Widerstände hinaus drehen und schauen.
- Wenn Sie das erste Mal nach links schauen, merken Sie sich die Stelle, wie weit Sie schauen können. Diese Stelle benötigen Sie als Bezugspunkt, um später zu erkennen, wie viel gelenkiger Sie geworden sind. (Abb. 6)

(7)

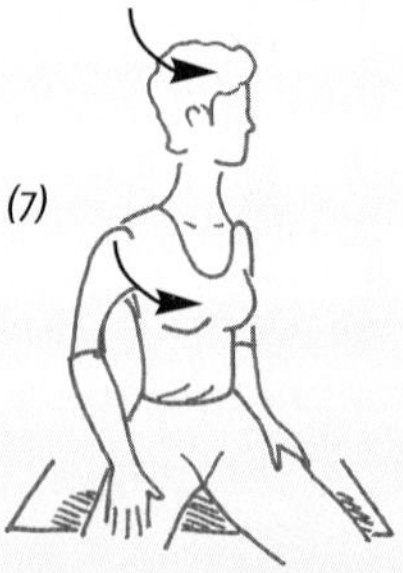

9) Ihre Augen fixieren einen Punkt, der sich direkt vor Ihnen befindet. Die Augen schauen ruhig geradeaus, während Sie Kopf und Oberkörper nach links drehen. Dann wenden Sie sich wieder in die Ausgangsstellung zurück.
- Keine Überanstrengung unternehmen, nicht über Widerstände hinwegdehnen.
- Beim Drehen ausatmen, um die Bewegung zu erleichtern.
- Nacken, Schultern und Oberkörper entspannen. (Abb. 7)

(8)

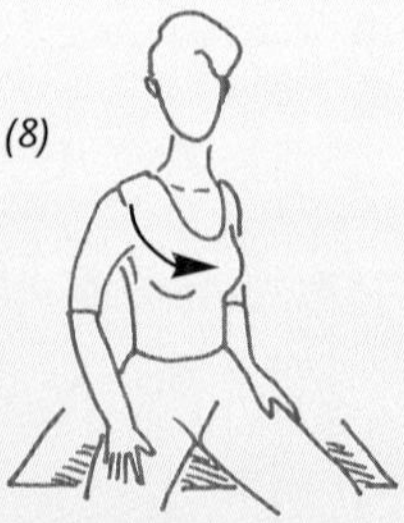

10) Drehen Sie nochmals den Oberkörper einschließlich Augen langsam nach links. Können Sie nun schon weiter schauen?

11) Kopf und Augen in der Mittelposition halten, Punkt geradeaus fixieren, Oberkörper langsam nach links drehen.
- Drehungen langsam vollziehen. Beim Drehen ausatmen.
- Kiefer, Nacken und Schultern entspannen. Fühlen Sie, wie Ihre linke Schulter nach hinten, Ihre rechte nach vorne geführt wird? (Abb. 8)

12) Drehen Sie den gesamten Oberkörper (einschließlich Kopf und Augen) nach links, kehren wieder in die Ausgangsposition zurück und entspannen. Spüren Sie, wie die Bewegung nach links immer leichter und angenehmer wird? Spüren Sie die Entspannung der rechten Seite?

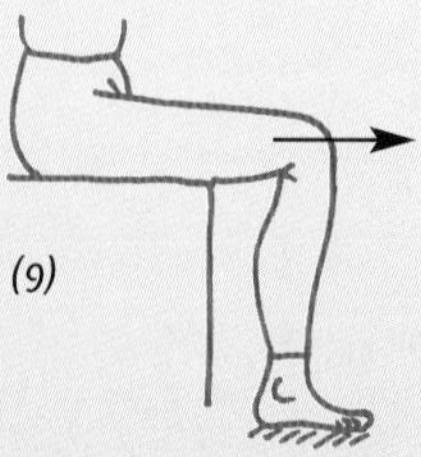

(9)

13) Ihre Füße sind weiterhin flach am Boden. Bewegen Sie Ihr rechtes Knie ganz sanft nach vorn.
- Vollziehen Sie die Bewegung ganz klein.
- Entspannen Sie dabei das rechte Bein.
- Beobachten Sie, wie Ihr Rücken, die Schultern und der Kopf sich ein wenig nach links drehen. (Abb. 9)

(10)

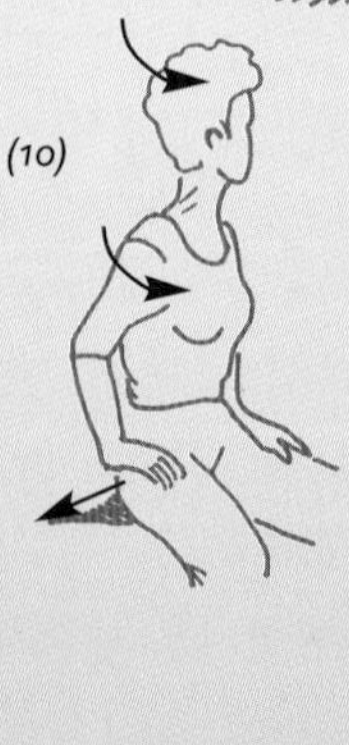

14) Wenn Sie das rechte Knie nach vorne bewegen, unterstützen Sie die Bewegung durch eine Drehung des Oberkörpers nach links.
- Spüren Sie, wie Sie beim Drehen ein wenig größer werden?
- Atmen Sie beim Drehen aus, um den Brustkorb beweglicher zu machen.
- Spüren Sie, wie sich beim Drehen Ihr Becken weich mitbewegt?
- Spüren Sie, wie sich Ihre rechte Seite (von Kopf bis Becken) entspannt? (Abb. 10)

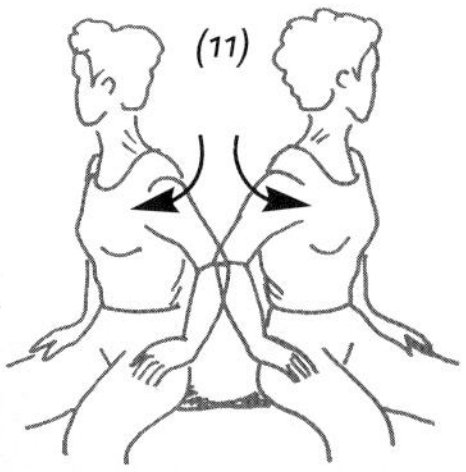
(11)

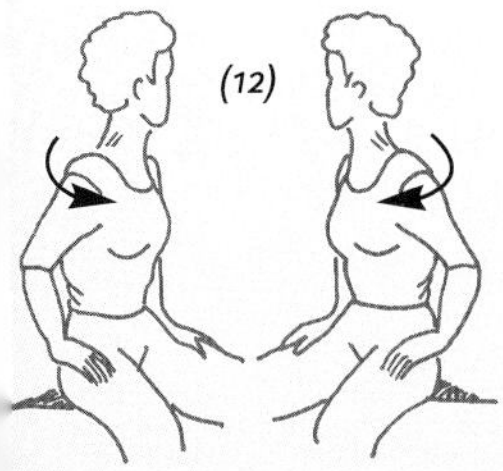
(12)

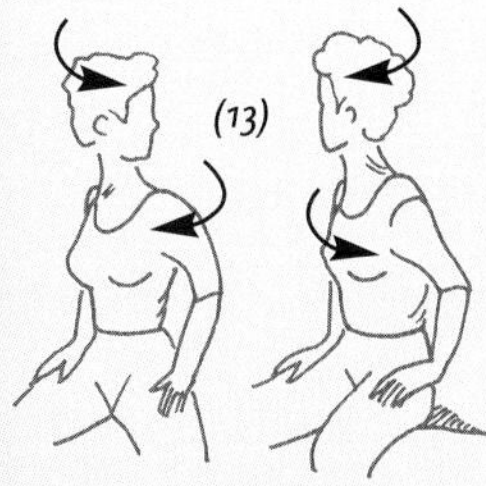
(13)

(14)

15) Führen Sie Ihr linkes Knie leicht nach vorn und drehen Sie Ihren Oberkörper nach rechts. Kehren Sie in die Ausgangsposition zurück und führen Sie Ihr rechtes Knie nach vorn und drehen Sie den Oberkörper nach links.
- Die Bewegungen sollen sanft und fließend sein.
- Ihre Hände gleiten auf den Oberschenkeln, wenn Sie sich nach rechts und links drehen.
- Ihre Beine sollen entspannt sein. (Abb. 11)

16) Fixieren Sie Ihren Kopf und die Augen auf einen Punkt geradeaus. Drehen Sie den Oberkörper nach rechts und links.
- Entspannen Sie Gesicht, Hals und Schultern.
- Atmen Sie fließend und halten Sie Ihre Füße am Boden. (Abb. 12)

17) Drehen Sie Ihren Oberkörper und das Becken nach rechts, während Sie Ihren Kopf nach links drehen. Danach drehen Sie Ihren Oberkörper und das Becken nach links, während Sie Ihren Kopf nach rechts drehen.
- Vollziehen Sie alle Bewegungen weich und langsam.
- Dehnen Sie nicht mit Kraft über Widerstände hinweg.
- Kiefer, Nacken, Schultern und Becken sollen entspannt sein.
- Atmen Sie fließend in die Dehnbewegung hinein. (Abb. 13)

18) Stellen Sie jetzt die Fortschritte fest: Führen Sie Ihr linkes Knie nach vorn und drehen Sie den Oberkörper nach rechts. Dann führen Sie das rechte Knie nach vorn und drehen den Oberkörper nach links. Alle Bewegungen sollen ohne Kraftanstrengung erfolgen.
- Vergleichen Sie die Drehbewegung mit Ihrem ersten Versuch. Können Sie erheblich weiter nach rechts und links drehen und schauen?
- Sie sind ohne Kraftanstrengung gelenkiger geworden!
- Spüren Sie beim Sitzen, wie sich Ihr Gewicht gleichmäßig auf Ihre beiden Gesäßknochen verteilt?
- Fühlen Sie sich ein wenig größer und leichter?
- Ihre Muskeln sind entspannt und Ihre Haltung ist aufrechter, weil sich keine Muskeln mehr festhalten!
- Ihr gesamter Körper ist elastischer geworden und kann anschließend besser mit der Pferdebewegung mitschwingen! (Abb. 14)

Lektion 2: Massage für den Rücken

Vor Beginn der Lektion Legen Sie sich auf den Rücken und kämmen Sie quasi mit Ihrem inneren Auge Ihren Körper durch. Lassen Sie sich ein paar Minuten Zeit dafür. Sie sollen feststellen, wie die einzelnen Körperteile auf dem Boden aufliegen. Beginnen Sie mit dem Kopf und hören Sie mit den Füßen auf. (Abb. 15)

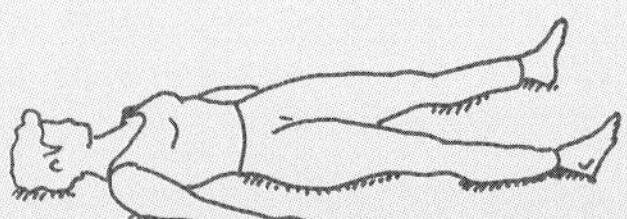
(15)

Ausgangsposition Stellen Sie Ihre Beine in der Rückenlage auf, Füße stehen schulterbreit voneinander entfernt. Heben Sie Ihren rechten Fuß an und führen Sie mit der linken Hand das rechte Knie in Richtung Oberkörper. Halten Sie das Knie und legen Sie Ihre rechte Hand unter den Kopf. (Abb. 16)

(16)

Beachten Sie folgende Merkmale bei allen Bewegungsvollzügen:

- Bewegungen weich und langsam ausführen.
- Nicht den Kopf aktiv bewegen, sondern die Hände führen den entspannten Kopf.
- Nur kleine Bewegungen vollziehen; Sie müssen das Knie nicht mit Kraft bis zum Kopf ziehen.
- Kommen Sie nach jeder Bewegung wieder in die Ausgangsposition zurück; der Kopf soll auf dem Boden ruhen.
- Atmen Sie in die Zusammenführung beider Bewegungen (Knie und Kopf) aus; Sie machen es sich dadurch leichter.
- Der Ellenbogen soll beim Führen des Kopfes nach vorne zeigen.
- Stützen Sie Ihren Kopf mit der rechten Hand.
- Spüren Sie bei den Bewegungsvollzügen und in Ruhestellung, inwieweit sich der Rücken zum Boden senkt.

(17)
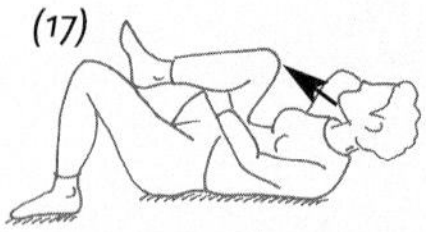

1) Heben Sie Ihren Kopf mit der rechten Hand und führen Sie den rechten Ellenbogen langsam in Richtung rechtes Knie. Gleichzeitig führen Sie mit der linken Hand das rechte Knie in Richtung rechten Ellenbogen. (17)

(18)
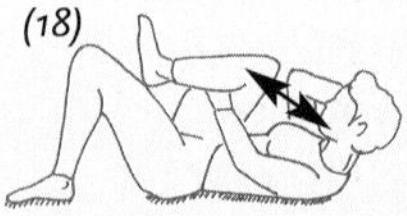

2) Vollziehen Sie die gleichen Bewegungen, nur führen Sie nun das Kinn in Richtung rechtes Knie bzw. das Knie in Richtung Kinn. (Abb. 18)

(19)
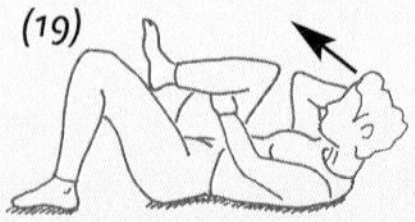

3) Vollziehen Sie die gleichen Bewegungen, nur führen Sie die Stirn in Richtung rechtes Knie bzw. das Knie in Richtung Stirn. (Abb. 19)
Wenn Sie die Bewegungen 1–3 vollzogen haben, strecken Sie sich auf dem Boden aus und gehen Sie Ihrem Gefühl nach. Hat sich bereits einiges an Ihrer Lage im Vergleich zur Ausgangslage vor Beginn der Lektion verändert?

(20)

(21)
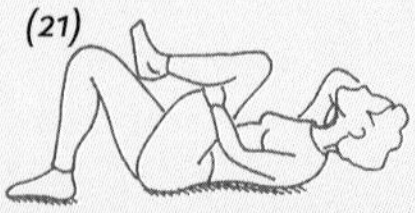

(22)

4) Die gleichen Bewegungsabfolgen vollziehen Sie nun mit der anderen Körperhälfte. Nacheinander werden Kopf, Kinn und Stirn in Richtung linkes Knie geführt. (Abb. 20/21/22)
Danach ruhen Sie sich wieder auf dem Boden aus und spüren, ob sich bereits weitere Änderungen in der Auflage Ihres Körpers ergeben haben. Stellen Sie sie nur fest, aber ändern Sie nichts daran, indem Sie sich bewusst anders hinlegen wollen.

Änderung der Ausgangslage

Ihre linke Hand umfasst den Kopf, während die rechte Hand das rechte Bein umfasst. Die Bewegungen verlaufen nun nicht gradlinig, sondern diagonal.

(23)

5) Heben Sie nun Ihren **Kopf** mit der linken Hand an und führen Sie den linken Ellenbogen langsam in Richtung rechtes Knie. Gleichzeitig führt die rechte Hand das Knie gegen den linken Ellenbogen. (23)

(24)
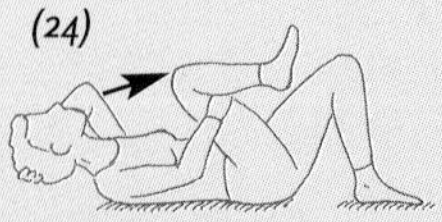

6) Vollziehen Sie die gleichen Bewegungen, nur führen Sie nun das **Kinn** in Richtung rechtes Knie bzw. das Knie in Richtung Kinn. (24)

(25)
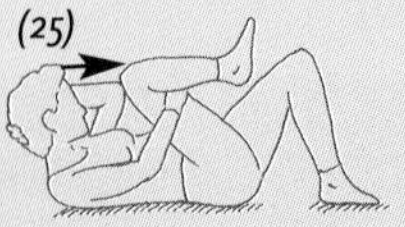

7) Vollziehen Sie die gleichen Bewegungen, nur führen Sie nun die **Stirn** in Richtung rechtes Knie bzw. das Knie in Richtung Stirn. (25)

Wenn Sie die Bewegungen 5–7 vollzogen haben, strecken Sie sich auf dem Boden aus und gehen Sie Ihrem Gefühl nach. Hat sich bereits einiges an Ihrer Lage im Vergleich zur Ausgangslage vor Beginn der Lektion verändert?

8) Die gleichen Bewegungsabfolgen vollziehen Sie nun mit der anderen Körperhälfte. Nacheinander werden **Kopf, Kinn und Stirn in Richtung linkes Knie geführt**.

Danach ruhen Sie sich wieder auf dem Boden aus und spüren, ob sich bereits weitere Änderungen in der Auflage Ihres Körpers ergeben haben. Vergleichen Sie Ihren Kontakt, den Sie jetzt mit dem Boden haben, mit dem vor Beginn der Lektion. Vielleicht hat sich Ihr Rücken seit Jahren nicht mehr so entspannt. (26)

(26)

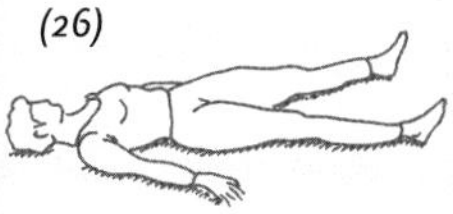

Gehen Sie nun einige Schritte und erspüren Sie Ihre Hüftgelenke und Ihren Gang. Ihre Hüftgelenke bewegen sich nun sicherlich leichter und Ihr Gang ist auch müheloser.

Lektion 3: Elastische Wirbelsäule

Ausgangsposition

Sie sitzen auf dem vorderen Teil eines Hockers, legen die Hände auf die Oberschenkel. Die Füße ruhen schulterbreit auseinander, der Körper bildet vier rechte Winkel: Füße-Unterschenkel; Unterschenkel-Oberschenkel; Oberschenkel-Oberkörper; Oberkörper-Kinn. (27)

(27)

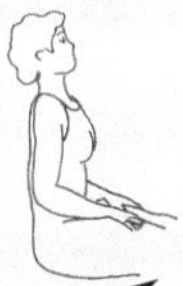

1) Heben Sie langsam und ohne Kraftanstrengung Ihren Kopf und Ihre Augen in Richtung Decke. Führen Sie Ihren Kopf nicht über Widerstände hinweg. Merken Sie sich einen Punkt an der Decke, zu dem Sie mühelos schauen können. Später werden Sie Ihre Fortschritte an diesem Punkt messen. (28)

(28)

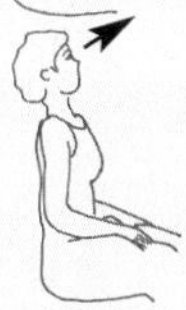

2) Heben Sie Ihren Kopf leicht an. Schauen Sie dabei gleichzeitig mit den Augen zum Boden. (29)
   - Vollziehen Sie die Bewegungen langsam und weich.
   - Wenn Kopf und Augen sich in entgegengesetzte Richtung bewegen, sind Kopf und Nacken eingeschränkt.
   - Entspannen Sie sich, wenn Sie die Bewegungen 5–10 mal vollzogen haben.

(29)

3) Heben Sie Ihren Kopf und die Augen an und schauen zur Decke. Biegen Sie gleichzeitig Ihren Rücken durch. (30)
   - Ist Ihr Rücken bereits elastischer?
   - Ist der Punkt an der Decke schon weiter nach hinten gewandert? Können Sie also schon höher schauen?

(30)

4) Geben Sie diese Haltung langsam auf, schauen Sie in Richtung Boden und runden Sie Ihren Rücken ein wenig, bevor Sie wieder in die Ausgangslage zurückkehren. (31)

(31)

5) Neigen Sie Ihren Kopf nach unten, lassen Sie Ihren Rücken rund werden. Schauen Sie dabei aber gleichzeitig mit den Augen nach oben. (32)
   - Auch jetzt sind die Bewegungen von Kopf und Nacken wieder eingeschränkt.
   - Entspannen Sie sich danach ein wenig.

(32)

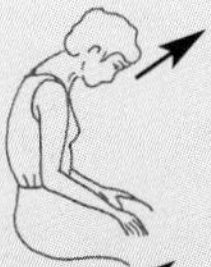

6) Heben Sie Ihren Kopf und die Augen wieder an und schauen Sie in Richtung Decke. Biegen Sie Ihren Rücken ganz weich durch. (33)
   - Schauen Sie ohne Anstrengung.
   - Können Sie nun schon wieder weiter schauen?

(33)

7) Senken Sie Ihren Kopf leicht nach vorn, Ihr Kinn ruht in Richtung Brustkorb. Drücken Sie langsam und weich Ihren Rücken durch. (34)

(34)

(35)

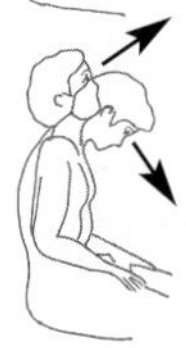
(36)

(37)

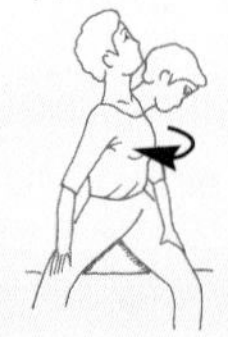
(38)

- Der gesamte Oberkörper soll entspannt sein.
- Spüren Sie, wie das Becken leicht nach vorn kippt?
- Atmen Sie tief.

8) Schauen Sie noch einmal nach oben unter die Decke und spüren Sie, wie sich Ihr Rücken elastisch biegt. Spüren Sie, wie leicht und ohne Anstrengung die Kopfbewegung zu vollziehen ist und sich der Punkt unter der Decke immer weiter nach hinten verlagert. (35)
9) Heben Sie langsam Ihren Kopf und Ihre Augen nach oben und biegen Ihren Rücken weich durch. Senken Sie danach den Kopf und die Augen langsam und krümmen Sie Ihren Rücken. (36)
Wenn Sie nach oben schauen, werden Sie Folgendes feststellen:
   - Die Schulterblätter nähern sich.
   - Der Bauch entspannt sich und wölbt sich nach vorn.
   - Das Becken kippt ein wenig nach vorn.
   - Der Brustkorb hebt sich und geht in Richtung Decke.
   - Der Körper fühlt sich ein wenig länger an.

   Wenn Sie nach unten schauen, werden Sie Folgendes feststellen:
   - Der Brustkorb sinkt zusammen.
   - Die Schultern und Ihr Rücken sind gekrümmt.
   - Das Becken kippt nach vorn.
   - Der Körper fühlt sich kleiner an.
10) Drehen Sie den Oberkörper nach rechts in eine bequeme Haltung. Heben Sie dann den Kopf und die Augen in Richtung Decke und biegen den Rücken weich durch. Danach senken Sie den Kopf, schauen in Richtung Boden und krümmen dabei den Rücken. Bleiben Sie bei den Bewegungen nach rechts gedreht. (37)
11) Vollziehen Sie die gleichen Bewegungen wie unter 10) nach links. (38)
12) Verbinden Sie beide Bewegungen (nach rechts drehen und unter die Decke schauen – nach links drehen und unter die Decke schauen) miteinander als fließende Bewegungen. Spüren Sie dabei, wie sich der Körper im Einzelnen verändert? (39)
13) Vollziehen Sie die Ausgangsbewegung noch einmal. Messen Sie nun abschließend Ihre Fortschritte. Sie werden spüren, wie sich die Kopfbewegung mit Leichtigkeit oder ohne große Anstrengung vollziehen lässt. Sie werden aufrechter und gleichmäßiger auf Ihren Gesäßknochen sitzen. (40)

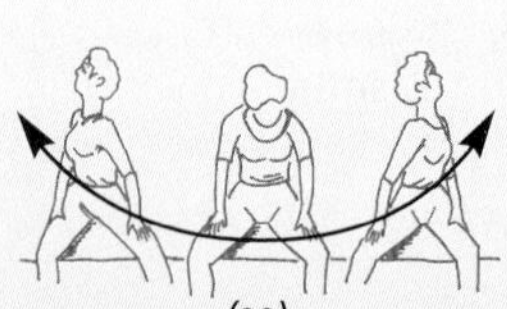
(39)

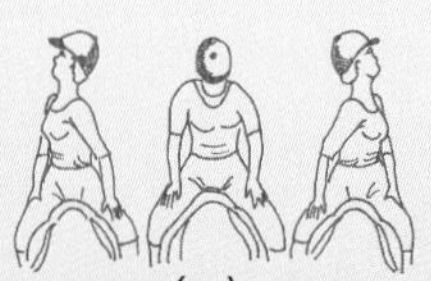
(40)

Lektion 4: Lockere Schultern

Ausgangsposition

Sie sitzen auf dem vorderen Teil eines Hockers, legen die Hände auf die Oberschenkel. Die Füße ruhen schulterbreit auseinander, der Körper bildet vier rechte Winkel: Füße-Unterschenkel; Unterschenkel-Oberschenkel; Oberschenkel-Oberkörper; Oberkörper-Kinn.

1) Heben Sie die rechte Schulter ein wenig an und kehren Sie in die Ausgangsposition zurück. (41)
   - Sie sollen die Schulter anheben, ohne die Muskeln der Arme zu benutzen. Die Arme sollen locker hängen bleiben.
   - Entspannen Sie Rücken, Brustkorb und wieder Rücken. (41)
   - Atmen Sie fließend. (41)

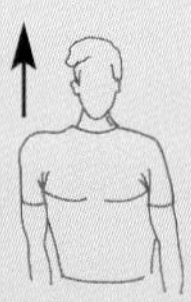
(41)

(42) 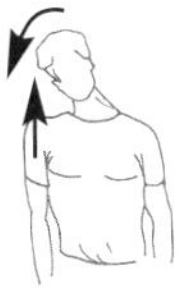

2) Beim Anheben der rechten Schulter kommen Sie der Schulter mit dem Kopf entgegen und kehren in die Ausgangsposition zurück. Vermeiden Sie ein Drehen des Kopfes. (42)

(43) 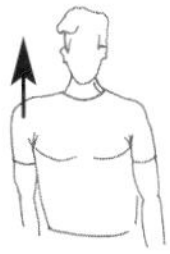

3) Heben Sie Ihre rechte Schulter wieder alleine an. Spüren Sie, wie es nun leichter fällt? (43)

4) Senken Sie Ihre rechte Schulter und kehren zur Ausgangsposition zurück. Ihre Bewegungen sollen klein und langsam sein. Sie müssen spüren, wie sich die Rippen auf der rechten Seite ein wenig zusammenschieben, wenn die Schulter gesenkt wird. (44)

(44) 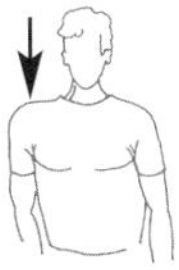

Verbinden Sie beide Bewegungen (Anheben und Senken) miteinander. Die Gesamtbewegung muss langsam, fließend und weich sein. Entspannen Sie danach.

(45) 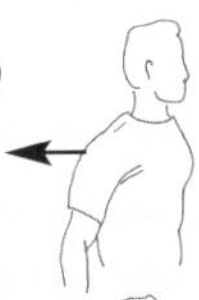

5) Bewegen Sie Ihre rechte Schulter ein wenig nach hinten und kehren in die Ausgangsposition zurück. Auch diese Bewegungen sollen klein, langsam und leicht sein. (45)

6) Bewegen Sie Ihre rechte Schulter nach vorne und kehren in die Ausgangsposition zurück. Vergleichen Sie beide Bewegungen miteinander. Fällt die Bewegung nach hinten leichter oder schwerer als die Bewegung nach vorn? Stellen Sie es nur fest, aber ändern Sie nichts daran. (46)

(46) 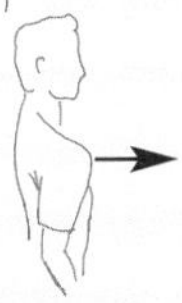

7) Verbinden Sie die Bewegung nach hinten und nach vorn miteinander.

8) Wenn Sie die Schulter nach vorn bewegen, drehen Sie den Kopf ein wenig nach rechts und kehren in die Ausgangsposition zurück. (47)

(47) 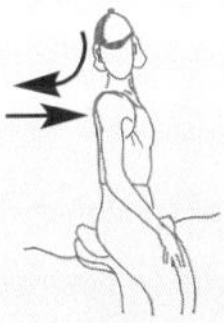

9) Bewegen Sie die Schulter wieder nach vorn, ohne den Kopf entgegengesetzt zu bewegen. Spüren Sie, wie sich Ihr Kopf automatisch ein wenig nach links dreht?

10) Vollziehen Sie mit der rechten Schulter kreisförmige Bewegungen. Heben Sie die rechte Schulter ein wenig an, führen Sie sie nach hinten, nach unten, nach vorne und wieder nach oben. Die Bewegungen sollen klein und leicht sein; es darf kein kraftmäßiger Einsatz zu spüren sein. (48)

(48) 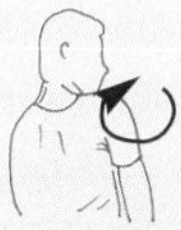

11) Vollziehen Sie die gleiche Bewegung in die entgegengesetzte Richtung (nach oben, nach vorne, nach unten und nach hinten). Spüren Sie, wie sich dabei Kopf, Nacken, Brustkorb, Rücken und das Becken automatisch ein wenig mitbewegen. (49)

(49) 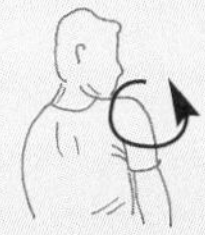

(50) 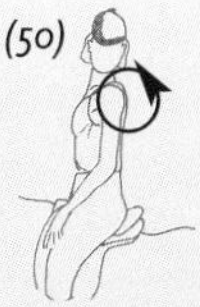

12) Dieselben Bewegungen werden in identischer Reihenfolge auch mit der linken Schulter vollzogen. (50)

Lektion 5: Entspannte Schultern und Hüften

Ausgangsposition Sie können dieselben Übungen auch nacheinander in der Seitenlage vollziehen (rechte Winkel Unterschenkel-Oberschenkel, Oberschenkel-Oberkörper, Oberkörper-Kinn). Der obere Arm ruht locker entlang des Oberkörpers und das Handgelenk liegt etwa auf Höhe des Hüftgelenks. (51)

(51) 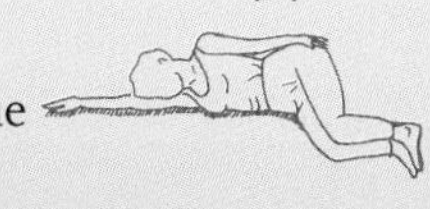

Bewegungsabfolgen Zunächst können die gleichen Bewegungen mit der Schulter vollzogen werden. Danach sollen die gleichen Bewegungen auch mit dem Hüftgelenk ausgeführt werden. Dabei darf die freie Hand die Bewegungen des Hüftgelenks unterstützen.

Wenn Sie die eine Seite geübt haben, legen Sie sich auf den Rücken. Heben Sie nun beide Arme und Beine nacheinander ein paar Zentimeter an. Sie werden spüren, dass sich Arm und Bein der vorher bewegten Körperseite leicht anheben lassen, während sich Arm und Bein der anderen Seite ganz schwer anfühlen.

Wenn Sie danach auch die andere Körperseite üben, fühlen sich beide gleich leicht an. Wenn Sie sich ein wenig mit mentalen Prozessen auskennen, sollten Sie nach dem Üben auf der einen Seite die andere Seite nur mental üben lassen. Sie legen sich auf die vorher bewegte Körperseite, schließen die Augen und vollziehen im Geiste mit der Schulter und dem Becken Kreisbewegungen nach vorn und hinten.

Alle Bewegungen werden mindestens zehnmal wiederholt. Wenn Sie sich danach wieder auf den Rücken legen, Arme und Beine leicht anheben, hat sich der Unterschied von der linken und rechten Seite nur durch die Vorstellung der Bewegung ausgeglichen.

Lektion 6: Mobilisierung des Beckens

Ausgangsposition

Sie sitzen auf dem vorderen Teil eines Hockers, legen die Hände auf die Oberschenkel. Die Füße ruhen schulterbreit auseinander, der Körper bildet vier rechte Winkel: Füße-Unterschenkel; Unterschenkel-Oberschenkel; Oberschenkel-Oberkörper; Oberkörper-Kinn. (52)

(52)

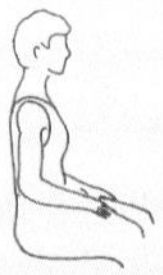

1) Kippen Sie Ihr Becken langsam und weich ein wenig nach hinten, sodass sich Ihr Rücken leicht krümmt. Danach kippen Sie das Becken nach vorn, sodass sich der Rücken ein wenig durchbiegt. Vollziehen Sie diese Bewegungen fließend, weich und ohne Kraftanstrengung. Atmen Sie bei jeder Kippbewegung aus. Sie spüren, wie sich Ihr Körpergewicht auf den Gesäßknochen verlagert. Es ist eine Rollbewegung wie auf einer Kufe.
Sie werden bei den Kippbewegungen spüren, wie der Kopf die Beckenbewegungen in kleinerem Umfang nachvollzieht.
Wenn das Becken nach vorne kippt, nähert sich das Kinn der Brust; wenn es nach hinten kippt, entfernt es sich von der Brust.
Beide Kippbewegungen nach vorne und hinten werden weich miteinander verbunden. (53/54/55)

(53)

(54)

(55)

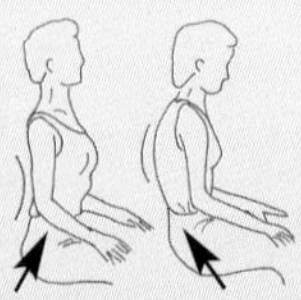

2) Kippen (rollen) Sie das Becken langsam und weich in Richtung linkes Knie. Sie werden spüren, wie sich Ihr Körpergewicht auf den linken Gesäßknochen verlagert und die rechte Gesäßhälfte angehoben wird. Dies entspricht der einseitigen Gewichtshilfe beim Reiten. Der Rücken wird ein wenig gebogen, der Kopf dreht sich geringfügig nach links und der Körper richtet sich auf. Die linke Schulter bewegt sich bei der Kippbewegung automatisch ein wenig nach hinten, während die rechte sich ein wenig nach vorn bewegt. (56)

(56)

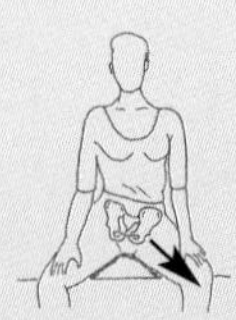

3) Kippen (rollen) Sie Ihr Becken ein wenig in Richtung rechtes Knie. Das Gewicht ruht auf der rechten Gesäßhälfte, die linke wird angehoben, der Kopf dreht sich geringfügig nach rechts und der Körper richtet sich auf. Die rechte Schulter bewegt sich bei der Kippbewegung automatisch ein wenig nach hinten, während die linke sich ein wenig nach vorn bewegt. (57)

(57)

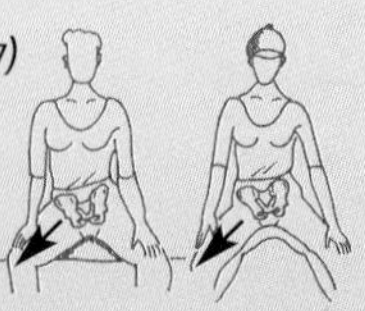

4) Beide Kippbewegungen werden miteinander verbunden. Zunächst kippt das Becken in Richtung linkes Knie, danach in Richtung rechtes. Bei den

(58)
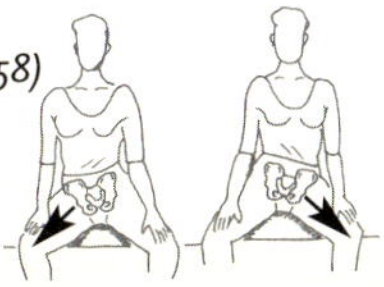

Kippbewegungen schieben sich die Rippen auf der entsprechenden Seite enger zusammen. Der Kopf geht mit den Beckenbewegungen immer ein wenig mit. Bemühen Sie sich, die Kippbewegungen in beide Richtungen gleich weich und leicht zu vollziehen. Es wird am Anfang nicht leicht sein, weil jeder Mensch eine Lieblingsseite hat, die er bevorzugt. Deshalb werden sich die Kippbewegungen zu Beginn nicht nach beiden Seiten gleich anfühlen. (58)

Bei den folgenden Bewegungen müssen Sie sich vorstellen, ein Zifferblatt wäre auf Ihren Hocker gemalt.

Wenn Sie das Becken nach hinten kippen, kippen Sie auf die 6.

Wenn Sie das Becken nach vorne kippen, kippen Sie es auf die 12.

Wenn Sie das Becken in Richtung linkes Knie kippen, kippen Sie es auf die 9.

Wenn Sie das Becken in Richtung rechtes Knie kippen, kippen Sie es auf die 3.

(59)
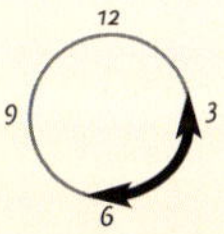

Bei allen Bewegungsvollzügen fließend atmen!

5) Kippen Sie das Becken auf die 6; Ihr Rücken ist gekrümmt. Lassen Sie das Becken langsam und weich auf die 3 rollen. Kehren Sie zur 6 zurück. (59)

(60)
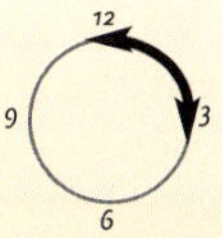

6) Kippen Sie das Becken auf die 12; Ihr Rücken ist leicht durchgebogen (Hohlkreuz). Lassen Sie das Becken langsam auf die 3 rollen. Kehren Sie zur 12 zurück. (60)

(61)
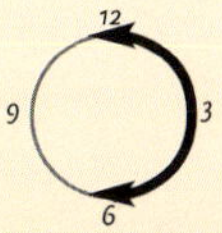

7) Rollen Sie das Becken ganz langsam von 6 nach 12 und wieder zurück. Vollziehen Sie im Geiste nach, bei welcher Stunde Ihr Becken gerade angelangt ist. Werden Sie sich dieser Zeiten bewusst. Sie werden spüren, wie Kopf, Brustkorb und Rücken der Beckenbewegung folgen. (61)

(62)
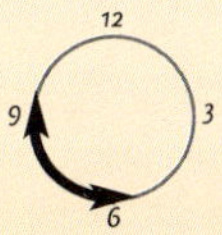

8) Kippen Sie das Becken auf die 6; Ihr Rücken ist gekrümmt. Lassen Sie das Becken langsam und weich auf die 9 rollen. Kehren Sie zur 6 zurück. (62)

(63)
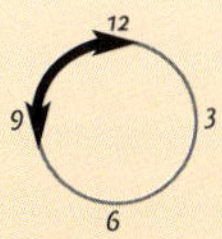

9) Kippen Sie das Becken auf die 12; Ihr Rücken ist leicht durchgebogen (Hohlkreuz). Lassen Sie das Becken langsam auf die 9 rollen. Kehren Sie zur 12 zurück. (63)

(64)
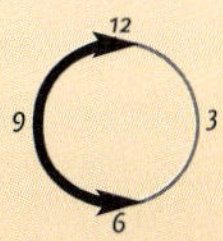

10) Rollen Sie das Becken ganz langsam von 6 nach 12 und wieder zurück. Vollziehen Sie im Geiste nach, bei welcher Stunde Ihr Becken gerade angelangt ist. Werden Sie sich dieser Zeiten bewusst. Sie werden spüren, wie Kopf, Brustkorb und Rücken der Beckenbewegung folgen. (64)

(65)
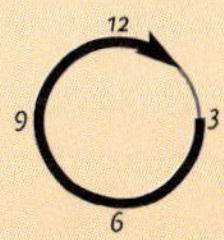

11) Kippen Sie das Becken auf die 12. Lassen Sie das Becken langsam im Uhrzeigersinn auf dem Zifferblatt rollen. Werden Sie sich jeder Uhrzeit bewusst, auf der sich das Becken gerade befindet. Wenn sich einige Stellen nicht angenehm anfühlen, versuchen Sie nicht, mit Kraft dagegen anzugehen. Durch die Wiederholungen werden auch diese Stellen immer angenehmer. (65)

(66)

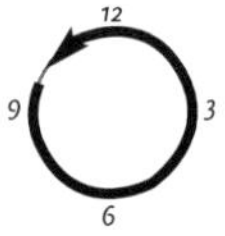

12) Kippen Sie das Becken auf die 12. Lassen Sie das Becken langsam entgegengesetzt zum Uhrzeigersinn auf dem Zifferblatt rollen. Werden Sie sich jeder Uhrzeit bewusst, auf der sich das Becken gerade befindet. Wenn sich einige Stellen nicht angenehm anfühlen, versuchen Sie nicht, mit Kraft dagegen anzugehen. Durch die Wiederholungen werden auch diese Stellen immer angenehmer. (66)

Lektion 7: Mobilisierung des Beckens für Fortgeschrittene

Ausgangsposition

(67)

Man sitzt im Stütz (siehe Zeichnung), ruht auf den Unterarmen oder liegt flach auf dem Boden. Die Beine sind in allen Lagen angezogen, die Fußsohlen berühren einander. Alle in Lektion 6 aufgezeigten Bewegungen können in den drei Haltungen nach Belieben ausgeführt werden. Zwischendurch legen Sie sich immer flach auf den Boden, um festzustellen, wie sich Ihre Ganzkörperlage ständig verändert. Nach einigem Üben wird sich das Becken in Richtung Boden senken; vielleicht sogar flach aufliegen. (67)

Lektion 8: Der Körper in der Balance

Ausgangsposition

(68)

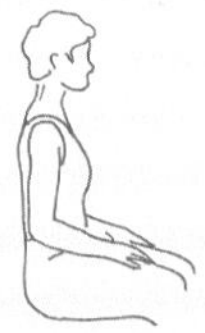

Sie sitzen auf dem vorderen Teil eines Hockers, legen die Hände auf die Oberschenkel. Die Füße ruhen schulterbreit auseinander, der Körper bildet vier rechte Winkel: Füße-Unterschenkel; Unterschenkel-Oberschenkel; Oberschenkel-Oberkörper; Oberkörper-Kinn. (68)

1) Neigen Sie Ihren Kopf langsam und weich ein wenig zur rechten Schulter und kehren Sie zur Ausgangsposition zurück. (69)
   - Die Bewegungen sollen klein und leicht sein.
   - Nacken, Schultern und Brustkorb entspannen.
   - Atmen Sie bei jeder Dehnbewegung aus.
   - Beachten Sie, wie sich die Rippen auf der rechten Seite zusammenschieben.

(69)

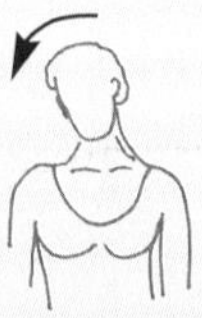

2) Verlagern Sie Ihr Gewicht auf die linke Gesäßhälfte, indem Sie Ihre rechte Gesäßhälfte leicht anheben. Kehren Sie zur Ausgangsposition zurück. (70)
   - Der rechte Fuß drückt weich gegen den Boden, wenn die rechte Gesäßhälfte angehoben wird.
   - Beachten Sie, wie sich die Rippen auf der rechten Körperseite zusammenschieben. Der Kopf neigt sich ein wenig nach rechts. (70)

(70)

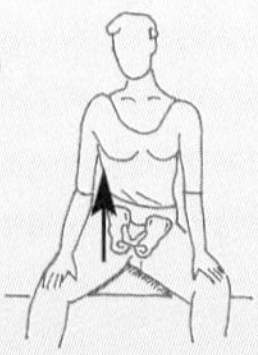

3) Vollziehen Sie die beiden vorangegangenen Bewegungen unter 1 und 2 gleichzeitig: Neigen Sie den Kopf nach rechts und heben Sie die rechte Gesäßhälfte leicht an. (71)
   - Die Bewegungen sollen leicht und fließend sein.
   - Beachten Sie, dass sich Ihre Wirbelsäule zu einem C verformt. (71)

(71)

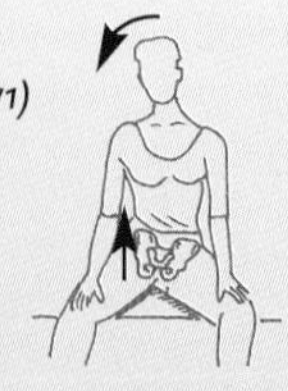

4) Neigen Sie danach mehrere Male den Kopf nach rechts und kehren Sie zur Ausgangsposition zurück. Spüren Sie, wie viel Nacken und Brustkorb bereits beweglicher geworden sind? (72)
   - Wie empfinden Sie die Länge des Nackens und Rückens auf der rechten Seite? Ist sie ein wenig länger als die linke? Sitzen Sie nun intensiver auf dem rechten Gesäßknochen?

(72)

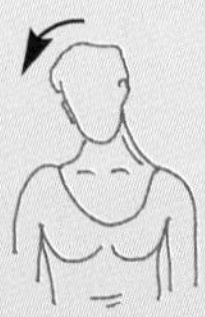

5) Vollziehen Sie die Bewegungen der Stufen 1–4 ebenfalls mit Ihrer linken Körperhälfte:

(73)

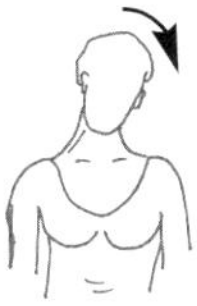

- Neigen Sie zunächst nur den Kopf nach links und kehren Sie in die Ausgangsposition zurück. (73)
- Heben Sie das Gewicht Ihrer linken Gesäßhälfte langsam und leicht an und kehren Sie in die Ausgangsposition zurück. Drücken Sie dabei den linken Fuß weich in den Boden. (74)

(74)

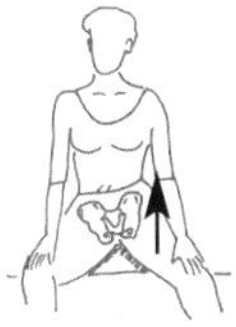

- Verbinden Sie das Neigen des Kopfes nach links mit dem Anheben der linken Gesäßhälfte. Kehren Sie immer wieder in die Ausgangsposition zurück. (75)

Überprüfung: Neigen Sie nur den Kopf in Richtung linke Schulter und kehren Sie zur Ausgangsposition zurück. Ist diese Bewegung bereits leichter geworden? (76)

(75)

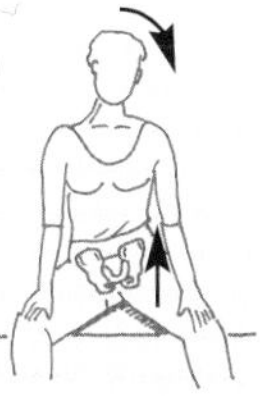

6) Neigen Sie den Kopf nach links und heben gleichzeitig die rechte Gesäßhälfte an. Kehren Sie zur Ausgangsposition zurück. Die Bewegungen sollen langsam und fließend sein. (77)
7) Neigen Sie den Kopf nach rechts und heben gleichzeitig die linke Gesäßhälfte an. Kehren Sie zur Ausgangsposition zurück. Die Bewegungen sollen langsam und fließend sein. (78)
8) Neigen Sie nun den Kopf nach rechts und links. Spüren Sie, wie Sie beweglicher geworden sind? (79)

(76)

9) Verbinden Sie zwei Bewegungen: Neigen Sie den Kopf nach links und heben Sie die rechte Gesäßhälfte an. Gehen Sie langsam und weich in die entgegengesetzte Richtung und neigen den Kopf nach rechts und heben die linke Gesäßhälfte an. (80)
   - Spüren Sie Unterschiede in den Bewegungen? Fällt Ihnen die Bewegung zu einer Seite leichter? Spüren Sie, wie sich Ihr Gewicht von einer Seite auf die andere verlagert? (80)

(79)

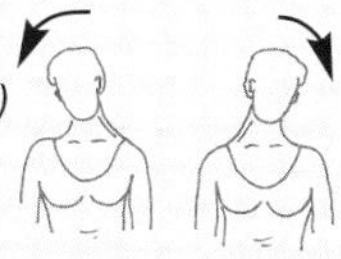

(77)

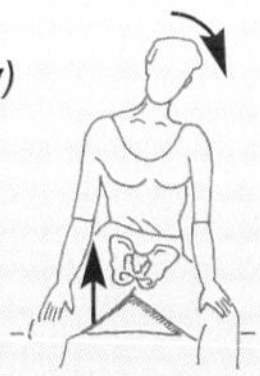

(80)

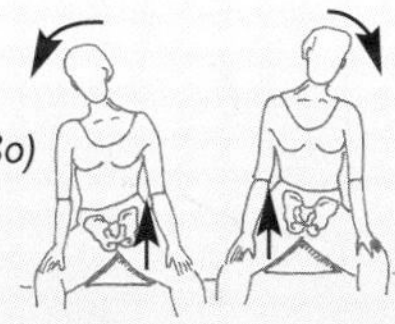

10) Sitzen Sie aufrecht und schauen Sie geradeaus. Heben Sie abwechselnd die linke und rechte Gesäßhälfte an. Ihr Becken soll langsam und weich von einer Seite zur anderen schaukeln. Die Bewegungen sollen ineinander fließen. Spüren Sie, wie sich Ihre Wirbelsäule im unteren Teil biegt? (81)
11) Überprüfen Sie Ihre Fortschritte, indem Sie Ihren Kopf mehrere Male nach rechts und links neigen. Spüren Sie die Erweiterung Ihrer Beweglichkeit?

(78)

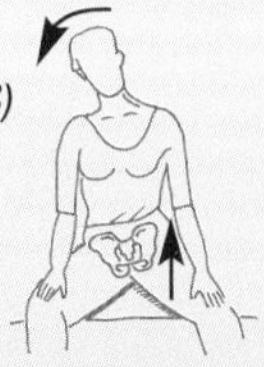

(81)

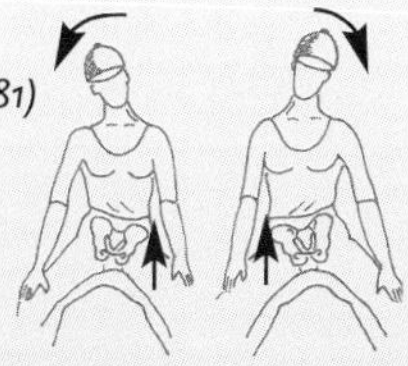

Lektion 9: Bewegliche Füße

Ausgangsposition

Sie sitzen auf dem vorderen Teil eines Hockers, legen die Hände auf die Oberschenkel. Die Füße ruhen schulterbreit auseinander, der Körper bildet vier rechte Winkel: Füße-Unterschenkel; Unterschenkel-Oberschenkel; Oberschenkel-Oberkörper; Oberkörper-Kinn. (82)

(82)

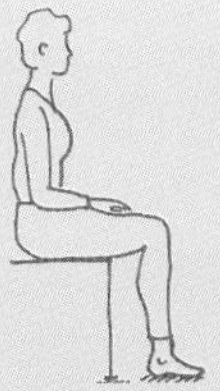

1) Heben Sie Zehen und Ballen Ihres rechten Fußes in Richtung Decke und kehren Sie zur Ausgangsposition zurück. (83)
   - Die Ferse bleibt dabei am Boden.
   - Überdehnen Sie nicht, sondern heben Sie den Fuß nur leicht an.
   - Entspannen Sie Ihr rechtes Bein. Heben Sie Zehen und Ballen nicht so weit an, dass Verkrampfungen im Beinbereich entstehen.

(83)

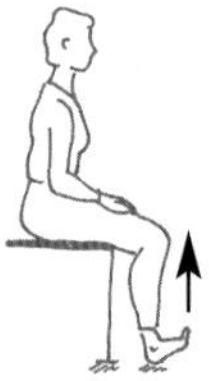

- Beobachten Sie, wie sich die Bewegung des Fußes bis in das Knie- und Hüftgelenk überträgt. (83)

2) Heben Sie die rechte Ferse an und kehren zur Ausgangsposition zurück.
   - Der Ballen bleibt am Boden. (84)
   - Verkürzen Sie die Wadenmuskeln nicht stark.
   - Ist beim Anheben der Ferse der Druck auf alle Zehen gleichmäßig verteilt?
   - Beobachten Sie, wie sich die Bewegung des Knöchels auf Ihr Knie, das gesamte Bein und bis zum Rücken überträgt. (84)

(84)

3) Heben Sie im Wechsel die Zehen/den Ballen an und kehren zur Ausgangsposition zurück. Heben Sie danach die Ferse an und kehren zur Ausgangsposition zurück. Verbinden Sie beide Bewegungen langsam und weich miteinander. (85)

(85)

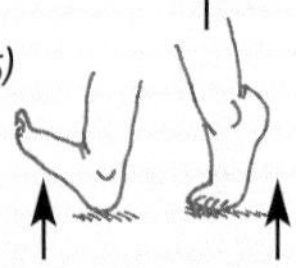

4) Vollziehen Sie die Bewegungen unter 1–3 auch mit dem linken Fuß. (86)
5) Heben Sie die Innenkante Ihres rechten Fußes langsam und leicht an und kehren zur Ausgangsposition zurück. Erleichtern Sie sich die Aufgabe, indem Sie mit dem Anheben der Innenkante die linke Gesäßhälfte ein wenig anheben. (87)

(86)

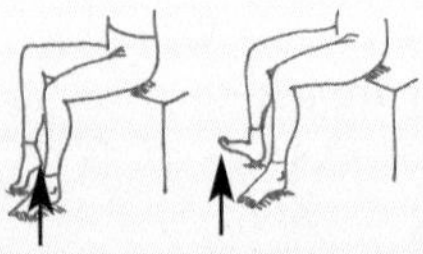

6) Heben Sie die Außenkante Ihres rechten Fußes leicht an und kehren zur Ausgangsposition zurück. Erleichtern Sie sich die Aufgabe, indem Sie die rechte Gesäßhälfte ein wenig anheben.
7) Verbinden Sie beide Bewegungen miteinander: Heben Sie die Innenseite des rechten Fußes mit Unterstützung der linken Gesäßhälfte leicht an, kehren Sie zur Ausgangsposition zurück. Heben Sie die Außenkante des rechten Fußes mit Unterstützung der rechten Gesäßhälfte leicht an und kehren Sie in die Ausgangsposition zurück. Ihr Körper gerät in eine Art Schaukelbewegung.

(87)

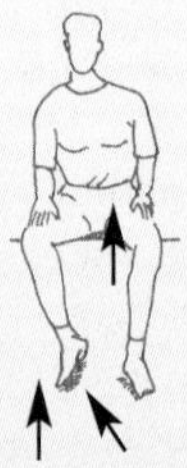

8) Vollziehen Sie die gleichen Bewegungen mit dem linken Fuß:
   - Anheben der Innenkante mit Unterstützung der rechten Gesäßhälfte.
   - Anheben der Außenkante mit Unterstützung der linken Gesäßhälfte.
   - Verbinden Sie beide Bewegungen miteinander. Ihr Körper gerät in eine Art Schaukelbewegung.

(88)

9) Nehmen Sie Ihren rechten Fuß leicht nach vorn, heben die Zehen leicht an und lassen Ihren rechten Fuß im Uhrzeigersinn kreisen. (88)
   - Bis wohin übertragen sich die kreisförmigen Fußbewegungen? Spüren Sie Bewegungsübertragungen im Hüftgelenk, im Becken oder im Rücken? Lassen Sie es zu, dass der gesamte Körper (Rücken-Nacken-Brustkorb-Schultern) sich an dieser Kreisbewegung beteiligt. (88)

(89)

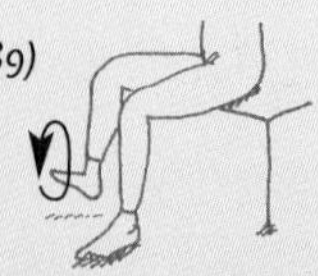

10) Vollziehen Sie alle Bewegungen wie unter 9), nur wählen Sie mit dem Fuß die Drehrichtung entgegen dem Uhrzeigersinn. (89)
11) Vollziehen Sie dieselben Bewegungen wie unter 9) und 10) mit dem linken Fuß.

    Gehen Sie ein wenig umher. Beobachten Sie, wie sich Ihre Füße, Beine, Hüften entspannt und leicht anfühlen.

Sitz- und Gefühlsübungen auf dem Pferd

Gefühlvolles Sitzen an der Longe

Bei den gängigen Sitzübungen an der Longe werden die Reiter oft zu starr in eine Form gepresst. Sie sollen sich aufrichten, die Beine strecken etc. Dabei wird zu wenig daran gedacht, dass durch diese Streckungen die Reiter erst recht steif und fest werden. Ein übertriebenes Strecken der Beine kann das Becken blockieren. Bei Sitzübungen an der Longe ohne Bügel dürfen die Reiter nicht dazu veranlasst werden, ihre Arme gemäß der korrekten Zügelführung zu halten bzw. die Fußspitzen anzuziehen. Wenn die Hände ohne Zügel korrekt gehalten werden, benötigt der Reiter weitestgehend andere Muskeln, als wenn er die feine Verbindung mit dem Pferdemaul hat. Auch das Anziehen der Fußspitzen ohne Bügel führt dazu, dass das gesamte Bein fest wird. Der Reitersitz wird unruhig.

Der weiche Kontakt mit den Steigbügeln reicht aus, um Absatz und Fußspitze in ihre natürliche Haltung zu bringen. Das künstliche Anziehen ohne Bügel blockiert das Bein. Ohne Bügel sollen die Beine so gehalten werden, wie sie natürlich fallen.

Bei Sitzübungen an der Longe (bzw. beim Abreiten mit leicht anstehendem Zügel) können die Übungen unter Kapitel „Zur Entwicklung des Bewegungsgefühls“, „Lektionen für gefühlvolle Bewegungsvollzüge“, „Komplexe Lektionen zur Sensibilisierung“, S. 159 (Lektionen 1/3/4/6/8, 2. Teil 9), weitestgehend problemlos vollzogen werden, um sich auf dem Pferd optimal auf die späteren reiterlichen Aufgaben vorzubereiten.

Kontrastübungen an der Longe ermöglichen es dem Reiter, fühlend herauszufinden, was für ihn im Augenblick die optimale Sitzposition ist. Kontrastübungen (S. 109) können im Schritt, Trab und auch Galopp ausgeführt werden. Dabei nimmt der Reiter jeweils extreme Positionen im Sattel ein. Im Schritt, Trab und Galopp sitzt der Reiter im Sattel und rutscht nach links und rechts, bis er gerade noch das Gleichgewicht halten kann. Er beugt seinen Oberkörper so weit wie möglich nach vorne und hinten. Durch die extremen Belastungen in den unterschiedlichen Situationen findet der Reiter danach seine optimale Haltung leichter heraus. Sein Körper dankt es ihm, wenn er wieder gemäß seinem augenblicklichen Körperbau sitzen darf. Ähnliche Übungen können auch im leichten Sitz im Schritt, Trab und Galopp vollzogen werden.

Das Einnehmen der Affenstellung (leichter Sitz in der normalen Haltung) mit nach oben-hinten gezogenem Kopf (um das Okzipitalgelenk freizumachen) führt in relativ kurzer Zeit zu einem elastischen Grundsitz, weil diese Haltung die optimalen Bedingungen für alle Gelenke im Körper darstellt.

An der Longe sollte auch das Einnehmen der korrekten Kopfhaltung im Schritt, Trab (Aussitzen) und Galopp eingeübt werden. Nicht der Blick geradeaus ist der korrekte, sondern der leicht unter die Horizontale gerichtete (Freimachen des Okzipitalgelenks). Wird die korrekte Stellung des Kopfes eingenommen, dann kann der Reiter sich optimal in die Bewegungen des Pferdes einfühlen; er schwingt mit ihnen mit und wirkt nicht gegen sie.

III. Auf der Suche nach **dem richtigen Sitz**

Der richtige Sitz – immer gefordert, nicht erfüllbar

Der Begriff „richtiger Sitz" ist aus bewegungswissenschaftlicher Sicht problematisch. Legt man die 1976 von Hatze erforschte Fundamentalhypothese der Bewegungslehre des Sports zugrunde, so ist eine solche Bezeichnung falsch, weil Hatze herausfand, dass es für jede Leistungsaufgabe und für jedes Individuum nur eine ideale Bewegungsform gibt. Trotz dieser bereits seit 26 Jahren bestehenden Erkenntnis werden Reiter und Pferde immer wieder wie von einem „Bildhauer" bearbeitet. Sie scheinen ein roher Steinblock zu sein, der nach vorgegebenen idealtypischen Kriterien der Reitlehre und Anatomie, Physiologie etc. verändert werden kann.

Alexander (siehe Teil II) erforschte über Jahre durch Selbstbeobachtung den Gebrauch des Selbst. Aus seiner Sicht liegt in der anweisungsorientierten Vermittlung das Problem vor, dass Ziele angestrebt werden, anstatt dem lernenden Reiter Mittel des Umgehens mit seinem Körper an die Hand zu geben. Für ihn wäre diese Art der Vermittlung eine Schmalspurmethode, weil aus seiner Sicht sich ändern bedeutet, dass man eine Tätigkeit gegen die Macht der jahrelangen Gewohnheiten ausführen soll. Jeder Reiter möchte es im Reitunterricht richtig machen, nur wird dem Reiter keine Chance gelassen, sich mit den Ansprüchen des Ausbilders innerlich auseinander zu setzen bzw. ein inneres Bild zu entwickeln; er muss die Veränderung sofort vollziehen.

Aus phänomenologischer Sicht von Bewegung liegt im anweisungsorientierten Reitunterricht die Dominanz äußerer Bilder zugrunde. Es geht darum, den Reiter durch physikalische Kategorien eindeutig zu bestimmen. Sitz- und Einwirkungsveränderung wird aus dieser Sicht einseitig als Veränderung eines physikalischen Körpers in Raum und Zeit verstanden.

Einem solchen Verständnis liegen normative Vorverständnisse zugrunde:

Einer solchen Sicht von Bewegung liegt das angeblich genaue Wissen um die richtige Bewegung zugrunde. Diese so genannte richtige Bewegung entspringt einerseits den Vorgaben des hochklassigen sportiven Reitens, andererseits entspricht sie der biomechanischen Sichtweise von Bewegung, der es um Zeit-, Distanz- oder Qualitätsmaximierung geht. Die Grundlagen solch richtiger Bewegungsausführungen sind den Spitzenreitern abgeschaut. Man bedenke jedoch dabei, dass die physischen und koordinativen Bedingungen der Spitzenreiter nie den Bedingungen von „normalen" Reitern entsprechen.

Die Förderung der Reiter und Pferde ist nach einem solchen Konzept daran orientiert, sie zu befähigen, den biomechanischen idealtypischen Bewegungsmustern möglichst genau zu entsprechen. Dabei wird die Individualität des einzelnen Reiters und des Pferdes getilgt; der Reiter und das Pferd werden als physikalische Körper mit idealtypischen Gelenken und Muskeln gesehen, die gesetzmäßig genau vorherbestimmbar zu sein scheinen.

Deshalb ist es auch widersinnig, an vier in der Reitbahn reitenden Reitern dieselbe Anweisung zu erteilen. In einem solchen Fall sind – wie soeben entwickelt – nicht nur die Reiter alle unterschiedlich, sondern ebenso deren Pferde. Der Ausbilder muss sich also auf acht verschiedene Wesen einstellen. Gerade diese Situation macht es in der Reiterei so schwierig, Erfolg im Unterricht zu haben. Der Ausbilder muss zum einen Fachmann in Bezug auf das individuelle Pferd und seine Ausbildung sein, außerdem muss er den Reiter in seiner Vielfältigkeit erfassen können.

In den Teilen I und II sind Gesichtspunkte für den Reiter und seine möglichen Probleme entwickelt worden. Es wurden auch Anregungen zum Verändern von entstehenden Schwierigkeiten eröffnet. Dieses Vorgehen wurde systematisch gestaltet; in den folgen Ausführungen soll versucht werden, an exemplarischen Beispielen Lösungsversuche aufzuzeigen. Dabei werden Hintergründe der ersten beiden Teile einbezogen. Ein solches Vorgehen soll verdeutlichen, wie ein Reiter oder auch Ausbilder in der täglichen Praxis Veränderungen angehen könnte.

Grundlegende „Verhinderer" eines optimalen Sitzes

Wenn ich im Reitunterricht und auch auf Turnieren Reiter beobachte, so bin ich des Öfteren überrascht, wenn ich deren Gesichter betrachte. Obwohl Reiten angeblich Spaß machen soll, kann ich in vielen Gesichtern diesen Spaß nicht erkennen. Es wird zu ernst geritten, wobei zu bedenken ist, dass ein ernster Reiter in sich nicht locker bzw. gelöst sein kann. Deshalb sollte der Reitunterricht auch so gestaltet werden, dass es trotz aller Ernsthaftigkeit auch spaßig und emotional angenehm zugeht. Erst diese Grundbedingung schafft die Erfolge.

Außerdem ist vielen Gesichtern eine gewisse Verbissenheit anzumerken. Viele Reiter reiten mit aufeinander gepressten Zähnen. Dadurch werden Muskelschlingen über Kopf, Hals und Brust bis zum Becken zu stark angespannt. Ein elastisches Reiten ist so nicht möglich. Da Becken und Kopf bzw. Kopf und Becken immer miteinander korrespondieren, macht sich ein verbissener Reiter ungewollt fest. Man beiße einmal den Unter- und Oberkiefer fest aufeinander und schüttele den Kopf; danach öffne man den Mund und schüttele den Kopf nochmals. Es wird jedem deutlich, dass das Schütteln des Kopfes leichter fällt, wenn Ober- und Unterkiefer nicht aufeinander „gepresst" werden.

Auch negative Gedanken greifen in unseren Körper negativ ein. Unser Körper lügt nicht, wie Diamond festgestellt hat. Denkt der Reiter über Fehler nach oder ärgert sich darüber, so werden seine Bewegungen noch schlechter. Es gilt, sich durch positive Gedanken zu energetisieren. Man kann z. B. im Tennis immer wieder sehen, dass die Spieler, die sich längere Zeit über eine angebliche Fehlentscheidung ärgern, in ihren Leistungen noch schwächer werden. Es kann sogar zu einem so genannten „Filmriss" kommen; „dann geht gar nichts mehr".

Auch eine zu starke Konzentration (siehe Teil II, Kapitel „Die Einheit von Wahrnehmung und Bewegung", „Bewegungs- und Wahrnehmungsaspekte beim Reiten", „Konzentration – eine problematische Tugend" auf S. 104) lässt den Reiter nicht optimal sitzen. Dann wird die linke Gehirnhälfte (der „Kopf") zu stark eingesetzt, die Dinge nur nacheinander bewältigen kann. Ein Reiten über den ausschließlichen Einsatz der linken Gehirnhälfte schlägt fehl. Die linke Gehirnhälfte soll als Planung vor dem Reiten der Lektionen eingesetzt werden, hat auch die Bewegungen aufmerksam zu begleiten, muss danach jedoch den Bauch „machen lassen", wenn die Vorausplanung im Kopf stattgefunden hat. Die mentale Einstimmung (Einsatz der linken Gehirnhälfte) ist die Voraussetzung für qualitativ gutes Reiten.

Zur Vielschichtigkeit der Haltung des Reiters

Anhand von mehreren Sichtweisen der Sportwissenschaft soll die Komplexität des Reitersitzes dargestellt werden. Diese Ausführungen werden verdeutlichen, wie schwierig es ist, die Probleme des Reitersitzes mit all ihren Hintergründen zu erkennen. Daraus müsste sich die Notwendigkeit ergeben, diese Erkenntnisse in alle Ausbildungsgänge des Amateur- und Berufsreiterbereichs systematisch einzubeziehen. Die Bemühungen der Ausbilder könnten somit grundlegend unterstützt werden. Außerdem fiele es den Reitern leichter, sich sitzmäßig zu verändern, weil der Ausbilder schneller den „richtigen Knopf" zur Veränderung finden würde. Eine ein wenig überspitzte Unterrichtssituation soll den Ausgangspunkt zu weiteren Erkenntnissen bilden.

Reiter dürfen keine Marionetten sein

Eine typische Reitstunde!?

Man stelle sich vor, was im Kopf eines Reitschülers vorgeht, wenn er mit folgender Art Unterricht konfrontiert wird:

„Auf dem Zirkel geritten. Nun nehmen Sie doch mal Platz, setzen Sie sich hin. Nicht immer so vor der Bewegung herumhängen. Mal richtig das Pferd mit dem Kreuz anschieben wollen. Oberkörper zurück, aber Hände vorne lassen. Wo soll das Pferd denn hin, wenn Sie ihm immer im Maul herumhängen und den Kopf nach außen ziehen. Streichen Sie doch mal über, aber doch nicht dabei nach vorne fallen. Sitzen, sitzen, Oberkörper zurück. Nun strecken Sie die Schenkel nach vorne. Die Schenkel bleiben dort, wo sie hingehören. Absatz tief, Fußspitzen nach oben."

Sie können sich vorstellen, dass es nicht lange dauert und im Kopf dieses Reitschülers dreht es sich. Sechs Gedanken beschäftigen sich damit, was er tun, und fünf, was er nicht tun sollte. Eine Verbesserung seiner Reitweise scheint zweifelhaft, jedoch sind die Außenstehenden beeindruckt von der präzisen Analyse des Reitlehrers, der sofort die Fehler sah und korrigierte, ohne dass sich jedoch beim Reiter etwas zum Positiven veränderte.

Dem Ausbilder geht es in seinen Bemühungen um die Verbesserung der Haltung des Reiters auf dem Pferd. Nur stellt sich in solch einer Situation die Frage, ob dem Unterrichtenden eigentlich bewusst ist, was er mit dem Menschen auf dem Pferd macht.

Der Reiter ist eine „ganze“ Person

Eine solch verengte Sichtweise lässt die Ganzheitlichkeit des Reiters außen vor. Reiten ist immer Selbstbewegung, also die handelnde, selbst ausgelöste, fühlende und einwirkende Auseinandersetzung eines Reiters mit einer Reitsituation, in der er seine Zielsetzungen verfolgt. Im Gegensatz dazu steht die obige Reitsituation, in der der Reiter von außen bewegt wird und nicht selbst bestimmend eingreifen darf.

Reiten als sich bewegen (vgl. Teil II, Kapitel „Die Einheit von Wahrnehmung und Bewegung“, S.101) ist eine ganzheitliche Aktion, das heißt, der Reiter erweist sich als jemand, der sich entfalten kann, dessen Bewegungsvermögen wächst. Hierfür ist die absolute Integration geistiger, psychischer und körperlicher Prozesse notwendig.

Reiten als sich bewegen ist immer zielgerichtet, wobei die Zielgerichtetheit zum einen vom Reiter initiiert wird, zum anderen auch Folge der Bewegungen des Pferdes sein kann. Aus der Verwobenheit von Reiter und Pferd muss nämlich der Zusammenhang von Spüren und Bewirken, also ein Dialog entstehen.

Ein Reiter „horcht“ in das Pferd hinein, er beantwortet bestimmte Verhaltensweisen mit seinen Hilfen (Einwirkung). Da jedoch jeder Reiter einen einmaligen Körper besitzt, ist eine Verallgemeinerung des Bewegungsverhaltens wie in unserer Reitsituation nicht zu akzeptieren. Der Reiter darf also nicht in eine Form gepresst werden. Der Sitz auf dem Pferd muss immer aus einer Vielzahl von Blickwinkeln betrachtet werden und nicht so einseitig wie in der beschriebenen Reitsituation.

Biomechanische Aspekte des Reitersitzes

Vor dem Hintergrund einer biomechanischen Betrachtungsweise funktioniert der Reiter nach mechanischen Gesetzen. Die immer wieder geforderte Linie Schulter-Hüfte-Absatz hat in diesem Zusammenhang insofern ihren Sinn, als sie nicht nur formal gefordert wird, sondern als Funktion einbezogen wird. Funktional meint in diesem Zusammenhang, dass es sinnvoll ist, dieser Linie so weit wie möglich zu entsprechen, weil sich der Reiter durch dieses Lot im stabilen Gleichgewicht befindet. Alle gravierenden Veränderungen aus dieser Linie heraus machen das Gleichgewicht labil, der Reiter gerät in Unruhe und kann auf sein Pferd nicht mehr optimal einwirken.

Wenn der Reiter nun ein Sitzriese ist, also der Oberkörper erheblich länger ist als seine Beine, dann werden seine Statikprobleme größer, als es normalerweise der Fall ist. Er ist mit einem Bauklötzchenturm vergleichbar. Je mehr Bauklötze aufgetürmt werden, je länger also der Oberkörper des Reiters ist, desto schneller gerät der Turm ins Wanken bzw. der Reiter verliert sein Gleichgewicht. Eine Ausgewogenheit von Ober- und Unterkörper ist für jeden Reiter von Vorteil, um sein Gleichgewicht (siehe Teil I, „Koordinative Grundlagen für das Reiten“ auf S. 41) zu finden, sich den Pferdebewegungen gefühlsmäßig anzupassen und daraus Einwirkung zu erzielen.

Formenlehreaspekte

Die Auseinandersetzung des Reiters mit dem Gleichgewicht bringt individuell unterschiedliche Erscheinungsbilder des Reitersitzes hervor. Die Hal-

Die scheinbar unbewegliche Reiterin ist innermuskulär sehr aktiv.

tung des Reiters ist abhängig von den Kräften, die der Schwerkraft entgegengebracht werden müssen. Wenn die Schwerkraft überwiegt, führt dies zu einer entspannten Ruhehaltung. Diese ist jedoch für den Reitersitz nicht von Vorteil, weil aus einer solchen Haltung keine sinnvolle Einwirkung erzeugt werden kann.

Die Haltung des Reitersitzes muss jedoch aktiv sein, das heißt, die Aufrichtung der Wirbelsäule muss so groß sein, dass Schwingungen durch die Wirbelsäule fließen können, ohne Starrheit zu erzeugen. Ein hoher Spannungsgrad zeichnet einen aufrechten Reiter aus, wobei die an dieser Haltung beteiligten Beuger und Strecker im gesamten Körper immer rhythmisch abwechselnd Aufgaben übernehmen. Der scheinbar unbewegliche Reiter ist eigentlich innermuskulär ein höchst aktiver. Man sieht es nur nicht an den äußeren Bewegungsabläufen.

Reiter weisen untereinander große Unterschiede auf, die aufgrund körperbaulicher Merkmale entstehen. Sie bringen den Reiter aus dem Gleichgewicht und somit aus der Lotlinie Schulter-Hüfte-Absatz. Trotz aller Unterschiede muss gemäß der Individualität eine vertretbare Annäherung an den so genannten idealtypischen Sitz gefunden werden.

Die äußere Erscheinungsform ist außerdem noch von dynamischen Gesichtspunkten abhängig. Kinder bewegen und halten sich anders als Erwachsene, große Menschen anders als kleine, schlanke anders als füllige. Auch diese Hintergründe müssen bei der Beurteilung des Reitersitzes und seiner Korrektur immer mit einbezogen werden. Weitere Unterschiede in den Bewegungsabläufen ergeben sich durch den Körperbau des Pferdes und die Konstruktion des Sattels (siehe Kapitel „Viele Störquellen verhindern einen richtigen Sitz“ auf S. 182).

Anatomische Aspekte

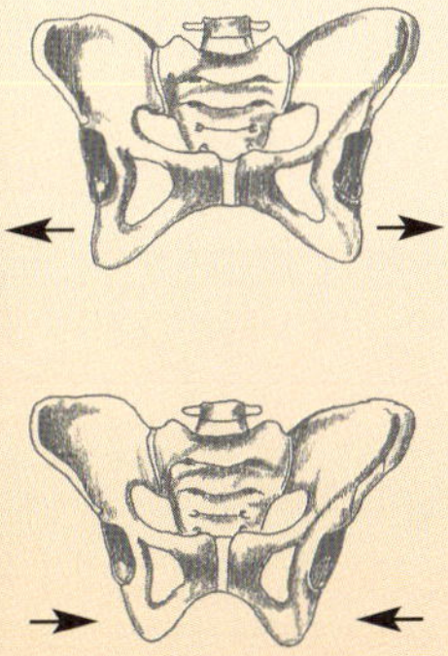

Abb. 196

Aufgrund der Vielschichtigkeit der Anatomie des Menschen sollen zentrale Gesichtspunkte herausgegriffen werden, die für die Reiterei von grundlegender Bedeutung sind. Generell muss gesagt werden, dass die Form bestimmter Knochen und Gelenke auch ihre Bewegungsmöglichkeiten determiniert. Man kann sagen, dass die Form die Funktion bestimmt.

Ein breites Becken, dessen Sitzbeinhöcker weit voneinander entfernt sind (Abb. 196), macht einen tiefen Sitz möglich. Sind die Sitzbeinhöcker jedoch enger zusammen, als es der Sattel und auch die Pferdebreite ermöglicht, so sitzt ein solcher Reiter stets über dem Pferd. In dieser Situation hilft auch kein Reiten ohne Bügel oder andere Patentrezepte, weil die Konstruktion des Beckens nicht veränderbar ist.

Ebenso ist ein aufrechter Sitz von der gesamten Rückenlinie des Reiters abhängig. Optimale Schwingungen lassen sich nur übertragen, wenn die Wirbelsäule eine doppelt geschwungene S-Form aufweist (Abb. 2 auf S. 16, Teil I, Kapitel „Reitbahnkommandos können ein falsches Gefühl vermitteln“). Alle Abweichungen wie Hohlkreuz, Rundrücken, Flachrücken oder auch seitliche Verkrümmungen (siehe im Teil I, Kapitel „Reitbahnkommandos können ein falsches Gefühl vermitteln“ auf S. 26 – Haltungsschäden) beeinträchtigen die Annäherung an die beschriebene Ideallinie und bringen den Reiter aus seiner natürlichen Haltung.

Insgesamt muss davon ausgegangen werden, dass der Haltungsaufbau bei den Füßen beginnt; ihnen kommt im sprichwörtlichen Sinne fundamentale Bedeutung zu. Veränderungen im Fußbereich beeinträchtigen feinste Bewegungsübertragungen bis hin zum Kopf und zurück, lassen also die Bewegungen durch den Körper fließen oder verhindern es.

In diesem Zusammenhang wird die Vorstellung des Reiterkörpers als Bootsmastmodell (vgl. Teil I, Kapitel „Der Reiter ist mit einem Bootsmastmodell zu vergleichen“ auf S. 28) wieder bedeutungsvoll. Eine Veränderung eines Teiles des anatomischen Systems beeinflusst automatisch andere. Dabei ist von besonderer Bedeutung, dass Bewegungsfehler beim Reiten nie dort ihre Ursache haben, wo man sie sieht.

Der Reiter ist ein sich selbst steuerndes Wesen

Physiologische Aspekte

Der Reiter kann aufgrund seiner Konstruktion – anatomischen Gegebenheiten – (er „stützt“ sich auf seine beiden Gesäßknochen – Sitzbeinhöcker) nicht einfach im Gleichgewicht sitzen. Er benötigt eigentlich eine dritte Stütze, um sich zu stabilisieren. Da es diese nicht gibt, besteht die Notwendigkeit, seine aufrechte Haltung ständig aktiv gegen die senkend wirkende Schwerkraft zu verteidigen. Da eine dritte Stütze zur Stabilisierung fehlt, ist die Ausbalanciertheit des gesamten Muskelsystems des Reiters (siehe Teil I, Kapitel „Welche Bedeutung haben die wichtigsten Muskeln für das Reiten?“ auf S. 14) Grundvoraussetzung für eine aufrechte Haltung.

Ein Skelett kann sich alleine nicht aufrichten, weil die aktiven Haltekräfte fehlen. Die Muskeln sind dafür bestimmt, gegen die Schwerkraft anzuwirken und ständige Anpassungs- und Ausgleichsbewegungen bei den Störfaktoren der Übertragungen der Pferdebewegungen leisten zu können.

Die lotgerechte Aufrichtung auf dem Pferderücken ermöglicht neben einer gelenkschonenden Belastung des gesamten Bewegungsapparats auch ein Minimum an Energieverbrauch. Gelingt einem Reiter diese natürliche aufrechte Haltung, so sehen seine Bewegungen spielerisch leicht und ökonomisch aus. Außerdem erreicht der Reiter durch eine optimale Weitung des Brustkorbs eine hohe Sauerstoffaufnahme.

Muskelphysiologisch ist Haltung also kein statischer Zustand, sondern ein höchst dynamischer. Der gesamte Körper des Reiters ist von Beuger- und Streckmuskeln durchzogen, die abwechselnd Aufgaben übernehmen. Verschiedene Körperabschnitte werden vorübergehend fixiert, dann wieder bewegt, sodass das gesamte Körpersystem als muskuläre Leistung zu verstehen ist. Diese funktioniert jedoch nur durch Steuerungsvorgänge im zentralen Nervensystem.

Aspekte des Zentralnervensystems

Das Zentralnervensystem (ZNS) hat die Aufgabe, die situativ angemessene Körperhaltung herzustellen. In den Muskeln befinden sich Dehnreflexe, die

Der Kopf des Reiters muss lenken, ohne zu stören.

jeder Falltendenz unwillkürlich entgegenwirken. Durch nicht willentlich zu steuernde Muskelzusammenziehungen kommt es in jeder Situation des Reitens zu einer von außen kaum wahrnehmbaren Haltungskorrektur.

Neben diesen Funktionen der Stützmotorik besitzt der Reiter noch weitere Haltungs- und Stellreflexe. All diese Vorgänge werden durch Steuerungsfunktionen im Gehirn zu einer gemeinschaftlichen Arbeit zusammengefügt. Der Zusammenhang von Bewegen und Wahrnehmen (vgl. Teil I, Kapitel „Reiten sollte ein Dialog zwischen Reiter und Pferd sein" auf S. 11) hinsichtlich der Haltung des Reiters auf dem Pferd ist ein schwieriges Gestaltkreisgeschehen (Weizsäcker), an dem alle Sinne des Reiters beteiligt sind (Auge, Ohr, Haut, Gleichgewichtssinn, Muskelsinn, Geschmacks- und Geruchssinne).

Die gesamte Koordination der Stützmotorik des Reiters auf dem Pferd ist ein unbewusster Teil der Haltung. Dem Oberkörper fällt die Aufgabe zu, die Drehbewegungen des Beckens auszubalancieren. Der Reiter befindet sich in einem „ruhigen" Sitz, wenn durch einen ständigen dynamischen Gleichgewichtsvorgang ein ökonomisches Zusammenspiel aller Muskeln im Sinne eines Wechselspiels von Anspannung und Entspannung stattfindet. Eine Sensibilisierung für diese Vorgänge kann auch ohne Pferd vorgenommen werden. Im Teil I, Kapitel „Koordinative Grundlagen für das Reiten" auf S. 41, wird eine Vielzahl von Vorschlägen unterbreitet, die sich die Reiter zunutze machen sollten. Es fiele ihnen danach auf dem Pferd leichter, sich im Gleichgewicht zu halten, und der Ausbilder würde weniger korrigieren.

Diese Vorgänge müssen früh erworben werden und im Erfahrungsspeicher als Muster abgelegt werden. Muster wird hier gemäß der Psychomotorik als Lösungsweg innerhalb von Gleichgewichtssituationen verstanden. Der Reiter muss möglichst vor dem Eintritt in die Pubertät (dieser Entwicklungsabschnitt eignet sich besonders gut für Lernprozesse aller Art) eine Vielzahl von solchen Lösungsmöglichkeiten für sich ständig verändernde Gleichgewichtssituationen auf dem Pferd erleben, auf die er später gefühlsmäßig zurückgreifen kann.

Die Bewegungswissenschaft geht gesichert davon aus, dass alle nach der Pubertät zu lernenden Bewegungen leichter erwerbbar sind, wenn sie auf Strukturen im Gehirn aufbauen, die vor der Pubertät gelegt worden sind. Insofern haben es so genannte Spätlerner im Reiten immer schwer, das Reiten problemlos zu erwerben, weil die Grundlagen dafür nicht fundiert aufgebaut worden sind. Der Reiter entwickelt also ein so genanntes Körperschema, das als Voraussetzung für die Orientierung am und im eigenen Körper zu verstehen ist (Bewegungsgefühl).

Grundlagen bilden die Wahrnehmungsfunktionen der Muskulatur. Das Bewegungsgefühl ist der so genannte verborgene Sinn (Bewegungssinn) des Reiters, der es ihm ermöglicht, seinen Körper bewusster zu empfinden und zu erleben.

Dieses Körperschema enthält mehr bewusste und unbewusste Anteile. Die Hände und Beine sind dabei eher Bewusstseinsprozessen unterworfen als die Rückenmuskulatur, die der Selbstwahrnehmung weitestgehend entzogen ist. Somit ist auch zu erklären, warum Korrekturen des Ausbilders

Die Dynamik von Kindern sollte akzeptiert werden. Je früher ein Bewegungsgefühl erworben wird, desto eher wird es als Muster im Erfahrungsspeicher abgelegt.

am Grundsitz viel schwerer vom Reiter aufzunehmen und umzusetzen sind als die Anweisungen bezüglich Armen und Schenkeln. Das immer wieder geforderte Sitzen auf den Sitzbeinhöckern ist auch insofern wichtig, weil durch die Berührung dieser Punkte mit dem Sattel die an diesen Positionen befindlichen Akupunkturpunkte angeregt werden. Somit wird eine natürliche Tonisierung (Spannung) der Rückenmuskeln erzeugt. Der Reiter benötigt weniger Energie zur Aufrichtung.

Dynamischer Aspekt

Der aufrechte Reitersitz ist also ein Verhindern eines Umkippvorgangs, der durch die Schwerkraft provoziert wird. Die Qualität des Reitersitzes ist eine Momentaufnahme. Ermüdungsprozesse „nagen" stetig an seiner Qualität. Dem Nachlassen des physischen Zustandes muss entgegengewirkt werden (siehe Teil I). Der Reiter muss lernen, rhythmische Wechselspiele von Anspannungs- und Entspannungsprozessen zu gestalten. Doch sind aufgrund vieler Störquellen (siehe Teil III, Kapitel „Viele Störquellen verhindern einen richtigen Sitz" auf S. 182) diese dynamischen Vorgänge schwierig.

Die aufrechte Haltung beispielsweise des Oberkörpers ist als gebremste Bewegung zu verstehen, weil jede Reitbewegung mit einer spezifischen Stellung beginnt und in einer solchen auch wieder endet; dazwischen liegen unterschiedliche Positionen des Oberkörpers. Somit wird noch einmal deutlich, dass die Einhaltung eines aufrechten Reitersitzes in der Balance nie statisch ist, sondern sich durch ein Spiel mit dem Gleichgewicht auszeichnet. Diese Vorgänge werden gerade bei ängstlichen Anfängern durch falsche Atmung weitestgehend verhindert.

Das Spiel mit dem Gleichgewicht gelingt den Reitern nicht, die bereits übermäßige Verkürzungen in bestimmten Körperteilen aufweisen. In solchen Fällen kann das Spiel zwischen Anspannung und Entspannung nicht rhythmisch ablaufen; bestimmte Muskeln übernehmen zu viel, andere zu wenig Arbeit. Der Reiter kann somit nicht losgelassen reiten; sein Sitz wirkt nicht elastisch und stellt kein geschmeidiges Zusammenspiel mit dem Pferderücken dar. Deshalb sind die Anregungen dieses Buches zur Vervollkommnung des Körpers und des Bewegungsgefühls bedeutungsvoll, um einen aufrechten und elastischen Reitersitz zu ermöglichen.

Funktionaler und psychologischer Aspekt

Reiten ist an eine besondere Person gebunden, die sich durch das Reiten auf eine bestimmte Art „ausdrückt". An Reitbewegungen kann man auch innere Zielvorstellungen und Emotionen des Reiters ablesen. Wenn ein Reiter innerhalb weniger Tage ganz unterschiedlich reitet, mag es auch an den sich unterscheidenden momentanen Intentionen oder Emotionen liegen, die das Bewegungsverhalten bestimmen.

Aus funktionaler Sicht will der Reiter mit allen seinen Tätigkeiten etwas ausdrücken und bewirken. Dabei ist zu berücksichtigen, dass innere Faktoren wie Motivation, Wille, Antrieb, Erfahrungshintergrund, Erleben und Empfinden von bewegungsleitender Bedeutung sind, also die Art der Ausführung von Reitbewegungen entscheidend beeinflussen.

An äußerlich wahrzunehmenden Reitbewegungen lassen sich Geisteshaltung, Gesinnung, augenblickliche Stimmung und Gesamteinstellung zum Reiten und zum Wesen Pferd erkennen. Es bestehen somit immer Wechselwirkungen zwischen körperlichen und seelischen Vorgängen (siehe Teil III, Kapitel „Grundlegende Verhinderer eines optimalen Sitzes“ auf S. 174). Positive Empfindungen verbessern im Regelfall den Sitz, das Bewegungsgefühl des Reiters und seine Einwirkungsmöglichkeiten, während negative zum Gegenteil führen können.

Insgesamt kann gesagt werden, dass der innere Halt des Reiters immer auch Vorbedingung für den aufrechten und geschmeidig mitschwingenden Reiter darstellt.

Skala der Ausbildung des Reiters

Die Skala der Ausbildung für das Pferd gilt als Notwendigkeit in der Ausbildung, weil nur auf dem Hintergrund dieser Grundsätze das Pferd mit dem Reiter im Rücken gesund und natürlich ausgebildet werden kann. Doch auch für den Reiter gilt es, seiner Psyche, seiner Emotionalität und seinem physiologischen System gemäß ausgebildet zu werden.

Die Skala der Ausbildung für den Reiter sieht folgendermaßen aus:

- Vertrauen und Angstfreiheit
- „Losgelassenheit“ (Lockerheit) des Reiters (emotional und körperlich)
- Gleichgewicht und Rhythmus
- Bewegungsgefühl
- Hilfengebung/Einwirkung

Voraussetzung für das Reitenlernen ist das Vertrauen zu Pferd und Ausbilder. Auch muss der Reiter angstfrei sein. So wie auch ein Pferd nicht lernen kann, wenn es kein Vertrauen zum Reiter hat, so kann der Mensch nicht lernen, wenn er kein Vertrauen in sein Pferd und in seinen Ausbilder hat. Dieser Punkt wird oft nicht bedacht. Dabei wundere ich mich, wenn ich von Ausbildern höre, dass zu ihnen Reiter kommen, die hochgradig angstbesetzt sind. Aus ihnen kann man keine gefühlvollen Reiter werden lassen, solange diese emotionalen Zustände die intellektuelle Aufnahmefähigkeit und das Fühlen überlagern.

Die „Losgelassenheit“ des Reiters ist der nächste Punkt der Skala der Ausbildung. Der Reiter muss innerlich aufnahmefähig sein. Wenn er sich mit entsprechenden emotionalen Problemen beschäftigt, was der Ausbilder nicht immer sofort merken kann, ist ein aufmerksames Reiten unmöglich. Innere Lockerheit trägt auch zur äußeren Lockerheit bei (siehe Teil III, Kapitel „Grundlegende Verhinderer eines optimalen Sitzes“ auf S. 174). Doch die äußere Losgelassenheit wird durch Dysbalancen und zeitweilige Verkrampfungen einzelner Teilbereiche des Reiterkörpers reduziert. Dabei sind drei zentrale Bereiche von Bedeutung, die auch in diesem Teil III nochmals aufgegriffen werden: Es sind der Hals-Nacken-Bereich, der Brustbeinbereich und das Becken. Diese Bereiche müssen vor dem Reiten gelockert werden, um gezielter mit dem eigenen Körper auf dem Pferd umgehen zu können. Aufwärmen (Vorbereiten des Reiters auf die spätere Tätigkeit auf dem Pferd) ist leider immer noch ein ungeliebtes Thema in der Reiterei. Ein Ausbilder erspart sich viele Korrekturen, wenn die Elastizität des Reiters erhöht ist und dieser sich den Bewegungen des Pferdes besser anpassen kann.

Auf diese Weise werden Voraussetzungen geschaffen, im Gleichgewicht zu sitzen, weil sich keine Muskeln mehr „festmachen“. Dieses äußere Gleichgewicht ist ebenso entscheidend wie das innere (siehe Teil I, Kapitel „Koordinative Grundlagen für das Reiten“ auf S. 41). Es sollten auch vor dem Reiten unterschiedliche Anforderungen an die unterschiedlichen Gleichgewichtsarten (Standgleichgewicht, Balanciergleichgewicht, Drehgleichgewicht und Fluggleichgewicht) gestellt werden. Der Reiter erspart sich so viele eigene Korrekturen mittels Muskelmasse, weil das vestibuläre (Innenohr) und kinästhetische System (der Bewegungssinn) sensibel auf Ungleichgewichtssituationen beim Reiten vorbereitet sind und ihre Arbeit sofort aufnehmen können.

Nur ein sich im Gleichgewicht befindender Reiter ist fähig, rhythmisch zu reiten. Rhythmus und Gleichgewicht haben einen hohen Zusammenhang. Gleichgewichtsprobleme führen zu unrhythmischen Bewegungen; unrhythmische Bewegungen haben ihre Ursache im fehlenden Gleichgewicht.

Sind Gleichgewicht und Rhythmus hergestellt, ist ein Fühlen auf dem Pferd optimal möglich. Bewegungsgefühl als nächster Punkt der Skala der Ausbildung meint zunächst, sich den Bewegungen des Pferdes anpassen zu können. Der Reiter muss sozusagen mit dem Pferd verschmelzen. Nur aus dieser engen Verwobenheit ist eine exakte Einwirkung möglich. Sie muss im richtigen Augenblick und mit einer entsprechenden Dosierung kommen. Hilfen sind technische Mittel, um die Reitersprache auf das Pferd zu übertragen. Eigentlich darf der Reiter über sie nicht mehr nachdenken, weil dann meistens der entscheidende Augenblick des Einsatzes schon verpasst ist.

Viele Störquellen verhindern einen „richtigen Sitz“

Der Schwung des Pferdes bestimmt die Sitzgrundlage

Für das Erreichen eines richtigen Sitzes nur an der Haltung des Reiters anzusetzen, wäre eine verkürzte Vorgehensweise. So wie in der Mechanik die große Masse immer die kleine bestimmt, so ist es auch im Reiten. Der Rei-

Der Reiter unterstützt den Schwung des Pferdes.

ter kann weder richtig sitzen noch gezielt einwirken, wenn das Pferd nicht zu seinem Körpersystem passt.

Der Schwung des Pferdes muss als Erstes der Individualität des Reiters entsprechen. Haben Pferde zu viel Schwung, so können Reiter diese spezifischen Unruhebewegungen oft nicht tilgen. Die Bewegungsdynamik des Pferdes muss der eigenen Dynamik entsprechen, um einen ruhigen und geschmeidigen Sitz zu erzielen.

Größe und Breite des Pferdes müssen der Individualität des Reiters entsprechen

Auch die Größe des Pferdes sollte der Reitergröße entsprechen, weil die Einwirkung vom Schenkel nicht optimal sein kann, wenn die Beine des Reiters weit über den Pferdeleib in Richtung Boden hinausragen.
Ebenso gelangen Reiter mit zu kurzen Beinen nicht in Muskelbereiche des Pferdes, die zu bestimmten Lektionen angeregt werden müssen.Diese Reiter sitzen nicht im oder am Pferd, sondern relativ beziehungslos darüber.

Ein entscheidender Punkt ist in diesem Zusammenhang die Breite des Pferdes. Ist ein Pferd für einen Reiter zu schmal, dann geraten die Knie so eng zusammen, dass die Klemmer angespannt werden. Ein Mitschwingen in der Mittelpositur ist weniger möglich.

Dasselbe gilt für einen Reiter, der aufgrund seiner Körpermaße und Oberschenkelstärke so gespreizt auf dem Pferd sitzt, dass das Becken in den Hüftgelenken blockiert.

Da sowohl das Pferd als auch der Reiter individuell sind, müssen sie sensibel aufeinander eingestellt werden, damit der Dialog Pferderücken-Reiterbecken gelingt. Wenn man bedenkt, dass dann noch die „Chemie“ zwischen Reiter, Pferd und Reitlehrer stimmen muss, dann ist jedem klar, dass die Reiterei es mit erheblich mehr Lernproblemen zu tun hat als jede andere Sportart.

Der Sattel als zentrale Nahtstelle zwischen Reiter und Pferd

Die Frage nach dem optimalen Sattel scheint schwer zu beantworten zu sein. Die Sättel sind in den vergangenen Jahrzehnten im Kammerbereich immer enger geworden. Die daraus resultierenden negativen Übertragungsfunktionen aufs Pferd werden außer Acht gelassen, doch die Antworten auf dieses Problem müssen von kompetenten Sattelherstellern, Tiermedizinern und Pferdephysiotherapeuten gegeben werden. Hier geht es ausschließlich um den Bezug zum Reiter.

Die schmaleren Sättel sind in der Vergangenheit immer stärker der verkürzenden Tendenz der Klemmer des Menschen angepasst worden. Stressoren unserer Gesellschaft wie zu viel und zu langes Sitzen in zu enger Beinstellung mit nach hinten gekipptem Becken und Rundrückenhaltung führt zu Verkürzungen der Klemmer. Sie müssen gedehnt werden (siehe Teil I, Kapitel „Zusammenstellung von Dehnungsübungen“, Übungen 32–37 auf S. 64 f.).

Darüber hinaus führt der psychische Stress zu Verspannungen des Dreiecks Schultergelenke-Kopf (siehe später). Da dieser Bereich neurophysiologisch mit den Klemmern korrespondiert, ergibt sich daraus eine reduzierte Geschmeidigkeit des Reiters. Anstatt die Reiter zum Dehnen dieses Körperbereichs anzuregen, hat man gemeint, es ihnen durch schmalere Sättel leichter zu machen.

Insgesamt muss der Sattel individuell der Gesäßgröße angepasst werden, damit der Reiter nicht durch einen zu großen Sattel „hin und her schwimmt". Ein zu kleiner Sattel zwängt ihn ein, sodass er nicht geschmeidig mit den Pferdebewegungen mitschwingen kann.

Sättel als orthopädische Sitzhilfen

Sättel mit zu starken Pauschen vor und hinter den Schenkeln scheinen eine Modeerscheinung zu sein. Ein Großteil der Reiter ist von diesen Sätteln begeistert und meint, damit ruhiger sitzen zu können. Tatsächlich sitzen sie ruhig, zu ruhig, nämlich eingeklemmt. Aus einem so fixierten Sitz ist sowohl eine Bewegungsanpassung an das Pferd als auch eine gezielte Einwirkung nicht zu erzielen. Pauschen sind als orthopädische Sitzhilfen zu bezeichnen, die Schwächen des Reiters mechanisch zu lösen versuchen. Auch Bügellängenverkürzungen für unterschiedliche Sitzübungen können nicht vorgenommen werden, weil die Pauschen vorne am Sattel stören. Bügellängenveränderungen sollten jedoch häufig vorgenommen werden, um dem Reiter durch unterschiedliche Beinlagen ein ständiges Sicheinstellen auf eine veränderte Reitsituation abzuverlangen. Auf diese Weise wird das Bewegungsgefühl sensibilisiert und differenziert.

Balance auf dem Pferd erreicht man nicht mit der Erzeugung von Ruhehaltungen durch Einengung der Schenkel. Balance ist nur dadurch zu erreichen, dass der Reiter sich bewegen kann, um die Bewegungen des Pferdes geschmeidig aus dem Becken heraus auffangen zu können.

Der ruhige Reitersitz ist vergleichbar mit dem Akt des Radfahrenlernens. Mit Stützrädern lernt aus psychomotorischer Sicht kein Kind das Beherrschen des Rades, weil Radfahren ein ständiges Spiel mit dem Gleichgewicht durch Kippbewegungen nach rechts und links ist (siehe Teil I, Kapitel „Koordinative Grundlagen für das Reiten" auf S. 41). Diese Kippbewegungen werden bis zum Beherrschen immer kleiner und sind beim Könner nicht mehr sichtbar. Durch die Stützräder kann das Kind diese Kippbewegungen nicht vollziehen. Beziehen wir diese Erkenntnisse auf das Reiten: Ein „eingeklemmter" Reiter ist den Unruhebewegungen des Pferdes ausgeliefert und kann sie nicht weich in seinem Körper aufnehmen. Obwohl er selbst das Gefühl zu haben scheint, er säße ruhig, sitzt er in Wirklichkeit hart am Pferd und macht alle Unruhebewegungen mit.

Der Motor des Reiters – das Becken – ist blockiert

Das Becken als blockierendes System ist nicht nur für Reiter, sondern für alle Menschen ein Problem. Der Großteil der Rückenschmerzen und Verkrampfungen der Reiter resultiert aus negativen Veränderungen des Beckens. Das Becken ist besonders davon betroffen, dass beim Menschen generell bestimmte Muskelgruppen zur Verkürzung neigen. Die Muskeln, die dieser Tendenz entgegenwirken müssten, können ihre Aufgabe nicht erfüllen, weil sie zur Abschwächung verdammt sind. Dieser Zusammenhang ist im Teil I, Kapitel „Reitkommandos können ein falsches Gefühl vermitteln“, auf S. 16, verdeutlicht worden.

Das Kreuz-Darmbein-Gelenk muss frei sein

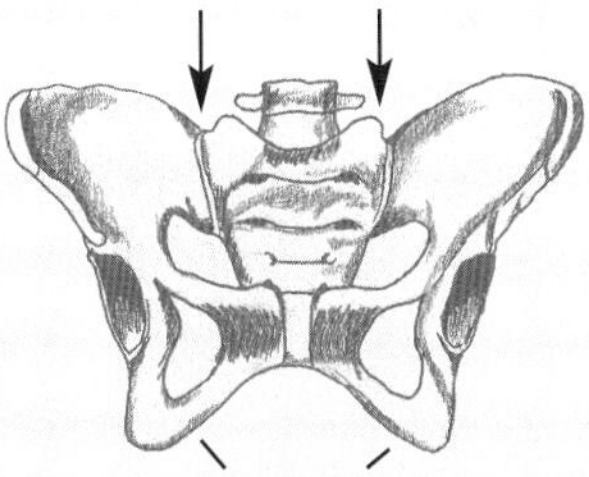

Abb. 197

Selbst wenn die angesprochene Muskulatur ausgewogen ist und harmonisch funktioniert, kann das Mitschwingen nicht funktionieren, wenn das Kreuz-Darmbein-Gelenk, auch als ISG-Gelenk (Ilio-Sakral-Gelenk) (Abb. 197) bezeichnet, blockiert ist. Ein Großteil der Ursachen von Rückenschmerzen entsteht in diesem Gelenkbereich.

Mit Hilfe der Übung im Kapitel „Zur Entwicklung des Bewegungsgefühls“, „Lektionen für gefühlvolle Bewegungsvollzüge“, Abb. 184 auf S. 156, kann der Reiter dafür sorgen, dass sich das Gelenk nicht verstellt oder blockiert.

Das Dreieck Schultern-Kopf

Wenn nun die Voraussetzungen für das Mitschwingen des Beckens geschaffen sind, so können diese Impulse nach oben in Richtung Kopf verpuffen, wenn der Hals-Nacken-Brustbein-Bereich nicht locker ist.

Der Mensch ist entwicklungsgeschichtlich ein Lastträger mit Hilfe des Kopfes. Es gibt heute noch Naturvölker, die Lasten geschickt auf dem Kopf transportieren. Diese Menschen haben keine Rückenprobleme. Wären sie muskulär nicht vollkommen ausbalanciert, könnten sie den Gleichgewichtszustand des Tragens auf dem Kopf nicht vollziehen. In unserer Kultur tragen wir nicht mehr auf diese Weise, jedoch ist anstelle der konkreten Last die psychische Last getreten. Der heutige Mensch leidet unter Verspannungen im Kopf-Schulter-Dreieck.

Um das Dreieck optimal locker gestalten zu können, kann der Reiter dafür sorgen, das Okzipitalgelenk (Übergang Schädel-1. Halswirbel) und das Brustbein zu entblocken. Dazu dienen die Übungen im Teil I, Kapitel „Welche Verbindung haben die Körperteile untereinander?“, Abb. 20–25 auf S. 30 f.).

Der Kopf ist eine „Fehlkonstruktion“ des Menschen

Der Kopf ist mit seinen ungefähr 5–7 kg Gewicht eine Fehlkonstruktion des Menschen. Die Konstruktion der Halswirbelsäule ist nicht geeignet, den Kopf problemlos aufrecht zu tragen. Dies wird auch noch dadurch negativ unterstützt, dass die angrenzende Hals-Nacken-Muskulatur zu schwach ist, um ihn entsprechend locker aufrecht halten zu können, ohne dass Verkrampfungen (Verkürzungen) eintreten.

Da die heutigen Berufe immer stärkere Bewegungsreduzierungen mit sich bringen, schlaffen die Muskeln stärker ab, sodass Schwächen entstehen. Einseitige Haltungen im Alltag machen es möglich, dass bestimmte Muskeln mehr, andere dagegen weniger ausgebildet werden. Einseitigkeiten der Muskeln sind die Folge (Dysbalancen, siehe genauere Ausführungen in Teil II, Kapitel „Sitz- und Gefühlsübungen auf dem Pferd", „Gefühlvolles Sitzen an der Longe" auf S. 171). Diese bestrafen den Reiter mehr als Sportler in anderen Disziplinen.

Das Pferd muss in seinem Gleichgewicht gehen. Nur, wie lässt sich dieser Gleichgewichtszustand aufrechterhalten, wenn der Reiter muskulär nicht im Gleichgewicht ist und somit das Pferd ständig daran hindert, sein Gleichgewicht zu finden? Der Reiter ist aufgrund seines dysbalancierten Körpers nicht in der Lage, die Wirkung seiner Muskeln koordinativ (rhythmisch, im Gleichgewicht, muskulär sensibel, mit gezieltem Reaktionsvermögen aller Muskeln) fein abgestimmt auf das Pferd zu übertragen.

Steuerungsfunktion des Kopfes zur Seite

Wie im Kapitel „Zur Vielschichtigkeit der Haltung des Reiters", „Reiter dürfen keine Marionetten sein" auf S. 175 bereits erörtert worden ist, kann der Reiter mit einem Bootsmastmodell verglichen werden. Dieser Gesichtspunkt meint: Wenn an irgendeiner Stelle am Menschen etwas verändert wird, verändert sich nicht nur dieser Teil, sondern das gesamte System Mensch wird aus dem muskulären Gleichgewicht gebracht. Jeder Mensch neigt dazu, seinen Kopf leicht einseitig zu tragen, weil nicht beide Seiten der Halsmuskulatur gleichmäßig ausgebildet sind. Diese leichte Neigung des Kopfes zur Seite nach links oder rechts lässt bereits Veränderungen der Wirbelsäule erfolgen.

Wenn der Kopf nach rechts getragen wird, sitzt der Reiter folglich mehr links; wird er nach links getragen, mehr rechts. Die Gewichtshilfen können nicht mehr optimal beidseitig erfolgen. Durch diese Veränderung wird automatisch das Pferd aus seinem Gleichgewicht gebracht.

Nur durch sprachliche Hilfen des Reitausbilders kann dem Problem nicht abgeholfen werden Der Reiter würde dann vielleicht den Kopf bewusst gerade tragen, doch es entstünden Spannungen im Hals-Nacken-Bereich, die sich auf den gesamten Sitz verkrampfend auswirken würden. Der Kopf-Nacken-Bereich korrespondiert nämlich mit dem Becken, sodass der Reiter durch eine starre Kopfhaltung auch das Becken fixieren würde. Ein natürliches Mitschwingen in der Mittelpositur wäre eingegrenzt. Durch gezielte Dehnübungen im Halsbereich kann gegen die seitliche Neigung Abhilfe geschaffen werden (siehe Teil I, Kapitel „Zusammenstellung von Dehnungsübungen", Übungen 4–6 auf S. 57). Die Hals-Nacken-Muskulatur müsste insgesamt geschmeidiger gemacht werden. Man sollte zu beiden Seiten dehnen. Die Seite, die verkürzt ist (zu der sich der Kopf neigt), müsste intensiver als die andere gedehnt werden.

„Schreckmustersyndrom"

Die angedeutete Problematik führt auch zum Hochziehen der Schulter und zum Ziehen des Kopfes nach hinten. Die Verkürzungen wirken bis in den

Bereich zwischen den Schultern. Da nützt auch kein ständiges Aufmerksammachen des Ausbilders, dass die Schultern nach unten gezogen oder fallen gelassen werden sollen. Zwar kann man mental das Fallenlassen üben, jedoch bedarf es einiger Zeit, bis einem solche Techniken gelingen (siehe Grundlagen der Alexandertechnik – Teil II, Kapitel „Zur Entwicklung des Bewegungsgefühls“, „Lektionen für gefühlvolle Bewegungsvollzüge“, S. 136 f.). Um diesem Problem abzuhelfen, können aus Teil II, Kapitel „Zur Entwicklung des Bewegungsgefühls“, „Komplexe Lektionen zur Sensibilisierung“ die Lektionen 4 und 5 auf S. 164 f. vollzogen werden.

Weitere Übungen zur Erhöhung der Elastizität im Hals-, Nacken-, Schulter-, Brust- und Beckenbereich

Hals-Nacken-Bereich

Grundlagentest: Man drehe den Kopf im Tempo des Sekundenzeigers einer Uhr nach rechts und links. Dabei bewegt sich der Kopf auf einer Parallelen zum Fußboden. Aufpassen, dass der Kopf nicht schräg nach hinten (rechts oder links) geführt wird (Abb. 198).

Abb. 198

Es soll nur so weit nach rechts und links gedreht werden, wie die Drehung mühelos abläuft.

Mit Einsatz von Kraft sollen Widerstände **nicht** überwunden werden. Nur auf diese Weise lassen sich Blockaden im Hals-Nacken-Schulter-Bereich feststellen.

Machen Sie sich auf der rechten und linken Seite ein gedankliches Kreuz, wie weit Sie schauen konnten. Man kann danach in beide Richtungen weiter hinter sich schauen – nach jeder der folgenden Übungen diesen Test wiederholen.

1) Man setzt sich auf die Sitzbeinhöcker; die Arme hängen entspannt am Körper herunter. Nun werden ganz kleine Bewegungen mit dem Kopf nach rechts und links von nur annähernd 1–2 cm vollzogen. Dabei dürfen die Muskeln im Hals-Nacken-Kopf-Bereich nicht verspannt werden; sie sollen mit so wenig wie möglich Anstrengung „arbeiten“.
Die Bewegungen müssen wie kleine Zitterbewegungen aussehen. Sie werden ungefähr eine Minute vollzogen. Zunächst wird der Kopf in Normalstellung (Blick geradeaus) geschüttelt. Diese Schüttelbewegung wird auf zwei Arten variiert: leichte Drehung nach links/leichte Drehung nach rechts (Abb. 199).

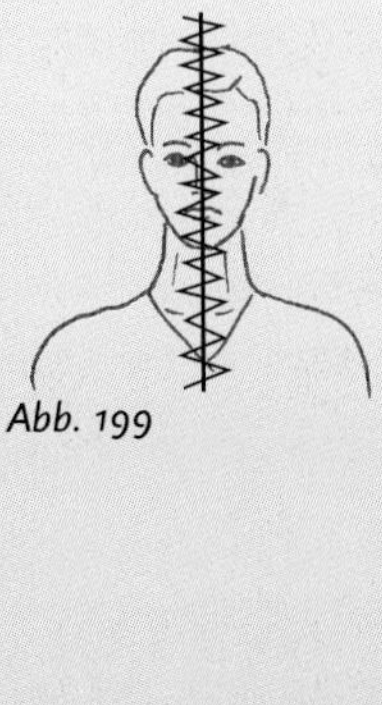

Abb. 199

2) Der Kopf bewegt sich wie im Grundlagentest beschrieben nach rechts und links. Die Augen beschreiben dabei die entgegengesetzten Bewegungen. Die Abläufe sollen in beide Richtungen zehnmal wiederholt werden (Test).
3) Man stellt sich aufrecht hin und beugt leicht die Knie. Dann soll der Körper aus der Kniehaltung geschüttelt werden. Der Körper soll dabei

von oben nach unten und umgekehrt mitschwingen. Zunächst wird der Blick geradeaus (parallel zum Boden) gerichtet und die Schwingungen werden erzeugt. Dann ist die Nase ungefähr 10 cm (nicht mehr) nach unten zu neigen. Die Schüttelbewegungen werden wieder vorgenommen. Es muss ein veränderter Lockerheitsgrad des Körpers wahrgenommen werden. Bei der parallel zum Boden gehaltenen Blickrichtung geradeaus fühlt sich der Körper fester an als bei der veränderten Haltung der Nase. Bei zu stark geneigtem Kopf wird der Körper wieder fest (wie beim Blick des Reiters auf den Pferdehals).

4) Man geht mit Blick geradeaus im Raum umher. Durch diese Kopfhaltung spürt man das Körpergewicht im Fuß bei den Absätzen. Wenn nun der Kopf mit der Nase 10 cm (nicht mehr) nach unten geneigt wird, verteilt sich das Gewicht auf den Fußballen nach vorne. Es geht sich erheblich leichter.
Diese Kopfhaltung sollte beim Reiten ständig eingenommen werden, weil somit das Okzipitalgelenk frei ist.
Wie wichtig diese leicht geneigte Kopfhaltung bei Verstärkungen ist, sollte jeder empfinden. Man schaut geradeaus, geht im Raum und beschleunigt die Gehbewegungen gemäß Verstärkungen oder Mitteltrab auf dem Pferd. Dabei wird man spüren, dass beim Schnellerwerden Spannungen und Blockaden im Lendenwirbelbereich entstehen. Man wird fest. Diese Festigkeit entsteht auch bei Verstärkungen auf dem Pferd. Dadurch stört der Reiter das Pferd im Rücken, sodass es verspannt reagieren muss. Bei leicht nach unten geneigtem Kopf fühlen sich beim Gehen die Beschleunigungen ganz weich an. Ebenso ist es auf dem Pferderücken bei Verstärkungen.
Das zu starke Neigen des Kopfes nach unten lässt den Reiter wieder fest werden. In der täglichen Reiterei beobachtet man viele Reiter, die ständig ihren Blick auf den Pferdehals neigen. Diese Reiter können nicht mehr optimal mit den Bewegungen des Pferdes mitschwingen.
5) Teil II „Zur Entwicklung des Bewegungsgefühls“, „Lektionen für gefühlvolle Bewegungsvollzüge“, „Lektionen zur tieferen Sensibilisierung“, Abb. 191 auf S. 158.
6) Teil II „Zur Entwicklung des Bewegungsgefühls“, „Lektionen für gefühlvolle Bewegungsvollzüge“, „Lektionen zur tieferen Sensibilisierung Abb. 192 auf S. 158.
7) Teil II „Zur Entwicklung des Bewegungsgefühls“, „Lektionen für gefühlvolle Bewegungsvollzüge“, „Lektionen zur tieferen Sensibilisierung“, Abb. 193 auf S. 158.
8) Teil II „Zur Entwicklung des Bewegungsgefühls“, „Lektionen für gefühlvolle Bewegungsvollzüge“, „Komplexe Lektionen zur Sensibilisierung“ (Nr. 9 – Gelenkige Füße auf S. 169). Gelenkige Füße führen automatisch zu einer Lockerung im Hals-Nacken-Bereich.

Brustbeinbereich

1) Der rechte Arm wird leicht angewinkelt (annähernd 90 °), das Handgelenk wird abgesenkt, sodass die Hand locker fällt. Die Hand befindet

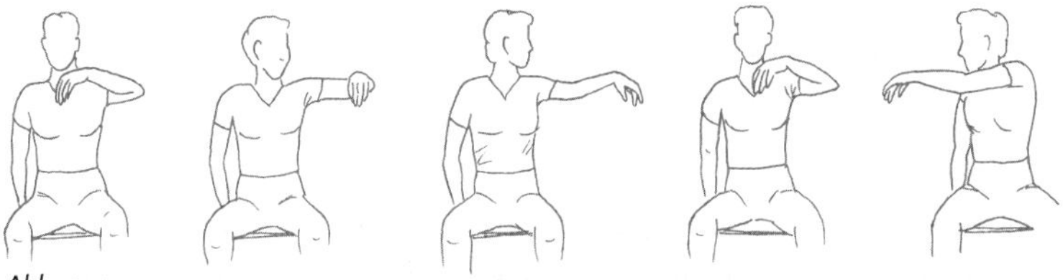

Abb. 200

sich etwa 50 cm vom Kopf entfernt vor den Augen. Der Arm wird auf Höhe der Schulter gehalten. Der Blick wird auf das Handgelenk gerichtet und bleibt dort während der gesamten Übungsfolge. Mit Blick auf die Hand wird der Arm, so weit es ohne Kraftaufwand möglich ist, nach rechts und links geführt. Diese Übung wird zehnmal wiederholt.
Danach wird dieselbe Übung auf den linken Arm übertragen (Abb. 200).

2) Dieselbe Haltung wie in Lektion 1. Nur wird der rechte Arm so weit nach links geführt, wie es irgend geht.
In dieser Stellung wird mit Blick auf die Hand verharrt. Jetzt wird nur der Kopf noch weiter nach links gedreht und wieder mit Blick zur Hand zurück. Diese Abfolge wird zehnmal wiederholt.
Danach wird dieselbe Übung mit dem linken Arm nach rechts vollzogen.

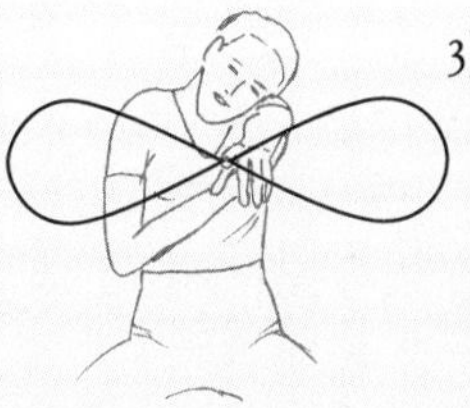

Abb. 201

3) Der linke Arm wird vor dem Körper gehalten und vom rechten Arm so gestützt, dass der rechte Oberarm am Bauch anlehnt. Das linke Ohr wird auf den linken Oberarm gelegt und der Blick auf den gestreckten Zeigerfinger der linken Hand gerichtet.
Nun werden mit dem Arm liegende Achten gezeichnet, wobei der gesamte Körper weich mitgeht. Die Acht wird mit dem Bogen nach oben links begonnen. Danach auch mit dem rechten Arm üben. Die Übung zehn Mal wiederholen (Abb. 201).

4) Man setzt sich mit der linken Pobacke auf die rechte Seite der Sitzfläche eines Stuhles. Die rechte Pobacke „hängt" in der Luft. Der linke Fuß ist vorne, während sich der rechte in Schrittstellung unter dem Körperschwerpunkt befindet. Die rechte Hand fasst auf den Kopf. Der Kopf macht keine Eigenbewegungen, sondern überlässt alle Bewegungen der Hand. Diese führt den Kopf ganz weich nach links und rechts.
Die Bewegungen werden nur so weit ausgeführt, wie es problemlos geht. Es soll nicht über Widerstände hinaus gearbeitet werden (zehn Wiederholungen)(Abb. 202).
Danach einen Sitzwechsel vornehmen. Man sitzt auf der linken Seite der Sitzfläche mit der rechten Pobacke. Der rechte Fuß ist vor dem Körper, während sich der linke in Schrittstellung unter dem Körperschwerpunkt befindet. Die linke Hand fasst auf den Kopf und bewegt ihn weich nach rechts und links. Der Kopf überlässt sich total der Bewegung der Hand (Abb. 202).

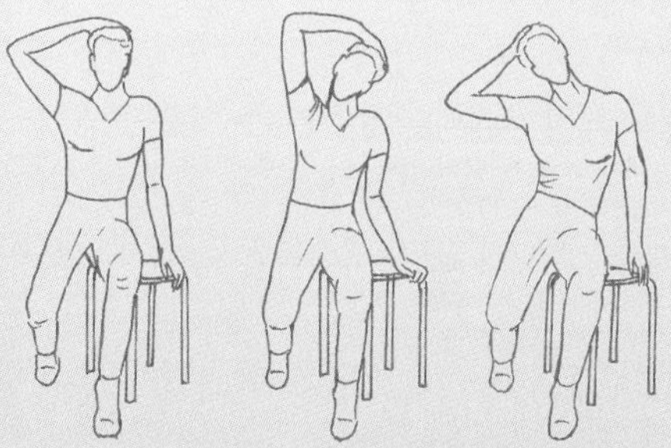

Abb. 202

5) Bauchlage, Kopf liegt auf der rechten Wange, Arme liegen in Schulterhöhe rechtwinklig zum Körper ausgebreitet. Das linke Bein wird seitlich angezogen. Man hebt den linken Arm so hoch, wie es problemlos geht, ohne Kraft vom Boden ab. Diesen Winkel muss man sich merken, um später einen Vergleich zu haben.
Danach wird erst die linke Hand im Handgelenk nach oben abgeknickt und danach der Arm so weit wie möglich angehoben. Dieser Ablauf wird acht- bis zehnmal wiederholt.

Der Kopf wird gedreht, sodass man auf der linken Wange liegt. Die bereits bekannten Bewegungen mit dem linken Arm werden wiederum acht- bis zehnmal wiederholt.
Diese Abläufe fallen schwer, weil der Arm nicht mehr so wie vorher angehoben werden kann. Die Beinlage wird gewechselt. Das linke Bein wird gestreckt, während das rechte seitlich angezogen wird. Es wird weiter mit dem linken Am geübt. Diese Bewegungen fallen noch schwerer. Zum Abschluss wird der Kopf wieder auf die rechte Wange gelegt, die Beine werden auch wieder gewechselt, sodass das linke Bein angezogen wird. Wenn nun der linke Arm nochmals angehoben wird, kann er mühelos erheblich höher geführt werden als zu Beginn. Die gesamten Abläufe werden danach auf die andere Seite übertragen.

6) Teil II, Kapitel „Zur Entwicklung des Bewegungsgefühls“, „Komplexe Lektionen zur Sensibilisierung“, Lektion 1 auf S.159.
7) Teil II, Kapitel „Zur Entwicklung des Bewegungsgefühls“, „Komplexe Lektionen zur Sensibilisierung“, Lektion 2 auf S. 161.
8) Teil II, Kapitel „Zur Entwicklung des Bewegungsgefühls“, „Komplexe Lektionen zur Sensibilisierung“, Lektion 3 auf S. 163.

Beckenbereich

1) Man sitzt vorne auf dem Stuhl auf den Sitzbeinhöckern. Die Beine sind ungefähr 70 ° geöffnet. Das Becken ist nach hinten gekippt, sodass der Rücken rund und der Kopf leicht nach vorne gestellt ist.
Diese Position des Beckens befindet sich auf dem gedachten Zifferblatt einer Uhr auf der Stundenzahl 6. Die Fußspitzen würden sich also annähernd zwischender 10 und der 2 befinden.

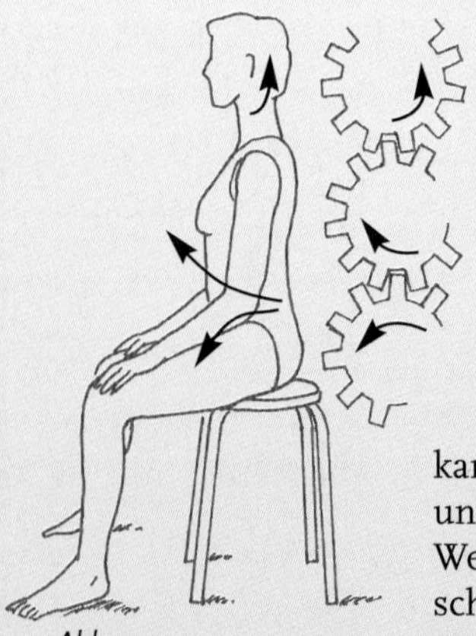

Abb. 203

Nun ist das Becken von 6 nach 12 zu rollen und wieder zurück. Diese Bewegung wird zehnmal wiederholt.
Dabei richtet sich der Oberkörper auf, der Brustkorb wölbt sich, die Schultern gehen automatisch zurück und das Kinn nähert sich der Brust.
Es greifen also drei Zahnräder ineinander – Zahnradmodell nach Brügger (Abb. 203). Diese Bewegung ist das entscheidende Geheimnis des Reitersitzes.
Der Reiter sitzt in einer Haltung, in der die Wirbelsäule ihre natürliche doppelt geschwungene S-Form einnimmt. Somit kann aus dieser Stellung der Reiter problemlos mit seinen bewegungsunterstützenden Gewichtshilfen reiten.
Wenn man diese Übung vollzieht und die Handflächen auf die Oberschenkel legt, spürt man, dass sich die Muskulatur anspannt. Diese nennt man Oberschenkelstrecker.
Das heißt, dass sich durch die Beckenstellung in Richtung 12 nicht nur der Reiter problemlos aufrichtet, sondern sich durch die Beckenstellung auch das Knie in die Tiefe senkt (vgl. Teil II, Kapitel „Zur Entwicklung des Bewegungsgefühls“, „Komplexe Lektionen zur Sensibilisierung“, Lektion 6 auf S. 166. In dieser Lektion werden noch mehr Variationen von Beckenbewegungen angeboten).

2) Die Rollbewegung wird nun nicht mehr in Richtung 12 vollzogen, sondern in Richtung linkes oder rechtes Knie (auf der Uhr die 9 oder 3). Diese Bewegung führt dazu, dass sich der eine Sitzbeinhöcker von der Sitzfläche abhebt.
   Dieses Abheben findet noch leichter statt, wenn der Blick parallel zur Rollbewegung in die entsprechende Richtung gelenkt wird. Diese Rollbewegungen nach links und rechts sind die einseitigen Gewichtshilfen beim Reiten.
   Über Anweisungen wie „Hüfte nach vorne bringen" oder „Belastung auf den inneren Gesäßknochen" sind keine korrekten einseitigen Gewichtshilfen zu geben.
3) Teil II, Kapitel „Zur Entwicklung des Bewegungsgefühls" „Lektionen zur tieferen Sensibilisierung", Abb. 178 auf S. 155.
4) Teil II, Kapitel „Zur Entwicklung des Bewegungsgefühls", „Lektionen zur tieferen Sensibilisierung", Abb. 182 auf S. 155.
5) Teil II, Kapitel „Zur Entwicklung des Bewegungsgefühls", „Lektionen zur tieferen Sensibilisierung", Abb. 183 auf S. 156.
6) Teil II, Kapitel „Zur Entwicklung des Bewegungsgefühls", „Lektionen zur tieferen Sensibilisierung", Abb. 189 auf S. 157.
7) Teil II, Kapitel „Zur Entwicklung des Bewegungsgefühls", „Lektionen zur tieferen Sensibilisierung", Abb. 194 auf S. 158.
8) Teil II, Kapitel „Zur Entwicklung des Bewegungsgefühls", „Lektionen zur tieferen Sensibilisierung", Abb. 195 auf S. 158.

Es können auch die Lektionen 5–8 aus Teil II, Kapitel „Zur Entwicklung des Bewegungsgefühls", „Komplexe Lektionen zur Sensibilisierung" auf S. 165 einbezogen werden.

Sitzpositionen auf dem Stuhl erspüren

Wenn man auf dem Stuhl mit fast geschlossenen Beinen sitzt, wird man erkennen, dass eine Rollbewegung des Beckens von 6 nach 12 kaum möglich ist.

Klemmende Reiter sind also immer fest im Becken.
Wenn man nun die Beine öffnet, wird man an eine Position gelangen, in der die Rollbewegung am besten gemäß der eigenen Konstruktion des Körpers abläuft.
Öffnet man die Beine über dieses Maß hinaus nach außen oder innen, ist das Becken nicht mehr optimal beweglich.

In der Sitzposition vorne auf dem Stuhl auf den Sitzbeinhöckern kann man auch erkennen, wie die Forderung „Fußspitzen nach innen" negativ auf den Körper wirkt.

Wenn der Reiter die geforderte Position auf dem Stuhl (Beine 70° geöffnet) einnimmt, sind seine Fußspitzen leicht nach außen gerichtet.

Wenn man sie nun anhebt (Absatz bleibt am Boden) und leicht nach innen dreht, wird man – wenn man die Hände auf die Adduktoren (Klemmer) legt – spüren, dass sich diese anspannen und somit das Becken blockieren.

Gründe für einseitiges Sitzen

Nicht nur der Kopf bestimmt das Sitzen auf einem Gesäßknochen, sondern es kann auch noch weitere Gründe haben. Seitliche Verkrümmungen der Wirbelsäule (siehe Teil I, Kapitel „Reitbahnkommandos können ein falsches Gefühl vermitteln" – Haltungsschäden auf S. 26) können ebenso Hintergründe sein wie eine einseitig ausgebildete seitliche Rumpfmuskulatur (Lendenmuskulatur). Diese garantiert dafür, dass der Oberkörper nicht zur einen oder anderen Seite ausweicht. Ist sie einseitig ausgebildet, so sitzt der Reiter automatisch schief. Das heißt, ist die rechte Lendenmuskulatur stärker als die linke, so liegt eine Verkürzung vor, die sich dadurch bemerkbar macht, dass der Reiter rechts einknickt. Er muss also als Ausgleich die entsprechend andere Rumpfseite trainieren, also ein Gleichgewicht beider Körperseiten herstellen. Für diesen Sitzfehler ist die Kräftigungsübung (Teil I, Kapitel „Zusammenstellung von Kräftigungsübungen", Übung 46 auf S. 78) geeignet, die zu beiden Seiten (je nach Schwäche) ausgeführt werden kann. Die schwächere Rumpfseite soll jedoch intensiver trainiert werden, damit die Dysbalance ausgeglichen wird.

Das Problem der muskulären Balanciertheit des Reiters

Haltungsprobleme und Abweichungen von geforderten Linien

siehe auch Teil I, Kapitel „Ursachen und Vermeidung muskulärer Ungleichgewichte", S. 33

Abb. 204 a und b demonstriert ein Grundproblem des Menschen: Während in Abb. 204 a der Mensch deutlich zeigt, dass seine Muskulatur balanciert ist, tauchen in Abb. 204 b zentrale Probleme auf. A verdeutlicht einen muskulär gleichmäßig ausgebildeten Menschen, dessen Wirbelsäule eine doppelt geschwungene S-Form aufweist und dessen gesamter Körper im Lot ist.Der Mensch in Abb. b hat zentrale Probleme. Aufgrund der starken Hüftbeugemuskulatur (1) kippt das Becken nach vorne. Die Gesäßmuskulatur (4) könnte als stabilisierender Faktor dagegen wirken, nur ist sie generell abgeschwächt. Aufgrund der Beckenkippung schlafft die Bauchmuskulatur (5) ab, während sich die tiefe Rückenmuskulatur (3) weiter verkürzt und die Kippung des Beckens verstärkt. Hinzu kommt noch eine meistens vorliegende starke Oberschenkelvorderseite (2), die die Kipptendenz des Beckens unterstützt, weil die hintere Oberschenkelmuskulatur (6) bei den meisten Menschen erheblich schwächer als die vordere ausgebildet ist und nicht gegenwirken kann. Bei Abb. b ist also die gesamte Statik so verändert, dass dieser Mensch nie die geforderte Sitzhaltung (Linie Schultergelenk/Hüfte/Absatz) einnehmen kann. Aufgrund der veränderten Form der Wirbelsäule wirken die Gewichtshilfen nicht optimal, und die Schwingungen gehen beim Aussitzen nicht fließend durch den Körper. Sie werden im Beckenbereich blockiert.

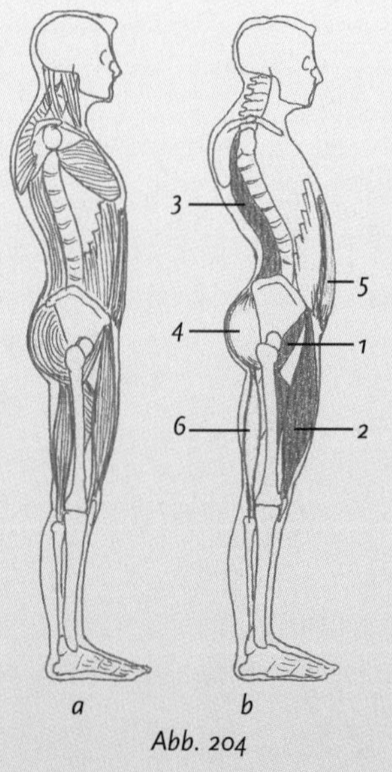

Abb. 204

„Vor der Bewegung sitzen"

Viele Reiter sitzen immer leicht vor der Bewegung und haben eine relativ krumme Haltung im Brustbereich. Willentlich sitzt kein Reiter so, wenn es nicht gerade ein Gewohnheitsfehler ist. Viele Ausbilder schaffen es bei allen Bemühungen oft nicht, Reiter problemlos aufrecht hinzusetzen. Anweisungen wie „Schulterblätter zusammen" oder „Richte dich auf" sind in solchen Fällen in der Reitbahn zu hören (siehe Teil I, Kapitel „Reitbahnkommandos können ein falsches Gefühl vermitteln" auf S. 16).

In einer solchen Situation liegen folgende Hintergründe vor: Die Brustmuskulatur neigt zur Verkürzung und macht den Reiter krumm oder zieht ihn nach vorne. Die entgegengesetzte Muskulatur, die obere Schultergürtelmuskulatur (obere Trapezmuskulatur), ist der Gegenwirker, nur neigt dieser Teil der Trapezmuskulatur zur Abschwächung. Der Reiter kann sich nur durch willentliche Anstrengung aufrichten, benutzt dafür aber zu starke Kraftanstrengungen, die dann wieder zusammenbrechen, wenn er sich nicht auf diesen Aufrichtungsprozess konzentrieren kann, sondern mit Problemen des Pferdes beschäftigen muss.

Eine willentliche Aufrichtung ist auch nur unter Zuhilfenahme von Muskeln möglich, die dafür eigentlich keine Funktion haben. Verkrampfungen sind die Folge. Diese Situation ist nur wie folgt zu lösen:

Die Brustmuskulatur muss gedehnt werden (siehe Teil I, S. 58, Übungen 8–12). In Teil I, S. 60 haben die Übungen 18–21 die Funktion, die zu schwache Schultergürtelmuskulatur zu kräftigen, um der starken Brustmuskulatur entgegenwirken zu können.

Dabei muss jedoch bedacht werden, dass zunächst die starke Brustmuskulatur gedehnt werden muss, bevor man die schwache Schultergürtelmuskulatur kräftigt.

Sitzen im Hohlkreuz

Diese Sitzhaltung ist heute vermehrt anzutreffen, weil bei vielen Menschen folgende muskulären Probleme vorliegen: Starke Hüftbeuger, starke vordere Oberschenkelmuskulatur und verkürzte tiefe Rückenmuskulatur lassen das Becken nach vorne kippen (siehe Teil I, Kapitel „Reitbahnkommandos können ein falsches Gefühl vermitteln", Abb. 11 auf S. 17). Diesem Kippen kann nur durch eine starke Gesäß-, Rückenstreck- und Bauchmuskulatur (besonders im Beckenbereich) entgegengewirkt werden, die jedoch bei vielen Reitern zu schwach ist.

Es müssen also die Hüftbeuger, die vorderen Oberschenkelmuskeln (siehe Teil I, Kapitel „Zusammenstellung von Dehnungsübungen", Übungen 22–24 auf S. 62) und tiefen Rückenmuskeln (siehe Teil I, Kapitel „Zusammenstellung von Dehnungsübungen", Übungen 2 und 3 auf S. 56) gedehnt werden. Gleichzeitig müssen die Stabilisatoren für das Becken (Gesäß-, Rückenstreck- und Bauchmuskeln) gekräftigt werden (Gesäßmuskulatur: Teil I, „Zusammenstellung von Kräftigungsübungen", Übungen 31–41 auf S. 75; Bauchmuskulatur: Teil I, „Zusammenstellung von Kräftigungsübungen", Übungen 1–8 auf S. 67; Rückenmuskulatur: Teil I, „Zusammenstellung von Kräftigungsübungen", Übungen 10–13 auf S. 69).

So bremsen Reiter Pferde.

Nach hinten gekipptes Becken

Man trifft ebenso Reiter an, die mit einem nach hinten gekippten Becken sitzen und dabei die Knie nach oben ziehen. Diese Reiter neigen oft zusätzlich dazu, zu klemmen. Im Fachjargon bezeichnet man diesen Sitz auch als Stuhlsitz. Wenn das Becken nach hinten kippt, gerät das Knie automatisch nach oben. Je mehr sich der Reiter vom Becken her aufrichtet, desto mehr gelangt auch das Knie in die Tiefe. Deshalb sollten Ausbilder das Knie mehr über die Veränderung der Beckenstellung als über ein Strecken der Beine verändern.

Ein Streckvorgang führt automatisch zu einer Verspannung im gesamten Bein, sodass ein einfühlsames Treiben nicht mehr möglich ist. Der Prozess zum Aufrichten sollte über die Kräftigung der Gesäß- und der Bauchmuskulatur bei gleichzeitiger Dehnung der inneren Hüftbeuger angestrebt werden. Beim nach hinten gekippten Becken müssen vermehrt die stabilisierenden Muskeln gekräftigt werden (Gesäß- und Bauchmuskeln). Beim Hohlkreuz steht die Dehnung der Hüftbeuger, der vorderen Oberschenkelmuskeln und tiefen Rückenmuskeln im Vordergrund.

Richtiges Treiben erzeugt einen tiefen Absatz

Der hohe Absatz ist ein weit verbreiteter Reiterfehler. Dabei sind den Reitern selbst und den Ausbildern oft die Hintergründe nicht deutlich, denn sonst würden sie diese Schwäche nicht mit „Fußspitze anziehen“ oder „Absatz durchdrücken“ korrigieren. Der hohe Absatz ist bei vielen Reitern ein Fehler, weil ihnen nie deutlich gemacht worden ist, wie der Vorgang des Treibens eigentlich abläuft. Richtiges Treiben, der richtige Einsatz der hinteren Oberschenkelmuskeln, erzeugt automatisch einen tiefen Absatz.

Wenn die Wade ans Pferd geführt werden soll, dann ist es notwendig, die hintere Oberschenkelmuskulatur anzuspannen. Der Einsatz dieser Muskulatur bewirkt ein noch stärkeres Winkeln im Knie, sodass damit automatisch die Wade ans Pferd gerät. Dieser Vorgang muss jedoch rhythmisch erfolgen, d. h., die hintere Oberschenkelmuskulatur wird beim Treiben im Wechsel ständig angespannt und locker gelassen und bewirkt somit ein fortwährendes Aktivieren der Hinterbeine des Pferdes.

Da bei vielen Reitern diese Muskeln sehr schwach ausgebildet sind, neigen sie auch zu einem klopfenden Schenkel. Sie greifen somit zu einem Mittel, das den gezielten und von außen kaum wahrnehmbaren muskulären Einsatz der hinteren Oberschenkelmuskeln durch eine Schwungbewegung aus dem ganzen Bein auszugleichen versucht. Die hintere Oberschenkelmuskulatur muss also gekräftigt werden (siehe Teil I, Kapitel „Zusammenstellung von Kräftigungsübungen“, Übungen 34, 53, 56–58 auf S. 76), wobei auch die Dehnung mit einbezogen werden muss (siehe Teil I, Kapitel „Zusammenstellung von Dehnungsübungen“, Übungen 25–27 auf S. 62).

Falsches Treiben führt zu einem hohen Absatz

Beim falschen Treiben arbeiten diese Reiter nicht mit der hinteren Oberschenkelmuskulatur, sondern bei ihnen liegt der Einsatz des Zwillingsmuskels vor, der sich im hinteren Kniebereich befindet. Der Einsatz des Zwillingswadenmuskels führt automatisch zu einem hohen Absatz. Durch ein falsches Gefühl vom Treiben „springt" dieser Muskel an, bevor die richtigen Treibemuskeln zum Einsatz kommen können. Aus dieser Art des Treibens entsteht zusätzlich auch noch ein angezogenes Knie.

Auch treiben viele Reiter aufgrund der Anweisungen „Fußspitzen nach innen" falsch. Wenn aus dieser Schenkellage und Fußstellung getrieben und die Forderung „Mit der Wade treiben" umgesetzt werden soll, dann können diese Reiter die Wade nur über die Anspannung der Klemmer ans Pferd bekommen. Dieser Vorgang führt zu Verkrampfungen, stellt das Becken fest, lässt den Reiter nicht geschmeidig sitzen und blockiert das Pferd im Rücken.

Der federnde Absatz

Beim Reiten wird der federnde Absatz gefordert. Jedoch läuft dieser Vorgang bei vielen Reitern nicht ab. Ihr Absatz bleibt starr (meistens auch der Schenkel). Daraufhin wird oftmals von ihnen verlangt, den Bügel nach unten durchzutreten, was wiederum einen festen Sitz nach sich zieht. Der federnde Absatz ist ein reaktiver Vorgang, der ein lockeres Hüftgelenk als Voraussetzung hat.

Das Hüftgelenk wird in unserer Kultur jedoch dysfunktional benutzt, weil wir falsch gehen. Es ist ein Kugelgelenk, die Art unseres Gehens benutzt das Hüftgelenk jedoch wie ein Scharniergelenk (vgl. Ellbogengelenk). Daraus resultiert, dass bestimmte Muskeln um das Hüftgelenk zu viel Arbeit übernehmen, andere keine Arbeit leisten.

Das Hüftgelenk muss also wieder in seiner strukturellen Form benutzt werden. Dazu dienen die Lektionen 5–8 in Teil II, Kapitel „Zur Entwicklung des Bewegungsgefühls", „Komplexe Lektionen zur Sensibilisierung" auf S. 165.

Alle Bewegungen dürfen nur ohne Kraftanstrengung ausgeführt werden. Die einzelnen Bewegungen sollen zehnmal wiederholt werden:

1) **Seitenlage:** rechter Winkel Unterschenkel-Oberschenkel, Oberschenkel-Oberkörper, Oberkörper-Kinn. Der obere Arm ruht locker entlang des Oberkörpers und das Handgelenk liegt etwa auf Höhe des Hüftgelenks. Diese Übung bitte in der rechten und linken Seitenlage üben (Abb. 205). Zunächst wird die Hüfte des oben liegenden Beines nach vorne geführt. Die Bewegung darf nur aus dem Hüftgelenk erfolgen; das obere Bein muss entlastet auf dem unteren ruhen. Danach wird die Hüfte nach hinten geführt. Die Bewegungen sollen nur so groß vollzogen werden, wie es mühelos möglich ist. Beide Bewegungen werden miteinander verbunden. Danach wird die Hüfte in Richtung Schulter (also nach oben) gezogen; es schließt sich die Hüftbewegung nach unten (in Richtung Füße) an. Auch diese beiden Bewegungen werden miteinander verbunden.

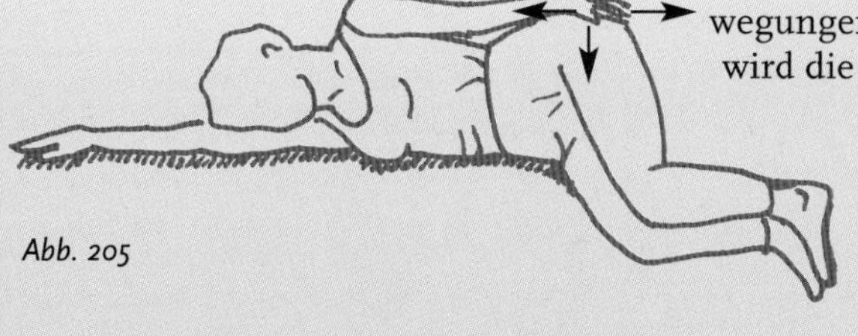
Abb. 205

Anschließend wird die Hüfte kreisförmig nach vorne, danach kreisförmig nach hinten geführt. Wenn man sich anschließend auf den Rücken legt und nacheinander das gestreckte linke oder rechte Bein 10 cm anhebt, wird man spüren, dass das Bein, mit dem man geübt hat, viel leichter ist. Es kann auch einmal vorkommen, dass das Bein schwerer ist, weil Schwere ein Zwischenzustand auf dem Weg zur Leichtigkeit ist.

2) **Rückenlage:** Ein Bein wird angestellt, das andere Bein bleibt lang auf dem Boden liegen. Das angestellte Bein wird nach außen zum Boden und wieder zurück geführt. Dabei soll das Bein nur so weit zum Boden gesenkt werden, wie es leicht möglich ist. Es darf nicht mit Kraft nachgedrückt werden. Danach wird ein Wechsel der Beine vorgenommen; das andere Bein vollzieht dieselben Bewegungen (Abb. 206 a–c).
Das zuerst übende Bein wieder aufstellen; nun wird das Knie über das am Boden liegende so weit geführt, wie es ohne Kraft möglich ist. Auch diese Bewegungen mit dem anderen Bein vollziehen.
Danach werden beide Bewegungen miteinander verbunden. Das Knie wird nach außen zum Boden und über das am Boden liegende lange Bein geführt; Wechsel der Beine vornehmen. Zum Abschluss kann der Kopf in die Gesamtbewegung mit einbezogen werden. Der Kopf macht dabei immer die entgegengesetzte Bewegung zum Knie. Diese Verbindung ist eine cross-koordinative Bewegung, die zusätzlich zu Mobilisierung der Hüfte beide Gehirnhälften aktiviert (Abb. 206 d).

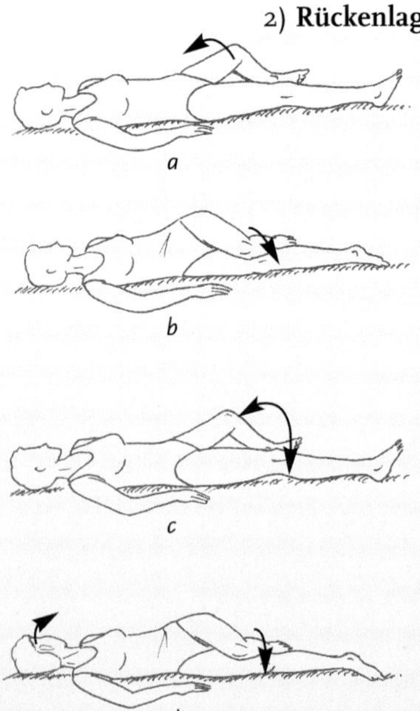

Abb. 206

„Der Reiter sitzt offen“

Ein weiterer Sitzfehler ist der nicht eingenommene Drehsitz. Darunter ist zu verstehen, dass der Reiter mit seiner Schulter gemäß der Schulter des Pferdes, mit seinem Becken gemäß dem Becken des Pferdes sitzen muss, um optimal einwirken zu können.
Heute kann man immer mehr Reiter sehen, die „offen“ sitzen, das heißt, bei ihnen werden die parallelen Haltungen beider Achsen nicht erreicht. Meistens sitzen die Reiter mit einer weit zurückgenommenen äußeren Schulter auf dem Pferd oder sie bringen die innere Hüfte nicht nach vorne und in die Tiefe (Rollbewegung des Beckens in Richtung linkes oder rechtes Knie). Somit ist ihr Sitz nicht in sich geschlossen.
Geschlossen sitzt der Reiter nur dann, wenn beim Drehsitz die innere Hüfte nach vorne und in die Tiefe rollt (siehe Teil II, Kapitel „Kompexe Lektionen zur Sensibilisierung, Lektion 6, S. 166).
Die äußere schräge Bauchmuskulatur verhindert gleichzeitig das Ausweichen der äußeren Schulter.
Zur Behebung der aufgezeigten Schwächen helfen folgende Übungen: „Zusammenstellung von Kräftigungsübungen“, Übungen 5 und 6 auf S. 68.

Reiten ohne Bügel

Eine abschließende Übung verdeutlicht ein Problem beim Reiten ohne Bügel. Man stellt sich auf ein Bein und lässt das andere locker hängen. In dieser Haltung (Fußspitzen leicht nach außen) kann das Bein locker ausgeschüttelt werden.

Wenn nun aber die Fußspitze angezogen wird, ist ein Schüttelvorgang nicht mehr möglich. Also ist ein Reiten ohne Bügel bei angezogenen Fußspitzen für das lockere Reiten geradezu abträglich.

Zum Problem des zu gestreckten Sitzes

Es wird in der Reiterei berechtigt der so genannte gestreckte Sitz gefordert, um die bewegungsunterstützenden Hilfen optimal einsetzen zu können. Diese wichtige Tendenz wird in der heutigen Reiterei jedoch oftmals übertrieben. Es wird in der Dressur immer stärker mit zu langen Bügeln geritten; die Reiter strecken sich und stehen mit den Fußspitzen in den Bügeln. Durch diesen Zustand wird das Becken blockiert und der Reiter kann nicht in der Mittelpositur mitschwingen.

Von außen betrachtet mag dieser Sitz durch die übertriebene Orientierung an der Form gut aussehen, er ist jedoch nicht funktional.

Für die korrekte Bügellänge kann kein Rezept gegeben werden, wie kurz bzw. wie lang die Bügel sein sollen. Der Ausbilder oder der Reiter muss die optimale Länge individuell austesten, um das Gefühl entstehen zu lassen, so geschmeidig wie möglich im Becken mitschwingen zu können. Durch Kontrasterfahrungen (Reiten mit unterschiedlichen Bügellängen) erfährt der Reiter relativ schnell das Gefühl für die Elastizität seines Sitzes und somit für seine optimale Bügellänge.

Es ist generell wichtig, die Bügel genau unter der Mitte des Fußballens zu haben. Der Absatz kann reaktiv schwingen, wenn das Hüftgelenk locker ist. Ist der Bügel zu sehr im Fußspitzenbereich, senkt sich der Absatz und wird starr. Dieser starre Absatz erzeugt eine negative Bewegungsübertragung der Festigkeit bis zum Kopf. Dasselbe geschieht, wenn der Bügel zum Absatz rutscht und die Fußspitze zum Boden zeigt (hoher Absatz).

Stresszustände bei Reitern können zur Homolateralität führen

In Stresszuständen werden beim Menschen beide Gehirnhälften nicht mehr funktional eingesetzt. Es kommt zu einem Zustand, in dem die linke Gehirnhälfte die linke Körperseite bedient, die rechte Gehirnhälfte die rechte. Dieser Zustand kommt dem Passgehen des Pferdes gleich. Da die linke Gehirnhälfte für die rechte Körperseite, die rechte Gehirnhälfte für die linke zuständig ist, muss diese Situation wiederhergestellt werden. Dazu können die folgenden Übungen dienen:

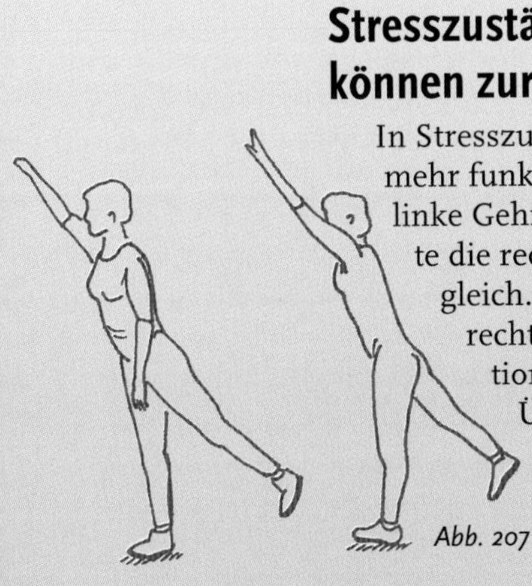

Abb. 207

1) **Über-Kreuz-Bewegung** (Abb. 207) Diese Übung wird mit entgegengesetztem Drehmoment ausgeführt.

Es werden abwechselnd Arm und das entgegengesetzte Bein bewegt. Der Übende bewegt sich vor, zurück, seitlich. Die Augen bewegen sich in alle Richtungen mit. Die Hand soll mehrmals zum gegenüberliegenden Knie geführt werden, um die Körpermittellinie zu überqueren.
Es kann auch hinter dem Körper der gegenüberliegende Fuß berührt werden.
Die Bewegungen können unterschiedlich kraftvoll ausgeführt werden, jedoch ohne Verkrampfung. Im Zeitlupentempo können Arm und gegenüberliegendes Bein langsam gedehnt oder voll durchgestreckt werden.
Die Übung kann auch im Sitzen vollzogen werden, mit geschlossenen Augen und bei Unterstützung durch unterschiedliche Musik.

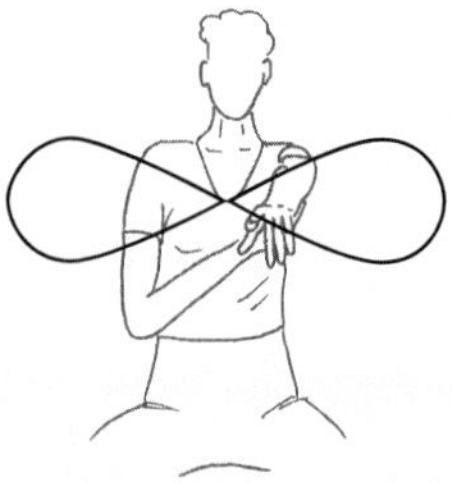

Abb. 208

2) **Liegende Achten** (Abb. 208): Der Übende schaut auf einen Punkt direkt vor sich in Augenhöhe. Dieser Punkt bildet den Mittelpunkt einer Acht. In einer bequemen Haltung werden liegende Achten in die Luft gezeichnet. Höhe und Weite der Bewegungen bestimmt jeder selbst. Die beste Wirkung wird erzielt, wenn die Achten groß gezeichnet werden, um das ganze Gesichtsfeld und die volle Reichweite der Arme zu nutzen. Begonnen werden soll mit der linken Hand, sodass die rechte Gehirnhälfte sofort angeregt wird. Der Übende beginnt an der Mittellinie und führt seinen Arm zunächst gegen den Uhrzeigersinn hinauf zur linken Seite und kreisförmig wieder zurück. Gelangt er im Mittelpunkt an, geht es im Uhrzeigersinn nach oben und zur rechten Seite kreisförmig wieder zum Ausgangs- und Mittelpunkt zurück. Die Übung soll mindestens dreimal vollzogen werden.
Die Bewegungen können auch bei geschlossenen Augen ausgeführt werden. Ein Summen kann die Bewegungen unterstützen und der Kopf (die Augen) sollen die Bewegungen ein wenig verfolgen, wobei der Hals jedoch entspannt ist.

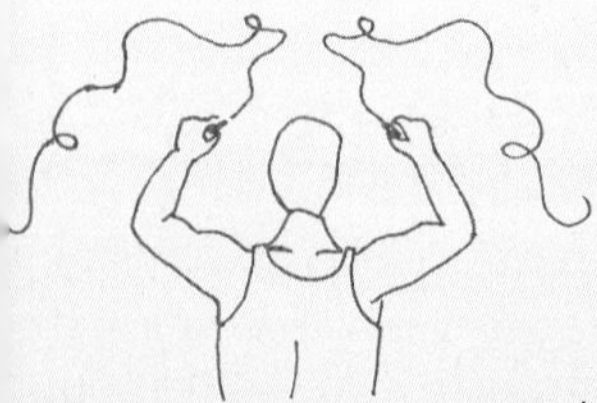

Abb. 209

3) **Simultanzeichen (Abb. 209):** Die Übung ist eine Zeichenübung für beide Gehirnhälften, die an der Körpermittellinie gemacht wird. Wenn der Übende bereits ein Gefühl für die Unterscheidung links und rechts entwickelt hat, können selbst Übungen im Zentrum vollzogen werden. Simultanzeichen werden am intensivsten durch die großen Arm- und Schultermuskeln erfahren.
Begonnen werden soll mit frei gewählten Bewegungen. Danach können auch Bewegungen vorgegeben werden, wobei das Experimentieren und Erfinden im Mittelpunkt stehen soll. Wichtig ist jedoch, dass es wirkliche Simultanzeichnungen werden, das heißt, linke und rechte Hand zeichnen dasselbe, nur in einem anderen Gesichtsfeld. Der Übende soll bei allen Bewegungen leicht und locker bleiben.

Abb. 210

4) **Elefant** (Abb. 210) Der Kopf wird am Oberarm angelehnt, beide Augen sind offen. Der Übende zeigt mit seiner Hand und schaut darüber hinaus in die Weite. In dieser Übung bewegen sich Brustkasten, Kopf, zeigender Arm und Hand als Einheit. Diese Einheit bewegt sich entlang einer liegenden Acht (Beginn und Ausführung im Einzelnen siehe Abb. 208), wobei die Augen über die Hand hinaus fokussieren.

Diese Übung kann auch im Sitzen vollzogen werden. Der Arm soll unterschiedlich große Bewegungen vollziehen, wobei auch der extreme Bewegungsumfang (rechts-links; oben-unten) ausgeführt werden soll. Es wird im Wechsel mit beiden Armen geübt.

Abb. 211

5) **Beckenschaukel** (Abb. 211) Der Übende sitzt auf dem Boden und stützt sich mit beiden Händen nach hinten ab. Die Füße werden leicht angehoben. Es werden kreisförmige Bewegungen in beide Richtungen vollzogen. Die Unterlage sollte gepolstert oder aus Holz sein (nicht auf Zement oder Asphalt).
6) **Hüpfendes Laufen/Hopserlauf – Hopserlauf mit Verwringen des Beckens** (Abb. 212)

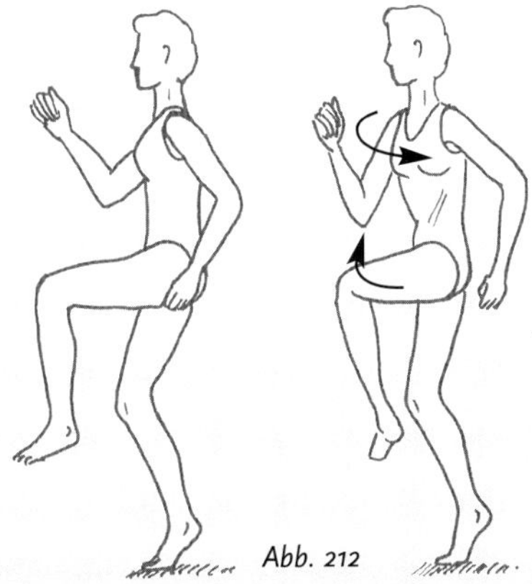

Abb. 212

Zunge, Thymuspunkt und Summen als unterstützende Mittel

Der Zunge des Menschen kommt bezüglich eines möglichen Stressausgleichs erhöhte Bedeutung zu. Wenn die Spitze der Zunge ungefähr einen halben Zentimeter hinter den oberen Schneidezähnen an den Gaumen gedrückt wird, bleibt die Körperenergie intakt; die Energien sind zentriert. In kritischen Lebenssituationen und im Reiten sollte ständig auf die Funktion der Zunge geachtet werden. Sie sorgt für die Unterstützung des Gleichgewichts.

Beispiel für Energieausgleich: Man kann eine Person bitten, sich auf ein Bein zu stellen. Dann zieht der Reitlehrer vorsichtig am Arm und das Gleichgewicht geht schnell verloren. Wenn derselbe Test mit der Zunge am Gaumen vollzogen wird, wundert sich die Testperson selbst, wie fest sie nun zu stehen vermag. Der Reitlehrer muss mehr Kraft aufwenden, um den Reiter aus dem Gleichgewicht zu bringen.

Thymusklopfen: Auch in anderen Stresssituationen kann sich der Mensch vor Überforderung schützen. Er braucht nur mehrmals mit den Knöcheln einer Hand auf das Brustbein zu klopfen. Reflexartig wird der Thymus aktiviert. Diesen Vorgang sollte jeder Mensch mehrmals täglich vollziehen, um sich vor unbewusstem Stress zu schützen. Auch in besonders stark wahrgenommenen Stresssituationen kann sich der Mensch durch diesen Mechanismus entladen. Das einzige Tier, das einen natürlichen Stressausgleich für sich schafft, ist der Affe, der sich ganz natürlich in belastenden Situationen auf die Brust klopft.

Jeder kennt Situationen, in denen plötzlich Bewegungsabläufe nicht mehr funktionieren, die sonst keine Probleme bereiten. In solchen Situationen ist das Summen von Bedeutung. Es macht das Bewegen wieder leichter. Beim Summen werden die bereits im Unterbewusstsein gespeicherten Muster wieder aktiviert. Auch wenn der Reitlehrer brüllt (soll ja mal vorkommen), kann man sich durch Summen schützen.

Verkürzung der Muskulatur durch zu starke Reflexe

Die Physiologie hat nachgewiesen, dass der Reflex des Verkürzens der Muskulatur eine automatische Reaktion auf eine Gefahr oder Feindseligkeit ist. Er ist ein Reflex, der die Menschheit vor Lebensbedrohungen geschützt hat. Dieser greift negativ in die Körperhaltung des Menschen ein, indem sein Körper durch Verkürzung der Sehnen und Muskeln geschädigt wird.

Die Dehnungsübungen ähneln dem „Stretching" und auch den Aufwärmübungen von Athleten, nur haben sie im Zusammenhang der kinesiologischen Arbeit eine andere Absicht. Diese Übungen sollen dazu beitragen, den Körper umzuerziehen (vgl. Alexander, Feldenkrais) und lang andauernde Änderungen der Körperhaltung zu erzeugen. Sie sind dafür gedacht, kurzfristige Spannungsausgleiche der Muskulatur vor und nach sportlichen Aktivitäten herzustellen. Diese Dehnungsübungen im Zusammenhang mit BRAIN-GYM-Übungen haben das Auflösen von Reflexen als Ziel.

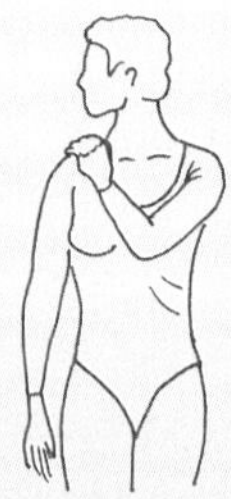

Abb. 213

1) **Die Eule** (Abb. 213): Der Übende bewegt seinen Kopf langsam um das Mittelfeld und hält sein Kinn auf einer Ebene (richtige Kopfführung). Er umfasst von oben die Schultern und hält die Muskeln sanft fest, aber nicht verkrampfend zusammen. Der Kopf wird erst über die eine, dann über die andere Schulter gedreht. Nach mehrmaligem Wiederholen wird die Schulter losgelassen, der Kopf sinkt langsam nach vorne und es wird tief geatmet. Dabei werden die Muskeln entspannt. Danach wird dieselbe Übung auf der anderen Schulter vollzogen.

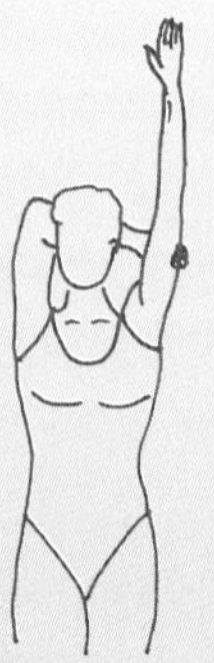

Abb. 214

2) **Anregung der Arme** (Abb. 214): Diese Übung ist eine isometrische Anspannung, das heißt, mithilfe der Muskulatur wird gegen einen Widerstand gearbeitet. In diesem Falle drückt der Arm gegen die feststehende Hand. Der Arm wird in der Nähe des Ohres gehalten. In vier Richtungen wird der Arm gegen die Hand gedrückt: nach vorne, hinten, nach innen und außen. Dabei soll die Anspannung 8–10 Sekunden angehalten werden. Es wird langsam und gleichmäßig geatmet, ohne den Atem anzuhalten.
Spannungen und Muskelverkürzungen in dieser Region behindern Aktivitäten, die sich auf Arm- und Handtätigkeiten (Zügelführung) beziehen. Zum Abschluss der Übung rollt der Übende die Schulter oder schüttelt sie aus, um die Entspannung wahrzunehmen. Die Übung kann im Sitzen und Stehen vollzogen werden.

Abb. 215

3) **Fußpumpe** (Abb. 215): Der Übende sitzt auf einem Stuhl. Er soll empfindliche Stellen am Knöchel und hinter dem Knie drücken (am Anfang und Ende der Wadenmuskulatur). Dabei wird der Fuß auf und ab bewegt. Es können auch andere schmerzhafte Stellen entlang der Wadenmuskulatur gefunden und gehalten werden, während sich der Fuß auf und ab bewegt. Ebenso ist die Übung auf die Vorderseite des Knie- und Fußgelenks während des Beugens und Streckens zu verlagern. Es werden schmerzhafte Punkte berührt, um auch die Schienbeinmuskulatur zu lösen. Diese Übung ist für den „tiefen Absatz" beim Reiten wichtig. Die Fußpumpe ist eine Übung, die die natürliche Länge der Sehnen im Fuß- und Unterschenkel wiederherstellt. In unserer Kultur taucht dieses

Problem unserer Schuhe wegen auf (Absatz beim Männerschuh, hoher Absatz bei Frauen). Die Sehnen verkürzen sich, weil im Gehirn ein Reflex ausgelöst wird, der uns zum Zusammenziehen veranlasst (Sehnenkontrollreflex). Durch das Halten der Sehnen in der gedehnten Stellung bei gleichzeitiger Bewegung des Fußes, wird dem Reflex entgegengewirkt.

Abb. 216

4) **Wadenpumpe** (Abb. 216): Der Übende steht vor einer Wand oder einem Stuhl und stützt sich ab. Dabei werden die Beine in Schrittstellung gestellt und das vordere Knie gebeugt. In der Grundstellung ist der Absatz des hinteren Fußes angehoben, das Gewicht ruht auf dem vorderen Fuß. Danach wird das Gewicht auf den hinteren Fuß verlagert, wobei die Ferse sich zum Boden senkt. In den Senkungsvorgang soll der Übende ausatmen. Die Übung soll mehrmals (mindestens dreimal) wiederholt werden. Das gestreckte Bein und der Rücken bilden eine Linie.

Diese Übung ist ähnlich der Fußpumpe ein Umerziehungsprozess, um die natürliche Länge der Sehnen in Fuß und Unterschenkel wiederherzustellen („tiefer Absatz" beim Reiten).

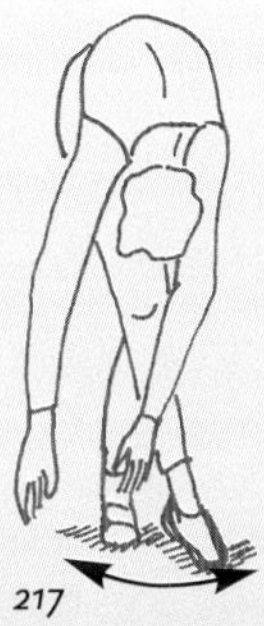

Abb. 217

5) **Schwerkraftgleiter** (Abb. 217): Der Übende kreuzt beide Füße und stellt in dieser Stellung sein Gleichgewicht her. Dann beugt sich der Übende nach vorne und lässt seinen Oberkörper nach vorne unten sinken. Die Arme pendeln von rechts nach links. Die Einatmung erfolgt, wenn die Arme zur Seite nach oben geführt werden, die Ausatmung findet statt, wenn die Bewegung wieder in Richtung Füße verläuft. Nach mindestens dreimaliger Wiederholung wird die Grundstellung gewechselt, das heißt, die Füße kreuzen sich umgekehrt. Die Übung kann mit offenen und geschlossenen Augen vollzogen werden.
Diese Übung ist ein Umerziehungsprozess, der die Integration von Unterschenkelflexoren, Hüften und Becken ermöglicht. Es werden Gleichgewicht und Schwerkraft genutzt, um Verspannungen in der Becken- und Hüftgegend zu lösen. Dadurch werden Sitz- und Stehhaltungen leichter. Die Körperbalance wird wiederhergestellt.

Abb. 218

6) **Erden** (Abb. 218): Die Füße des Übenden stehen etwa schulterbreit voneinander entfernt. Die Ferse des gebeugten Beines sollte auf einer Linie mit dem gestreckten Bein stehen. Das gebeugte Bein wird über das Knie hinaus nach vorne geschoben, Oberkörper und Becken sind aufgerichtet (aber keine Hohlkreuzbildung). Kopf, gebeugtes Knie und Fuß sind zur Seite gewendet. Beim weiteren Beugen des Knies nach vorne wird ausgeatmet, beim Zurückführen des Knies wird eingeatmet. Jede Seite mehrmals wiederholen.
Diese Übung dient der Dehnung der Hüftbeugemuskulatur. Die starke Verspannung dieser Körperregion ist eine Reaktion auf Stressoren der Beckenregion und behindert Beweglichkeit und Flexibilität. Die Hemmung der Hüftgelenke blockiert das Kreuzbein. Diese Muskelgruppe ist für den Körper wegen ihrer stabilisierenden Wirkung ungeheuer wichtig. Die Beweglichkeit (Flexibilität) dient dem Menschen zum Finden seines Gleichgewichts und der Ganzkörperkoordination. Für den Reiter bildet diese Region den entscheidenden Kontakt zum Pferd. Wenn der

Reiter hier fest ist, wird auch das Pferd im Rücken blockiert. (Vertiefende Aspekte können bei Frost, Thie, Dennison im Serviceteil nachgelesen werden.)

Was ist bei Sitzübungen generell zu bedenken?

Es ist generell zu vermeiden, formale Sitzübungen vorzunehmen, indem der Reiter an der Longe geführt wird und aufgrund der Korrekturen des Ausbilders sein äußeres Erscheinungsbild verändert.

Die Longe dient aufgrund der Reduzierung der Komplexität des Reitens (Reiter kann sich ganz auf sich konzentrieren) dazu, Bewusstheit über seine Bewegungsvollzüge und die des Pferdes zu erwerben. Mit der Longenarbeit sollte erst dann begonnen werden, wenn der Reiter bereits im Gleichgewicht sitzt. Ein blutiger Anfänger neigt zu stark dazu, sich durch die Zentrifugalkraft nach außen setzen zu lassen, sodass ein Klemmen meistens die Folge sein muss.

Entscheidend ist jedoch bei Longenarbeit, dass keine künstlichen Bewegungen gefordert werden. Wenn an der Longe geritten wird, sollten nicht Armhaltungen eingenommen werden, die das Halten des Zügels darstellen. Es werden ohne Zügel teilweise andere Muskelgruppen beansprucht, als es bei der feinen Verbindung Pferdehand-Maul über den Zügel nötig ist. Es entstehen Verkrampfungen. Dasselbe gilt auch für die Haltung der Fußspitzen. Wenn der Reiter ohne Bügel reitet, entsteht durch ein künstliches Anziehen der Fußspitzen aus dem Unterschenkelbereich (Einbeziehung der Wadenmuskulatur) ein insgesamt festes Bein. Wenn die Balance der Muskulatur im Wadenbereich mit der Schienbeinmuskulatur nicht gegeben ist, der Absatz also nicht natürlicher tiefster Punkt ist, dann soll auf ein Anziehen der Fußspitze verzichtet werden.

Zusammenstellung von Übungen zur Sensibilisierung des Reiters

Die im Folgenden dargestellten Übungen können an der Longe, in der Abteilung oder auch beim selbstständigen Reiten vollzogen werden.

1) Kontrastübungen

Kontrastübungen an der Longe ermöglichen dem Reiter fühlend herauszufinden, was für ihn im Augenblick die optimale Sitzposition ist. Kontrastübungen können im Schritt, Trab und auch Galopp ausgeführt werden. Dabei nimmt der Reiter jeweils extreme Positionen im Sattel ein. Im Schritt, Trab und Galopp sitzt der Reiter im Sattel, er rutscht nach links und rechts, bis er gerade noch das Gleichgewicht halten kann. Er beugt seinen Oberkörper so weit wie möglich nach vorne und hinten. Durch die extremen Belastungen in den unterschiedlichen Situationen findet der Reiter danach seine optimale Haltung leichter heraus. Sein Körper dankt es ihm, wenn er wieder gemäß seinem augenblicklichen Körperbau sitzen darf. Ähnliche Übungen können auch im leichten Sitz im Schritt, Trab und Galopp vollzogen werden.

Es gilt auch herauszufinden, ob das Pferd trotz der sich ständig verändernden Sitzpositionen „geregelt" in der Bewegung bleibt.

2) Reiten in der Affenstellung

Das Einnehmen der „Affenstellung" (leichter Sitz in der normalen Haltung) mit nach oben hinten gezogenem Kopf (um das Okzipitalgelenk freizumachen) führt in relativ kurzer Zeit zu einem elastischen Grundsitz, weil diese Haltung die optimalen Bedingungen für alle Gelenke im Körper darstellt. Das Reiten in dieser Stellung (Gesäß bleibt immer vom Sattel entfernt) sollte im Trab und Galopp erfolgen. Zu feste Reiter werden elastisch, zu „lose" Reiter erhalten positive Spannung. Sie sitzen geschlossener. Diese Übungen können auch an der Longe vollzogen werden. Dazu werden die Bügel auf die Länge von Jockeys verschnallt.

An der Longe sollte auch das Einnehmen der korrekten Kopfhaltung im Schritt, Trab (Aussitzen) und Galopp eingeübt werden. Nicht der Blick geradeaus ist der korrekte, sondern der leicht unter die Horizontale gerichtete (Freimachen des Okzipitalgelenks).

Wird die korrekte Stellung des Kopfes eingenommen, dann kann der Reiter sich optimal in die Bewegungen des Pferdes einfühlen; er schwingt mit ihnen mit und wirkt nicht gegen sie (siehe Teil II, Kapitel „Zur Entwicklung des Bewegungsgefühls", „Lektionen für gefühlvolle Bewegungsvollzüge", „Komplexe Lektionen zur Sensibilisierung", „Lektionen für Bewegungsabläufe des Alltags – Affenstellung" auf S. 148).

3) Schraube aus kurzen Bügeln

Der Reiter sitzt aus, die Bügel sind gemäß dem leichten Sitz verschnallt. Der Reiter erhebt sich schraubend (wie beim Twist), führt dabei die Arme locker mit (sie schwingen vor dem Körper). Nach Erreichen des höchsten Punktes setzt er sich wieder schraubend hin.

Diese Bewegungen werden mehrmals vollzogen. Danach fühlt sich der Reiter locker und leicht im Sattel.

Es ist eine cross-koordinative Übung, um die optimale Anbindung beider Gehirnhälften zu ermöglichen. Danach ist die Garantie gegeben, dass die linke Gehirnhälfte für die rechte Körperseite und die rechte Gehirnhälfte für die linke Körperseite zuständig ist.

Durch Stress in unserem täglichen Leben und falschen Umgang mit uns werden oftmals Blockaden im Gehirn aufgebaut. Diese gilt es zu entblocken. Es gilt bei dieser Übung darauf zu achten, wie sich das Pferd hierbei wohlfühlt.

4) Übungen zum Fühlen der Bewegungen des Pferdes

Wenn der Reiter nicht fühlt, was unter ihm vor sich geht, kann er auch nicht mit korrekten Schenkel- und Zügelhilfen einwirken. Erst wenn ihm die Bewegungsabläufe des Pferdes gefühlsmäßig „bewusst" sind, ist es ihm möglich, die Zügel- und Schenkelhilfen als Unterstützung und nicht als Verhinderung der Pferdebewegungen anzuwenden. Die relevanten Übungen sind in Teil II, Kapitel „Sitz- und Gefühlsübungen auf dem Pferd" auf S. 171 aufgeführt.

Service

Quellen

Literaturgrundlagen:

ALEXANDER, F.M.: Der Gebrauch des Selbst. München 1988
ALON, R.:Leben ohne Rückenschmerzen. Bewegen in Einklang mit der Natur. Feldenkrais-Lektionen I. Paderborn 1993
ALON, R.:Leben ohne Rückenschmerzen. Bewegen in Einklang mit der Natur. Feldenkrais-Lektionen II. Paderborn 1994
AYRES, A.J.:Bausteine der kindlichen Entwicklung. Berlin/Heidelberg/New York/Tokyo 1984
BALK, A.:Funktionelles Körpertraining. Lahr 1993
BARLOW, W.: Die Alexander-Technik. München 1988, 4. Aufl.
BEIGEL, K. u.a.: Gymnastik falsch und richtig. Reinbek bei Hamburg 1993
BERNSTEIN, D.A./ BORKOVEC, T.D. Entspannungs-Training. Handbuch der progressiven Muskelentspannung. München 1975
BLUM, B.: Perfektes Stretching. München 2000
BÖHM, TH./MEYNERS, E.: Das natürliche Reitkonzept. Lüneburg 1992
BRENNAN, R.: Alexander-Technik. Braunschweig 1993
BRÜGGER, A.: Gesunde Körperhaltung im Alltag. Zürich 1990, 3. Aufl.
BUCHBAUER, J.: Präventives Muskeltraining zur Behebung von Haltungsfehlern. Schorndorf 1999
BUSKIES, W.: Muskeldehntraining. In: Sportpraxis 41 (2000) 1, 29–32
DENNISON, P.E.: Befreite Bahnen. Freiburg (Breisgau) 1990, 5. Aufl.
DENNISON, P.E. u. G.: Das Handbuch der Edu-Kinesthetik für Eltern, Lehrer und Kinder. Freiburg (Breisgau) 1990, 5. Aufl.
DENNISON, P.E. u. G.: Brain-Gym. Freiburg (Breisgau) 1991, 2. Aufl.
DENNISON, P.E. u. G.: Lehrerhandbuch Brain Gym. Freiburg (Breisgau) 1991
DIAMOND, J.: Lebensenergie in der Musik. Südergellersen 1990, 7. Aufl.
DIAMOND, J.: Der Körper lügt nicht. Freiburg (Breisgau) 1990, 6. Aufl.
DIETZE, S. v.: Balance in der Bewegung. Der Sitz des Reiters. Warendorf 1993
DOBLER, G./BIRKHOLZ, G.: Gesundheit maßgeschneidert mit dem Muskeltest. Kirchzarten bei Freiburg 1999
DRAKE, J.: Alexander-Technik im Alltag. München 1993
EBERSPÄCHER,H.: Mentale Trainingsformen in der Praxis. Oberhaching 1990
ENNENBACH, W.: Bild und Mitbewegung. Köln 1989
FELDENKRAIS, M.: Bewußtsein durch Bewegung. Der aufrechte Gang. Frankfurt a.M. 1978
FELDENKRAIS, M.: Die Entdeckung des Selbstverständlichen. Frankfurt 1985
FELDENKRAIS, M.: Die Feldenkraismethode in Aktion. Paderborn 1990
FELDENKRAIS, M.: Evolution, Körper und Verhalten. Paderborn 1994
FELLSCHES, J.: (Hg.) Körperbewußtsein. Essen 1991
FRANKE, K.: So lernt man autogenes Training. Stuttgart 1990, 6. Auflage
FREIWALD, J.: Aufwärmen im Sport. Reinbek 1991
FROST, R.: Grundlagen der Applied Kinesiologie. Kirchzarten bei Freiburg 1998
GALLACCHI, G.: Den Rücken schonen durch Belastung. Pfäffikon 1997
GALLWEY,W.T.: Tennis. Das innere Spiel. München 1990
GELB, M.: Körperdynamik. Frankfurt a.M./Berlin 1991, 4. Aufl.
GEIGER, L.V.: Gesundheitstraining. München 1999
GIBSON, J.J.: Die Sinne und der Prozeß der Wahrnehmung. Bern/Stuttgart/Wien 1973
GODDARD, S.: Greifen und Be-Greifen. Kirchzarten bei Freiburg 2000, 2. Aufl.
GÖHNER, U.: Einführung in die Bewegungslehre. Schorndorf 1992
GORDIJN, C.C.F.: Sich-Bewegen – ein Dialog zwischen Mensch und Welt.In :Sportpädagogik 3 (1979) 2, 14–19
GRAY, J.: Die Alexander-Technik. Bergisch Gladbach 1992
GROSSER, M./EHLENZ, H.u.a.: Richtig Muskeltraining. München 1996
GRÖBEN, B.: Einheitenbildung im Bewegungshandeln. Schorndorf 2000
HACKFORT, D.: Didaktik der Sportspielvermittlung – psychodidaktische Grundlagen für das erlebnis-, gesundheits- und leistungsorientierte Bewegungshandeln. In: Handbuch GDW. Sonderdruck Neuwied 200, 1-14
HACKFORT, D. (HG.): Handlungspsychologische Forschung für die Theorie und Praxis der Sportpsychologie. Köln 2001
HANKE, U.: Ernährung im Sport. Video-Cassette. Osthofen/Celle 1988
HANNA, T.: Beweglich sein – ein Leben lang. München 1990
HANNAFORD, C.: Bewegung – das Tor zum Lernen. Kirchzarten bei Freiburg, 2001, 4. Aufl.
HIRTZ, P./HOTZ, A./LUDWIG,G.: Bewegungskompetenzen. Gleichgewicht. Schorndorf 2000
HOLDWAY, A.: Kinesiologie. Braunschweig 1996
HOMFELDT, H.G. (Hg.): Sinnliche Wahrnehmung, Körperbewußtsein, Gesunderhaltung. Weinheim 1991
JACOBSON, E.: Entspannung als Therapie. München 1993, 2. Aufl.
JORDAN, A.: Rückentraining. Aachen 2001
KAMPER, D./WULF, CH. (Hg.): Die Wiederkehr des Körpers. Frankfurt a.M. 1982
KEMPF, H.H. (HG.): Rückenschule. Grundlagen, Konzepte und Übungen. München/Jena 1999
KIRCHNER, G.: Autogenes Training für jedermann. Arbeitsbuch mit Toncassette. München/ Landsberg am Lech o.J
KIRCHNER, T.: Die Feldenkrais-Methode. Set I und II. Eichstätt o.J.
KIRCHNER, T.: Geist in Bewegung. Vier Lektionen der Feldenkrais-Methode. Paderborn 1995
KNEBEL, K.-P.: Funktionsgymnastik. Reinbek 1986
KNEBEL, K.-P.: Fitneßgymnastik. Reinbek 1991

KOTHE, M.: Dehnen – leistungsmindernd oder fördernd ? In: Leichathletik Training 12 (2001) 9/10, 50–59
KÜKELHAUS, H./LIPPE zur, R.: Entfaltung der Sinne. Ein Erfahrungsfeld zur Bewegung und Besinnung. Frankfurt a.M. 1982
LAZARO, A.L.: Das menschliche Gleichgewicht. In: Motorik 23 (2000) 2, 80–86
LEIST, K.-H.: Vernachlässigte Grundlagen für die Konstruktion von Lehr-Lernmodellen. In: Sportpädagogik. Annäherungen, Versuche, Betrachtungen. (Sonderheft o.J.) 1, 13–22
LEIST, K.-H.: Sich über Wahrnehmungsweisen verständigen. In: Sportpädagogik 14 (1990) 1, 30–37
LEIST, K.-H.: Körpererfahrung. In: Sportpädagogik. Annäherungen, Versuche, Betrachtungen. Seelze o.J. (Sonderheft)
LENHART, P./SEIBERT, W.: Funktionelles Bewegungstraining. Oberhaching 1992
LEVEY, J.: Die Kunst der Entspannung, Konzentration und Meditation. München 1988
LIPPE, zur, R.: Aufrechter Gang und greifende Hand. In: Zur Theorie und Praxis von Körper- und Bewegungserziehung. Modellversuch Freizeit (Hg.). Oldenburg 1979, 47–60
LIPPE, zur, R.: Sinnenbewußtsein. Reinbek b. Hamburg 1987
LIPPENS, V.: Die Innensicht beim motorischen Lernen. Köln1992
LOIBL; J./LEIST, K.-H.: Vom gefühlvollen Sich-Bewgen und seiner Vermittlung. In: Sportpädagogik 14 (1990) 4, 19–25
MAHESHWARANDA, P.S.: Yoga gegen Rückenschmerzen. München 1989
MAMIKOSHI, T.: Shiatsu. Selbstmassage und Stretching. Südergellersen 1988
MARKOWA, D.: Die Entdeckung des Möglichen. Freiburg i. Breisgau 1993
MEDLER, M./MIELKE, W.: Fitneß im Schulsport und im Breitensport. Neumünster 1990
MEINEL, K./SCHNABEL, G.: Bewegungslehre-Sportmotorik. Berlin. 1998, 9. Aufl.
MERTENS, K.: Körperwahrnehmung und Körpergeschick. Dortmund 1986
MEYNERS, E.: Zum Aufwärmen im Sport und Sport-unter-richt. In: Haltung und Bewegung (1985) 2, 24–33
MEYNERS, E.: Stretching als Methode für jeden Sportler. In: Sportpraxis 30 (1989) 6, 48–52
MEYNERS, E.: Fehlbelastungen im täglichen Leben, im Sport und Sportunterricht. In: Sportpraxis 32 (1991) 2, 20–22
MEYNERS, E.: Reitpädagogogische Grundlagen für den Ausbilder im Reitsport. Hannover 1992
MEYNERS, E.: Bewegungen dem Menschen gemäß gestalten. In: Praxis der Psychomotorik 18 (1993) 1, 4–9
MEYNERS, E.: Zur Wiederentdeckung des Körpers. Die Alexander-Technik mit exemplarischen Beispielen. In: Turnen und Sport 71 (1997) 6, 7–10
MEYNERS, E./MIESNER, S.: Der Weg zu richtigen Sitz. Lehrfilm. Warendorf 1997
MEYNERS, E.: Spiel mit dem Gleichgewicht. In: Reiter Revue (1999) 7, 81–83
MEYNERS, E.: Lehren und Lernen im Reitsport. Lüneburg 2000
MICHAELIS, P.: Moderne funktionelle Gymnastik. Aachen 2000
NAKAMURA, T.: Das große Buch vom richtigen Atmen. Bern/München/Wien, 5. Aufl. der Sonderausgabe 1992
NEUMANN-COSEL-NEBE, I.: Spielend reiten lernen. Lehrfilm. Warendorf 1991
NEUMANN-COSEL-NEBE, I.: In allen Sätteln gerecht. Lehrfilm. Warendorf 1992
RIEMKASTEN, F.: Die Alexander-Methode. Heidelberg 1994, 10. Aufl.
SCHALLER, H.-J.: Motorisches Lernen unter dem Einfluß der Kenntnis mechanischer Prinzipien. In: Sportwissenschaft 23 (1993) 2, 187 – 196
SCHALLER, H.-J.: Problemlösendes Lernen bei jugendlichen Skiläufern. In: Sportwissenschaft 24 (1994) 4, S. 342–357
SCHMIDT, N./HILLEBRECHT, M.: Übungsprogramme zur Rücken- und Rumpfgymnastik. Aachen 1993
SEIBERT, W.: Perfektes Körpertraining. München 2000, 8. Aufl.
SHAFERMANN, S.: Die Feldenkrais-Schule. München 1997
SPERLE, N.: Kommunikation mit Innen und Außen. In: Hochschulsport 13 (1986) 11, 10–13
SWIFT, S.: Reiten aus der Körpermitte. Rüschlikon-Zürich 1989
TOURELLE, M. LA/COURTENEY, A.: Was ist Angewandte Kinesiologie ? Freiburg i. Breisgau 1992
TREBELS, A.H.: Bewegung sehen und beurteilen. In: Sportpädagogik 14 (1990) 1, 12–20
TREBELS, A.H.: Bewegungsgefühl: der Zusammenhang von Spüren und Bewirken. In: Sportpädagogik 14 (1990) 4, 12–18
TREBELS, A.H.: Bewegen und Wahrnehmen. In: Sportpädagogik 17 (1993) 6, 19–227
TREBELS, A.H.: Das dialogische Bewegungskonzept. Eine pädagogische Auslegung. In: Sportunterricht 41 (1992) 1, 20–29
TREBELS, A.H.: Bewegen und Wahrnehmen. In: Sportpädagogik 17 (1993) 6, 19–27
VOLGER, B.: Lehren von Bewegungen. Ahrensburg 1990
WALTERSPIEL, B.: Die Feldenkrais-Methode. München 1989
WEINECK, J.: Optimales Training. Erlangen 1990, 7. Aufl.
WILDMANN; F.: Feldenkrais. Übungen für jeden Tag. Frankfurt a.M. 1995
WIEMANN, K.: Stretching-Grundlagen, Möglichkeiten, Grenzen. In: Sportunterricht 42 (1993) 3, 91–106
WIEMANN, K./KLEE, A.: Dehnen und Stretching,-Effekte, Methoden, Hinweise für die Praxis. In: Sportpraxis 40 (1999) 3, 8–12; 40 (1999) 4, 37–41
ZEITSCH. SPORTPÄDAGOGIK: 14 (1990) 1: Bewegung sehen und beurteilen
ZEITSCHR: SPORTPÄDAGOGIK: 14 (1990) 4: Bewegungsgefühl
ZEITSCHR: SPORTPÄDAGOGIK: 17 (1993) 6: Bewegen und Wahrnehmen
ZIMMERMANN, K.: Gesundheitsorientiertes Muskelkrafttraining. Schorndorf 2000

Zum Weiterlesen

Hölzel, Petra u. Wolfgang
Mentales Training für Reiter; Der neue Weg zum erfolgreichen Reiten, Stuttgart 2001

Krämer, Monika
Pferde erfolgreich motivieren; das 8-Punkte Programm, Stuttgart 1998

Krämer, Monika/Schumacher, Jochen
Die Kosmos Reitlehre; Erfolgreich im Sattel von Anfang an, Stuttgart 2002

Neumann-Cosel, Isabelle von
Reitersitz und Reiterhilfen; korrekt sitzen, gefühlvoll einwirken, Stuttgart 2001

Penquitt, Claus
Die neue Freizeitreiter-Akademie; Reiten nach altklassischen, altkalifornischen und iberischen Vorbildern, Stuttgart 2001

Tellington-Jones, Linda
Die LindaTelligton-Jones Reitschule; Mehr Spaß und Erfolg mit TTEAM und TTOUCH, Stuttgart 1996

Register